叢書・ウニベルシタス　1094

ハイデガー＝レーヴィット往復書簡 1919–1973

マルティン・ハイデガー，カール・レーヴィット
アルフレート・デンカー 編・註
後藤嘉也／小松恵一 訳

法政大学出版局

Martin Heidegger / Karl Löwith
Briefwechsel 1919–1973 edited by Alfred Denker

ハイデガー＝レーヴィット往復書簡　1919-1973／目次

付録

凡例

一、本書は、Martin Heidegger, Karl Löwith, *Briefwechsel 1919-1973*, herausgegeben und kommentiert von Alfred Denker (Martin Heidegger Briefausgabe, Abt. II. Wissenschaftliche Korrespondenz, Bd. 2), Freiburg/München, K. Alber, 2017 の翻訳である。

二、［　］は編者による補足である。［???］はある単語が判読できないことを、［?］は読み方が不確かであることを示す。

三、〔　〕は訳者による補足である。

四、〈　〉は文意を明確にするために訳者がつけたものである。

五、編者による原註は日本語訳に影響しないものを除きすべて訳出した。本文中の当該箇所を＊で示し、各書簡の末尾に置いた。訳註は〔1〕〔2〕のかたちで示し、同じく書簡の末尾にまとめた。

六、編集協力者の一人、ウルリヒ・フォン・ビュロー氏からご提供いただいた原書の「正誤表」を反映した箇所がある。

編者まえがき

マルティン・ハイデガーは現代哲学を決定的に規定している。その著作は数多くの学問研究の対象となっており、その作品に関する文献は全体を見渡せないほど膨大である。彼が二〇世紀の最も重要な思索者の一人であることは疑えない。ハイデガーの影響は哲学において著しいのはもちろんのこと、カトリック神学、プロテスタント神学、文芸学、古典文献学、心理学、医学、芸術、文学といった他の多くの文化・学問領域にまで及ぶ。マルティン・ハイデガー全集は百巻ほどになる予定で、その思索との対決に絶えず刺激を与えている。しかし、ハイデガーは、自身の人生経験や具体的な対話、そして広範な文通にもとづいて思索を展開した哲学者でもある。

こうした理由から、彼の往復書簡を学問的な要求にかなうような編集で一般に供することは、ハイデガー研究だけでなく二〇世紀の精神史にとっても重要な意義がある。ハイデガーの書簡は世界中に散在しており、〈マルティン・ハイデガー書簡集成〉の枠組みのなかで公表されることが望ましい。

マルティン・ハイデガー書簡集成は、マルティン・ハイデガーの重要な往復書簡を統一した版でまとめようとするものである。あらゆる領域の専門家との多面にわたる学問的文通のほかに、「個人的な」文通や「公的機関との」書簡もはじめて広く公にされる。一連の出版によって、ハイデガーの全体像が練り上げられるだけではない。さらに、ハイデガーの著作と人物の従来の叙述の力点を新たに置き替え、細部を明瞭にすることになるだろう。なお、マルティン・ハイデガー書簡集成は、書簡と書簡の下書きをすべて含むわけではないため歴史的批判版ではない。往復書簡の刊行という点では、この集成は、すでに出版されたマルティン・ハイデガーの書簡集、すなわち、ハンナ・アーレント、イマ・フォン・ボードマースホーフ、マックス・ミュラー、ルートヴィヒ・フォン・フィッカー、カール・ヤスパース、クルト・バウフ等々との書簡集に続くものである。これまで突き止められただけでも、文通相手は二百人を下らない。目下のところ知られているハイデガーの往復書簡は約一万通である。最初期の書簡は一九一〇年にさかのぼり、ハイデガーによる最後の何通かの書簡は一九七六年の死の直前に書かれた。文通の大部分はマールバハ・ドイツ文献アルヒーフ、およびその他のさまざまな公文書館にある。この出版は、メスキルヒ市のマルティン・ハイデガー・アルヒーフとマルティン・ハイデガー財団の援助を受け、ハイデガー家に支えられる。

　書簡集成全体の編者であるアルフレート・デンカー博士とホルガー・ツァボロースキー教授の編集作業は、国をまたがる学問的諮問委員会によって支えられる。諮問委員会の構成員はギュンター・フィガール教授（フライブルク・イム・ブライスガウ）、マーリオン・ハインツ教授（ジーゲン）、マティアス・フラッチャー博士（ウィーン）、ウルリヒ・フォン・ビュロー博士（マールバハ・ドイツ文献アルヒーフ）である。各巻の編集にあたっては、さらに別の編者の協力を得る。

　マルティン・ハイデガー書簡集成の資料は、それぞれ――現存するかぎり――原本を用いる。コピーで作業する場合は、少なくとも原本との照合をおこなう。各書簡は往復書簡のなかでは時間順に配列するのを通例とし、アラビア数字の通し番号を付す。正書法と句読法は理解しやすくするためにごくわずかのみ修正し統一する。独特な綴り方は原本どおり再現する。本集成では、一般的に使用される略号を除き、必要な補足を［ ］で再現した。書簡の書き手による下線はイタリック体で〔本訳書では傍点を付して〕示す。

書簡のほかに、書簡を解明するうえで重要なテクストや、文通相手のさまざまな遺稿から別なドキュメントも収録した。

本集成の学問的研究を容易にするため、付録のなかに全書簡の一覧を収めた。マルティン・ハイデガー書簡集成のなかでは書簡はもれなく公表する。編註では書簡の個々の細部と詳しい背景について註解を施す。編者あとがきでは、マルティン・ハイデガーと文通相手との関係について編者が解説する。各巻に人名索引、マルティン・ハイデガーと文通相手の略年譜、後者の最も重要な著作の簡単な書誌を収める。

マルティン・ハイデガー書簡集成は三部門に分かれる。

一、個人的往復書簡
二、学問的往復書簡
三、出版社および公的機関との往復書簡

マルティン・ハイデガーとカール・レーヴィットの往復書簡を収めた本巻は、第二部門の第二巻として刊行される。

アルフレート・デンカー
ホルガー・ツァボロースキー

カール・レーヴィット

1　ハイデガーからレーヴィットへ

［フライブルク、］一九年八月二二日

親愛なるレーヴィット様！

お葉書とミュンヘンからのお葉書[*1]、本当にありがとう。来週水曜までまだ当地にいます。私の休暇の計画はすべてひっくり返ってしまいました。明晩（土曜）八時半に来てくれますか。

友情のこもったあいさつを
あなたのマルティン・ハイデガー

＊1　どちらの葉書も遺品には残っていない。

2　レーヴィットからハイデガーへ

フライブルク、シュテルンヴァルト通り一〇／二
一九年九月八日

親愛なるハイデガー博士様！

プフェンダー教授[*1]がヴァルター嬢[*2]に宛てた葉書で知ったのですが、あなたと彼は何度か御一緒されて、哲学的議論を交わしたようですね。実りあるものでしたか!?

あなたが何を話してくれるか、かなり興味があります！　二〇日ごろボーデン湖のテトナングにいる友人を訪ねます。そのころ、あなたはまだそちらにいらっしゃいますか？　このところ、［私は］シュペングラーの才気に満ちた著作『西洋の没落』[*3]を大いなる興味を持って読んでいます。ヴァルター嬢もまたこちらに来ております。

十分に休養なさってください。心からの挨拶を送ります。
あなたに心服する
カール・レーヴィット

＊1　アレクサンダー・カール・ハインリヒ・プフェンダー（一八七〇―一九四一）は一九〇八年、ミュンヘン大学の哲学の教授。テーオドーア・リップスに発するいわゆるミュンヘン現象学派の重要な代表者の一人で、一九一三年から、『哲学および現象学研究年報』(*Jahrbuch für Philosophie und phänomenologische Forschung*) の共同編集者。彼が公表した最も重要なものは次のとおり。*Zur Psychologie der Gesinnungen* (in: *Jahrbuch für Philosophie und phänomenologische Forschung* I, 1913, 325-404, und III, 1916, 1-125), *Logik* (Max Niemeyer, Halle an der Saale 1920) und *Die Seele des Menschen. Versuch einer verstehenden Psychologie* (Max Niemeyer, Halle an der Saale 1933).

＊2　ゲルダ・ヴァルター（一八九七―一九七七）は、ミュンヘンのアレクサンダー・プフェンダー、フライブルクのエトムント・フッサールのもとで国民経済学、教育学、心理学を学ぶ。博士論文 *Zur Ontologie sozialer Gemeinschaften* の別刷は一九二一年に発行され、一九二三年に『哲学および現象学研究年報』の第六巻（一―一五八頁）に所収。また、*Zur Phänomenologie der Mystik*, Max Niemeyer, Halle an der Saale 1923を出版。次を見よ。Karl Löwith, *Mein Leben in Deutschland vor und nach 1933. Ein Bericht*, mit einem Vorwort von Reinhart Koselleck und einer Nachbemerkung von Ada Löwith, neu herausgegeben von Frank-Rutger Hausmann, J. B. Metzler, Stuttgart/Weimar ^{2}2007, 60〔『ナチズムと私の生活――仙台からの告発』秋間実訳、法政大学出版局、一九九〇年、九七頁〕. 同書が執筆されたのは一九四〇年である。

＊3　オスヴァルト・シュペングラー（一八八〇―一九三六）は市井の学者。次の主著はヴァイマル共和国のベストセラーの一つ。*Der Untergang des Abendlandes*, Band 1: *Gestalt und Wirklichkeit*, Band 2: *Christentum und Sozialismus*, C. H. Beck, München 1918-1922〔『西洋の没落　第1巻　形態と現実』『第2巻　世界史的展望』村松正俊訳、五月書房、二〇一五年〕.

3　ハイデガーからレーヴィットへ

コンス［タンツ、］一九年九月一〇日

親愛なるレーヴィット様！

お葉書、ありがとう。プフェンダー教授と過ごした日々はとても興味深く、ミュンヘン現象学のイメージがずっと

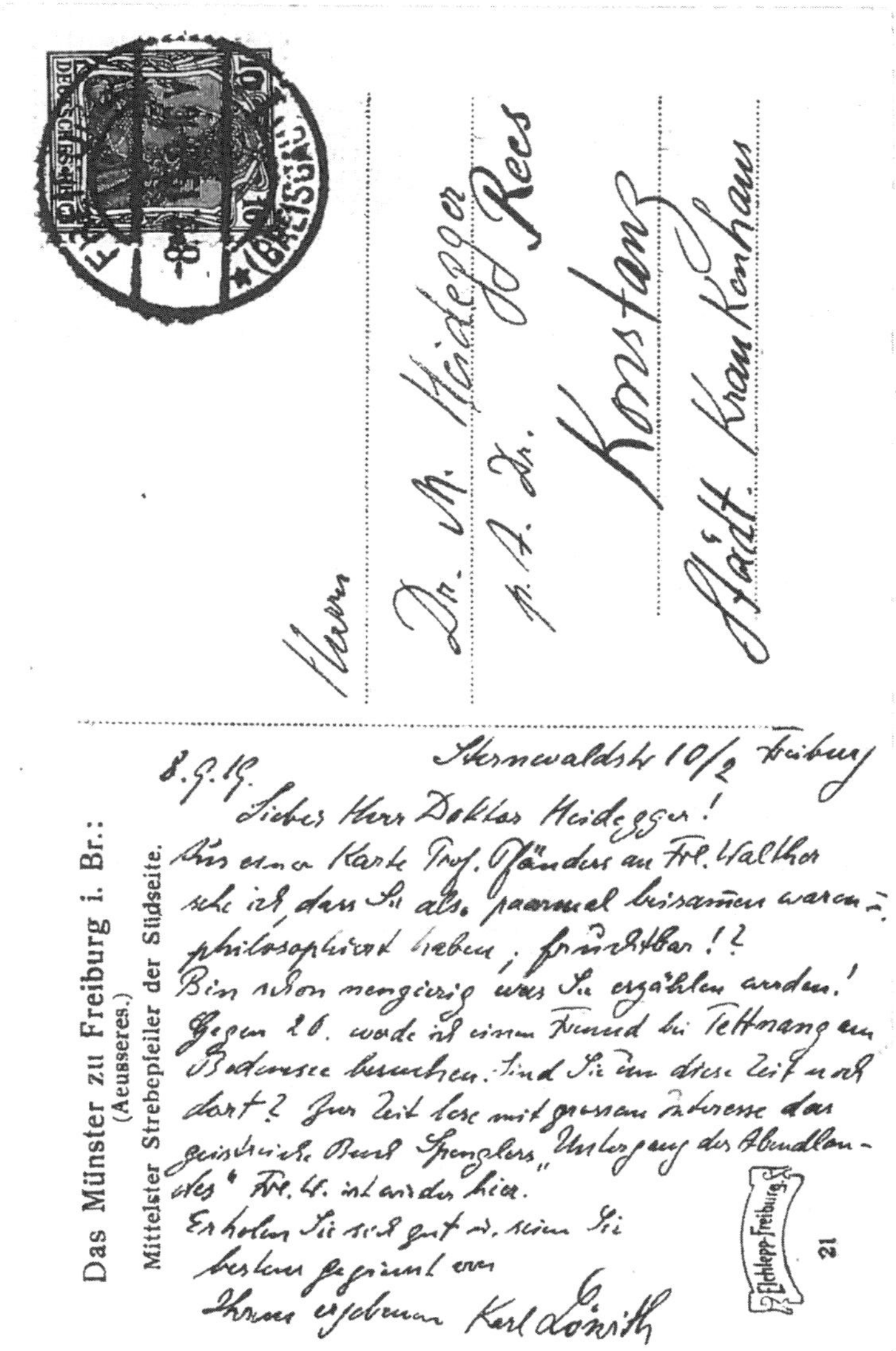

Herrn
Dr. M. Heidegger
p. A. Fr. Recs
Konstanz
Städt. Krankenhaus

Sternwaldstr. 10/2 Freiburg
8.9.19.
Lieber Herr Doktor Heidegger!
Aus einer Karte Prof. Pfänders an Frl. Walther sehe ich, dass Sie also paarmal beisammen waren u. philosophiert haben; fruchtbar!?
Bin schon neugierig was Sie erzählen werden!
Gegen 20. werde ich einen Freund bei Tettnang am Bodensee besuchen. Sind Sie um diese Zeit noch dort? Zur Zeit lese mit grossem Interesse das geistreiche Buch Spenglers „Untergang des Abendlandes" Frl. W. ist wieder hier.
Erholen Sie sich gut u. seien Sie bestens gegrüsst von
Ihrem ergebenen Karl Löwith

レーヴィットのハイデガー宛て葉書（1919 年 9 月 8 日）（書簡 2）のコピー

明瞭になりました。ただし、ここ何日かのうちに当地を離れて故郷に向かい、今月の残りをそこで過ごします。来学期はとても大変になるでしょう。しかし私には、信頼できる学生がいく人かいます。彼らは本気でともに研究しているからです。

友情のこもったあいさつを

あなたのマルティン・ハイデガー

ヴァルター嬢にもよろしくお伝えください。

4　ハイデガーからレーヴィットへ

［フライブルク、］一九年一二月一四日

親愛なるレーヴィット様！

チケットを一枚入手してもらえないでしょうか——最上階席Ⅱ、第四列、四〇［マルク］が一番ありがたく[1]、それ以上は出したくないのですが——一緒に行けるように、あなたも都合を合わせられるかもしれませんね。——

それから、ゲルリング嬢[2]に、関心とその気があればナトルプ・ゼミナール[3]に出席しないか、伝えてもらえませんか。昨晩は言い忘れてしまいました。

心からのあいさつを

あなたのマルティン・ハイデガー。

＊1　レーヴィットにコンサートのチケットの購入を依頼しているのだろう。

＊2　エリーザベト・ゲルリングは、一九一九年夏学期のハイデガーのゼミナール「デカルト『省察』についての現象学演習」に出席。ナトルプ・ゼミナールはごく少人数で行われたため、履修者名簿が存在しない。彼女はのちにシュレースヴィヒ・ホルシュタインで教員。彼女についてはそれ以上突き止められなかった。

＊3　ハイデガーは一九一九・二〇年冬学期に、ナトルプ『一般心理学』について演習を行った。

5　ハイデガーからレーヴィットへ

［フライブルク、］一九二〇年一月二四日

親愛なるレーヴィット様！

今日、願ってもない天候に恵まれてシュヴァルツヴァルトに来ました。月曜の晩に戻るつもりです。あなたの鋭敏な嗅覚で、いろいろな問いを自由に引き出してください。それらは私にとってこの上なく価値のあるものになります。

——

すばらしいあなたの報告[*1]について、個人的にあらためてお礼を言います。特定の学問的教義学にすがること——これはあらゆる哲学の死を意味します——のない、真の精神的生が感じとれました。

心から、あなたの

マルティン・ハイデガー

*1　レーヴィットの報告は彼の遺品にもハイデガーの遺品にも残っていない。

6　ハイデガーからレーヴィットへ

フライブルク・ブライスガウ、一九二〇年二月一五日

親愛なるレーヴィット様！

お葉書[*1]、本当にありがとう。スキーはあまりできませんでした。二日間ほとんど雪がなかったからです。研究にかなり打ち込んだため、二、三日寝込んでしまいました。

私は夏学期講義[*2]〔の草稿〕を全部破棄し、新たに［書き］上げています。本当なら、「現象学」という同じテーマについて、つねに少なくとも同時に三つの講義をしなくてはならないのでしょう。これからの数学期で、私が思い切って実験するのかどうか、私には分かりません。哲学においても私たちは伝統を背負い込みすぎているので——あまり

に非歴史的なので、自分たち自身のことをもはや知らないのです。――

ヘーゲル・ゼミナールについて、もう一度じっくり考えました。どれほど善意があろうと、彼はエンチクロペディーの論理学以上に不適切なもの[*3]を選べなかっただろう、と言わざるをえません。こうしたすべては、ヘーゲルに対するどうしようもない無邪気さを、また、哲学をもてあそぶ典型を証明しており、それがここでみごとにおこなわれています。

あなたのヘーゲル研究がよい成果を上げられますように。正しく苦労するまでは、とても長い時間がかかるものです。ディルタイの、ヘーゲルの青年時代（アカデミー論文集、ベルリン、一九〇五年[*4]）のことはあなたに言いましたか。

またお便りをください。そして「ミュンヘン学派」のひとたちによろしく。

心からのあいさつを

あなたの

マルティン・ハイデガー。

＊1　この葉書は遺品には残っていない。

＊2　ハイデガーは一九二〇年夏学期に、直観と表現の現象学について講義した。次を見よ。Martin Heidegger, *Phänomenologie der Anschauung und des Ausdrucks. Theorie der philosophischen Begriffsbildung*, hrg. von Claudius Strube. (HGA 59), Vittorio Klostermann, Frankfurt am Main 1993〔『直観と表現の現象学――哲学的概念形成の理論』〕.

＊3　ハイデガーがここで言及しているのは、おそらくヨーナス・コーンの一九二〇年夏学期ゼミナールのことで、これは「講義についてのコロキウム」という表題で予告された。この講義の表題は、「哲学的論評（ヘーゲル『エンチクロペディー』）」。ヨーナス・コーン（一八六九―一九四七）は哲学者で心理学者、教育学者。一八九七年から、一九三三年に強制休暇となるまでフライブルク大学教授で、ハイデガーの同僚。一九一九年から、哲学と心理学、教育学の正教授。一九三九年にイギリスに亡命し、八年後に同地で死去。新カント派の重要な代表者の一人。最も重要な著作はとくに次のとおり。*Voraussetzungen und Ziele des Erkennens. Untersuchungen über die Grundfragen der Logik*, Engelmann, Leipzig 1908, *Geist der Erziehung. Pädagogik auf philosophischer Grundlage*, B. G. Teubner, Leipzig/Berlin 1919, und *Theorie der Dialektik. Formenlehre der Philosophie*, Felix Meiner, Leipzig 1923.

＊4　この著作は、一九〇五年にベルリンのプロイセン科学アカ

デミー論文集のなかで出版され、一九〇五年一一月二三日にディルタイによって哲学歴史学部門会議のなかで読み上げられた。現在は次にも所収。Wilhelm Dilthey, *Die Jugendgeschichte Hegels und andere Abhandlungen zur Geschichte des deutschen Idealismus, Gesammelte Schriften*, Bd. IV, Vandenhoeck & Ruprecht, Stuttgart/Göttingen, 51974, 5-187〔1〕〔『ヘーゲルの青年時代』水野建雄他訳、『ディルタイ全集第8巻　近代ドイツ精神史研究』所収、久野昭他編集校閲、法政大学出版局、二〇一〇年、二二七―五四四頁〕。ヴィルヘルム・クリスティアン・ルートヴィヒ・ディルタイ（一八三三―一九一一）は精神科学を基礎づけた一人で、一九世紀後半の最も影響力の大きい哲学者に数えられる。最初の主著は、*Einleitung in die Geisteswissenschaften*, Duncker & Humblot, Berlin 1883〔『ディルタイ全集第1巻　精神科学序説I』牧野英二編集校閲、法政大学出版局、二〇〇六年〕。他の主な著作は、*Der Aufbau der geschichtlichen Welt in den Geisteswissenschaften*, Preußische Akademie der Wissenschaften, Berlin 1910〔『精神科学における歴史的世界の構成』尾形良助訳、以文社、一九八一年〕、および、*Das Erlebnis und die Dichtung. Lessing, Goethe, Novalis, Hölderlin*, B. G. Teubner, Leipzig/Berlin 1906〔『体験と創作　上・下』柴田治三郎訳、岩波文庫、一九六一年〕。

〔1〕原文では「-180」であるが、誤記と見なして「-187」に訂正する。

7　ハイデガーからレーヴィットへ

〔フライブルク、〕二〇年三月二三日

親愛なるレーヴィット様！

ちょうどベセラー[*1]が来ていて、午後の音楽の催しに招待してくれました。クルイェル[*2]がまた顔を出しました。私はあなたのお手紙[*3]をとても喜んでいます。思うに、あなたはラスク[*4]をあまりに文字どおりに理解しています。――彼が、カントの言い回しを乗り越えないまま、積極的に欲し見ているのは何なのか、と私たちが尋ねるなら、彼のイメージはちがってきます。現代で最も重要な哲学的頭脳を私は彼のなかに見たいのです。いまとなっては残念ながら過去のことですが。

ハイ〔?〕[*5]の提供する個々の分析はよいものですが――彼についての私の記憶は漠然としたものにすぎません――入念な仕上げがほとんどされていませんでした。

ヤスパースの本[*6]は、かなり長いあいだ取り組んでいると輝きを失います。積極的な新しさはむしろ配列、「目録」にあり、つまりは非哲学的です。ベセラーが言うには、ベルクソン[*7]が「学会」[*8]で基礎に置かれるべきです。私はそれに大賛成です。もちろん、ベルクソンが文字どおりに受けとられるだけとか、あるいは表面的に〔フッサールの〕『イデーン』と対置されるだけにとどまってはなりません。そのためには大きい哲学的研究が必要です。かりに学会の原理にとって、またその他の点でも「不適切」でないとしたら、私はそのさい進んで主導するでしょう。新しい訳者[*9]とは面識があります。ベルリンの上級教諭で、ディルタイの「孫弟子」です。この翻訳はずっとよいように思えます。とはいえ、これを読むにはフランス語版を下敷きにしなくてはならないのですが。――

　ちょっと前に、ヴィースバーデンの「学問週間」で二時間シュペングラーについて話す[*10]よう依頼されました。他に、ボルン（フランクフルト）[*11]はアインシュタインの法則について、オンケン（ハイデルベルク）[*12]は近代史について何かを、ヴォルツェンドルフ（ハレ）[*13]は法律の問題について話すのだそうです。「シュペングラーブーム」は衰えつつあるように見え、したがって、そろそろ、穏やかに哲学的・積極的に『イデーン』と対決すべきです。夏に当地で連続講演を繰り返すことができるかもしれません。復活祭のあとでヴィースバーデンに向かい、二週間過ごします。

　シュテルン[*14]は私にも手紙を書いてきます。彼は、週一時間ベルクソンについて講義するシェーラー[*15]を聴講するつもりです。ちなみに、少し前私はシェーラーの『偶像』[*16]を読んで、彼がどれほど強くベルクソンの影響を受けているか、――そして彼の背後にはどういう積極的な力がひそんでいるかに気づいています。――

　まだ読む時間があるのですから、あなたはまだすばらしい時代にいます。私はめったに読めませんし、その場合でもきまって「特定の目的のために」読むにすぎません。

　講義計画を新たに入念に仕上げるなかで、私はまったく新しい軌道に入ったため、〔時間の〕経済観念がまたなくなってしまい――短い学期中にどう終わらせればいいのか分かりません。前学期の重要な事柄をも伝えようとすればなおさらです。

　しかし結局、あらゆる結果という見るたびにちがって見えかねない代物よりも決定的なのは、生き生きと働いて導くこと、見る方向にますます集中してともに身を置きいれることです。というのも、私たちが哲学するのは、知識と命題をためこむためではなく、生をかたちづくるためだからなのです。そしてそれは世界観哲学であってはならない！、とあなたなら言うでしょう。さて、この語は、観念論―実在論、合理主義―非合理主義等々といったたぐいの誤った二者択一の項でもあります。私たちはこの二者択一を、「真理」は両端のあいだのどこかに、またはどちらかの端にあるにちがいない、という不自然なイメージのなかで伝統に従って固持しているのです。――

この夏学期が真に生き生きとしたものとなりますように。そして、私たちのサークルが、各自の意見と確信と関心が自由で自立しているにもかかわらず一つの真の細胞となり、この細胞にもとづいて大学生活と精神の生がたえず真正な更新を経験しますように。世界は人間のなかで始まります。世界は人間の「表象」ではないのですから。――

四月七日か八日に出発し、月末に戻るでしょう。

心からのあいさつを

あなたのマルティン・ハイデガー。

＊1　ハインリヒ・ベセラー（一九〇〇―一九六九）はハイデガーのもとで哲学を学ぶ。一九二八年、ハイデルベルクの音楽学の教授。次をも見よ。Karl Löwith, *Mein Leben in Deutschland vor und nach 1933*, 60f.（『ナチズムと私の生活――仙台からの告発』九七―九八頁）

＊2　ハンス・クルイエル（一八九六―一九七四）は美術史と音楽史を学ぶ。一九二四・二五年、デュッセルドルフ劇場の楽団指揮者。一九二七年から一九三一年まで、ベルリンのクロル歌劇場の文芸部員、演出家、副監督。一九三三年、国家社会主義者による迫害のためにチューリヒに亡命。一九四二年から一九四九年まで、チューリヒの劇場・演奏旅行協同組合長。一九四八年以後は、ベルリン、パリ、ヴェネチア、ザルツブルクなどで自由な著作家、演出家として活動。

＊3　この手紙は遺品のなかには残っていない。

＊4　エーミール・ラスク（一八七五―一九一五）はハインリヒ・リッカートの弟子で、新カント派のバーデン学派の重要な代表者の一人。ハイデガーの哲学的発展に彼が与えた影響は大きい（Martin Heidegger, *Frühe Schriften*, Vittorio Klostermann, Frankfurt am Main 1972〔『ハイデッガー全集第1巻　初期論文集』岡村信孝他訳、創文社、一九九六年〕を参照）。

＊5　Gerardus Heymans, *Die Grenzen und Elemente des wissenschaftlichen Denkens* (Barth, Leipzig 1905) のことか。

＊6　Karl Jaspers, *Psychologie der Weltanschaungen*, Julius

Springer, Berlin 1919〔『世界観の心理学』重田英世訳、創文社、一九九七年〕。これについては、マルティン・ハイデガーによる批評「カール・ヤスパース『世界観の心理学』論評」を参照。次に所収。Martin Heidegger, *Wegmarken*, hrg. von Friedrich-Wilhelm von Herrmann (HGA 9), Vittorio Klostermann, Frankfurt am Main 1976, 1-44〔『ハイデッガー全集第9巻　道標』辻村公一他訳、創文社、一九八五年、五―五二頁〕。カール・テーオドーア・ヤスパース（一八八三―一九六九）は精神医学者で哲学者。一九一六年、ハイデルベルク大学の心理学の員外教授、一九二二年、哲学の正教授。一九二〇年以来、ハイデガーと親交を結ぶ。主著はとくに次のとおり。*Allgemeine Psychopathologie*, Springer, Berlin 1913〔『精神病理学原論』西丸四方訳、みすず書房、一九七一年〕[1]、*Psychologie der Weltanschauungen*, Springer, Berlin 1919〔『世界観の心理学』〕、*Die geistige Situation der Zeit*, Walter de Gruyter, Berlin/Leipzig 1931〔『ヤスパース選集28　現代の精神的状況』飯島宗享訳、理想社、一九七一年〕、さらに、*Philosophie*, Band. 1: *Philosophische Weltorientierung*, Band 2: *Existenzerhellung*, Band 3: *Metaphysik*, Springer, Berlin 1932〔『哲学的世界定位〔哲学Ⅰ〕』武藤光朗訳、一九九七年、『実存開明〔哲学Ⅱ〕』草薙正夫、信太正三訳、一九九七年、『形而上学〔哲学Ⅲ〕』鈴木三郎訳、一九七六年、創文社〕。次の往復書簡集も重要。M. Heidegger/K. Jaspers, *Briefwechsel 1920-1963*, hrg. von Walter Biemel und Hans Saner, Vittorio Klostermann, Frankfurt am Main und Piper, München/Zürich 1990〔『ハイデッガー＝ヤスパース往復書簡 1920-1963』渡邊二郎訳、名古屋大学出版会、一九九四年〕。

*7　アンリ＝ルイ・ベルクソン（一八五九―一九四一）はフランスの哲学者。一九二七年、ノーベル文学賞受賞。主著は次のとおり。*Essai sur les données immédiates de la conscience* (Presses Universitaires de France, Paris 1889)〔『時間と自由』中村文郎訳、岩波文庫、二〇〇一年〕、*Matière et mémoire* (Presses Universitaires de France, Paris 1896)〔『物質と記憶』熊野純彦訳、岩波文庫、二〇一五年〕、*L'évolution créatrice* (Presses Universitaires de France, Paris 1907)〔『創造的進化』真方敬道訳、岩波文庫、一九七九年〕、*Les deux sources de la morale et de la religion* (Presses Universitaires de France, Paris 1932)〔『道徳と宗教の二源泉』中村雄二郎訳、白水社、一九七八年〕。

*8　エトムント・フッサールは一九一八・一九年〔冬学期〕に「フライブルク現象学会」を設立し、ハイデガーとレーヴィット[2]もその会員となる。これについては書簡9、10〔本書一七、二一頁〕をも参照。エトムント・フッサール（一八五九―一九三八）は現象学の創始者で、マルティン・ハイデガーの最も重要な師。一九〇一年から一九一六年までゲッティンゲン大学の哲学の教授で、一九一六年、ハインリヒ・リッカートの後任としてフライブルク大学に招聘される。主著はとくに次のとおり。*Logische Untersuchungen* (2 Bände), Max

Niemeyer, Halle an der Saale 1900-01〔『論理学研究』（全四巻）立松弘孝他訳、みすず書房、二〇一五年〕、*Ideen zu einer reinen Phänomenologie und phänomenologischen Philosophie* (Max Niemeyer, Halle an der Saale 1913)〔『イデーンI』（全二巻）渡辺二郎訳、みすず書房、一九七九―八四年〕。ハイデガーとフッサールの関係については、*Heidegger-Jahrbuch* Bd. 6, *Heidegger und Husserl* (2012) を見よ。

＊9　おそらく、ベルクソンの『物質と記憶』(*Matière et mémoire*) の新訳の訳者、ユーリウス・フランケンベルクのこと。この新訳は一九一九年、イェーナのディーデリクスから次の表題で出版。*Materie und Gedächtnis: eine Abhandlung über die Beziehung zwischen Körper und Geist.*

＊10　ハイデガーは、一九二〇年四月一四日、「オスヴァルト・シュペングラーと著作『西洋の没落』」というテーマについて話した。「学問週間」は「大学講座協会」の催し。

＊11　マックス・ボルン（一八八二―一九七〇）は一九一九年以来、フランクフルトの理論物理学の教授で、アルベルト・アインシュタインと親交を結ぶ。一九二〇年、*Die Relativitätstheorie Einsteins und ihre physikalischen Grundlagen* (Springer, Berlin) を出版。

＊12　ヘルマン・ゲーアハルト・カール・オンケン（一八六九―一九四五）は当時ハイデルベルク大学の近代史の教授で、のちにミュンヘンとベルリンでも近代史の教授。

＊13　クルト・ヴォルツェンドルフ（一八八二―一九二一）は当時ハレ大学の公法の教授。彼が出版したのは次のとおり。*Vom deutschen Staat und seinem Recht: Streiflichter zur allgemeinen Staatslehre* (Veith, Leipzig 1917) und *Geist des Staatsrecht: eine Studie zur Biologie des Rechts und zur Psychologie des Volksstaats* (Der Neue Geist-Verlag, Leipzig 1920).

＊14　おそらく、一九一九年夏学期から一九二〇・二一年冬学期までハイデガーのゼミナールに出席したエーリヒ・シュテルンのこと。一九二二年、論文 *Über bewahrendes und verarbeitendes Gedächtnisverhalten* (Freiburg, J. A. Barth 1922) によって、哲学部の博士号を取得。フッサールは彼の博士論文のために副報告を執筆。次を見よ。Edmund Husserl, *Briefwechsel*, in Verbindung mit Elisabeth Schuhmann herausgegeben von Karl Schuhmann, Band 8, *Institutionelle Schreiben*, Kluwer, Dordrecht 1994, 176.

＊15　マックス・フェルディナント・シェーラー（一八七四―一九二八）はフッサールとならぶ現象学の代表者。一九二一年、ケルンの哲学と社会学の教授、一九二八年、フランクフルト・アム・マイン大学に転じる。著作は『全集』（全一六巻）としてマリーア・シェーラーとマンフレート・S・フリングスが編集。

＊16　Max Scheler, »Die Idole der Selbsterkenntnis«, in: *Gesammelte Abhandlungen und Aufsätze*, 2 Bände, Verlag der Weißen Bücher, Leipzig 1915, Band 2, 3-168; jetzt in:

Gesammelte Werke Bd. 3, hrg. von Maria Scheler und Manfred S. Frings, Bouvier, Bonn ⁵1972, 213-292（「自己認識の偶像」大久保正健他訳、『シェーラー著作集5　価値の転倒』所収、白水社、二〇〇二年、一一一―二二五頁）.

〔1〕この邦訳は原書第五版の翻訳である。

〔2〕原文では「書簡8」であるが、誤記と見なして「書簡9、10」に訂正する。

8　ハイデガーからレーヴィットへ

［フライブルク、］二〇年九月一日

親愛なるレーヴィット様！

幸い、二人目の男の子が生まれました[*1]。もっと私と話したければ、土曜（今週）より前に来てください。土曜にはメスキルヒにまた戻るつもりです。メスキルヒには私の草稿があり、仕事に集中できます。金曜午後にお茶に来てはどうでしょうか（四時半）。現在、私は自分自身を解体しており、これは大変な苦労です。

心からのあいさつを

あなたの

M・ハイデガー

＊1　ハイデガーの次男、ヘルマンは一九二〇年八月二〇日、フライブルクに生まれる。ハイデガーの実子ではない。これについては次を見よ。Nachwort von Hermann Heidegger, in: *»Mein liebes Seelchen«. Briefe Martin Heideggers an seine Frau Elfride 1915-1970*, hrg. und kommentiert von Gertrud Heidegger, Deutsche Verlags-Anstalt, München 2005, 382.

9　ハイデガーからレーヴィットへ

メスキルヒ、二〇年九月一三日

親愛なるレーヴィット様！

少人数の現象学会に属するのは誰なのか、明確に決まっているのでしょうか。テーマに関しては先走りしたくありません――それ自身としては私は大賛成で、ただ「相対主義」を一つの立場に仕立てるという「危険」を大きくしたくないだけです。あからさまに擁護されれば、相対主義は最善のものを失ってしまうでしょうから。大学教員たちにアンケートをとれば「ジンメル」[*1]という結果がきっと十分に得られるでしょう。ディルタイの論文集を私はもっていません。ただきわめて詳細な抜粋が、たとえば、一九〇九・一〇年に神学生だった私が写した、全体を知るひとにしか価値のないコピーが部分的にあるだけです。フッサールは何編かの論文をもっていて、いまはシラジ[*2]のところにあるはずです。この夏は私がもっていました。

「コギト」[*3]については、キリスト教哲学全体が私にとって問題になります――私は「コギト」を後ろ向きに〔時代をさかのぼって〕見たいのですから。重要なのは、あなたが他の二つの形而上学的論文[*4]と規則[*5]をなにほどか「知っていて」、したがって認識論を切り離すことの倒錯性を研究できる、という点だけです。――ゼミナールのことでは、私はいろいろ落胆しました――どれもこれも、しっかりした神学的素養なしのディレッタンティズムであり、神学を、とりわけ〔カトリックとプロテスタントという〕二つのキリスト教宗派を、真に学問的に論じるのに必要な仕方で自分のものにするためには、一学期や二学期では足りません。当初私はそうしたことから切り分け、哲学的なものだけに目を向けるつもりでしたが、そういうわけにはいきません。キルケゴールも、神学的にのみ（私が理解し、冬学期に詳しく述べるように）根底からくつがえすことができるのです。観念論反駁においてあなたがいつもみごとに見出すあやまちを、あなたがキルケゴールに対しておかすことを私は恐れます。しかし、キルケゴールの魔法にかからないように努めるなら、もう多とすべきです。私は彼に対する関係をちがったふうに考えています。彼を（たとえばヤスパースにおけるように）心理学で食い物にするのはとりわけて倒錯であり、混乱した折衷になるばかりです。けれどももっとひどいのは、全面的にキリスト教的に、彼に身を捧げることです。そうするのは難しくはありませんが、しかしそれは、私にとっては、キリスト教的なものと取り組まずに、キリスト教的なものをキルケゴールそのひとと混同したしるしなのです。ヘーゲル主義者になるのは、キルケゴール主義者になるよりもひどさがまだ半分です。キルケゴールが語った重要な事柄を新たに自分のものにするのが大切ですが、独自の状況から生育している厳しい批判のなかでそうしなくてはなりません。やみくもに自分のものにするのは、自分の内面性から俗悪小説をこしらえ、それで人々をぞっとさせるという、どうしようもない誘惑です。実存について語る誰もがキルケゴール主義者である必要はありません――私のとっかかりはそう誤解されましたが――、私はしかし少なくとも何か別なことを望んでいるのです。それはたいしたことではありません。つまり、今日の事実的な転覆の状況のうちを生きながら、私が「必然的」なものとして経験するもののことです。そこからある「文化」が生まれるのか、それとも没落が加速するのかを横目で見ないで、経験するもののことです。ゼミナールでは反論や難問をとおして私自身が何かを学びたいし、それに、反論や難問は出席者自身が事象に太刀打ちできる場合にのみ必要な切れ味をもって出てくるものなのですから、当面私は宗教現象学のゼミナールを断念しました。というのも、率直に言えば、そこから生まれるのは、私が哲学から一掃したがっている宗教哲学のおしゃべり、参考書から知られるような宗教的なものについてのお話だけだろうからです。ことによると、私たちは来年の夏学期にはそれを思い切ってできるかもしれません。[*6] 次に私はプロティノスを考えましたが、しかし部分的には同じ難点があります。そこで、アリストテレスの形而上学に決めました。ルターはオットー・クレーメンの版で、四巻本でマルクス・ウント・ヴェーバーからボンで一九一二年に出ています[*7]（いわゆる小「ボン」版）[*8]。こういう背景に気づいたら、あなたはきっとちょっと驚くでしょう。こんなふうに別の方向を指示するのは、あなたにとってはいらざることかもしれません。とりわけ私は講義ではまだルターを論じていませんから、なおさらです。フッサールはまた私に書いてよこしましたが、教師の仕事と博士号の授与方法についての私の提案に「心から賛成する」のだそうです（はっきりあなたの名前を出して）。私があなたに助言してよいとすれば、あなた自身がすでに始まりを終えている場合にのみ、あなたは博士号の話をしてください。当地で私は、仕事しすぎて来学期に役立たなくなる恐れが大きくなっています。カーラー[*9]を私に送ってくれるか、あるいは著者をとおして一部贈ってもらえないでしょうか。本を買うには最近の私は貧しすぎます。――

　心からあいさつします

　　あなたのM・ハイデガー。

ベッカー博士[*10]に、また彼以外の右派と左派の現象学者たちによろしくお伝えください。

*1　ゲオルク・ジンメル（一八五八―一九一八）は哲学者で社会学者。一九一四年にようやくシュトラースブルク大学に招聘される。しばしば生の哲学者に数えられる。マックス・ウェーバーおよびフェルディナント・テニエスとともに、ドイツ社会学会を創設。初期ハイデガーはジンメルを研究。一九八九年から、オットハイン・ラムシュタット編集のジンメルの著作の「全集版」がフランクフルト・アム・マインのズーアカンプ出版から刊行〔『ジンメル著作集』（全12巻）白水社、二〇〇四年〕。

*2　ヴィルヘルム・シラジ（一八八九―一九六六）は一九二〇年夏学期からフライブルクのハイデガーのもとで学び、その後彼を追ってマールブルクに移る。二人は生涯にわたる親交を結ぶ。第二次世界大戦後シラジはフライブルクの教授となり、一九四七年から一九六四年までハイデガーの講座を代行。主著は、*Macht und Ohnmacht des Geistes. Interpretationen von Werken von Platon und Aristoteles*（Francke, Bern 1946）und *Philosophie und Naturwissenschaft*（Francke, Bern 1961）.

*3　「コギト」への言及は明らかに、一九二〇・二一年夏学期ゼミナール「デカルト『省察』についての初学者向け現象学演習」に関連している。

*4　おそらく、René Descartes, *Discours de la méthode*, in: *Œuvres*, publiées par Charles Adam und Paul Tannery, Tome VI, Leopold Cerf, Paris 1902, 1-78〔『方法序説』谷川多佳子訳、岩波文庫、一九九七年〕、および、*Principia philosophiae*, in: *Œuvres* Tome VIII, Paris 1905, 1-353〔『哲学原理』桂寿一訳、岩波文庫、二〇一〇年〕。

*5　René Descartes, *Regulae ad directionem ingenii*, *Œuvres* Tome X, Paris 1908, 349-488〔『精神指導の規則』野田又夫訳、岩波文庫、一九七四年〕.

*6　ハイデガーは、フライブルクのこれ以後のどの学期にも、宗教哲学のゼミナールをもはや実施しなかった。

*7　一九二一年夏学期にハイデガーは「アウグスティヌスと新プラトン主義」を講義。現在は次に所収。Martin Heidegger, *Phänomenologie des religiösen Lebens*, hrg. von Matthias Jung, Thomas Regehly und Claudius Strube (HGA 60), Vittorio Klostermann, Frankfurt am Main 1995, 158–299〔『宗教的生の現象学』〕.

＊8　*Luthers Werke in Auswahl*, hrg. von Otto Clemen unter Mitwirkung von Albert Lietzmann, Bd. 1-4, Marcus und Weber, Bonn 1912-13.

＊9　Erich von Kahler, *Der Beruf der Wissenschaft*, Georg Bondi, Berlin 1920.

＊10　オスカル・ヨーアヒム・ベッカー（一八八九―一九六四）はフッサールの弟子で、ハイデガーやレーヴィットと親交を結ぶ。一九二七年にフライブルクの員外教授、一九三一年から四五年までボン大学の数学史の教授。主著 *Mathematische Existenz. Untersuchungen zur Logik und Ontologie mathematischer Phänomene* は、『存在と時間』とともに『哲学および現象学研究年報』第八巻に同時掲載。彼についてはさらに次を見よ。Karl Löwith, *Mein Leben in Deutschland vor und nach 1933*, 45-57〔『ナチズムと私の生活――仙台からの告発』七四―九六頁〕.

10　ハイデガーからレーヴィットへ

フライブルク[*1]、二〇年九月一九日

親愛なるレーヴィット様！

送ってくれてありがとう。カーラーを読むのは一苦労です。文体がごてごてと飾りすぎていて、これは空気が希薄なためです。私には、彼が、人生で一度も経験したことのない事柄についてあれこれ考えている大学卒業者に見えます。かりにM・シェーラーが学問の問題を提起したとしたら、たまたま依頼された小さい講演[*2]で話すのとはきっと別の事柄を語ったことでしょう。とはいえ私たちは、カーラーの著作に注意を払わざるをえなくなるでしょう。それに反対して書くのではなく、反対して指導し活動しなくてはならなくなるでしょう。私たちの時代のように指針に飢えた時代だけが、そういうことが議会政府の交代のようにできると思い込んでいるのです。――そしてカーラーはこの目的には格好ですが、しかし視野がはっきりしないようにも私には思えます！　宗教的なことを「語る」ことは私だったらしなかったでしょうが、彼はそうせざるをえなかったのかもしれません。私の講義について、私がそうすると人々が思うのは誤った期待でもあります。たぶん私がこの点をすぐ言う方がよいのでしょう。

少人数の現象学会については口を挟みたくありません。名誉会員となるよりは通常会員である方が私には好ましいけれども、それは、そのようにして構成された学会（学会をきれいにするというあなたの提案に私は同意します）においてこそ可能でなくてはならないでしょう。こういうわけで、私には講義するのがすでにかなりの負担になっています。また名誉会員として講義するのも同じでしょう。エビングハウス[*3]を会員に加えるべきかどうかについては、学会に判断を委ねます。ただ、これだけは言いたいのですが、彼は内心では学会と対立しており、たいていの人が知っているのとはまったくちがって、クローナー[*4]たちと連携しています。教授資格取得にさいしては、彼は、真の「状況」ではなく実際の「状況」を考慮せざるをえません。個人的には私は彼を堅実で鋭利に思考する人間として評価しており、たくみに鋭く理解し表現することにかけては私たちの誰にもまさる人物です。けれども、彼には何かが欠けているため、自分から彼とともに実際に哲学する気にはなれません――彼は住む世界がちがうのです。それに、自立した指導的な現象学的諸傾向が自由で縛られない影響を及ぼすのを彼が妨げないか、私には分かりません。しかし、彼が学会にいようといまいと、私の関与には何の変わりもありません。こんなことを私が言うのは、私の見方が正しければ、少人数の現象学会が分裂したのは、意見がまったく一致しないとはいえ清潔である現象学的領野で研究するためだからなのです。ベッカー博士のことは、私が戻ってからもう一度フッサールにとりなします。また講習会やら何やらがあるのは避けられませんが、その場合は主導権を奪い取られてはなりません。現象学の営みについて世間が何を言おうとどうでもよいことですが、それだからといって、また事象のためには、ゲットーのような場所に閉じこもるのはゆるされないのです。〔現象学へと〕折伏しようとしてはなりません。だが、今日こそ、大学における決定的な精神的影響を及ぼせる場合は拒みません。メッガー博士[*5]はきっと現象学のプロレタリアートを引き受けるでしょう。私はこの点で「オステルビーア」です[*6]。残念ながら、私はご両親[*7]にお会いできるほど早くフライブルクに戻ることはないでしょう。以前、一〇月一九日ごろにいらっしゃると言っていませんでしたか。もっと早いようなら、私を紹介してください。

ご両親によろしく、ベッカー博士と他に御地にまだいる方によろしくお伝えください[*8]。

＊1　当時ハイデガーはメスキルヒにいたから、これは書き間違いにちがいない。

＊2　「ドイツの大学の危機――およびドイツ教育制度全体の改革と関連したその改革の必然性」というテーマで、一九一九年初めにマックス・シェーラーがケルンで行った講演のこと。のちに増補された稿が»Universität und Volkshochschule«（「大学と市民大学〔成人学校〕」）という表題で次の論集で公表。*Zur Soziologie des Volksbildungswesen* (hrg. von Leopold von Wiese, Band 1 der Schriften des Forschungsinstitutes für Sozialwissenschaften in Köln, Duncker & Humblot, Berlin 1921). 現在は次にも所収。Max Scheler, *Die Wissensformen und die Gesellschaft,* (*Gesammelte Werke* Bd. 8), hrg. von Maria Scheler, Francke Verlag, Bern/München 1960. 383-420〔「大学と成人学校」津村裕三訳、『シェーラー著作集12　知識形態と社会 下』所収、白水社、一九七八年、二九一―三五一頁〕.

＊3　ユーリウス・カール・ルートヴィヒ・エビングハウス（一八八五―一九八一）は一九二一年、論文 *Die Grundlagen der Philosophie Hegels* によってフライブルク大学で教授資格を取得。一九二六年、同大学の哲学の員外教授、一九三〇年、ロストック大学の招聘に応じる。一九四〇年からはマールブルク大学で教える。主著は、*Über die Fortschritt der Metaphysik*, J. C. B. Mohr, Tübingen 1931.

＊4　リヒャルト・クローナー（一八八四―一九七四）は、ヴィルヘルム・ヴィンデルバントとハインリヒ・リッカートの南西ドイツ学派の新カント派に近い。とくにゲオルク・ジンメル、ヴィルヘルム・ヴィンデルバント、ハインリヒ・リッカート、エトムント・フッサールのもとで学ぶ。〔1〕アンリ・ベルクソン哲学に関する最初のドイツ語論文を執筆。一九一九年、フライブルク大学で非公務員の員外教授に任命される。一九二〇年、ドイツ観念論哲学に関して三年間の俸給つき非常勤講師を委嘱される。ここから生まれたのが、二巻本»Von Kant bis Hegel« (J. C. B. Mohr, Tübingen 1921 und 1924)〔『ドイツ観念論の発展――カントからヘーゲルまで I・II』上妻精監訳、理想社、一九九八―二〇〇〇年〕。一九二八年、キール大学の哲学の教授。一九三五年、前線で戦った兵士の特権を有するユダヤ人だったため、自発的に定年退職し、その後三年間、ベルリンに住む。一九三八年、イギリスに亡命し、オックスフォード大学で三年間教える。一九四〇年にアメリ

カ合衆国に渡り、一九四一年から一九五二年に定年退職するまでユニオン神学校（ニューヨーク市）で宗教哲学を教える。

*5　アルノルト・メツガー（一八九二—一九七四）は、一九二〇年から二四年までフッサールの助手。一九三三年にようやく教授資格論文を出版。*Phänomenologie und Metaphysik* (Max Niemeyer, Halle an der Saale). 一九三八年にパリに、一九四〇年にイギリスに、一九四一年にアメリカ合衆国に亡命。とくにボストンのハーバード大学で教える。一九五二年から一九七四年までミュンヘン大学客員教授。

*6　オステルビーアないしユンカーは、オステルビーエン、つまり、東エルベ地方に位置したプロイセンおよびメクレンブルクの諸地域の大土地所有者を指す日常語。ハイデガーはここで、「プロレタリアートの友」と、古くからのエリートの「プロイセンの貴族」という対立を用いている。

*7　レーヴィットの父ヴィルヘルム（一八六一—一九三二）は高名な画家。ウィーン・アカデミーでクリスティアン・グリーペンカールとアウグスト・アイゼンメンガーの、ミュンヘン・アカデミーでヴィルヘルム・フォン・リンデンシュミットの弟子。レーヴィットの母はマルガレーテ、旧姓ハウザー。両親ともユダヤ人。

*8　ハイデガーは葉書に署名していない。

〔1〕原文では「エーミール（Emil）」であるが、Henri の誤記と見なして「アンリ」に訂正する。

11　ハイデガーからレーヴィットへ

［メスキルヒ、］二〇年一〇月九日

親愛なるレーヴィット様！

私は今月一八日に、フッサールは一七日に到着します。彼［フッサール］がいったいいつ始めるのか、まるで分かりません。私は今度少し早めに始めるつもりです。私が自分の講義[*1]に特別に夢中になっている、というわけではありません。学期が進むうちに私の講義が失敗する感じがします。私自身はこの間どんどん前に進んでいるのに、講義のほうはいろんな部分でちょっともう古くなっているのですから。この場合、破れ目をふさいだところでうまくいきません。

デカルト・ゼミナール——その「初学者向け」という特徴が私にはまだ明白ではないのですが——では、私はあなたのためにとてもきちんとした報告をします。

この冬学期が楽しみで、とくに私たちが精神的にも、統一的な様式と特徴をそなえたサークルを作り上げられるよう望んでいます――私が考えているのは哲学するためのサークルではなく、人間らしく交流するなかで哲学が「目立たない」契機であるようなサークルのことです。
　しばしば、ベセラー宅で過ごした幾晩かを思い出してうれしくなります（ケーキのせいだけではありません！）。思うに、私たちはああした晩を、朗読することによって、あるいは新刊書について自由に報告することによってお膳立てするのです――シュレーゲルやシュライアーマッハーのサークルの真似ではなく、彼らの自発性や自立性とものごとに対する情熱に学ぶのです。私たちは自分たちを天才だとみなす必要はありませんが、誰もが重視されます――ひょっとするとトゥスト[*2]が不意に、何かをたずさえて現れるかもしれません。みなさんによろしくお伝えください。

心から
あなたの
マルティン・ハイデガー。

　グルリット・ゼミナール[*3]はあきらめざるをえません。私には負担が大きすぎますし、自分本来の諸研究がどんどん前進している真っ最中だからです。

親愛なるレーヴィット様[*4]。

　お気づきのように、この葉書のあて先をうっかり誤記したため、ずっと手元に置いていました。私は昨日、一六日にもう到着しました。フッサールは二八日に、私は次の日に始めます。水曜の晩に来ませんか。――あるいは、午後ベセラーやアーフラ・ガイガー[*5]と一緒にちょっとぶらつくこともできます。いずれにしても私は家にいます。

＊1　Martin Heidegger, »Einleitung in die Phänomenologie der Religion«, in: Martin Heidegger, *Phänomenologie des religiösen Lebens* (HGA 60), 223-263〔「宗教現象学入門」、『宗教的生の現象学』所収〕.

＊2　マルティン・トゥストはのちに次を出版。*Sören Kierkegaard, der Dichter des Religiösen. Grundlagen eines Systems der Subjektivität*, C. H. Beck, München 1931. さらに次を見よ。Karl Löwith, *Mein Leben in Deutschland vor und nach 1933*, 60〔『ナチズムと私の生活――仙台からの告発』九七頁〕.

＊3　ヴィリバルト・グルリット（一八八九―一九六三）はフライブルク大学の音楽学の教授で、ハイデガーと親交を結ぶ。一九二〇年夏、二人は共同ゼミナールの実施を模索。「親愛なる博士様！　提案したいことがあります。私たちが計画している共同コロキウムを、来学期の講義目録に、音楽学の現象学的基礎づけのための演習というかたちで入れられないでしょうか。ごく少人数で、時間指定はこれから。グルリット博士がH〔ハイデガー〕と一緒に。ご了承いただければ、「哲学ゼミナール」の一つとして予告したいのですが。思いますに、学生たちの熱い希望に従えれば、具体的な共同研究の模範を示し、誰もが各自で学ぶということが一番よくできるでしょう」（ハイデガーのグルリット宛て書簡、一九二〇年七月一日付［DLA: A: Heidegger. 90.90.2／1］）。このゼミナールは実現しなかった。

＊4　葉書の宛先面にあとから書き足したもの。こちらにハイデガーはうっかり自分の住所（レルヒェン通り八番地）を書いた。明らかに彼は、――この書き足しを加えたあとで――葉書を封書に入れ、今度は正しい宛先を書いて送った。

＊5　アーフラ・ガイガーはゲルトルート・ヤスパースの友人でユダヤ人。ヤスパースとハイデガーの弟子。ラーヴンスブリュック強制収容所で死亡。哲学者としての彼女の将来は、フッサールによって拒否された。女性だったからである。さらに次を見よ。Karl Löwith. *Mein Leben in Deutschland vor und nach 1933*, 60〔『ナチズムと私の生活――仙台からの告発』九七頁〕. また次を参照。M. Heidegger／K. Jaspers. *Briefwechsel 1920-1963*, hrg. von Walter Biemel und Hans Saner, Vittorio Klostermann, Frankfurt am Main und Piper, München／Zürich 1990. 18, 22 und 223（Anm. 6 zu Brief 3）〔『ハイデッガー＝ヤスパース往復書簡 1920-1963』、九、一二、三五六―三五七頁（書簡三の原注六）〕.

12　ハイデガーからレーヴィットへ

［フライブルク、］二〇年一〇月二〇日

親愛なるレーヴィット様、

シラジ夫人[＊1]に頼まれました。来週、シラジ宅をハンガリーのヴァイオリニスト（演奏旅行中の）が訪れるのですが、ひょっとして彼を伴奏する気がないか、ベセラーに尋ねてほしいというのです。

土曜の朝までに知らせてほしい、ベセラーの住所も（ドライケーニッヒ二八番地ですか？）、とのこと。葉書を私に書いてもらえますか。

あなたの小クラブ[*2]にお願いしたいのですが、来週初めに、三時半頃散歩しに来てもらえないでしょうか。

ベッカー博士に、こと[*3]がだめになったわけではないとそれとなく言ってくれますか。メツガーはたしかに「まったく天才的」で「第一級」だが、しかし「残念ながらユダヤ人」であり、ベッカーはまだ明確に候補者の一人で、教授資格取得に関して彼のほうが実際有望です[*4]。フッサールは最高の評価を下しています。細かい話で恐縮ですが、彼の結婚のことをフッサールに知らせるようあなたにすすめたいのです。あのお年寄りは、気を悪くすると、初めから別のひとに決めてしまいます。「自由な学問」にとっては悲しいことながら、ベッカーに対する好意からそう思うのです。私自身まだ「哲学者」とはまったく受けとられておらず、「もともとまだ神学者」だ、というのです。

心からのあいさつを
あなたの
M・H〔マルティン・ハイデガー〕

金曜の晩八時少し前に来ないか、ヴィルケ[*5]に伝えてもらえますか。

＊1　リリ・シラジはヴィルヘルム・シラジの妻。のち、ハイデガーの息子ヘルマンにピアノを教えた。
＊2　この小クラブに属したのはどういう人物たちなのか、突き止められなかった。
＊3　「こと」とはベッカーが計画していた教授資格取得を指す。
＊4　ベッカーの教授資格取得の件に関するハイデガーの情報源は、おそらくフッサール。
＊5　ルードルフ・ヴィルケは、一九二〇年夏学期にハイデガーのゼミナール「現象学演習」に出席。一九二三年、論文 *Logische Studien zum Problem teleologischen Geschehens* によりケルン大学で博士号を取得。

13　レーヴィットからハイデガーへ

〔一九二〇年[*1]〕

親愛なる博士様！

バーデン＝バーデンは進んで決めたのです。[*2] その前にもう急いでやりたいことがあったものですから——あらかじめ四百マルクを当てにして［???］——シェーラーの話を聞きたかったのです。シェーラーは確かにたいしたやつです。——退廃しているとは全然見えませんし、むしろ、詐欺師めいて非情です。木曜日にまた伺います。

またすぐ会えますように
あなたに感謝しつつ
カール・レーヴィット

ライエンデッカー[*3]もここにいます。

［ヴィルケによる付記］心からの挨拶を付け加えることをお許しください。
ルードルフ・ヴィルケ

＊1　この葉書は、一九二〇年一一月二九日付の手紙より前、そして、おそらくハイデガーの一九二〇年一〇月二〇日付の手紙よりあとに書かれたにちがいない。レーヴィットはそのころまだフライブルクにいたはずだからである。
＊2　レーヴィットは、バーデン・バーデンで家庭教師となる。
＊3　ヘルベルト・ライエンデッカー（一八八五—一九五八）はミュンヘン現象学派の一人。*Zur Phänomenologie der Täuschungen* (Max Niemeyer, Halle an der Saale 1915) を出版。のちに美術商になる。

14　レーヴィットからハイデガーへ

二〇年一一月二九日
バーデン＝バーデン
アードラー宅

親愛なるハイデガー博士様！

ようやくいま、あなたにもっと詳しく説明しようと思います。昨日は、ベセラーがこちらに来ていました。私が思うに、彼は、あなたに折を見て、私の封建的で退屈な環境についてすでに何ほどか話していることでしょう。封建的なものというのは快適であり、退屈さというものを私は気にしません。目下のところ、私がたった一人の支配者です。両親が二人でベルリンに行っているからです。私の生徒たちの戦争成金のような振る舞いについては、口頭でお伝えします――紙がもったいないですから。ベセラーにリッカートのお涙頂戴もの[*1]と新聞の面白い切り抜きを持たせました。別れの苦しみは乗り越え、もうすでに大学の空気から遠ざかったことを快適に感じています。研究にまじめに取り組むまでにはまだ至っていなかったのですが、しかしもうすぐそうすることになるでしょう。素晴らしいものをたくさん読みました。ニーチェとローデの実に壮観な往復書簡[*2]、ディルタイのトイプナー版にあるヘルダーリーンの手紙[*3]、デカルトの情念論[*4]、キルケゴールのおそれとおののき、それに反復[*5]、G・ケラーの寓意詩[*6]など。私にはごく限られた友人としか交わらない傾向があって、それが個人的にとても気にかかってきました。それだけに、上に挙げた手紙は、私には不思議なほどに当たり前で分かりやすい。決定的なものや偉大なもの、さらに喜びや苦悩に接してこれまで人間として私が体験してきたこと、そのすべては、こうした人間関係に根差しており、私はそれを後悔してはおりません。

　なくて困るのは、ただひとつあなたの講義だけですと、あなたに告白しますが、それはまったくお世辞ではありません。ベセラーは彼の筆記録の一部を読んでくれました。それに私はまたしても非常に興奮しました。あなたが「形式的指示」[1]をさらにまたどのように展開するのか、非常に楽しみです！　私はいま、実地に解体しているところです。つまり、私の男の子たちのばかばかしいまでに甘やかされた立ち居振る舞いのことです。例えば、一〇歳になる男の子は、クリスマスの願いごとカードに、旅行鞄にH・G・H（彼のイニシャル）を入れることとか、鉛筆やら時計ぐらいしか書かないのです!!!　ですから、ときどき私は、自分が家庭教師であるというより子供の下女のように感じています。精神的な関心が欠けているので、彼に教えることといえば、せいぜいチェスや速記術、それにヴァイオリンぐらいのものです。

　デカルトについてゼミナールで報告するためには、われわれが実際に会って話し合う必要があります。正直に言えば、『情念論』を一回読んだ後では、デカルトに思い切った解釈を持ち込まないとしたら、どこから手をつけたらいいのか分かりません。いまは、中世から歴史的に解釈する方が思い切った解釈よりも多く得られるとも思います（特に、ディルタイが当時の情念論とそのルネッサンスないしストア学派との関連について説得的に述べている後では）。もちろん、現象学的に繊細に見て取られた優れた所見があちこちにあります。しかし、いわば生理学的な説明に多く頁が割かれている。興味深いのは、「驚き」という原カテゴリーです。やはり、先に言ったように、われわれは報告について一度話してみなければなりません。

その他、F[*7]から聞いた話は、ベッカーのコースを除いてどれもほとんど救いがありません。現象学会はめでたくもおじゃんになったようですし、リーダーシップがあり、ものが分かって、しかも野心を持っている人間があまりいません。豊かで徹底した教養を身につけているベッカー博士を除いては、ほとんどおりません。ノイマン流の小賢しさ[*8]では、何ともならないですし、哲学においては、人間的に足りないところがあると、私には特に邪魔になって、このようなタイプの人間とは長いこと議論したくなくなるのです。あるいは、ゼミナールで新たな重要人物が浮上しましたか。

いま思い出しました。フッサールがライプチヒに呼ばれたらしいという話[*9]を、何か聞いていますか。それはほとんど信じられません——あなたのためにも、私のためにも、何らかの変化が起こることを望んではいるのですが。フッサールのゼミナール[*10]ははたしてどんな具合でしょうか。第二研究[*11]のときとは本質的に別のことが、あるいはいろいろもっと生じることになるでしょう。「親密な人たち」の時間に関するゼミナール[*12]はどうなっているでしょうか。メツガーは情熱的にサポートしていますか。何か出てきましたか。

大学の喧騒から離れて、私は今頃になって、大学という環境には堕落させる影響があるのではないかと感じています。

もともとひどく薄い粥を引き延ばして内容をなくしてしまうのとは反対に、今一度ニーチェやキルケゴールなどを繙き、本当に集中して、迫りくる、凝集し生き生きした観念の充溢によって私自身を蘇らせることは救いです。もちろんそうしたことをしたからといって、私が、学問的厳密さや徹底性を尊重することに対して、さらに諸問題の表面的で、間違った、したがって空虚な取り扱いと戦い反駁し批判する必要に対して知的な尊敬の念を払うことにはなりません。そうなると、少なくとも、そうしたことに対する反動として私の中で、隠されている願望がいつもすぐに現れてくるのです。つまり、知的な良心が許してくれるとしたら、アフォリズムの形式に全精力を傾けるロマン主義者のように哲学したい、そして、精神的なエネルギーを、学問的文献よりも個人的な問題に振り向けてみたいという願望です。今日では、名誉を得たり、自分を通用させたり、耳を傾けてもらうためには、どれほど多くを犠牲にしなければならないことか。私の念頭にあるのは、そうしたこととは別です。本当に独創的で、しかも強く個人的な色彩を持つ創造力にもとづいていて、そこから、大勢の哲学研究者を無視して思うがままに哲学するというのであれば、どんなにいいかということなのです。そうすると、芸術家の実存にきわめて近づくことになります。私はそうした生き方をするには十分に強くないと感じており、そうすると残されているのは、ほとんど別の道しかないということになります。私は、こうした分裂に初めから悩まされており、ひどくためらっています。しかし、その別の道は、ひたすら天才的な観念の充溢という天分にだけもとづくわけではないので、堅実なものを生み出す可能性をもたらします。そこでは、哲学的学問に対する徹底的な献身あるいは熱狂的献身はもはや生じようがありません。こういうことを言いますのは、私とあなたが哲学と学問の違いについて一致しているとしても、今日たとえばシェリングあるいはまたヘーゲルのやり方で哲学的主張を立てるようなことを勝手にはできないとなれば、この問題はやはり解決されないままだからです。根本的には、目の前にある学問的素材を消化する力の問題です。誰が今日、批判的に入念に考え抜いて素材を支配し、吸収できるでしょうか。その素材に打ち負かされたり、あまりに重い荷物に足を引きずったりすることになりかねません。M・ウェーバー[*13]のような精神的バイタリティとエネルギーを備える人間がそうしたことを成就できたのであり、まだ誰かいるでしょうか。そして、なぜ自分に「関係する」重大なものだけを取り入れることを敢えてしてはいけないのでしょうか?!　私が再びこうして言及したことは、昔からの、古くて新しい問題です。言い方はかなり不適切でしょうが、あなたは不十分な点を十分に正確に補ってくれるでしょう。二、三週ごとにがらくたをみな投げ捨ててしまいたくならなかった学期はこれまでなかったのです。それはそうした反抗的な動機からだけではなく、現実の個人的な苦境という同じように強い理由からでもあり、その苦境が自己反省において「自分を取り戻す」ことを何度も不可欠とさせているのです。学問的営みに対するこうした疑いやためらいを持っていては、哲学を職業にすることに責任をもつことはとうてい難しい。ある一つの世界によって、私は文学的な小物預言者から隔てられており、それに劣らず大きな深淵によって、学問的・哲学的な日雇い労働者や粗製乱造物書きから隔てられている。しばしば、一日経つと、私が書き留めたほとんどどの文も後悔の念を起こさせ（例えば、リッカートの著作*14に反論する文章）、その時私は、手紙で重大なことを伝える方へと逃避してしまうのです――友人への手紙で。

いま述べたことが、どの程度たんにひと時の二日酔い状態で書かれたものであるか、正確に言うことはできませんが、弱さや正直さから生まれる反省があまりに頻繁に激しく私にそう書くことを強いたのだとは思いません。

あなたに心から挨拶します。あなたに手紙を書くのは、もうほとんど困難になりました――私は、あなた自身があまりに「重圧」のもとで生きており、内的な（合理的ではない）自由においてそれを乗り越えることができないと感じています。きわめて率直に言っていいでしょうか。われわれはつまるところ、お互いをかなりよく知っています。あなたが今日まだ、あなたの精神的な達成にふさわしく講義において学生たちのなかで人間として影響力を発揮していない、とするなら、それはこの弱点のためです。学生たちは、何らかの動揺と人間としての不安定さをそこから感じているのです――その動揺と不安定の結果は、多少作為的すぎる鋭敏さと不信であり、例の説明しがたい〈内的な自由と、自己を支配する可能性〉を追い求めることになるのです。あなたは、自らもっともひどくそれに苦しんでおり、私は、それを本当によくわかっているのでないとしたら、こんな風に述べるようなことはしなかったでしょう。

あなたの

カール・レーヴィット

マックス・ウェーバーは「悪魔的な人物」であり、キルケゴールの意味で、意識せずに絶望している。他の人々は、しばしば絶望を意識しています。たとえばアレクセイ・カラマーゾフが立っているあの倫理的な高みに舞い上がれるような人間はどこにいるのでしょうか!!? 私は、基本的に何事もまた誰も侮り傷つけることはできません——しかも、そこに諦めやルサンチマンはありません。——もうひとつ告白を。私があなたを個人的に知る前に——私は、最初の学期にある知り合いにあなたの論文を分析してもらった[*15]のです。その分析は非常に優れていると思います——もしあなたが希望するなら、それを喜んで差し上げます。

＊1 おそらく次の本のこと。Heinrich Rickert, *Die Philosophie des Lebens. Darstellung und Kritik der philosophischen Modeströmungen unserer Zeit*, J. C. B. Mohr, Tübingen 1920〔『生の哲学』小川義章訳、改造社 一九二三年〕.

＊2 Elisabeth Förster-Nietzsche und Fritz Scholl (Hrsg.), *Friedrich Nietzsches Briefwechsel mit Erwin Rohde*, Insel Verlag, Leipzig 1902.

＊3 おそらく次の本のこと。Wilhelm Dilthey, *Das Erlebnis und die Dichtung: Lessing, Goethe, Novalis, Hölderlin*, B. G. Teubner, Leipzig/Berlin ^{6}1919〔『体験と創作 上・下』柴田治三郎訳、岩波文庫、一九六一年〕.

＊4 デカルトのどの版のことか、突き止められなかった。

＊5 Sören Kierkegaard, *Furcht und Zittern/Wiederholung*, übersetzt von H. Gottsched, *Gesammelte Werke*, Band 3, Diederich, Jena, 2. verb. Auflage 1909〔『キルケゴール著作集 5 おそれとおののき・反復』桝田啓三郎、前田敬作訳、白水社、一九六二年〕.

＊6 Gottfried Keller, *Das Sinngedicht. Novellen*, Wilhelm Hertz, Berlin 1882〔「白百合を紅い薔薇に——原題 寓詩」道家忠道訳、『世界の文学14 ケラー／シュティフター』所収、中央公論社、一九六五年、三—二四四頁〕.

＊7 Fとは、おそらくフリッツ・レーオポルト・カウフマン（一八九一—一九五八）のこと。一九二六年にフッサールのもとで、論文 *Die Philosophie des Grafen Paul Yorck von Wartenburg* で教授資格を取得し、これは一九二八年に『哲学および現象学研究年報』第九巻で公表（一—二三五頁）。一九三三年までフライブルクで私講師。一九三八年にアメリカ合衆国に亡命。Karl Löwith, *Mein Leben in Deutschland vor und nach 1933*, 61〔『ナチズムと私の生活——仙台からの告発』九八頁〕を参照。

＊8 フリードリヒ（「フリッツ」）・ノイマン。ノイマンについては次を見よ。Martin Heidegger, *Phänomenologie des religiösen Lebens* (HGA 60), 340〔『宗教的生の現象学』〕、Theodore Kisiel, *The Genesis of Heidegger's Being and Time*, University of California Press, Berkeley 1994, 167、および Martin Heidegger/Karl Jaspers, *Briefwechsel 1920–1963*, 15–19〔『ハイデッガー＝ヤスパース往復書簡 1920–1963』四—一一頁〕.

*9　レーヴィットの情報は、すでに彼自身が推測しているように間違いであった。

*10　エトムント・フッサールは冬学期に二つの演習、「抽象作用の現象学」および「時間意識の現象学」を行う。ハイデガーもフッサールの助手としてその二つの演習に出席。

*11　論理学研究第二研究は「スペチエスのイデア的単一性と近代の抽象理論」(»Die ideale Einheit der Spezies und die neueren Abstraktionstheorien«)という表題で、次に所収。[2] Edmund Husserl, *Logische Untersuchungen*, Band II/1, Max Niemeyer, Halle an der Saale, 2. überarbeitete Auflage 1913(『論理学研究2』立松弘孝他訳、みすず書房、二〇一五年)。エトムント・フッサールの『論理学研究』の第一巻「純粋論理学序説」(*Logische Untersuchungen*, Band I, *Prolegomena zur reinen Logik*)は、第二巻第一部と同時に、一九一三年に改訂第二版が出版(『論理学研究1』立松弘孝訳、みすず書房、二〇一五年)。論理学研究第六研究は一九二一年にようやく、『論理学研究第二巻第二部 認識の現象学的解明の諸要素』(*Logische Untersuchungen*, Band II/2, *Elemente einer phänomenologischen Aufklärung der Erkenntnis*)という表題で、改訂第二版が出版(『論理学研究4』立松弘孝訳、みすず書房、二〇一五年)。

*12　一九二〇・二一年冬学期に、フッサールは「時間意識の現象学」をテーマに演習を行う。フッサールの助手としてハイデガーはこの演習に出席。

*13　カール・エーミール・マクシミリアン・ウェーバー、つまりマックス・ウェーバー(一八六四—一九二〇)は国家学者で国民経済学者、社会学者。一八九四年にフライブルク大学の国民経済学の教授職に招聘される。一八九七年にハイデルベルクに転じる。主著は次のとおり。*Die sozialen Gründe des Untergangs der antiken Kultur*, in: *Die Wahrheit*. Band 3. Heft 63, Stuttgart, Friedrich Frommanns Verlag 1896, 57-77(「古代文化没落論」堀米庸三訳、『世界の思想18 ウェーバーの思想』所収、桑原武夫他編、河出書房新社、一九六五年、一七—四六頁)、*Die protestantische Ethik und der Geist des Kapitalismus*, Tübingen, J. C. B. Mohr 1905(『プロテスタンティズムの倫理と資本主義の精神』大塚久雄訳、岩波文庫、一九八九年)、さらに、*Wirtschaft und Gesellschaft. 1. Die Wirtschaft und die gesellschaftlichen Ordnungen und Mächte*, Tübingen, J. C. B. Mohr, 1921。一九一九年一月、ウェーバーはミュンヘンで有名な二つの講演を行う。»Politik als Beruf« und »Wissenschaft als Beruf«(『職業としての政治』脇圭平訳、岩波文庫、一九八〇年、『職業としての学問』尾高邦雄訳、岩波文庫、一九八〇年)。後者の講演はレーヴィットに強烈な印象を与える。Max Weber, *Max Weber-Gesamtausgabe* (Band I/17), hrsg. von Wolfgang J. Mommsen, Wolfgang Schluchter in Zusammenarbeit mit Birgit Morgenbrod, *Wissenschaft als Beruf 1917/1919/Politik als Beruf 1919*, J. C. B. Mohr, Tübingen 1992.

*14 Heinrich Rickert, *Die Philosophie des Lebens*〔『生の哲学』〕.

*15 おそらくハイデガーの草稿のことで、それをレーヴィットはマルセイユに渡したのであろう。ヴァルター・ヴィリアム・マルセイユ（一九〇一―一九八三）はレーヴィットの友人。一九二六年に、マールブルクのハイデガーのもとで、論文 *Beiträge zur Untersuchung der den graphologischen Systemen von J. H. Michon und L. Klages zugrunde liegenden Begrifflichkeit* によって博士号を取得。一九三三年にウィーンに行き、一九四〇年にアメリカ合衆国に亡命。第二次世界大戦後、アルベルト・アインシュタインとバートランド・ラッセルに、論文 »A Method to Enforce Worldpeace« を送った。これは両者から興味をもって歓迎され、書簡が交換されるにいたる。一九五四年にバークレーで精神分析家となる。

〔1〕 形式的指示（formale Anzeige）とは、ある事象ないし具体的領野を形式的に指示するだけで、客観的内実を予断し表現しないことである。パウロであれば、イエス・キリストの再臨を指示するが、それが〈いつ〉かについては信徒一人一人にゆだねる（一九二〇・二一年冬学期講義「宗教現象学入門」）。『存在と時間』のハイデガーの場合、たとえば先駆的決意性を指示するだけで、各人がどう決断すべきかについては沈黙する。

〔2〕 原文ではこのあとに、Band II/2, *Elemente einer phänomenologischen Aufklärung der Erkenntnis*.（『第二巻第二部　認識の現象学的解明の諸要素』、）とあるが、不要と考えて削除する。

15 ハイデガーからレーヴィットへ

〔フライブルク、〕二〇年一二月一七日

親愛なるレーヴィット様！

お葉書[*1]、ありがとう。クリスマス・イブにはもちろん拙宅に来てくれますね。迷惑にはなりません。できるだけ早く、五時頃来てもらえますか。

先週土曜から月曜まではスキーでした。すばらしかったのですが、やりすぎたせいで、夜、風邪を引いてしまいました。火曜には講義と演習ができました。次に水曜はフッサールのところで熱を出し、寝込まざるをえませんでした。けれども、日曜までには高地〔トートナウベルクの山小屋〕でまた元気になると思います。

筆跡学の問題[*2]は多くの点で優れていますが、別の点では、たしかにまったくずれているわけではないものの、あまりに大雑把すぎます。
ライプチヒのリストでは、ドリーシュ[*3]に一番見込みがありそうです。とはいえ、こういうことにかけては、とんでもない驚きを経験するのがつねです。
二、三日前、カント研究の最新号が来ました。どれもこれもがらくたばかり。ショルツは宗教哲学の体系の予告[*4]、全紙二九枚分、それにヘーゲルについての講演[*5]。シュペングラー第二版[*6]。お気づきのように、人々は、論理学研究第一巻[*7]を真に理解するにはほど遠くても、何でもできるのです。
シェーラーが近いうちに当地で話をするということ[*8]です。実現するか知りませんが。

心からあいさつします
あなたの
M・ハイデガー。

*1　この葉書は遺品には残っていない。

*2　おそらく、レーヴィットの友人マルセイユの博士論文の準備に関係。

*3　ハンス・アードルフ・エードゥアルト・ドリーシュ（一八六七―一九四一）は、一九一一年にハイデルベルク大学員外教授。一九一七年に、このポストは、エーミール・ラスクを引き継いで正規の客員教授に変わる。一九二〇年、ケルン大学の招聘を受け、一九二一年、ライプチヒに移る。一九三三年、平和主義者でユダヤ人の味方だとみなされたため早期に定年退職。主著は *Philosophie des Organischen*, Wilhelm Engelmann Verlag, Leipzig 1921.

*4　Heinrich Scholz, *Religionsphilosophie*, Reuther & Reichard, Berlin 1921.

*5　Heinrich Scholz, *Die Bedeutung der Hegelschen Philosophie für das philosophische Denken der Gegenwart*, Reuther & Reichard, Berlin 1921.

*6　Oswald Spengler, *Preußentum und Sozialismus*, C. H. Beck, München ^{2}1921.

*7　Edmund Husserl, *Logische Untersuchungen*, 2 Bände〔『論理学研究』（全四巻）〕.

*8　シェーラーの一九二〇年の講演「諸宗派のあいだの平和」（»Der Friede unter den Konfessionen«）のことか。次に所収。Max Scheler, *Gesammelte Werke*, Bd. 6, *Schriften zur Soziologie und Weltanschauungslehre*, zweite, durchgesehene Auflage mit Zusätzen und kleineren Veröffentlichungen aus der Zeit der »Schriften«, herausgegeben mit einem

Anhang von Maria Scheler, Francke, Bern 1963, 227-258〔「諸宗派のあいだの平和」飯島宗享他訳、『シェーラー著作集10　社会学および世界観学論集　下』）所収、白水社、一九七八年、一七―六二頁〕.

16　レーヴィットからハイデガーへ

〔バーデン＝バーデン、〕二一年一月二二日

親愛なるハイデガー博士様！

今回フライブルクでお会いできなかったことが残念です。ご機嫌はいかがでしょうか。フッサール（またはわれわれ！）には〔フッサールがフライブルクから〕いなくなるという見込みはあるのでしょうか。プフェンダーは――ミュンヘンからの噂によれば――エルランゲンの見込みがあるようです。しかし、私はこうした噂話は放っておきたい。ここには、ありとあらゆる快適さがあるにもかかわらずもう飽き飽きしています。男の子たちは情けないほど頭が空っぽですし、彼らの興味を掻き立てようとすることは無駄な努力です。三月一五日には終わりにする予定で、その後私は二週間フライブルクで過ごし、さらに〔私は〕二、三週間家に帰らなければなりません。夏学期は〔私には〕まだ決まった計画はなく、フライブルクにすぐに行けるように、フライブルク近郊の田舎で過ごすのがありがたい。集中的に共同研究することを期待しています。ベッカー博士以外には、きっとシャピロ[*1]も、ひょっとするとトゥストもいることでしょう。そうなれば、「無意識の」議論もできるというものです!!　あなたは、中世哲学の歴史[*2]とアリストテレス・ゼミナールを開講するのでしょうか!?

もし時間がそんなに多くかからないとしたら、またシュペーマン[*3]のところで失敗作をぜひでっちあげたいところです。私の哲学的な所産については、あまり多く報告できることはありません。しかし、クローチェの表現の問題[*4]を考えることを通していくつか考えをまとめました。私は、あなたによって概念の問題が中心にあることが分かったし、また、それによって、合理主義的なプラトン主義全体を遠ざけることができると思います。休暇以来あなたが講義し

たことは、またしても非常に興味深く、豊かな結果をもたらすと思います。

　エビングハウスはヘーゲル・ゼミナールをするのでしょうか??

　ヤスパースについては、機会があればむしろお会いした時に。そのほうが簡単ですから。ヤスパースからファン・ゴッホの手紙の大部な書籍[*5]を読むように促されました――何かとてつもないもので、震撼させます。それは、われわれの人間的、精神的なさまざまな困窮の恐ろしい凝集です。

　哲学に対する、そしてそれよりも重要な物事に対する私の態度全体は、この数か月来以前にもましてひどく不確かで迷っています。私はまだそこから本当に抜け出しているわけではありません。ですから、研究を持続するまでには至っておりません。そうではあっても、しかし、今学期を休んだことを後悔しているわけではまったくありません。それが必要だったからです。

　私は、自分の反省する力を全部私自身に振り向けて用いたため、まるでスズメバチの巣の中にいるようです。自己への信頼が衰弱したときには、確固とした研究を成し遂げることはできません。いまは、再び持ち直しつつあるように思え、ルサンチマンや諦めの気持ちがなくなるよう期待しています。

　内的に自己を徹底して最後まで反省する歩み（キルケゴールの意味で）は、茨に満ち、そのような自己省察や批判という方途は、全体としてともすると自分自身を否定することにもなり、そうした反省が積極的で、実り豊かなものと思われるのは、ただそうした類の自己解明が隠された強靭さに由来する場合だけです。

　デカルト・ゼミナールはどんな状況でしょうか、お伝えください。自己把握をめぐる複雑な諸問題全体は、きわめて広範囲にわたり困難で根本的ですから、私は、ゼミナールでの報告を止めたいと考えており、つまり、アリストテレス・ゼミナールまで延期したいのです。ひょっとすると、アリストテレスの『魂について』も、かなり材料の乏しい〔デカルトの〕『情念論』よりも実り多い研究対象かもしれません!?　あなたは、延期することは不適切とお考えでしょうか。いずれにしても、このように思い切った試みをするからには、学期の本当に最後、つまり、二月の終わりになります。それについてどうお考えでしょうか。

　クローチェに関する報告は、二月一〇日にはともかくやります。そのときには、二、三日フライブルクに滞在しますので、あなたとお話しできればと考えています。

最上の挨拶を、奥様[*6]にも

あなたの

カール・レーヴィット

注意されたし。目録でヘーゲルの本の広告を見つけられたら、お知らせくださるようお願いします。

＊1　カール・シャピロは音楽家でレーヴィットの友人。

＊2　ハイデガーは、一九二一年夏学期にアウグスティヌスと新プラトン主義について講義（現在、Martin Heidegger, *Phänomenologie des religiösen Lebens* [HGA 60], 158-246 und 270-299〔『宗教的生の現象学』〕所収）。同時に、アリストテレスの『魂について』に関する演習を行う。*Heidegger-Jahrbuch 3. Heidegger und Aristoteles* (2007), 9-22 に、オスカル・ベッカーによる筆記録が公表された。レーヴィットの遺稿にも筆記録が保管されている。

＊3　ハンス・シュペーマン（一八六九—一九四一）は、一九一九年から一九三七年に定年退職するまで、フライブルクの動物学の教授。一九三五年、ノーベル生理学医学賞受賞。

＊4　おそらく、ハイデガーの一九二〇年夏学期講義「直観と表現の現象学——哲学的概念形成の理論」（HGA 59）に触発されたものの、ベネデット・クローチェと関連づけて別の道を模索したのであろう。

＊5　Vincent van Gogh, *Briefe an seinen Bruder*〔『ファン・ゴッホ書簡全集』（全五巻）所収、二見史郎他訳、みすず書房、一九八四年〕.

＊6　エルフリーデ・ハイデガー（旧姓ペトリ）（一八九三—一九九二）。

17　ハイデガーからレーヴィットへ

フライブルク、二二年一月二五日

親愛なるレーヴィット様！

あなたに会えなかったのは私も残念でした。休暇中はずっと当地の上〔トートナウベルクの山小屋〕にいるつもりです。近頃、次の夏学期講義を少し時間配分してみて、たとえ〔自分の考えの〕叙述に限ったとしてもうまくはいかないことに気づきました。したがって、アウグスティヌスと新プラトン主義だけを週三回講義します。エビングハウスは、ヘーゲルの自然法論文をゼミナールのテーマにする予定です。[*1]あなたは報告を安心して夏学期まで延ばせます。学生たちはとてもどんくさくて、シュテルン゠ノイマン組[*2]はまるでだめです。私は気づかれずに彼らを試問しています。ベッカーとベセラーがいることはうれしく、彼らがいなければ壁に向かってとうとう話しているようなものです。講義[*3]ではなおさら、われながらこっけいに見えてしまいます。

あなたが内面から打ちのめされたとすれば、悪いことではありません――そういうまったく尋常ではない仕方で自分を手に入れるのです――ファン・ゴッホの手紙を私は戦時中「読み」すぎました。こういうドキュメントに比べると、美術史など何だというのでしょう！

夏学期も楽しみにしています。いま大学に押し寄せてくるものに対して、ますます懐疑的になっているとはいえ。年報の次巻には、プフェンダーの論理学[*4]などとならんで、インガルデンの論文[*5]、認識論における先決問題要求（Petitio principii）〔1〕の危険について、も載ります。まだ見てはいませんが。シュタイン嬢はまたしても、国家哲学に関する新著[*6]をすでに完成しています。メッツガーはフッサールの個人秘書になるでしょう。シュヴァルツ博士は、あっさりと時間ゼミナール[*7]に受け入れられます――彼が語るのは月並みなことばかりです――いつも「思念すること」について。

ゼミナールではメッツガーはベッカーにまったく見劣りしますが、フッサールはそれに気づかず、ベッカーは「まだたいしたことはない」（何につけても、イエスと言う）、と考えています。

一緒にスキーツアーできることが相変わらず私の望みです。私はかなり隠者のような生活をしていて、研究に没頭しています。

休んだあとで夏学期にしっかり始められますように。時間があれば、あなたの報告[*8]にぜひ取り組みたいものです。

心からあいさつします

あなたのマルティン・ハイデガー。

妻からよろしくとのことです。

＊1　フライブルク大学の講義目録にはエビングハウス・ゼミナールの予告がないから、たぶんエビングハウスは、レーヴィットがクローチェ報告を行ったように、ハイデガーのゼミナールでヘーゲルの自然法論文をテーマにしたのだろう。

＊2　エーリヒ・シュテルンとフリードリヒ・ノイマンのこと。このゼミナールには、ハンス・ヨーナスやギュンター・シュテルンも出席。ハンス・ヨーナス（一九〇三―一九九三）はフライブルクでフッサールとハイデガーに学び、のちにマールブルクでハイデガーとブルトマンに学ぶ。一九二八年、グノーシスの概念に関する論文で博士号を取得。マールブルクではハンナ・アーレントとも知り合い、これは生涯にわたる親交の発端となる。一九三三年、ヨーナスはドイツから亡命せざるをえなかった——最初はイギリスに、一九三五年にパレスチナに。のちにイェルサレムのヘブライ大学教授、一九四九年からモントリオールのマギル大学教授、一九五五年からニューヨークのニュー・スクール・フォー・ソーシャル・リサーチ教授。主著はとくに次のとおり。*Gnosis und spätantiker Geist.* Teil I: *Die mythologische Gnosis*, Vandenhoeck & Ruprecht, Göttingen 1934〔『グノーシスと古代末期の精神　第一部　神話論的グノーシス』大貫隆訳、ぷねうま舎、二〇一五年〕、および、*Das Prinzip Verantwortung. Versuch einer Ethik für die technologische Zivilisation*, Insel Verlag, Frankfurt am Main 1979〔『責任という原理——科学技術文明のための倫理学の試み』加藤尚武監訳、東信堂、二〇〇〇年〕。ギュンター・ジークムント・シュテルン（一九〇二―一九九二）は、一九二〇・二一年冬学期からハイデガーとフッサールのもとで学ぶ。ハイデガーを追ってマールブルクに移り、一九二四年、論文 *Die Rolle der Situationskategorie bei den »Logischen Sätzen«: erster Teil einer Untersuchung über die Rolle der Situationskategorie* によって、フッサールのもとで博士号を取得。マールブルクでは一九二五年に、のちの妻ハンナ・アーレントと知り合う（二人は一九二九年から一九三七年まで結婚）。ベルリンのパウル・ティリッヒのもとで教授資格取得を試みるも、一九三〇年に挫折。その後自由な著作家となり、アンダースという仮名を使い始める。一九二八年に、*Über das Haben: sieben Kapitel zur Ontologie der Erkenntnis*, Friedrich Cohen, Bonn を出版。主著は、*Die Antiquiertheit des Menschen. Band I: Über die Seele im Zeitalter der zweiten industriellen Revolution*, C. H. Beck, München 1956 und *Band II: Über die Zerstörung des Lebens im Zeitalter der dritten industriellen Revolution*, C. H. Beck, München 1980〔『時代おくれの人間　上　第二次産業革命の時代における魂について』、『時代おくれの人間　下　第三次産業革命時代における生の破壊』青木隆嘉訳、法政大学出版局、一九九四年〕。

＊3　ハイデガーは一九二〇・二一年冬学期に「宗教現象学入門」を講義。現在は次に所収。Martin Heidegger. *Phänomenologie des religiösen Lebens* (HGA 60), 3-156〔『宗教的生の

現象学』].

*4　Alexander Pfänder, Logik, in: *Jahrbuch für Philosophie und phänomenologische Forschung* IV (1921), 139–499.

*5　Roman Ingarden, »Über die Gefahr einer Petitio principii in der Erkenntnistheorie«, in: *Jahrbuch für Philosophie und phänomenologische Forschung* IV (1921), 545–568.

*6　Edith Stein, Eine Untersuchung über den Staat, in: *Jahrbuch für Philosophie und phänomenologische Forschung* VII (1925), 1–123.

*7　フッサールは一九二〇・二一年冬学期にゼミナール「時間意識の現象学」を行う。エーリヒ・シュヴァルツ博士については、詳しいことを突き止められなかった。

*8　レーヴィットはフッサールのゼミナールで報告したようである。

〔1〕 先決問題要求（Petitio principii）とは、根拠なく前提を立てる虚偽のことである。

18　レーヴィットからハイデガーへ

〔バーデン＝バーデン〕 二一年二月一八日

親愛なるハイデガー博士様！

私が日曜日の一時半に〔トートナウベルクの山小屋を〕辞去したことで、望むらくはお気を悪くされたわけではないように。私は、四時にはどうしてもフライブルクに着かねばならず、ちょうど着くことができました――これは、言うに言えない事情だったのですが。三月半ばにもまだそちらにいい雪が残っていればよいのですが。そうしたら、また何日か山のほうに「行くことが」できるでしょう。あちこち経めぐっていたのに、突然に断ち切られてしまった歴史的なもの[*1]（個々に挙げはしません。リストにすればわずかでしょうが）を私たちに提供してくださいませんか。アーフラ・ガイガーはロマン主義者研究を手にいれたでしょうか。[*2] 彼女のために、それは非常にうれしいことです。

私の表現にどんな印象をお持ちでしょうか。私の思い込みですが、出だしには優れていて本質的なものが二、三含まれているので――概念と現実という問題全体をこの調子で表現できればいいのだと!? あなたは、今回非常に失望されたように思われますが。

どのようにお考えでしょうか。私は哲学者となる器でしょうか、つまり、その器はどんなタイプの哲学者に向いているでしょうか。こうした問いは、まったくうぬぼれていて子供じみたものですし、結局私自身だけが答えられるものです。しかし、私を知っている批判的な人間の判断は、私にはやはり無価値ではありません。内側から湧き上がってくるような思想の創造性を私は感じないのです。なおかつ、私は、あなたが要求している〈思惟のいわゆる事象に即した情熱〉にどのように態度を取るべきか、よく分かりません――〔ニーチェのように〕ハンマーで哲学するようなこともありません――では、何をもって哲学するのか。ひょっとすると、内面の不満足と明晰さへの欲求、さらに知識欲と言うのがせいぜいのところです――思考せずにはいられないということは私の人生の一部となっていますが、激しく私をある使命、使命そのものへと駆り立てる力を持ってはいません。いま私は、シェリングの手紙を読み、その人生をたどっています[*3]――そのとき〔???〕私のいわゆる才能が何とみすぼらしく思えることか。ベセラーも、もっと大きな豊かさがあるので、私より〔もっと〕才能があります。

あなたに心より挨拶します

あなたのカール・レーヴィット

＊1　おそらく、ハイデガーの一九二〇・二一年冬学期講義「宗教現象学入門」の第三章と第四章のこと（Martin Heidegger, *Phänomenologie des religiösen Lebens* [HGA 60], 31–65〔『宗教的生の現象学』所収〕）。ハイデガーは、一九二〇年一一月三〇日にこの講義を中断し、その後、パウロの書簡に結びつけて具体的な宗教的諸現象を解釈。

＊2　アーフラ・ガイガーはハーマンの書簡を新たに編纂するということだった。ハイデガーの一九二一年四月二日付の葉書（22）〔1〕〔本書五二頁〕を参照。

＊3　Gustav Leopold Plitt (Hrsg.), *Aus Schellings Leben in Briefen*, 3 Bände, Hirzel, Leipzig 1869–1870.

〔1〕　原文では（21）であるが、（22）に訂正。

19　ハイデガーからレーヴィットへ

［フライブルク、一九二一年二月］〔1〕

親愛なるレーヴィット様！

あなたが早く出発したこと、何も気を悪くしてはいません。先の日曜は三日間高地〔トートナウベルク〕にいてとても快適でした。――

あなたの報告に失望したということをあなたに言いたかったのですが、晩にヴァルターの前で言うのははばかられました。

失望したのは、あまりに少ししか穴を開けていないのにあまりに多くを詰めようとしたからです――これは一般的にあなたの欠点のように思えます――。あなたがいまとてもよく知っているように、あなたはもっともっと、本来の研究に向かえるでしょう。いまあなたが読んでいるすべてを、いつかふたたび本格的に読まなければならなくなる、という経験もするでしょう。もちろんそうした最初の研究姿勢は避けられないものですが、これがはびこってはなりません。私は、あなたがそうなっているような印象を受けました。最も厳密で明晰な事象認識にもとづいてものごとを習得すべきだというのが私の理想です――しかし哲学そのものにおいては、どんなものもコメントであってはなりません。――

生き生きと哲学することへと突き進み、そうするのに十分なことをなしとげるのは、今日とりわけ困難です。したがって、あなたは中途半端な力で仕事してはならず、哲学すること自身のなかに反省を溶け込ませなくてはなりません。哲学は慰みごとではなく、私たちは哲学ゆえに滅びることがありえ、その危険を冒さないひとはいつまでも哲学にたどり着かないのです。

昨日、ロータッカーが当地で講演しました。*1 そういうものに私はまだ出会ったことがありませんでした――魯鈍さの権化と擬似的な知――彼が知っているのは信じ込ませた分だけ――まともにつかまえた形跡がありません。精神科学の問題――そもそもそういうものが存在するとして、彼にはまだその想像もつきません。その代わりに彼は世界文学全体を引用します。エビングハウスは彼にひどく魅惑されています。――こういう連中は、来年以降、前よりもずっと――仕事するのでしょう。それをあなたは理解しなくてはなりません。

対決は不可能です。なにしろ対決すべき何もないのですから。ついては、こういう連中には精神的不潔さそのものがあり、何にでも手を伸ばし、自分たちにはどうしても近づけなかったものをあちこち聞き回って小耳にはさんで売りに出すのです。

世界を――まして大学の哲学者たちを――よくするつもりは私にはありません。――語るべき事柄があるならば、誰もが自分の場所で語るべきであり――ふさわしい仕方で力を尽くすべきなのです。

そしてあなたは理解しなくてはなりません。哲学者にとって大学で実存することはきわめて厳しいのです――私は上っつらの昇進やキャリアの話をしているのではありません。

私はあなたを基準――人々がふつう「つくっている」もの――に従って判断しているのではなく――それならみなと同じくあなたは難なくできるでしょう――私があてがうのは別の尺度です、――こう判断するにいたったのです。あなたはもっとみずからを訓練すべきだ――仕事の量の点ではなく質の点で。

哲学する意味はそれ自身歴史的であり、自分固有の哲学する意味を発見することが肝要です。――そして、以前の諸哲学の尺度をまるごと捨てることは根本から間違っています。――

今日私は、自分が議論の対象になること、そのきっかけを与えることに、以前にもまして抵抗します。あなたなら、歴史的なものについて私が語ろうとする事柄に大喜びすることはないでしょう。

来学期やそれ以降、聞き耳を立てるひとはいっそう少なくなるでしょう――信頼できるこれらの人々が他大学に散り散りになり、思想を半端に消化しているだけなのに講義録を手にして偉そうにするのを思うと、私はぞっとします。

――

フィンケ[*2]はそのうちミュンスターに発ちます。シュミッツ=カレンベルク[*3]が自分のところでしか論文を書かせないという可能性もありそうです。――

ところで、あなたは報告がうまくいかなかったことを嘆きすぎてはいけません――本当に何か危険を冒すひとは、誰でもたいていそうなるものです。自分の思考の形成を急ぎすぎてはなりません。――

心からのあいさつを

あなたの

マルティン・ハイデガー。

それでは三月中旬に会いましょう。

*1 エーリヒ・ロータッカーの講演については、詳しい情報は見つからなかった。

*2 ハインリヒ・フィンケ（一八五五―一九三八）は、一八九九年からフライブルク大学の歴史学の教授。ハイデガーの、父親のような友人で、教授資格取得まで彼を支える。さらに、フィンケのハイデガー宛て書簡を見よ。次に所収。*Heidegger Jahrbuch* 1 (2004), 71f.

*3 ルートヴィヒ・シュミッツ＝カレンベルク（一八六七―一九三七）はミュンスター大学の歴史学の教授。

〔1〕原文では「一九二一年二月」で、原書の「ドキュメント一覧」では「一九二一年冬」であるが、書簡18から書簡20までを読めば、「二月」と特定することができる。

20 レーヴィットからハイデガーへ

二一年二月二六日

親愛なるハイデガー博士様！

今日あなたにもっと詳しいお手紙を差し上げようとしておりました。ですから、あなたの手紙がちょうど届いたことをうれしく思います。あなたの批判の正当性が自分でもまったく理解できるだけに、率直な批判に感謝至極です。ですから、いまはもちろん、いわゆる、地獄への道を敷き詰める「よい意図」を抱いているわけでは決してありません〔1〕。フライブルクの最初の学期から私を惹きつけ、つかんで放さなかったものはまさに、ミュンヘンのひとたちやヤスパースよりも、ここでこそ――あなたによって――より厳しく扱われ駆り立てられるという意識でした。そして、私がそのような厳しい扱いを必要としていることは否定できません。フッサールは、自ら高度な要求をしているにもかかわらず、はじめから私にとっては考慮外でありました。

覚えておられるでしょうが、私は第二学期すぐにあなたに向かって、フッサールの哲学的精神のあり方に対する強い抵抗をしばしば述べたものでした。今となっては、私にはまったく明白になりました、つまり、フッサールが最も根本的な意味では決して偉大な哲学者であるわけではなく、彼をカントと同列に置くことは巨大な欺瞞であり、彼の考え方全部が現実から無限に乖離しており、生命力を持たず、学者の論理であるということです。もし私が、自分を誤解している知的良心からフッサールの思考方法に深く入り込もうとしたら、それは時間とエネルギーの浪費でしょう。死ぬほど重い荷を引きずって歩くくらいなら、むしろ一方的に激しく拒絶するほうがいい。それとは反対に、私があなたに感じる肯定的な点は、言う必要はありますまい。フッサールのように単純な実存は、いかなる本質的な問題を立てたり、見たりすることもない。さて、あなたはほかならぬご自身の経験から、精神的な時代状況の重圧（個人的で内的な意味での）を知っておられるし、私が直面している選択肢が、――間違っているかもしれないが実際に存在する選択肢がいかに葛藤に満ちたものであるかを理解してくれるでしょう。つまり、純粋に事象に即して（高度な意味で）研究する学問的哲学者か、または、いわゆる哲学的文学者か。私は、今日大学でなされる哲学の最近の動向は後者にあると考えています――しかし、それはたいてい学問的な浪費であるような文学です。シュペングラーやカイザーリング[*1]、カーラー[*2]などといった人々〔2〕もそうで、ヤスパースもそうです。例えば、まさしくファイヒンガー[*3]などは、みじめで薄弱で安易に思えます。しかし、ニーチェが主題のものはファイヒンガーでもそれほど悪くなかった!? ファイヒンガーの序言は、もう破廉恥なほど典型的で――雑多なくだらないものの寄せ集めです。ケルラー[*4]のものと同じように笑止千万で中身がないパンフレットです――ファイヒンガーは、ある的確で非常に困難な問題を分かっています。つまり、自己自身の生き生きとした経験から生じる優れて正当な哲学的直観は、本質的には今日残念ながら哲学的文学者にしか見出すことができないし、強者であり、退廃していず、精神的に規律のとれた人たちには見出せない。このようなありふれた動向から、さらに、奇妙に中庸の位置にいるヤスパースと話したことがきっかけとなって、数日前にカイザーリングの『芸術としての哲学』を読みました――それはもともと、私がこのような現象を直覚的に事象に即して拒絶する正当性を後付けで手に入れるためにすぎませんでした。確かに、私の考えは変わりませんでしたが、問題が新しくなりました。つまり、ただ巧みに問題を嗅ぎ回っているだけだとしても、本当の問題に対するはるかに繊細な哲学的な嗅覚が求められるということです。意地悪く言えば、カイザーリングは、楽天的で世知にたけた「必要なものの」美食家![*5]だと思えるのです。フッサール一派等々は、必要なものの美食家ではありませんが、しかしそれは彼らにはそもそも「必要なもの」を捉える器官はなく、彼ら自身「必要である」わけではなく、次々と余計な本を書いているからにすぎません。しかし、こう言って私は、自分を正当化しようとしているわけでは決してなく、私の報告に対するあなたの疑念を弱めようとするものでもありません。私は、あまりに多く読みすぎて、実際にそれをものにし消化することができていないのは疑いないところです。私は、一四歳頃にショーペンハウアーを読んで、多読の有害性の個所にアンダーラインを引きました、無意味に引いたわけではないのですが——それなのに、その後ますますもって多読を積み重ねる結果となりました。そうするとときおり、目指す方向ががらっと変わり、がらくたすべてを投げ捨てたくなります。絶えず増大する私の蔵書を呪い、さすらいの旅に出たくなるのです——せいぜい二、三冊の書物しかもたずに、開かれた眼と自由な頭脳だけで。そのことによって、数年「博士号」が遅れようと、私にとってそれはまったくどうでもいいでしょう。私の両親にとってはどうでもいいことではないでしょうが。ですから夏には「本来的な」仕事に取りかかる予定です。今あなたにお手紙を認め、より原理的に研究し思惟するためには十分な知識があるとお伝えしている。それはもちろんある意味で本当ですが、それにもかかわらず私は、歴史の知に関して大きい欠落を非常に強く感じており、いつもジレンマのうちにあります。つまり、すでにあまりに多く知っているが、それでもなおあまりにわずかしか知っていないのです。ともかく、今や私はかなり的確な直覚によって、雑多な哲学の著作のうち重要なものとそうでないものを区別できます。あらかじめ批判的な態度で鉛筆を使って読むようにしています。しかし、息苦しいえせ博識家に堕さないためには、研究においてもっと強い禁欲が必要となることをようやく感じています。

そのことが、フッサールの「現象学的な修道院規律」という見解を意味しているのでないことは、自明のことです。あなたの確信、つまり、「歴史的なもの」の意味が正しく理解され、一貫して自己自身に適用されれば、一般に歴史主義等々と名指されるものとは正反対のものに逆転する、その確信を私も共有しています。たしかに、このような自明の出発点が哲学を一面的に制限してしまう危険性はあるでしょう。しかし私の意見では、それは、哲学を「客観的な仕方で」把握するひとの議論に当てはまるだけです。最終的には、ある哲学が意味をもつことになるかどうかは、個人的な問題構造と気遣いの重大さ、つまり、主観的な思惟の深さと本質性に依存しているのです。そして、誠実で内面に集中する意味は、周辺へと拡散する意味よりも価値があることは確かです。私が「言うべきことを持っている」かどうかは、今突き詰めて明らかにすることはできません。私が知っていることと言えばただ、それが内容上最も広い意味で「心理学的」であろうということ、つまり、本質的な源泉はやはり自己反省から生じてくるということです。内容そのものが素朴で力強い人生は、私にとっては可能ではありません。ニーチェやドストエフスキー、ファン・ゴッホ、キルケゴールなどが、偉大なヘーゲルやゲーテよりも私の関心を引くのです。質的な専門性は尊重することにします。(ちなみに、そうした尊重が結局のところ、必要なほどにはなされていなかった(私の報告で)、その理由の隠された動機は、フッサールの影響下にあり、また他の不毛な傾向の下にあるフライブルクの学生たちは、いわゆる非徹底的な哲学に過度に親しんだ方が、過度にそうしないよりもいいからです)。その際に私が得たものと言えば、何よりも概念の問題についていくつかの考え方——あまりにアフォリズム的で方法論をもってはいませんが——を獲得し、近代文学の知識を得たことでした。

私が気にかかっている特別のテーマは、一段とますます生と概念という問題に集中してきました。それはあまりにも広範囲のものではありますが、もっと厳密に限定することはできるでしょうし、ほとんどすべての本質的な難問を解くカギを含んでいます。

現実—概念　　　　「主観的思惟」
体験—理論的思惟　「相対主義」
哲学—科学

あなたの講義やディルタイ、ベルクソン、シェーラー、ヤスパースなどを考慮します。

私は、三月一五日以降フライブルクに行っておおよそ一週間ほどいます。そのとき、それについて話し合うことができます。その後、［私は］一か月ミュンヘンに滞在しなければなりません。

まさにこうした問題がフッサールの意にまったく沿わないのは、ほんとうに馬鹿げています。彼が最後には文句を言わないことを期待するところです。しかし、「私の」テーマはすべて、彼にとってはきわめて疑わしいものでしょうし、私の読む哲学関連の書籍もそうでしょう。——例えばニーチェは、フッサールにとっては、機知に富む気まぐれ屋にすぎないでしょう。

注意されたし。私に対するあなたの積極的な批判の一部はここでもまた念頭にあります。しかし、あなたが原理的方法論的研究の徹底ということでおそらく考えておられることには、無条件で同意するわけではありません。率直に言えば、あなたは、時にあまりにも、また、あまりにしばしば同じ個所を「掘り下げ」すぎる。たしかに、ヤスパースのところで、私はあなたを強く擁護しました。それは、ヤスパースが原理的で哲学的な方法論的問題設定についてかなり表面的な概念をもっているからです。しかしときおり私は思うのですが、あなたは、フッサールから感染した明敏さの残滓によってまだ惑わされているため、掘り下げがすでに岩盤にぶつかって、これ以上掘れば間違った方向に行きかねない個所で、頑固にさらに掘り下げようとする。それが、私のかなり無理にこじつけた「形式的指示」批判の根本動機でありました——あなたにとっては、それがたんに方法論的な叙述手段であることはすでに知っていました。これを展開した部分を繰り返し何度も——ベッカーの十分に信頼できる筆記録で——読みました——この複雑な事柄の背後には、ひょっとして大きく深遠な意味があるのではないか、しかし結局は、これはみなもっと単純なもので、もっと簡潔に述べられるという最終結論に行きつくのではないか、と惑いながら。さて、形式的指示に関することの「最終結論」を私があらためて覆さざるをえなくなるのかどうか、再会のときまで待っております。

あなたに心から挨拶をします。

あなたのカール・レーヴィット

こちらに来てからずっと、こうした「諸問題」よりも、友情の「問題」ではるかに悩んでいます。私のほとんど最も致命的な問題です。

ついでに言いますが、最近ベリー氏[*6]というひとと知り合いました（彼は、私の後釜として当地で面接をうけたのです）。彼は二学期の間あなたの講義に出席し、すでに自分で研究しています（ヤスパースのところで博士号を取ろうとしています）。見るところ、あなたの講義をかなりの共感をもって本当に消化し、いろいろ得るところがあったようです。そちらでは、私もまったく知らない無名のひとたちが活動しており、事象を理解し、熱心に追究しています。彼と知り合って、面白いことになりました――またもや分かったからです。つまり、ある問題が起こりそうな気配のあること、しかしある種の見えない哲学的宗派が存在し、その宗派が同じことには何も関心を持たず、どうでもよいからこそ、その面々が結びつているのです!!

＊1　ヘルマン・カイザーリング伯爵（一八八〇―一九四六）は独創的な思想家。ベルリン大学で教授資格獲得に失敗し、その後数多くの旅行を試みる。一年間の世界旅行ののち、*Reisetagebuch eines Philosophen*（2 Bände, Reichl, Darmstadt 1919）を出版。一九二〇年に「叡智の学校」を創設し、自らの、感覚の形而上学的哲学を広めようとする。その他の重要な著作は、*Philosophie als Kunst*, Reichl, Darmstadt 1920, und *Schöpferische Erkenntnis*, Reichl, Darmstadt 1922.

＊2　エーリヒ・ガーブリエル・フォン・カーラー（一八八五―一九七〇）は、シュテファン・ゲオルゲとマックス・ウェーバーのサークルと結びつきがある。一九三三年にチューリッヒに逃れ、その地でトーマス・マンと親交を結ぶ。一九三八年にアメリカ合衆国に亡命し、ニューヨークのニュー・スクール・フォー・ソーシャル・リサーチとノースカロライナのブラック・マウンテン・カレッジの歴史と歴史哲学の教授。一九四七年、イサカのコーネル大学のドイツ文学の教授。主著は次のとおり。*Der Beruf der Wissenschaft: Der deutsche Charakter in der Geschichte Europas*, Europa-Verlag, Zürich, 1937, *Die Verantwortung des Geistes*, S. Fischer, Frankfurt am Main 1952, Dichter wider Willen, Rhein-Verlag, Zürich 1958, und *The Disintegration of Form in the Arts*, Braziller, New York 1968.

＊3　Hans Vaihinger, *Nietzsche als Philosoph*, vierte vom Verfasser neu durchgesehene Auflage, Reuther & Reichard, Berlin 1916.

＊4　Dietrich Henrich Kerler, *Nietzsche und die Vergeltungsidee: zur Strafrechtsreform*, Kerler, Ulm 1910.

＊5　デモクリトスの断片B八五を参照。ὁ ἀντιλογεόμενος καὶ πολλὰ λεσχηνευόμενος ἀφυὴς ἐς μάθησιν ὧν χρή.　ヘルマン・デ

ィールスの翻訳では、「反論し多くおしゃべりする者は、必要なものが習得できない」。さらに、次をも参照。Martin Heidegger, »Anmerkungen zu Karl Jaspers ›*Psychologie der Weltanschauungen*‹ «, in: Martin Heidegger, *Wegmarken* (HGA 9), 4〔「カール・ヤスパース『世界観の心理学』に寄せる論評」、『ハイデッガー全集第9巻　道標』所収、八頁〕.

*6　奇妙なことに、ハイデガーの講義聴講者名簿やゼミナール名簿のなかにベリーという名前は出て来ない。

〔1〕「地獄への道はよい意図で敷き詰められている」というのは、意図がよくとも実行が伴わないと破滅するという意味のことわざ。レーヴィットはここで、危険を招きかねない志が足りないことを自嘲している。

〔2〕原文では「ラスク」(Lask) であるが、正誤表にしたがって「人々」(Leute) と訳す。

21　レーヴィットからハイデガーへ

〔二一年〕三月一九日

親愛なるハイデガー博士様、

火曜日の晩に八時過ぎに私のところにお出でください。ベッカーも来るでしょう。われわれは昨日激しく対立しました！　私の「専門性」についてです。〔知的〕良心が残念にも目覚めておらず、ただ反抗しているだけだ、というのです。

あなたのカール・レーヴィット

五〇マルクでファイヒンガー[*1]を売ってしまいました。モンラート[*2]、バルザック[*3]、それにグンドルフ（多島海論文）[*4]を持ってきてくださいますか。

*1　おそらく次の本のこと。Hans Vaihinger, *Die Philosophie des Als-Ob: System der theoretischen, praktischen und religiösen Fiktionen der Menschheit auf Grund eines idealistischen Positivismus, mit einem Anhang über Kant und Nietzsche*, Reuther & Reichert, Berlin 1911.

*2　おそらく次の本のこと。Olaf Peter Monrad, *Søren Kierkegaard: sein Leben und seine Werke*, Diederichs, Jena 1919.

*3　オノレ・ド・バルザックのどの作品のことか、突き止められなかった。

＊4　Friedrich Gundolf, *Hölderlins Archipelagus*, öffentliche Probe-Vorlesung, gehalten am 26. April 1911, Weiss'sche Universitäts-Buchhandlung, Heidelberg 1916.

22　ハイデガーからレーヴィットへ

［フライブルク、二一年四月二一日］

親愛なるレーヴィット様

お葉書、ありがとう。私たちがもう会わなかったのは、まったくばかげていましたね。

アーフラはいまフィンケのところに置いてもらいました（とはいえハーマンは問題ありません。書簡について係争が勃発したのですから）。フィンケは夏のあいだにアーフラに仕事をさせるつもりです。彼はいまでは彼女に本当に関心をもっていると思います。当初はちょっとためらっていたのですが。

アーフラをとおして歴史学雑誌の当該巻を手に入れました。私の講義[＊1]を結局六―七時にずらしました。今学期には何ほどかを期待しています。

いまと同じようにこれからの数ヶ月も、引き続きぜひちゃんと仕事したいと思っています。

さまざまな助走を経て自己解体が動き始め、それとともに私は生の新しい説明に近づきつつあります。そういった経験は、「方法」の根源的意味を私に示してくれます――「方法」という言葉は不適切ですが、論争上の攻撃手段としては相変わらずいいものです。

説明の可能性において何が見逃されているかを、またそれらの可能性が無理強いできずに遂行によってのみ開かれるという次第を、私はますます明瞭に経験しています。これによってもちろん、自分自身に対する内的義務が成長します。それはアプリオリな倫理学に準拠するという意味ではなく、とぎれとぎれに見えてくるみずからの歴史的将来を根本的に把握し遂行しようとすることなのです。そしてこれは、むだに頭を絞るというやり方によってではなく、動機が影響を与える最も豊かな精神史（これはまた新たに生成するものですが）と対決することによってなされるのです。

ついては、私は、論文を発表したいという気持ちや野心を見る間になくしています。哲学がそういうご立派な仕事か、あるいは自分の才能を見せびらかす機会でしかないところでは、私は論じられたり議論されたりするのを好みません。それに三〇歳ではまだ若すぎます。本来の生が逃れ去ってあとでもう取り返しがつかなくならないようにするだけで大変なのです。生が逃れると、人々は体系に向かいます――これこそ、哲学においてあまりに遠くまで逃亡することだと言うべきです。

あなたとベセラーに心からのあいさつを

あなたのマルティン・ハイデガー。

*1 マルティン・ハイデガーは、一九二一年夏学期に「アウグスティヌスと新プラトン主義」について講義。現在は次に所収。Martin Heidegger, *Phänomenologie des religiösen Lebens* (HGA 60), 158–299〔『宗教的生の現象学』〕.

23 レーヴィットからハイデガーへ

［フライブルク、］二一年八月一五日
ファウラー通り二／二

親愛なるハイデガー博士様！

もうお戻りでしょうか。私のほうでは、一週目はベセラーと一緒に、二週目はボーデン湖畔でヴァルターたち[*1]と過ごした、等々です。今日私は引っ越しました――きつい仕事でした。いつお訪ねしていいでしょうか。ある素晴らしいものを得ることができました。アウグスティヌスの『説教集』一五二一年で[*2]――とんでもない大冊です。ベッカーは相対性理論で私をいらいらさせています。

私の新しい部屋を是非ご覧ください。気に入っております。

アーフラがフィレンツェから手紙をくれました。今はローマにおり、まもなくナポリに行くようです。

フッサールはザンクト・メルゲンで何をしているのでし

ょうか。私はどうしてこんなことを尋ねているのでしょうか。彼は私にはもう本当にどうでもいい存在です。あなたの講義を聞く方がいい。

W・ハース（ケルン）の新刊『心的な物世界』[*3]――タイトルには反発を覚えますが、これを見てみるつもりです。

さようなら。この葉書は、転居の遂行連関［?.］に対応しております。

親愛なる挨拶を
　　あなたのカール・レーヴィット

バウアーという若者と[*4]［私は］学期の終わりにはじめて知り合いました。頭のいいやつです――「やつ」というのは、「弱虫」と反対の意味です。

*1 ゲルダ・ヴァルターとその男友達のこと。
*2 Aurelius Augustinus, *Sermones*, Haganoae 1521.
*3 Wilhelm Haas, *Die psychische Dingwelt*, Friedrich Cohen, Bonn 1921.
*4 ヴァルター・バウアー（一九〇一―一九六八）は二〇年代初めに国民経済学の学生で、ハイデガーの講義や演習に出席。ハイデガーやその家族と親交を結ぶ。彼についての詳細は次を見よ。Martin Heidegger und Elisabeth Blochmann. *Briefwechsel 1918-1969*, hrsg. von Joachim W. Storck, Deutsche Schillergesellschaft, Marbach am Neckar, zweite durchgesehene Ausgabe 1990, 140f.

24 レーヴィットからハイデガーへ

二一年八月一七日夜

親愛なるハイデガー博士様、

先日の話し合いについてベッカー博士が話してくれました。私が頼んだのです（私に話してくれるように）。二つのことを同時に残念に思うのですが、あなたは、ベッカーの考え方についてはたいてい私から〔直接〕お聞きになるのに、私自身は、私についての詳しいご意見を直接あなたからお聞きしたのはごくついででしかないのです（「〔ベッカーを介して〕間接的に」聞く方が多いでしょう）。さて、ベッカーは、今日、私とあなたの間にある本質的な違いは、ベッカーとあなたの間の違いよりもより大きいということを示そうとしました。なぜなら、とにもかくにも［あなた方二人は］共通の地盤から、つまり、学問的、方法論的徹底性、厳密性、事象に即する態度、真摯さという共通の地盤から、ベッカーが非難する私の主観主義を拒否する立場にあるから、というのです。この主観主義はつまり、私の事象に即さない態度（トゥストの場合は、主観主義は少なくとも「宗教性」にもとづいていたのだ、とベッカーは考えております）であり、折衷主義的なディレッタンティズムへの憂慮すべき接近です。それが、ブリューアー[*1]、カイザーリング、シュペングラーといった現象を、私がある点でまともに受け入れてしまうことを可能にしている。彼らの文献研究は一〇年にもならず、彼らの著作は、ほとんどの学問的研究と同様に、むだに部厚く、ひょっとするとそもそもむだであるのに、というわけです。

　ですから、ベッカーによれば、私はあなたの哲学について根本的に誤解しており、あなたの研究と意志の本質的、論理的「気遣い」（伝統的な形式論理ではありませんが）を、要するに、あなたという哲学者における事象に即した客観的学者という在り方を見落としている。そのとおりであるかどうかは別にして、今の私の関心事は、私の「個人的」立場を正当化することではありません。ベッカーのように好かれる一個人（愛されるもうひとりのベッカー）になりたいわけでもありません。あなたの講義では、個人的なことは、「事象に即する態度」に比べれば非常に低い意味しかありません。事象に即する態度こそが学問的哲学的共同体を結びつける唯一の要素であるからです!!?? ヤスパース批判では、「私は存在〔実存〕する」がテーマそのもの、焦点そのもの——たんなる一個人を指すもの——になりましたが、哲学において人間がどうでもよいものではない限り、私はこれを妨げることができませんし、妨げようとも思わないでしょう——それは、先行把握という問題構造と同じく重要です。私がこの手紙を書いているのは、今のところあなたを誤解していないと確信する理由をお伝えしたいからであり、何よりも、どういった点で、そして何故に、私が現在持っているような哲学にたいする態度を抱いているかをお伝えしたいからです。

　精神が持っている良心は良心的であり、とくに知的な良心は第一に良心なのであり、それゆえ、広い意味での実存現象を主題とする哲学的営為——したがって内的な必要から実存現象と取り組む哲学的営為——はどれも、はじめから個人的でもあり、真に哲学的に意味のあるもの、その特有の事象にふさわしいものは、まさに自己であります。「歴史的事実性」[1]という領野であるにもかかわらず自らを哲学的・理論的に解明することは、自己の意味にそもそも反していないかということさえ問われます（キルケゴールの解明の仕方は、きわめて特殊でソクラテス的で間接的なものである、等々）。ひどくがさつで息苦しいほど直接的である人間たちや哲学者たちは、事象に即することなく、問いによって、哲学的問いによって、さらには対人論法まで用いて追い詰め、精巧なクモの巣を揺り動かして捕まえようとする。ある程度洗練された思考の手段を用いて、自分固有の立場をあらゆる細部にわたって確証し、守り、[2]理由づけ、また、そうした人間たちや哲学者たちから身を守るために、ハリネズミのように武装した城塞のなかに隠れることはいつでも可能です。私が言おうとしていることは、そうしたことは可能であり、今日おそらく行われているが、しかし自己自身を理解する哲学者の自由な振る舞いとは合致しないように思われるということです。この哲学者ならば、自己批判において獲得された自己洞察を、個人的、教育的、現実的動機から決定的瞬間にベールで被うようなことはせず、率直な議論の的にし、そして、容易にどんな議論もいっそう分解され、うまくいかなくて、ときには自分の根本的考え方の訂正が迫られるような弱点を好きなように突かせる勇気をもつにちがいありません。そうしたことをしないのであれば、精神的な——むしろ知的な——弱者からの攻撃すべてに屈することなく安穏としていられるでしょう。しかし、知的に対等な敵対者の場合、判断を解体するという難儀な課題に追い込まれざるをえません。つまり、いつでも誰にでもある！アキレス腱を取り出して標本にして見せるという、難儀でしばしばあてどない課題です。それは、「究極の事柄〔キリスト教では死・審判・天国・地獄〕」です（私は、学問にたいする態度において今日の青年が持っている問題もこれらの事柄の一つだと考えています）。自由な人間にあっては一般的に、このアキレス腱の根本的で方法論的な解明という迂路は必要ないことでしょう。知的な注意深さや自分を隠すことを確保するこの仕組みがなくとも、誰でもたいていそのことには十分に熟知しているからです。私の考えによれば、最高度の概念的な入念さと方法論的徹底性は、いまだ、ある現象との対決の真摯さといわゆる厳密さを保証するものではありません。他方、奇妙なことに私自身、実存現象の学問的解明にたやすくすぐに陥ってしまい、理論的関心や事象に即そうとする気遣いが(!?)、たとえば、「誘惑」(temptationes)[*2]や「絶望の諸段階」[*3]が「生き生きした生」(ドストエフスキーの小説『大都市の暗闇から』[*4]の終わりを見よ)にとって代わってしまいます。

現実の実存する生は、哲学的営為とは距離があり、その間を決して架橋することはできないし、そうした概念は、それ自身現象学的表現として、生き生きした生に対して問題を含んだ状況にあります——(思想的哲学的な表現が美学的芸術的表現に移行するという注目すべき現象についは、キルケゴール、ニーチェならびに二、三のロマン主義者を参照ください)。他方、当然のことですが、事象に即するという点ではディレッタントにとどまる論議は、使えない折衷のカテゴリーで考えており、実存論性を確実に保証するものではありません。それは、非学問性が天才を、学問性が真摯な性格を保証するものでないことと同じです。

(ニーチェは、学問の有する、ドイツ的な主婦の徳ないし家庭の徳について語っております。曰く、正直、熱心、生真面目、有能、堅実、徹底的、等々)。

ともかく、性急さや移ろいやすさ、未熟な不完全さは、こうした人間たちと彼らの仕事にとっては、安易でロマン主義的な怠慢、無定見、弱点、浅薄さ、深みや真剣さの欠如のような人間の印とは異なるものであり、それ以上のものでもあり得るのです。精神性は学問性と同じものではなく、グスタフ・ランダウアー[*5]のようなひとかどの男は、どこをとっても、ミュンヘン大学の全教授を合わせたより以上のもっと強烈な精神性を持っておりました。残念ながらとくにそうしたタイプであるブリューアーを排除できるのは、ただ学問的態度の典型的な思い上がりからです、「ワンダーフォーゲルがもう人気はないので、あいつはいまキリスト教が使いものになるか試しているのだ」と言って。

例えば私ならば、むしろ「本物の偽物」について話すまでになることでしょう。同じく誤解と言えるのですが——理解のための基盤は、自らの歴史的状況に対処できる人間こそとくに良く理解できるはずです——小物たちがこぞってすでに騒ぎ立てているシェーラーの「自堕落」を断罪することもかまわないでしょう。重要なのは、一人の人間がその人自身において戦うべき相手です――その上で、内容上の帰結が「理解」されることになります。シェーラーの諸論文こそが、今日の哲学的状況にとってまことに注目すべき思想の豊かさと洞察力を示しているのであり、私は彼の人格を真摯でないとは考えません。彼のすべてが由来するところを今一度検討することは、われわれ一九二〇年の人間がわれわれ自身に即してよりよく果たすことができます。私は、こういうタイプの人間を、また、まったく異なるタイプも擁護します（あなたは知らないでしょうが、パーシー・ゴートハイン[*6]や、またトゥストのことです）。と言いますのも、私には自分自身を――私自身からも――擁護する意志があり、それは虚栄心からではなく、私が必要としているからです。かねてから私は、学問的な哲学研究に対する自分の立場を自ら強く疑っていました。自己批判が私に欠けているわけではありません。反対にしばしば、不毛なほど大きすぎる反省に苦しんでいます。以上は一つの例です。しかしだからと言って私は、事象に即するという態度の研究者の、なるほど健全で肯定的で立派な逃げ道を承認しません［そうした人は、自分の仕事と理解に拠り所があり、それがひたすら無限のなかの拠り所を求めているのでないとしたら、カードボックスになってしまう!?］。たとえばディルタイがそうです。彼は、（彼の新しい巻で）あれこれ脳を絞るがうまくいかないニーチェの思考についてろくに理解することもなく判定し、個人が内省的反省によって人間の本質に行き当たることはなく、「人間的精神」が何であるかはただ歴史的意識にのみ立ち現れる、と断言するのです。ニーチェが実存的な思想家であったという限りで、ニーチェにとって重要なのは、人間的精神（ヘーゲル）なのではなく、自身の「私は存在する」であった。それをディルタイは見逃し、そのような試みの危険性と不毛性に慄いているのです。

　しかし、ニーチェは、自分の現存在を正当化する必要に迫られていた。彼は、正当化を必要とする自分の現存在について客観的に語っています。それがすべてを語っています！　どれほど評価してもしすぎることのないマックス・ウェーバーでさえ、哲学的希求を持つウェーバー像をヤスパース流にあらかじめ作り上げていれば別として、ひょっとしたら!?ウェーバー自身が顕わにしている以上に、〈それにもかかわらず〉の学者でした。しかし、ウェーバーの相対主義にかんしては、彼は、私が見る限りでは、決定的な瞬間に飛び込んでくる「歴史的事実性」と同じ段階におります。その歴史的事実性は、根本意味の規定の極度に切迫した具体性においては、形式的指示を克服し、形式的指示を仮説化し、あるいは脱仮説化し、それを追い抜いているのみならず、はじめから解明を導いている。結局のところ、あなたの歴史的ゼミナールでのやり方は――私は、歴史的な諸カテゴリーの形式化の過程を展開することを念頭に置いているのですが――そうすることによって、別様に見られる新たなより根源的な「本来的」諸規定に至る道を新たに切り開くという積極的な意味があった。私は、そうした先行的に概念把握された規定性を主観主義と呼ぶことはありません。むしろ、現実の誠実な哲学と呼びます。現実です!!　私にとって、クヌート・ハムスンの『秘儀』[*7]、ドストエフスキーの『大都会の暗闇から』、『若き農民との対話』[*8] 等々は、ライナッハの全集[*9]と、あなたがかつて超越論的講義[*10]で「相手にとって不足のない敵」として扱ったリッカート[*11]の全著作集とを合わせたよりも哲学的に多くのものを与えてくれるということ、このことがとりわけ重要なのです。「個人的衝迫」であり、「私的」であり、「世界観的」であるというだけではありません。私はこの三つのものをそんなにきれいに学問的哲学から切り離すことができません。ベッカー流の「事象に即したもの」や「客観的なもの」も現実においてそうしたことを分離できもしない――ありがたいことに！――ということが分かるのはうれしいのです。自己洞察が欠けているときにのみ、そうしたことをまったく認めることができない。言い換えれば、当の人間が自らにおいてすでに客観化された人間である場合には、――これまた自分自身にかかわる彼なりの仕方ではあっても――、このことは明らかになりません。あなたにあるたぐいの歴史主義や相対主義もまた、私にはなおまだ足りない。あなたの研究は、やはりいまだ他者の本来的自己理解のなかに、あなた自身の本来的自己理解をこっそりと押し込む傾向があります。私は、ベッカー博士とは（あなたとも??）反対に、哲学が何かということの客観的に妥当する規範化や定義にいかなる価値も置きません。ある哲学者――哲学とは何かを知る哲学者――が、私が行っていることがもはや、あるいはいまだ哲学ではないと私に請け合ったとしても、私は打ちひしがれることはないでしょう。私にとって確実であるのは次のことです。哲学者とは、学問理論家や認識理論家とは別で、それ以上のものであり、内容的により原理的でより深くより包括的でより根本的でより背景的な（第二階層！）[12] 特別の問題設定（「実体《ウーシア》」という）によって、個別学の学者から徹底的に区別されるだけではありません。自らのより原理的な方法論的諸問題だけではなく、その諸問題の内的な質や人格の深層、その内的生活形式全体、その遂行のあり様によっても学者から区別される。哲学的研究にとって、方法論的な諸問題がどれほど中心的であるとしても、哲学者における哲学的なものは、理論的内実から規定されるべきではない。また、方法への偏愛もまた同じことでしょう。あるいは、あなたは方法をはるかに上のものとして理解するのでしょうか。「キルケゴールにおいて決定的であるのは方法論的意識である」[13]といった命題は、私はまだ十分には納得できないのです!? 当然ながら、キルケゴールは、聖書の問題構造の決定的論点を知っておりますし、ヘーゲルの弁証法をそれに適用しています。なおかつ、その問題への接近を遂行することや自己自身を保持する仕方等々が決定的であることについて熟知しておりますし（明快な方法と叙述形式をもつ『キリスト教説教』[14]などを参照）、さらには、自身の方法をしばしば単調で頑固に繰り返して展開しさえしました。それがほとんど害にならなかったのは、キルケゴールが限りなくひたすら集中していて、自己が気遣いつつ自己をわがものにする仕方の問題構造を深く理解していたのみならず、まさに自己を見つめ、経験していたからです！ いま部分的に引用されたような命題（ヤスパース批判の一八頁）は、私には、自己という問題構造にたいする学問的退廃の典型例であるように思われます。あなたは、……のなかにある事実的で遂行史的な生[15]について述べられ、そうした生が事実的な「私は存在する」の意味に根源的に含まれると言われます。私の推測では、問題となる自己（私が、私にとって問いとなった quaestio mihi factus sum）[16]と自己の問題構造とは宿命的なものです。宿命的で不可避であり、哲学的生と同様に宿命的で不可避であります!!――（哲学的生が始めだと考えるのは）取り違えを犯している。事実的な「私は存在する」からの帰結として、「私は存在する」の理論的に哲学的な解明の事実性が出てくる。あなたはまた他の個所で、ヤスパースに反対して、次のように述べられています――私の意見では、正しいけれども言い過ぎであります――心的なものにおいては方法が当の心的なものに含まれるのだと。この場合私に理解できることは、心的なものと遂行史的にそれに接近する遂行とが分離できないものであり、自己自身を保持する仕方が同時にこの自己を構成している、ということだけです。〔自己のすべてを構成しているとはいえません、――私の見解によれば、ヤスパースの客観的な実体概念にはある程度の正当性があります。しかし、彼の実体概念は、もっとも深いところでは自己自身にたいする自己の態度にかかわらないままです。ちょうど病識がなくとも心的な病が「存在する」のと同じように。したがってまた、キルケゴールとともに「潜在的」〔意識していない〕絶望について語る可能性や、あなたとともに、自らの事実性においては「自己を理解しない」者について語る可能性もあるのです〕。このいわば現実的な方法から、自己省察のより正確な解明を経て、たとえばあなたのヤスパース批判で表現された方法論的装置に至るまで、理論的に彫琢をしてゆく道のりは遥かに思われます！　別の不当な拡張――ヤスパースにおけるそれに引けをとらないもの――は、あなたの実存概念の拡張であるように思います。しかし、念のために言えば、あなたのヤスパース批判での示唆はあまりにわずかなものでしかありませんので、それについて何かを語るのは危険なことです。

ですから、断言は控えなくてはなりませんが、実存概念が形式的に拵えられただけであれば、実存の内容的な規定は、（もちろんただ見かけ上ではあっても）歴史的な事実性に委ねられています。そうしますとしかし、あなたの哲学的営為の根本傾向、あるいは、ひとつの根本傾向は、〔聴講者にとって〕一種仮説的であるにとどまり、その根本傾向は、解釈と批判のあらゆる決定的な個所で、あなたの実存概念のもつ徹底的に内容的に規定された色合いとうまく合致しないのです。どんな学問的哲学的問いに携わっていてもおおよそ実存していられる、とも私は思いません〔あなたによる大学の講義が分からせてくれたように?!〕。真に、また全面的に実存していると言えるのは、実存の問いにかかわったときだけです。しかも、実存は学問上のファナティズムとは違うものです。実際のところ、あなたの形式的な概念には、――これは正しいことですが――実質的で本来的で先行把握を担うもの、つまり、歴史的個人的で真剣なものがつねに入り込んでいる。そうすると、その概念には特定の前提があり、それは、外側から「先行的」なものであるからといって拒絶されることはできません。

それは、たとえば、自己世界的に気遣いされた自発的で意識的な遂行の先行［把握］にかんして本来性の基礎となるような前提です。たとえば、前提となるそうした先行［把握］は、おそらくどの芸術家も拒絶するに違いない、私は拒否しませんが！

重要なのは、どのようにして耐え抜くか、また耐え抜くかいなかということです。それについては、私はあなたと完全に一致しています。「必要なこと」、ならびに「真正さ」は、客観的に規範として表すことはどうしてもできません。そのように個人を自己自身へと押し戻すことが、怠惰な主観主義という危険をもたらすということはあたっていますが、異議とはなりません。「危険な書物」に警告を発する助言にたいしては、異議となりえましょうが、そうした助言は見せかけにすぎません。もしもわれわれが揺るぎのない文化的で素朴に信じられ経験された伝統的な絆や評価、意欲という精神的状況のうちに生きているとすれば、そして、われわれが死んだ形式的学問にいそしむのではなく、今日の青年たちが若く、数知れない疑わしく中途半端であいまいなものによって――（せいぜいのところ、今日の青年たちはかなり成熟した年齢になってようやく若くなります）――また、まったく不毛な（いつもとはかぎらないが、しばしば）生真面目さや、共同世界と自分自身に対する批判的だが、建設的ではない反省によって引き裂かれずに、若く信頼し建設的だとすれば、もしそうだとすれば、この青年たちの生は、現実の問題により注目し、何らかの「それ」（事象、問題、課題など）にかかわってもっと積極的に、より多くを成し遂げ、もっと見える形でより自然に生きていることでしょう。

私は、ニーチェ研究のための二つの典型的なモットーを知っております。「私は、私を論駁するいかなる者も必要としない。そうした人間は私だけで十分だ」。さらに、もう一つは、意味としてはおよそつぎのようなものです。「今日よく為されうることは、ただ小さな事柄における徹底性だけであって、強い人間が建設する強い時代は終わった。われわれが必要としているのは、われわれ自身を結びつけておく最高の力である。ひょっとしたらもっと重要なものがあるかもしれないが、建設の時代はもう過ぎた」（ところで、ついでに言いますが、あなたには、なんらかの仕方である種の「体系」もあります――「方法上の」ものであるとしても）。「われわれに関係するもの」といった概念は、たしかに視野を狭めますが、「多様なものへの拡散」(defluxus in malta)[17] を防ぎもし、断念させ、真に、また誠実に――しばしば絶望的なほど誠実に――絶望させます。なぜなら、批判的な誠実さは、われわれの疑わしい実体性とは不釣り合いだからです。ここには、とくに私にとっては、実体性の肯定的な可能性とも否定的可能性とも断絶しているという問題があるのです。すなわち、ルターは、「自分の実存における堅固なもの」(robustus in existentia sua)[18] にもとづいて生きようとしたのではなく、根本的にこの堅固なもの自身でしたが、そういうルターは私にとっておそらくずっと縁遠いままなのです。だからこそ、ニーチェ(等々)が私に関係してくるのであり、それゆえに、一九二一年以来ようやくというわけではなく今後も、私は方法論的に原理的な徹底的研究と呼ばれるものの粘り強さを奮い起こすことになるのです――それだからといって、あからさまな解明作業によって、必然的により根本的でより深い根拠へと至るとは信じておりません。「掘削し」詳細に解明するあなたのやり方をとれば実際により深いところに突き当たり進捗するという印象をいつももっているわけではありません。あなたに、ガイガーの「無意識」[19] だけでなく、またあなたのヤスパース批判や現象学年報のたいていの論文もまた、その全頁を示せば、それらが、一頁にわたって無意味にくどくど述べられているたった一つの文と同じく何も述べていないし、問題はとうに限界にぶつかり、そうした個所ではむしろ理解を損ねていることがわかります。それは、フッサール流の論理的根本性のやり方では十分なことはできず――謙虚に、しかし誇りをもって言えば――苦労しながらではあるものの――「非常に大雑把な区別」を温めているからです。この点では、現象学者すべてが、意味ありげな薄笑いを浮かべることになるはずです!!

この手紙は、「告白」を意味するものではありませんし、あなたに私の個人的人格を押しつけるとか、あなたの意に染まなければ無理強いしてあなたに話させようというのでもありません。また、学問的哲学にたいする私の態度に向けられる懐疑に、私がはじめて経験するわけではない懐疑に激しく抗議しようとするものでもありません――私は、この手紙でそうした懐疑を強めているだけなのかもしれませんが。しかし、私にとって重要なのは、あなたを誤解しないこと、あなたによって誤解されないことです。ベッカーとは、もっと気楽に、もっと淀みなく話せますが、いつもベッカーには、あなたよりも根本的に遠いという感じを持ちます。彼は、重要でないことであまりに真剣な態度を示し、重要なことではあまりに軽い。そして、私を愚かなロマン主義者に仕立てたのです。私はなすままにさせています。彼にたいして、私を「個人的に」理解してもらおうなどという名誉欲を私は持っていないからです。

あなたに宗教的な感化を求めているわけではないということは、言う必要もないと思います。アウグスティヌス講義の継続やキルケゴール講義（ゼミナール!?）が、アリストテレスよりも（ギリシャ語のせいもあって！）関心をそそるということは、それと矛盾しません。誤解されるというあなたの疑念と不信は、私にはいささか誇張されているように思われます。災いは、それを欲しなくとも、いつでも招きかねないことは当然ですが、聴講者が浅薄で愚かであれば、危険は減じ、聴講者の側であなたの哲学を遂行的に解釈する場合、危険は増大します。私の考えでは、あなたの哲学の内実を歴史的な遂行として理解することは拒めません。正直に告白すれば、あなたとあなたの在り方は、第一学期から（たとえば、フッサールとは対照的に）私を魅了し、あなたの事象に即した態度を私にとって貴重なものとし、また問題も感じさせ、さらにつまりは批判的にもしたのです――第一に私は、あなたの研究が（ベッカーとは異なり）表現論理を獲得しようとする努力であるとは思いません。そうではなくて、むしろ、今日の生の困窮（?）から生まれた気遣いだと思います。しかし、理論上私にはまだ完全には把握できない［ある］点が私を困惑させるのです（そして、おそらくまだ他の点もあることでしょうし、それは、「おそらく」以上のものです）。つまり、理論的、哲学的な事象に即する態度と、実存的、教育的、産婆術的な傾向と要求との併存です――私は、ベッカーのように、あなたの根本的傾向が純粋に学問的なもの――方法意識を喚起し、それによって一歩先に進むこと――だとは考えておりません。私は、あなたのヤスパース批判をかなり拠り所にします。そこでは、あなたは、「反省」における別な先行〔解釈学的先行構造〕について、また「自己省察」と「必要なもの」について[20]語っています。そうであるならしかし、認識する営みの内在的な認識意味を超え出てゆくことになりますし、学問への態度も問題となります。私が感じているこの矛盾を、つまり、「歴史的事実性」（学問的人間としての）とそれとの矛盾をたんに解消することは、私には抵抗があります。私は、たとえば、自分自身に「関係してくる」がゆえに、また自分自身に「関係してくる」にもかかわらず、「私は存在する」に理論的、哲学的にも関心を持ち、それについて研究することが「私は存在する」ということ自身と相容れないと考えているわけではありません。ただ、可能的に理論的・哲学的なもの（私は「理論的」であることを、勝手な［???］意味でとらえているわけではありません）を「も」、生き生きした生と同じように根源的であり、真正であり、豊かであるとみなし、こうしてどんな遂行をも（したがって理論的で理解し解明する遂行をも）すべて包括し、まさしく事実性の契機が失われるまで歴史的事実性の概念を拡張することが自己欺瞞であると考えるのです。事実性の契機こそ、あなたがアウグスティヌス講義で強調したものです！

ベッカーは、彼なりのやり方やタイプにおいて、事象に即する学者であり、一貫して、自分自身の自己に関心がなく――関心があるのはせいぜい自己の問題構造くらいなものです――自己自身を保持し理解することは、ベッカーにとっては、非本質的で倨傲なのです。哲学の「問題」としてなら――他の数多くの問題と同様――彼にも興味があるでしょうし、その興味と言っても、そうした問いに、ある仕方で情熱的にさえ論争的に抗弁するという興味なのです。学問的に「事象に即する」あなたの流儀は、ベッカーのようにそんなに明白だとは思えません。

今日あれほど多くの若者が、あの暗い何ものかによって別れ、あるいは泥沼のような場所へと追いやられている（ベセラー、リエニーツ[21]と最近［私は］このことについても話しました。リエニーツは、その点で広範な経験を持っております。ミュンヘン出身の私よりも）。このことは、もっともな理由からして、私にとってどうでもよいことではありません。その暗い何ものかは、「ディレッタント的、意志薄弱で、遊びに類して学問的訓練を欠く」などといった大雑把な概念では片づけられないものです。そうした非難を若きニーチェは、一層激しいかたちで体験したに違いない。そうでないとしたら、ニーチェは、ドイツ教育施設の将来について講演する[22]ことなどありえなかったでしょう。「音楽するソクラテス」は、また、われわれの論じられない問題でもあるのです!!　学生にも大学教員にも関係しています！　ニーチェの講演は、ある天才的個人の暇に任せた標題音楽とも言えましょう、しかし、われわれの時代の、そして、この時代の「個人」の最も生き生きした表現であるとも言えます、いや、言わなければならない。
注意されたい。例えば、方法について具体的に語ることは、休暇が終わるまで待っていただきたいのです。研究をスケッチの形でお渡しできるといいのですが、そうすれば、何か議論できるものをお持ちになることになります。私にとって重要なこうした問題に、私がいま取り組んでいる仕方について、緻密に話し合えればいいのですが。「ドイツ人は、礼儀正しくしゃべるときは嘘をついているのだ」*23といった〔あまりに率直であけすけな〕言い方を多用しすぎたのであれば、お許しください。
いつも変わらぬ感謝に満ちて　あなたのカール・レーヴィット

〔紙片：〕一一時二〇分　親愛なるハイデガー博士
明日ミュンヘンに発ち、二、三週間過ごします。あなたをもっと訪問したかったのですが。では、さようなら
あなたの
カール・レーヴィット

*1　ハンス・ブリューアー（一八八八―一九五五）はベルリンの市井の学者。哲学的にはニーチェに依拠し、ワンダーフォーゲル運動に決定的な影響を与える。主な著作は次のとおり。*Wandervogel. Geschichte einer Jugendbewegung*, 2 Bände Bernhard Weise, Berlin-Tempelhof 1912, *Die deutsche Wandervogelbewegung als erotisches Phänomen, Ein Beitrag zur sexuellen Inversion*, Friedrich Ruhland, Lichtenrade-Berlin 1912, und *Die Rolle der Erotik der männlichen Gesellschaft. Eine Theorie der Staatsbildung nach Wesen und Wert*, 2 Bände, Diederichs, Jena 1917–19.

*2　おそらくアウグスティヌスを暗示。ハイデガーは一九二一年夏学期に、アウグスティヌスと新プラトン主義について講義した。

*3　キルケゴールは著書『死に至る病』で絶望を三段階に区分した。

*4　Fjodor Dostojewski, *Aus dem Dunkel der Großstadt, Acht Novellen*, übertragen von E. K. Rashin, *Sämtliche Werke*, unter Mitarbeiterschaft von Dmitri Mereschkoski, herausgegeben von Moeller von den Bruck, Zweite Abteilung, Band 20, R. Piper & Co. München 1916.〔3〕

*5　グスタフ・ランダウアー（一八七〇―一九一九）は、アナーキズムの最も重要な理論家の一人で平和主義者。一九一九年四月、ミュンヘンのレーテ共和国に参加し、反革命義勇軍の兵士によって殺害される。

＊6　パーシー・パウル・ハインリヒ・ゴートハイン（一八九六—一九四四）はレーヴィットの学友。のちに著述家、ルネサンス研究者として有名になる。また、ゲオルゲ・サークルの一員。博士論文で挫折し、アカデミックな世界の外で人生を歩む。公表した主なものは次のとおり。»Die antiken Reminiszenzen in den Chansons de Geste«, in: *Zeitschrift für französische Sprache und Literatur* 50（1927）, 39–84, *Francesco Barbaro. Früh-Humanismus und Staatskunst in Venedig*, Die Runde, Berlin 1932, und *Zacharias Trevisan – Leben und Umkreis*, Pantheon, Amsterdam 1944. また、翻訳家としても活動。Francesco Barbaro, *Das Buch von der Ehe (De re uxoria)*, deutsch von Percy Gothein, Die Runde, Berlin 1933.

＊7　Knut Hamsun, *Mysterien*, übersetzt von J. Sandmeier, Albert Lang Verlag, München 1894.

＊8　レーヴィットが何を指しているのか不明。

＊9　アードルフ・ライナッハ（一八八三—一九一七）は一九〇八年、フッサールのもとで*Entwurf zur Urteilstheorie*で教授資格を取得。Adolf Reinach, *Gesammelte Schriften*, hrsg. von seinen Schülern, Max Niemeyer, Halle an der Saale 1921.

＊10　ハイデガーの一九一九年夏学期講義「現象学と超越論的価値哲学」のこと。リッカート批判で閉じられる（Martin Heidegger, *Zur Bestimmung der Philosophie*, hrsg. von Bernd Heimbüchel [HGA 56/57], Vittorio Klostermann, Frankfurt am Main 1987, 177–203）（『ハイデッガー全集第56／57巻　哲学の使命について』所収、北川東子他訳、創文社、一九九三年、一八五—二一四頁）。

＊11　ハインリヒ・リッカート（一八六三—一九三六）は、ハイデガーの教授資格論文の指導者で、ヴィルヘルム・ヴィンデルバントとともに、新カント派のバーデン学派の最も重要な代表者。一八九六年から一九一六年までフライブルク大学の哲学の正教授で、その後、ハイデルベルクに転じる。リッカートとハイデガーについては次を見よ。Martin Heidegger / Heinrich Rickert, *Briefe 1912 bis 1933 und andere Dokumente*, hrsg. von Alfred Denker, Vittorio Klostermann, Frankfurt am Main 2002.

＊12　エーミール・ラスクを暗示。ラスクは、著書『哲学の論理学とカテゴリー論』で、第一階層と第二階層と第三階層を区別する。第一階層はあらゆる内容〔質料〕を含んでいて、これらの内容は一つの論理形式によって包括されうる。この論理形式は妥当する内実であり、第三階層では妥当するという形式のなかにある。Emil Lask, *Die Logik der Philosophie und die Kategorienlehre*, J. C. B. Mohr, Tübingen 1911, 112〔『哲學の論理學並びに範疇論——論理形式の統治領域に関する研究』久保虎賀壽訳、岩波書店、一九三〇年〕.

＊13　レーヴィットはここで、ハイデガーの「ヤスパース『世界観の心理学』論評」»Anmerkungen zu Karl Jaspers ›Psychologie der Weltanschauungen‹ «（HGA 9）, 41〔「カール・ヤスパース『世界観の心理学』に寄せる論評」、『ハイデッガー全集第9巻　道標』所収、四九頁〕から自由に引用している。「キルケゴールに関しては、やはり次の点を指摘せねばならない。哲学ないし神学において（ここでは、そのどちらでもよい）、キルケゴールほどの厳密な方法的意識の高みに到達した例はめったにない。この方法的意識を見逃し、あるいは、二義的な意味でしか受けとらないとしたら、キルケゴールにおける決定的なものがまさに抜け落ちてしまう」。

＊14　Sören Kierkegaard, *Ausgewählte Christliche Reden*. Aus dem Dänischen übersetzt von Julie von Reincke. Mit einem Anhang: Kierkegaards Familie und Privatleben nach den persönlichen Erinnerungen seiner Nichte K. Lund. Nebst einem Bild Kierkegaards und seines Vaters. Alfred Töpelmann, Gießen ^{2}1909.

＊15　Martin Heidegger, »Anmerkungen zu Karl Jaspers ›Psychologie der Weltanschauungen[4]‹ «（GA 9）, 35〔「カール・ヤスパース『世界観の心理学』に寄せる論評」、『ハイデッガー全集第9巻　道標』所収、四二頁〕。「自己は〈どのようにして〉気遣いつつ自己を自分のものにするのかという問題構造のうちには、事実的な〈どのようにして〉という問題がある。〈どのようにして〉というこの問題構造のなかにある事実的で遂行史的な生は、事実的な「私は存在〔実存〕する」ということの意味に根源的に含まれている」。

＊16　Aurelius Augustinus, *Confessiones* X, 50〔『告白 下』服部英次郎訳、岩波文庫、一九七六年、六五頁〕。

＊17　次を参照。Martin Heidegger, *Phänomenologie des religiösen Lebens*（HGA60）, 206f.〔『宗教的生の現象学』〕

＊18　「ハイデガーの実存存在論の明示されざるモットーもルターに由来した。「各人は自分の実存において堅固であるべし」（Unus quisque robustus sit in existentia sua）〔Johannes Ficker, *Luthers Vorlesung über den Römerbrief, Band 1, Glosse*, Diederichs, Leipzig 1908, 122〕。これをハイデガーは自ら次のようにドイツ語に訳し、何度も強調した。重要なのはただ、「各人が自分にできることをなすこと」のみだ、つまり、「そのつど自分に固有な存在でありうること」ないし「自分に固有な歴史的事実性へと実存的に限定すること」のみだ、と（Karl Löwith, *Mein Leben in Deutschland vor und nach 1933*, 32〔『ナチズムと私の生活』五〇頁〕）。

＊19　モーリツ・ガイガー（一八八〇―一九三七）は当時、ミュンヘンで哲学の員外教授。一九二三年から一九三三年までゲッティンゲンで哲学の正教授。一九三三年にアメリカ合衆国に亡命し、のちにスタンフォード大学で教える。ミュンヘン現象学派の一人。公表した主なものは次のとおり。*Beiträge zur Phänomenologie des ästhetischen Genusses*, in: *Jahrbuch für Philosophie und phänomenologische Forschung* I（1913）, 567–684, *Das Unbewusste und die psychische Realität*, in: *Jahrbuch für Philosophie und phänomenologische Forschung*

IV (1921), 1-138.

＊20 Martin Heidegger, »Anmerkungen zu Karl Jaspers ›Psychologie der Weltanschauungen‹ «; in: Martin Heidegger, Wegmarken (HGA 9), 1-44〔5〕〔「カール・ヤスパース『世界観の心理学』に寄せる論評」、『ハイデッガー全集第9巻 道標』所収、五―五二頁〕.

＊21 カール・リエニーツは医師でレーヴィットの学友。ミュンヘン自由学生連盟の一員。これ以上の情報は確認できなかった

＊22 Friedrich Nietzsche, »Über die Zukunft unserer Bildungsanstalten«, in: Friedrich Nietzsche, *Nietzsches Werke* 9, Abteilung 2, Band 1, *Nachgelassene Werke aus den Jahren 1869-1872*, Naumann, Leipzig, völlig neugestaltete Ausgabe, [2]1903, 295-382〔「われわれの教養施設の将来について」、『ニーチェ全集3 哲学者の書』所収、渡辺二郎訳、ちくま学芸文庫、一九九四年、二九―二〇二頁〕.

＊23 Johann Wolfgang Goethe, *Faust* 2, Kap. 20〔『ファウスト下』柴田翔訳、講談社文芸文庫、二〇〇三年、一五三頁〕.

〔1〕 正誤表にしたがって「歴史的事実性」に括弧を付す。

〔2〕 原文では「評価し」(schätzen) であるが、正誤表にしたがって「守り」(schützen) と訳す。

〔3〕『地下室の手記』を含むドストエフスキーの短編八編を集めたもの。

〔4〕 原文では、»Anmerkungen zu Jaspers ›Psychologie der Weltanschauungen‹ « であるが、誤記と見なして »Anmerkungen zu Karl Jaspers ›Psychologie der Weltanschauungen‹ « に訂正する。

〔5〕 原文では「421-44」であるが、誤記と見なして「1-44」に訂正する。

25 ハイデガーからレーヴィットへ

二一年八月一九日

親愛なるレーヴィット様！

お手紙では二つのことが問題になっています。(1) あなた自身の正当化、(2)「私の哲学」の「正しい」解釈。〔1〕一年前、メスキルヒから、私がものたりなく思う点をあなたに伝えました。――同じことをベッカーにも言いました（あなた以外のひとにそれについて表明するなどということは、これまで一度もなかったでしょう）。これはひとえ

に、あなたが大学で「博士号」を取得するという潮流に巻き込まれているという理由によります。あなたがこの称号をどう評価するか——他のひとたちがどう評価するのか等々は関係ありません——、私はこの問題を、私自身についてそうしなくてはならないのと同じく、とても真剣に考えています。

この潮流は、「学問的哲学」（これについては後述します）に対するあなたの（私からまったく解き放たれた）立場と、どこまで、実存できるつながりにあるのでしょうか。それについて私が判断するのは控えます。私はあなたを、あなたが私に示しているとおりに受けとらなくてはなりません——これは何も、私があなたを最初からずっと私の「博士論文準備者」だとみなしてきたという意味ではありません。学問研究という点では、（他の誰かよりもあなたのことがずっと気になるので）何らかの評価をするのが私の義務なのです。それに、「学問する生のありさま」も、「個別の学問」の場合とは別のものです。哲学の定義は私にとって第一義的にそれだけで重要だということはまったくなく、——それが重要なのは事実性の実存的解釈に含まれるかぎりにおいてだけです。（事実性から）切り離されたこの意味での哲学の概念について議論するのは無意味です——それゆえ「学問性」の論究も同様です。

さて、(2)私自身について話さなくてはなりません。

まず、あなたたちの議論は、あなたやベッカーが私を——（仮説としてであろうとなかろうと）ニーチェやキルケゴール、シェーラー、また何らかの独創的で深遠な哲学者たちを尺度にしてはかるという根本な誤りにしがみついています。それはご自由ですが、——しかしそれに対しては、私は哲学者ではない、と言わざるをえません。自分が何かこれに類することだけでもしようなどと、うぬぼれてはいません。そんなつもりは毛頭ありません。

私はただ、自分がしなくてはならないこと、必要だと思うことを、自分ができるとおりにするだけです。私は、「今日全般」のための文化的諸課題に合わせて自分の哲学研究を繕ったりしません。キルケゴールの傾向も私にはありません。

自分の「私は存在（実存）する」にもとづいて——自分の精神的な、一般的に言えば事実的な由来——環境——生の諸連関にもとづいて、自分が生きている場所から生きた経験として自分に近づけるものにもとづいて、私は具体的事実的に研究します。この事実性は実存的な事実性ですから、たんなる盲目的な現存在ではありません。それは実存のなかにともに含まれます。すなわち、私はそれを生きるのです――つまり、「私はしなくてはならない」（ひとはこれを話題にしませんが）を生きるのです。そのように存在する事実性という、歴史的なものというこのものとともに、実存することが荒れ狂います。つまり私は、私の事実性の内的な義務を、それも自分が理解しているとおりに徹底的に生きているのです。私のこの事実性には、――手短に言うと――私が「キリスト教神学者」であるということが属しています。そこには、特定の徹底的な自己憂慮、特定の徹底的な学問性が含まれており――事実性のなかには厳密な具象性が、「精神史的に」歴史的である意識が含まれています、――私がこの意識であるのは大学という生の連関においてです。

　哲学することは、私にとって事実的実存的に大学と結びついています。すなわち、私の主張は、大学にしか哲学は存在しないという点にではなく、哲学することは大学における実存的意味のゆえにこそそれを遂行する独自の事実性を、したがって限界と制約をもっているのだ、という点にあります。

　だからといって、大学から「偉大な哲学者」、独創的な哲学者が現れることはできないとはかぎりませんし、大学における哲学する営みはただの似非学問であり、哲学でも学問でもないとかぎったものでもありません。大学の哲学がそれなら何であるのかは、自分の生をとおして証明できるだけなのです。

　したがって、あなたたち二人のうちどちらが私を正しく理解しているか――私がどちら側に立っているか、これを見積もることはけっしてできません。それに、私が述べることは〔あなたたちの〕いいかげんな調停であってはならず、反対に、あなたとベッカーは私から同じほど遠く隔たっています――ただ方向がちがっているだけで。あなたもベッカーもキリスト教的なものをともにすることはないことは、ずっと私にははっきり分かっていましたし、この点で一致を探るのがあなたたちにとって重要だなどとあなたたちを理解したことは一度もありません――あなたにもベッカーにも、影響を与えようとしたことはありません。あなたたち二人が私の本質的なものとして受けとっているのは、相異なるものなのです――そして私は、その両者を分けることはありません、――しかもこれはまた、学問的・理論的に概念的に研究する生と自分自身の生という双方のバランスがとれているということでもないのです。私の事実性を実存的に明確に述べる本質的なやり方は、――私が遂行するかぎりでの――学問的研究なのです。ついては、手もちの客観的真理を増やすことは、私が哲学する動機や目標では断じてありません。なぜなら、哲学の客観性――私が理解し、事実的に向かうかぎりでの――は何か独自のものだからです。このことはしかし、説明のこの上なく厳密な具象性を排除しません――むしろ私にとって実存する意味をなすのです。具象的な厳格さは、客観的真理にかかわるのではなく――歴史的事実性にかかわるのです。

　私は研究を強調できますが、しかしベッカーとは憂慮の方向が原理的にちがっています。私は人格を決定的に重視しますが、しかし遂行の諸可能性においてです。これらの可能性を私が正直に思いどおりにできるのはただ、独創性をねらわず、したがって偉大なものにてらすと無駄におしゃべりする――本当に私が私自身からおしゃべりするとすれば――という危険を冒す場合だけです。それでもめったにうまくいかないということを、残念ながら私は知りすぎています。

　哲学する私の仕方と憂慮の方向とをあなたが「理論のうえで」結びつけないのは納得できます。この結びつきは理論的解明の主題ではありません。私は自分の「私は存在する」を、何らかの仕方で――他の仕方ではなく――捕まえ存在することができるだけです。

　解体においても、私は即自的な客観性を望みも夢想もしません。そうした客観性は独自な事実性、お望みなら「すりかえられた」事実性です。より多くなしとげるのは、何でもかでも理解してしまう見せかけの非人格なのか、それとも、ものごとへのがむしゃらな突進（もちろんここでは自分自身がいなくてはならず、さもないとつかまえられません）なのか。この点だけが重要です。後者の場合、客観的には一面的で独断的ですが、しかし哲学的には「絶対に」具象的で厳密なのです。

　ヤスパースの手紙によると、私はいろんな点で彼に不当なことをしているそうです。こう返信しました。フッサールたちも同様のことを言っています――しかし私にとっては、それは、私が当の書物の「成果」を想像上の知識の宝庫のなかに想像によって登録したりせず、むしろ少なくともつかみとろうと試みた、というしるしにほかなりません、と。

誰もが自分のできることをするという点だけが大事です。ひとは、たとえきわめて反省された「哲学」をもっているとしても、結局、そうするなかで相変わらず――無反省です。

私はあなたよりずっと客観的ではないかもしれません。あなたは、こういうラベルに何か意味があるとすれば、客観的な相対主義者ですが、反対に私は、独断的で主観的な相対主義者です。つまり、自分の「立場」を戦い取り、自分自身が「相対的」だと認識しながら、他のひとたちに対して「不当」なことをするのです。しかし私は、自分の立場をこのように説明することに何の興味もなく、哲学の歴史のなかに新しい方向をもちこむつもりはありません。

大学で教えるさいに私が望んでいるのは、学生たちがつかみとることです。頑迷な大学教員たちの「主知主義」を茶化し、そういう輩よりも自分のほうが豊かで生き生きとしていて奥深いと感じ吹聴すれば、古くさい大学を克服できるわけではありません。それができるのは、〔第一次世界大戦を〕生き残った人間の遂行の根源へと今日の事実性においてさかのぼり、自分ができることを自分自身で決定することによってなのです。どうなるでしょうか――五〇年たっても大学はあるでしょうか――誰にも分かりません――永遠の機関など存在しないのです。しかし、一つのことだけは私たち次第です。つまり、自分たちがいろんな風潮に振り回されてさんざん苦労し、可能な新文化について思案するのか、それとも、いろいろな計画や普遍的問題に関する反省のなかで自分を見失ったりせずに、献身して、実存的な制約と事実性のなかへ帰路を見つけるのか。昨今、たいていの若者たちはうまくいきすぎていて――とくに精神的に――、すべてが早々と思いのままです――旅行やら文学やら芸術やら何やら。私は誰にも私のような学生時代をすごしてほしくありませんが、それをけっして手放したくもありません。

あなたは私を誤解したわけではなく、あなたが自ら的確に表現したとおり、あなたは何かを理解していないのです。それに対して、私は、これ以外のやり方をとれば私自身を放棄せざるをえなくなる、と答えられるだけです。それであなたには十分でしょう。

ベッカーは私を誤解しました。なぜなら、同じことを

〔事実性ないし実存から〕何ほどか孤立させてあまりによく理解したからです。どちらもどうでもよいことです。決定的なことはただ一点しかありません。私たちが理解し合うのは、必要なただ一つのものとしてそれぞれが理解するもの、理解する仕方のために自分のすべてをささげることが、私たちの一人一人にとって大切である場合だけだ、ということがそれです。「体系」、「学説」、「立場」のうえでは、私たちは互いに遠く隔たっているかもしれません——しかし、人間たちが真に共に存在できるただ一つの仕方で、つまり実存において、私たちは共に存在しているのです。

お手紙のなかであなたが〔私やベッカーなどに関して〕激して思いを吐き出したのはとても好ましいことです。ただ、一点だけ不満があります。あなたが私を解釈し見積もるときには明瞭なのに、あなたは私をあまりに買いかぶっているのです。

けれどもあなたは、私があなたをどれほど「損なう」か、それとも益するかを、自分で決めなくてはなりません。

私は人々とつき合うことができません。「指導」はきまってぎこちないものになります。あなたに語るべき言葉は何ひとつありません。ベッカーに向かって私があなたについて述べたことは、いつかあなたが私から聞いたことです。とはいえ、あなたに面と向かって話したわけではないので、あなたが自分から私に抗弁することはできませんでしたが。

日曜の晩にベッカーと一緒に来ませんか。

心からのあいさつを

あなたの

マルティン・ハイデガー。

26　レーヴィットからハイデガーへ

〔ミュンヘン、〕ローゼン通り六

二一年一〇月一日

親愛なるハイデガー博士様!

大騒ぎは終わりました。ミュンヘンは人間が恐ろしいほどたくさん——外貨の密売人まで——いますが、喜びです! 本当に美しい。空気がフライブルクと同じくらいか、それ以上に新鮮で澄んでいます。ガイガーとプフェンダーのところはまだ訪ねていません。いろいろなギャラリーなどを見たり、骨董品を漁ったり、ゲルリングのために部屋を探したりしただけです。あなたはいつから講義を始めるのでしょうか。あなたが、小規模なゼミナールの計画を実行してくださったら、とてもうれしく思います——〔シェーラーの〕『自己認識の偶像』のゼミナールを!! 私は、まさに自己反省と自己経験について、休暇の終わりの数週間研究していたのです。W・アへーリスのアウグスティヌスの新刊[*1]をもうご覧になりましたか。こうした試みを全部拒否されるのでしょうか、それとも一部だけでしょうか。ご機嫌いかがでしょうか。ハイルブロンで過ごした数日は素晴らしかった。ベセラーは現在またウィーンにいます。折を見て彼と冬学期にフライブルクに行ってお会いしたものです。何か始められるのであればですが。大学や学生との共同関係を諦めるということは絶対にしたくありません。皆が自分で自分の仕事に追いまくられているというのが、好きになれないのです。

心からの挨拶を

あなたのカール・レーヴィット

＊1 Wilhelm Achelis, *Augustinus, Bischofs von Hippo: Analyse seines geistigen Schaffens auf Grund seiner erotischen Struktur*, Kampmann & Schanel, Prien am Chiemsee 1921.

27 ハイデガーからレーヴィットへ

［二一年一〇月二日］

親愛なるレーヴィット様、

ハイルブロンとミュンヘンからのお葉書[*1]、本当にありがとう。あなたが出発したとき、留守をしていたのが残念です。

フッサールはこの冬学期、講義しません。かなりの人数を相手に週二時間の演習をするだけ[*2]です。

私の講義計画は難関に突き当たっています。心置きなく週四時間の講義ができるでしょうが、それでも終わらないでしょう[*3]。今回は二つの側面から対象にたどり着こう——

〔第一に〕原理的にはもちろん本質的に短くおこなわれる方法的考察をしよう——と決心しました。——この講義は〔第二に〕次のようにすれば理解しやすくなるかもしれません。つまり、直近まで手を加えたかさばった草稿から抜粋して読み上げ、そのうえ、私がまだどれを考えるか決めかねている個別の諸問題に切り込むとすれば。すべては同じように貴重で有益で、私の哲学的ねらいにとって実り多いものです。つまり、修辞学——論理学——倫理学——または物理学——どれもこれもうさんくさい表題ですが。講義時間をこれ以上増やしたくはありません。創造的な仕事のために疲れすぎていますし、冬学期はつき合いやスポーツも多くなるので。有能な学生も二、三いてほしいのですが——バウアー[*4]のように猪突猛進し嚙み破るひとが——ただし彼より装備さえよければ。

講義は一一月二日に始めます。演習の下相談[*5]は一〇月二五日で、私は演習に多くの時間を費やすことはできません。重点は講義にあり、これはいわばごく少人数のためのものです。小さなゼミナールをするなら、たぶんアリストテレス。あなたが彼の生物学研究にとりかかればありがたいのですが。——

アウグスティヌス書[*6]はまだ読んでいません。私にはそこから学べるものはほとんどなさそうです。哲学的には、〔アウグスティヌスを精神分析的に解釈するという〕その問題設定はまったく無価値です——ある種の心の猟犬〔精神分析家〕たちは食いつくかもしれないし、ここ何十年かは、多くの人々が世界ビジネスを精神分析して仕事の場にするかもしれませんが。解体にはもうたいした価値はありません。はるかにラディカルな段階に立ったにせよ、人々が解体を切り離して「どんちゃん騒ぎ」するなら。

エビングハウスのもとでなら、あなたはきっと種々さまざまなことを学べるでしょう。彼はまだいません。彼がことをどう計画しているのか、私には分かりません。

講義はごく内々でしたいものです。そうでなくても難解になり、そうなると必ず、はじめて出席する学生たちに無理な要求をすることになります。

しかし彼らは、すべてを理解していないとしても、たぶんそこから多くのことを学ぶことができます。

ゲルリング嬢によろしくお伝えください。どうしてこちらに来ないのでしょう。もっとも私たちの学部は何の役にも立ちませんが。

心からのあいさつを
あなたのマルティン・ハイデガー。

＊1　ハイルブロンからの葉書は遺品には残っていない。
＊2　フッサールは一九二一・二二年冬学期に「現象学演習」を行った。
＊3　Martin Heidegger, *Phänomenologische Interpretationen zu Aristoteles. Einführung in die phänomenologische Forschung*, hrg. von Walter Bröcker und Käte Oltmans-Bröcker (HGA 61), Vittorio Klostermann, Frankfurt am Main 1985〔『ハイデッガー全集第61巻　アリストテレスの現象学的解釈——現象学的研究入門』門脇俊介他訳、創文社、二〇〇九年〕.
＊4　ヴァルター・バウアー（一九二一年夏学期講義の聴講者名簿による）。
＊5　フッサール『論理学研究第二巻』についての初学者向け現象学演習。
＊6　Wilhelm Achelis, *Augustinus*.

28　レーヴィットからハイデガーへ

［ミュンヘン］
ローゼン通り六／三
二一年一〇月一七日

親愛なるハイデガー博士様！

ミュンヘンからまた去ることにだんだんと嬉しさを感じてきましたが、ミュンヘン滞在は、爽やかな充足があって、欠かすことはできません。新しい物事を見、新しく人と知り合うことは、ときおり必要で、それは私が内的な広がりと自由と呼びたいものの一つなのです。そうだからと言って、しばしば充実がたんに量となっているヤスパースを私の模範としているわけではありません。［私は］ガイガーと何度か非常に活発に話し合いました。彼は、はっきりとした見解を持っているわけではありませんが、彼との議論は非常に面白く、彼の人間的で繊細な誠実さは、大体のところ肯定的に見ています。［私には］プフェンダーのところに行く時間も機会もありませんでした。フライブルクの辞書〔知人たち〕だけを使うのは、あまり好ましく思えず、事実としてそこからもうかなり遠ざかっています。ちょっと前にヴァルター嬢がやって〔来〕ました。ゲルリングは近日中に来ます。めったにない偶然ですが、昨晩素晴らしいベートーヴェンの夕べ（ラモンドによる）[*1]があり――そこで、マルセイユに会ったのです。ほとんど学期中を通してお互いの存在は認識していたのですが、慎重な距離を放棄する勇気を持たなかったのです。昨晩はまるで、お互い知り合ってもう長いような感じでした。私と家まで歩き、ちょうど一時まで一緒にいました――夜更かしの私には、まったく普通のことです！　彼は月末にまたフライブルクに行きます。われわれが今日「学生として、あるいは哲学的に」置かれている、精神的に共有する「状況」は、やはり注目すべき問題です。私たちが欲し、期待し、否定し、求め、何であるかということ――それは、根本においていつも同じです。そして、フライブルクからあなたに宛てた手紙で、「私」の代わりにほとんど同じように「われわれ」と書いてもよかったはずだと思います。

長いこと教師であり友人である人が、しばらく前にエルマウのヨハネス・ミュラー[*2]のところに居り、私にこの人について感激して語ってくれました。あなたは、彼の著作をすべて知っていますか。私は初めからこの救済の使徒の著作すべてに反感を抱いており、それらはたいてい牧歌的で、楽天的な、ずれた俗物性になりかねない福音書の解釈です。それに対して、ニーチェの反キリスト教は何と偉大で、それどころかはるかに「よりキリスト教的」であることか。私が手を焼くのは、神概念の絶対的な脱客観化、脱存在論化です。こうしたプロテスタント的（？）でキルケゴール的な遂行の優位と試み〔誘惑〕の強調はあなたにもあるのです!?　「福音」やキリスト教の喜び、安心感、献身的な敬虔に対してそれほど大きな不信（たとえ教育上だとしても）があるのはなぜなのでしょうか。いまようやくだんだんと、ベッカーが私にキルケゴールの「倨傲」について語った理由が分かってきました。私は、あなたの把握する「自己」と「私は存在する」がフィヒテ的ドイツ観念論の雰囲気、また何か原子論的なところを持っていると感じています。こうした考えに至ったのは、とりわけニーチェによっています。話がニーチェのことになって、P・ゴートハインが私に言った言葉は非常に深いものでした。彼はしばしばニーチェの容赦のなさに愕然とすると言うのです。私に反対して「形而上学的実在論」を擁護します。お望みなら次のように言ってもいいでしょう、つまり、現-存在への信仰です——この現-存在は彼にとっては、グンドルフの弟子たちすべてと同様、実存としての現存在に先行するものです。グンドルフの「本質と関係」[*3]という論文（一九一〇年ころの精神運動年報に載った）を知っておられますか!? 私は何度も読み返しました。この論文は本当に素晴らしいので、これをすべてたんに『生の絨毯』[*4]で済ましてしまうことはできません。ここに、私が、W・アヘーリスのアウグスティヌス解釈や、それどころかブリューアーの英雄学[*5]をそれほど低く評価していない理由の隠された論点もあるのです。哲学的にはそこから何も学ぶものはないかもしれません——しかし結局のところアウグスティヌスもキリストも「哲学者」ではありませんでした。このような解釈はなるほど、「心理学的なもの」で表面的かもしれません。しかし、アウグスティヌスの神学的解釈は、誰にとっても重要な問題だというわけではありません。この場合「重要な問題」とは、すべての人に届き、すべての人を目指しているものだということなのです。またすべては、人がどれだけ深く「心理学的なもの」を受けとっているのか、あるいはどれだけ表面的にそれを受けとっているかにかかっています。精神分析を少なくとも核心に到達するものとして捉え実行するなら、それはフロイトの解釈とはもはや何の関係もないかもしれませんが、それでも何ら損なうところはありません。ブリューアーやフロイト、カイザーリング、ヴュネクン[*6]等々に対するわれわれの関心は、あの周り-道のひとつではありますが、そうした周り道をしなくては、今日のわれわれの道を歩むこともなかったでしょう。というのも、私たちのようなものがおい育ってきた状況は、あらゆる平凡さが祝福された時代だったからです。今日、芸術や哲学で、そして意志の他のあらゆる領域で、より純粋な源泉へと到達すべきであり、そのためにしばしばわれわれに役立つのは、まさに初心者、片足はまだ向こう側にいても、もう片足は新世界——あるいはよき旧世界にいるような初心者です——無傷で頑健な人たちよりも。戦争で斃れたフランツ・マルク[*7]の手紙を読みました。それらの手紙は、私が知る最も美しいもののひとつです。大規模なレームブルック展[*8]が現在こちらで開催中です。近々の再会を。

あなたのカール・レーヴィット

＊1　一九二一年一〇月一六日、スコットランドのピアニスト、フレデリック・ラモンドのベートーヴェンのコンサートが、ホテル・フィアヤーレスツァイテンのコンサートホールで行われた。聴衆にはトーマス・マンもいた（Gert Heine & Paul Schommer, *Thomas Mann Chronik*, Vittorio Klostermann, Frankfurt am Main 2004, 122）。

＊2　ヨハネス・ミュラー（一八六四―一九四九）はルター派の神学者。一九一六年から「個人的な生の隠れ家」を主宰。その場所としてわざわざエルマウ城を建設。主著は *Reden Jesu*. 3 Bände, C. H. Beck, München 1908–1918.

＊3　Friedrich Gundolf, »Wesen und Beziehung«, in: *Jahrbuch für die geistige Bewegung* 2 (1911), 10–55.

＊4　Stefan George, *Der Teppich des Lebens und die Lieder von Traum und Tod mit einem Vorspiel*, Georg Bondi, Berlin 1921〔『生の絨毯――前奏 夢と死の歌』ゲオルゲ研究会訳、東洋出版、一九九三年〕.

＊5　Hans Blüher, *Die Aristide des Jesus von Nazareth. Philosophische Grundlegung der Lehre und Erscheinung Christi*, Kampmann & Schnabel, Prien am Chimsee 1921.

＊6　グスタフ・ヴュネクン（一八七五―一九六四）は改革教育学者で、ヴィッカースドルフ自由学校協会の創設者。一時、ドイツ青年運動で指導的役割を担う。一九二〇年、教え子二人に対する性的暴行のために有罪判決。主著はとくに次のとおり。*Die neue Jugend. Ihr Kampf um Freiheit und Wahrheit in Schule und Elternhaus in Religion und Erotik*, Steinicke, München 1914, und *Der Kampf um die Jugend – Gesammelte Aufsätze*, Diederichs, Jena 1919.

＊7　Franz Marc, *Briefe aus dem Feld*, Piper, München 1920.

＊8　アウグスト・ヴィルヘルム・レームブルック（一八八一―一九一九）は彫刻家。一九一九年初めにプロイセン芸術アカデミー会員に選出。同年三月二五日、自殺。追悼展覧会は、一九二一年七月から八月にかけてミュンヘンで開催。

29　レーヴィットからハイデガーへ

〔ミュンヘン〕一九二一年八月一七日

親愛なるハイデガー博士様！

当初の予定よりも慌てて立ち去ってしまいました。まったく信じがたいことに、このたびは、フライブルクを暫くの間離れただけというわけではないのです。しかし、それは大したことではありません。フライブルクで二年半を過ごさなかった自分を考えることはもはやまったくできませんし、いわゆる偶然のいたずらによってあなたのうわさを何も耳にできなかった場合を考えると、愕然とします。ベセラーやベッカー、さらにアーフラやマルセイユ、フォン・ローデン[*1]も、私の「生連関」の中で不可欠の人たちです。フッサールについては、彼の研究で価値あるものは、――初めから――あなたの研究の内部で取り上げ、そこからすでに変更を施してさらに彫琢するというようにしてきました。私には、最初の学期からはっきりしていました、つまり、あなたが――フッサールではなく――私の教師であり、ですから、フライブルクへは迷わずに行ったので、フッサールを経てあなたに到達するという迂路が必要ではありませんでした。人間としてもフッサールは、――同じく初めから――私には共感を持てなかったし、ずっと、ひどく非哲学的な人間、思考者にしか思えなかったのです。ロゴス論文[*2]は当時、私には壊滅的に思われました――精神的に生きている人間はそのようには書けない――今日においては。フッサールとの関係を最後にこの上なく明確に解消したことで気持ちが軽くなります。――いつも残念に思いましたが、あなたやベッカーは、フライブルクではいつも晴れやかな空気の中で生きることがかなうわけではない。夏にゲッティンゲン[*3]で何かあればいいのですが!?（こちらで私はまだガイガーを訪ねておりません）。

これからは、全力で研究の完成に邁進しなければなりません。いま、ニーチェの一巻を持っており、それにはこれまで未公刊の青年期の作品が含まれています[*4]――そこで何を問題とするか、これから立ち入って研究してみるつもりです――青年期の作品は、発端の問題にとって非常に重要です。ニーチェの場合、哲学的な「発端」の典型的なありかたは年代研究によって捉えることができます。ショーペンハウアーは、二五歳で基本的に「お仕舞」です。ニーチェの思想の豊かさには、幾たびも裏切られることがあります。それは、キルケゴールの極度に凝り性な問題設定と似ているところが多い――しかし、キルケゴールのほうがはるかに豊かで苦労しながら道を切り開いています――ニーチェは、何度もかつての場所に拠りながら始めるのです。フライブルクでは、最後の数週間まともなことはもうできませんでした。私の部屋は暗い影で満ち溢れて、それは私だけでなくベッカーやベセラーもおなじです——私たちはもうお互いに理解できなかったし、会えなかった。そうであれば、不毛にも邪魔しあって苦悩するより、互いに与え合ったものに感謝し、それぞれが自分のことに専念して別々の道を行くほうがいい。もし、やはりまったく反対のことを望んでいるとするなら、お互いに苦しめ合うことは、それこそ最もひどい苦しみをもたらすことになりますから！ 人間との関係——より正確には「友情」——は、私にとってかねてから肉体のもう一つの棘です——哲学は別の棘ですが。ベッカーから聞いたところでは、あなたとベッカーはかつて長いことそのことについて話し合った——どうやら、私自身これまでほとんど常に人間とそのことでひとが事実性を有意味に実存的に生き抜ける仕方について。うまくいかなかったにもかかわらず（そしてことによるとまさにそれゆえに！）、私は別の考え方を持っています。

ひとつ残念なことがあります。——あなたは、（一年前のお手紙は、私には一語一語が非常に欠かせないものでしたが、そこで明瞭に）「キリスト者」の問題に私とともに触れることを非常に早く諦めておられる（その問題で私はベッカーとは本質的に別の立場です）。私がフッサールとは折り合えないということ、それがまだはっきりとはしていなかった頃、私の考えでは、（あなたと）共通の領野が生じるのではないか、その領域は具体的で、一方の端では私の研究つまり「ニーチェ」問題の正当化と関連し、他方の端では、私が（私にとって）あなたの「否定神学」としてあらかじめ想定するものと関連する——その端でオーヴァーベック[*5]とニーチェという迂路を経て、オーヴァーベックの立場との構造的類似を見てとる、そのように考えていたのです。しかし、早くもこの冬学期にというわけではないのですが——後になって何かそれが重要になるかもしれませんが——結局、私があなたから経験した衝撃や影響、精神的態度のすべて、哲学的内実があまりに大きく、フライブルクを私の人生の年代記に二年半のこととして客観的に記録し、それでフライブルクを葬り去るようなことはできません。

ここミュンヘンでは、とりあえずうまくいっています。私は家に一人きりです——両親は旅行中で、妹もそうですから。昔から馴染んで好きになった学生下宿の暮らしを継続しているわけです。ある土地の空気が私にとって決して副次的なものなどではないことも感じています。ここでは私はずっと元気があり、睡眠も短くて済みます。——フライブルクの気候は、非常によどんでいるように思いました。明日［私は］マルセイユを訪ねるつもりです。ヴァルターには［私は］町で会いました——彼はまたしても日用品を購入しておりました——ああ——結婚した学生たち——「学生たち」あるいは lucus a non lucendo.[*6]

こちらの哲学部にとって、講義目録はもう見るも哀れなものになりました。

ハイデルベルクで［一］部屋を借りられると分かれば［私は］すぐに決断するつもりです。

九月にはあなたはきっとフェルダフィングにいらっしゃるでしょう!?[*7] そのときはミュンヘンをご案内します。両親はすでに手紙で、あなたが自分たちのところに滞在してもらいたいと言っております。そうすれば非常に快適ですし、私も非常にうれしい！ ついにあなたが私の蔵書をみることになるのですね。ベッカーはトートナウベルクにあなたを訪ねるのですか。彼と、グルリット会社の助手という立場の「利と害」についてお話になりませんか。

今日のところはこれくらいで。トートナウベルクに上れたらよかったのですが——しかし、フライブルクでは数週間を無駄に過ごして燃え尽きたくなかったのです。自分一人が主人である状態を私は特に望んだのです。私が時の流れの中で唯一の有意味な仕方で何とか生きていけるように（そう期待していますが）、あなたがいろいろ尽力してくださったことに、心から感謝しています——まるまる摂取し、自らのものとすることによって——つまり、私がこれからずっとさらに、もっと突き詰めてあなたから学ぶことによって。

学んで習得したことが学問的に表現され、さらにまた職業として表現されうるかどうか、私は決定することはできません。いずれにしても、習得したことはここにあり、私のなかに存在しているのです。トートナウベルクで素晴らしい日々をお過ごしください。

あなたのカール・レーヴィット

フッサールを訪問することはありませんでした。ヴァルター嬢は、私が旅立つ前日に着きました。W・バウアーに心からの挨拶をお伝え願います。

＊1　ヴィルヘルム・フォン・ローデン（一九〇一―一九九〇）はプロテスタント神学者で、ハイデガーとブルトマンの弟子。
＊2　Edmund Husserl, »Philosophie als strenge Wissenschaft«, in: *Logos* I (1910-1911), 289-340〔「厳密な学としての哲学」小池稔訳、『世界の名著51　ブレンターノ／フッサール』所収、中央公論社、一九七〇年、一〇一―一七一頁〕.
＊3　モーリッツ・ガイガーとマルティン・ハイデガーは二人とも、ゲッティンゲン大学に招聘される候補者。一九二三年、ガイガーがゲッティンゲンの哲学の正教授となる。レーヴィットは、ハイデガーが招聘された場合、彼を追ってゲッティンゲンに行くべきかどうか熟慮していた。
＊4　Friedrich Nietzsche, *Nietzsches Werke* 9. Abteilung 2. Band 1. *Nachgelassene Werke aus den Jahren 1869-1872.*
＊5　フランツ・オーヴァーベック（一八三七―一九〇五）はスイスの神学者で、フリードリヒ・ニーチェの友人。一八七〇年、バーゼル大学の新約聖書釈義と古代教会史の教授。
＊6　〔光の射し込む〕森［を表す言葉］は、光らずより［出ず］〔実質とは反対の名称のこと〕。
＊7　フェルダフィングにはシラジ夫妻が住んでいた。

30　ハイデガーからレーヴィットへ

［一九二二年九月以前］

親愛なるレーヴィット様！

親切なご配慮、ありがとう。全部買ってください。

ミュンヘンでの日々には多くのものを与えられました。たしかに、私たちは多く哲学するにはいたりませんでしたが、各人が自分の事柄をする方がずっと正しいと私は思います。そうすれば、何か重要かもしれないことに対して「遅すぎた」り「ちょっと遅かった」りして困るはめになることもけっしてありません。

もしあなたがルネサンス人間学に、そのあとモンテーニュにとりかかるのなら、私はどれほどうれしいことでしょう。

お年寄り[*1]が、私の妻を介して、プフェンダーを訪問したいと私に言わせようとしています。――彼はプフェンダーに、私がミュンヘンにいると書き送ったようです。

現象学の旅行者を演じる気はありません。同封の葉書をプフェンダーの玄関に入れていただけないでしょうか。

残りの本、リッチュル、スルピキウス・セウェルス、セドゥリウス[*2]については、お金の問題で片がついていません。とっておいてもらえるかもしれません。

心からあいさつします

あなたのマルティン・ハイデガー。

＊1　エトムント・フッサールのこと。

＊2　おそらく次の二冊のこと。P. Bihlmeyer: *Die Schriften des Sulpicius Severus über den Heiligen Martin, Bischof von Tours.* Bibliothek der Kirchenväter Bd. 20, Kösel Verlag. Kempten/München 1914 und eine Ausgabe von Sedulius' *Paschale Carmen.* 後者は神学者アルブレヒト・ベンヤミン・リッチュル（一八二二—一八八九）の著書で、ハイデガーは購入したかったが探し当てられなかった。

31　ハイデガーからレーヴィットへ

フライブルク、二一年九月二〇日

親愛なるレーヴィット様！

山小屋であなた宛ての手紙を書き始めていました。そのとき、ヤスパースが旅費を同封した書留の手紙をくれて、ぜひ数日間訪問するようにとのことでした[*1]。彼の家で私が仕事できるようにし、二人が歓談するのはそのつど双方ともその気になったときだけ、というのです。

すぐ、それに従うことを決心しました。どのみちすでに、こちらの平地で何週間か一人で仕事するつもりだったからです。まだ「序論」（きわめて切り詰めた準備的なもの[*2]）を書いているところです。高地は天候が悪く、子どもたちがいつも中にいます。八月には何日間かいい日がありました――初めはひどく疲れていましたが――夏学期の反動。

ヤスパース宅での一週間はすばらしいものでした。彼以外とは誰にも会わず、誰の家も訪問しませんでした――午前中は一人で仕事をしました。ヤスパースからはこれまでよりも強い印象を受けました。彼にはある種の哲学的直覚がありますが、〔哲学では〕頼りとするものがまったく素朴です――基礎となる学問的素養は精神医学と心理学しかありません――けれどもこの領域では本当に自立していまナ。いま彼には、哲学への強い衝迫があります。はたして哲学にたどり着くのかどうかは、私には分かりません。彼が言うには、もっぱら心身の理由で、私のように集中して抽象的思考の仕事をすることができないそうです。三〇分もすると疲れ切り、一日中使いものにならなくなります。[*3]

私たちは個人的にとても親しくなりました。あの批判について再度徹底的に話し合いました。私は事象のうえで撤回すべきことは何もありませんが、多くのことをより肯定的につかまえなくてはなりません。対話を繰り返すうちに、批判が彼にどのように影響したかに気づきました。より厳密なアカデミックな影響についても彼をあおったのですが、彼は、この点でも心理学的理由から、多くを企てることができません。――

ヤスパースはあなたの研究を心待ちにしていますが、私が事前にあらためて目を通すように望んでいます。彼はそれを根本的にはもう変えさせません。受け入れるか退けるか、どちらかです。ですから、あなたがその研究をすぐにタイプで打たせるのが一番です。

とはいえ一つ難題があります。規定によれば、あなたはハイデルベルクで二学期学んだあとでなくてはならないので、あなたが博士号を取得できるのは早くとも二三年夏学期末でしょう。

急ぐのなら、残るはミュンヘンだけです。ゲッティンゲンについては私には分かりません。自分がガイガーに太刀打ちできるか、私は相変わらず懐疑的です。もし年功序列だけで決まるとすれば！

ゲッティンゲンが何とかなった場合は、あなたは夏学期のうちに私のところで博士号が取れるでしょう。研究の最終編集については、いつもあなたの報告に関して述べたことに注意してください。つまり、詰め込みすぎず、分節を明確にし、思いついた「副次的な考え」を入れすぎず――途中でそれらに出会いすぎてはならない――、ていねいに手を加えること。――

お手紙、本当にありがとう――今日、「哲学の大学教員」になる可能性は大きくありません――その可能性はそもそもありません、当今はとりわけ、現代がまったくちがった期待の方向にあるために。私の問題については幻想をもっていません。私を不安がらせるかもしれない唯一のものは、たちまちのうちに流行するという可能性だけです。しかし「アリストテレス」〔序論〕は、この危険も小さくなるように書かれています。印刷がいつ始められるかは分かりません。私はこれを潮に、全体をもっと凝縮させるかもしれません。準‐序論が私には大変な仕事です。ふつうの人間がこういう事柄について何を知っているか、私にはおよそ想像がつきません。私はヤスパースにいくつか読んで聞かせましたが、難しすぎるということでした。まったく「イメージしにくい頑固な文体」だというのです。「序論」――私の「実存」以上でも以下でもありません――を書き終え次第、まだ学期が始まる前にフェルダフィングに行きます。私は本当に休養しなくてはならないでしょう。ベセラーは明日カールスルーエに出かけます。彼にはどんちゃん騒ぎの有害さがよく見えていて、それとは別のものを望んでいます。彼がどこまで環境の影響を抑えるかは私には言えません。グルリットがやってのけることは途方もないものです。冬学期は私は講義しないでしょう。冬学期がどうなるか、私は知りません。次のスタートの前に一息つく必要があります。このスタートが少し心配です。ちょっと常軌を逸したもののように何度も私を襲うものですから。それについてヤスパースと話しました。「ひとは、自分が本当にしていることを本当は知らない」――本当のものは別のものであり――自分の頭越しにいわば背後から話すのです。

山小屋はすばらしく、妻も男の子たちもこの上なく幸福です。私は冬と次の休暇を楽しみにするしかありません。

ここでは私は自分の独居房にまったくただ一人で生きています。ヤスパースにはたくさんの本がありますが図書館ではなく、精神医学と心理学の蔵書だけです。昨晩、私はマリアンネ・ウェーバー[4]と知り合いになりました。残念ながら、いささか「精神的」にすぎます――そもそもハイデルベルクという環境！ですから――ヤスパースの描写によると！　ある晩、彼は私にマックス・ウェーバーの話をしてくれました。――そのときもまた気づきました。決定的な年月に傑出した人間と偶然出会うことが、どういうことを意味するのかを。――

第二版[5]が出版されました。修正はほとんどありませんでした。第三部の表題はもっと適切になり「精神の生」です！　印刷と装丁はがらっと変わり――もっと好ましいものになりました。ヤスパースは一部を贈呈してくれました。当面、彼は刊行しないつもりだったのですが。

この一週間、安堵の息をつきました。ヤスパースには、フッサールが夢にももたないような哲学的実存があります。自分がつねにどういう環境に生きなくてはならないのか、私にはしばしば明白になり、学生たちに関しても力を消耗することにもう驚きません。

あなたがどういう決意をしたか、手紙に書いてくれますか。ご両親からの親切なご招待に、心から感謝します。冬にはたぶんとても孤独になるでしょう。マルセイユと一緒に山小屋にスキーに来てください――一月に！

心から

あなたの

マルティン・ハイデガー。

今日ローデンは、かなりあてにならない手紙を書きました。

＊1　Vgl. M. Heidegger / K. Jaspers, *Briefwechsel 1920–1963*, 32–35〔『ハイデッガー＝ヤスパース往復書簡 1920–1963』三一―三七頁〕.

＊2　Martin Heidegger, »Phänomenologische Interpretationen zu Aristoteles. Anzeige der hermeneutischen Situation«〔「アリストテレスの現象学的解釈――解釈学的状況の指示」〕. 「ナトルプ報告」、「アリストテレス序論」、「序論」という表題で知られる。最初に公表されたのは、*Dilthey-Jahrbuch* (6) 1989, 236–274 で、ハンス＝ゲオルク・ガダマーの導入的エッセイ（228–234）および編者ハンス＝ウルリヒ・レッシングのあとがき（270–274）付き。新たに、ギュンター・ノイマンが »Phänomenologische Interpretationen zu Aristoteles. Ausarbeitung für die Marburger und die Göttinger Philosophische Fakultät«（5–75）〔「アリストテレスの現象学的解釈――マールブルク哲学部およびゲッティンゲン哲学部のための決定稿」〕という表題で編集し、ハンス＝ゲオルク・ガダマーのエッセイ »Heideggers ›theologische‹ Jugendschrift«（76–86）、編者のあとがき（87–100）、および註（101–106）を付した版は、Reclam, Stuttgart 2003。現在は次にも所収。Martin Heidegger, *Phänomenologische Interpretationen*〔1〕 *ausgewählter Abhandlungen des Aristoteles zur Ontologie und Logik*, hrg. von Günther Neumann (HGA 62), Vittorio Klostermann, Frankfurt am Main 2005, 345–419〔『存在論と論理学のためのアリストテレスの精選論文集の現象学的解釈』

所収、また『アリストテレスの現象学的解釈――『存在と時間』への道』高田珠樹訳、平凡社、二〇〇八年〕。

＊3　Martin Heidegger, »Anmerkungen zu Karl Jaspers ›Psychologie der Weltanschauungen‹«, in: Martin Heidegger, *Wegmarken* (HGA 9), 1-44〔「カール・ヤスパース『世界観の心理学』に寄せる論評」、『ハイデッガー全集第9巻　道標』所収、五―五二頁〕.

＊4　マリアンネ・ウェーバー（一八七〇―一九五四）はマックス・ウェーバーの未亡人で、女性解放運動できわめて積極的に活動。出版したのは、*Fichtes Sozialismus und sein Verhältnis zur Marxschen Doktrin*, J. C. B. Mohr, Tübingen 1900、および、主著 *Ehefrau und Mutter in der Rechtsentwicklung. Eine Einführun*, J. C. B. Mohr, Tübingen 1907. マックス・ウェーバーが一九二〇年に歿したのち、彼の原稿の公刊に尽力。ウェーバーの主著 *Wirtschaft und Gesellschaft* および彼の *Gesammelten Aufsätze* 全七巻を、一九二一年から一九二六年にかけて編集。彼女による伝記 *Max Weber. Ein Lebensbild*〔『マックス・ウェーバー』大久保和郎訳、みすず書房、一九八七年〕は、J・C・B・モーア出版から一九二六年に刊行され、深い影響を与える。ゲルトルート・ボイマーと親しく、ボイマーはエルフリーデ・ハイデガーとも親交を結ぶ。

＊5　ヤスパース『世界観の心理学』の校訂第二版は一九二二年、ベルリンのシュプランガー出版から刊行。

〔1〕　原文では *des Aristoteles* が抜けているので補う。

32　レーヴィットからハイデガーへ

ミュンヘン
ローゼン通り六／三
二二年九月二二日

親愛なるハイデガー博士様！

ベセラーの手紙でたった今、あなたがフライブルクに戻られ、熱心に研究に取り組んでおられると知りました。昨日、シラジに葉書を書き、あなたのご様子と、あなたがこちらに来るかどうかを、尋ねました。私はもうそれを見込んでおりましたので、もしそうなれば非常にうれしかったのですが。ベセラーが書くところによれば、あなたはヤスパースのところにいたとのことです。もし時間があって、そのつもりがあるなら、是非そのときどういうことになったのか、手紙でお知らせください。私にとってかねてからヤスパースはただ一人、おおよそあなたの意図と似た方向に行こうとしている。彼は、すでに何かを示しており、物事を捕まえてはいないにしても、すでに見据えております。ヤスパースは何かもっと重要なことを企図しているのでしょうか。数週間前彼に手紙を書いて、部屋を空ける予定のある学生を知らないかどうか尋ねました。ヤスパースはとても親切な返事をくれ、いくつか住所を教えてくれました。しかし残念なことに、もうみな借りられてしまっておりました。しかし何とかなると思います。ただ、癪にさわりますが、すべて値段が何と高くなってしまったことでしょう！　二つの学期のあいだ留まる必要があるという規定を厳密に実行しなければならないのか、それを知ることのほうが、私にとっては重要です!?　ここよりもヤスパースのところで提出したいところなのですが。さらに、家にいると空気がひどく淀んでしまいます。私に関する限りでは、完全に解放され、ここではまるで「間借り人」のように暮らしています。家にいることはいろいろ快適なことがあっても、それにもう耐えられません。そうしたことはただ邪魔になり、弛緩させ、愚鈍にするだけです。小さい見知らぬ町で自分勝手に学生下宿で暮らすほうがずっとましで――実り豊かです。ヤスパースのところに行くかどうかまだ肯定も否定もできません。二つの学期の件でヤスパースが何を書いてくるのか［私は］待っているところです。もちろん、二学期もあちらに留まるつもりはありません。なるべく早く終えてしまいたいのです。ハイデルベルク大学とその学生たちはあまりにも愚かで、それを一年も辛抱することは無意味です。

今はほとんど仕上げの段階で、原稿は削除や変更、追加ばかりで今日では私にとっても読みづらくなっています。マルセイユが来週タイプライターで打ち始めてくれます。たまたま彼に家庭教師の口を斡旋することができました。彼からくれぐれもよろしくとのことです。彼はなおもフライブルクで食っていくことになります。彼の骨折した足はまだ完全には癒えておりません。それ以外では、フライブルクからプフェンダーのところに行ったある年長の学生と通りで会いました。彼は、冬学期にプフェンダーのところで博士号を得ています――『人種の現象学』[*1]というタイトルです。まあ、悪魔の本質記述よりはまだましでしょうが。いまのところ［私は］プフェンダーを訪ねてはいません。

そもそもこちらのあらゆる知り合いの誰も訪ねてはいないのです――そうしたとして、何も生み出されないし、退屈なおしゃべり、時間の浪費ですから。善良なヴァルターは、結婚してすっかり馬鹿になりました――話すことと言えば、何とかという料理用保温器のこととか洗濯、物価の値上がりのことばかりです。そうだとしたら、まだ家にいるほうがましです。ただ、マルセイユとだけは［私は］何度か会っています。彼は、優れたすばらしいやつですし、思慮深い。P・ゴートハインのゲオルゲ熱狂にも飽き飽きしてきました。ところで、バウアーはあなたのところに行きましたか!!　彼は変わりましたか。いや、私の話のついでにあなたが聞き知っただけの人々について、ごたごたと書いてしまいました。

いくつか書物のことについてお知らせしたいと思います。グラトリの二巻本（『神の認識*2』）は、あなたはお持ちではないし、こちらでもたしかに古書店にも在庫はないのですが、マンツ・レーゲンスブルク書店ではまだ手に入ります。さらにそこには、これまたびっくりですが、『マリアの一か月』三一の考察*3がまだあって、手に入るのです。レーゼマイスター・フランス書店では、グラトリの『精神を導くための源泉と助言*4』に行きあたりました。現在、値段は［???］おおよそ六〇マルクです。こんなぐあいですから、こちらのカトリックの古書店に行ったとき、興味なきにしもあらずのことが起きたのです。テーブルに注文されたグラトリの四冊が載っていました――「シェーラー博士なる人物とヒルデブラント博士*5なる人物」のために!!　ヒルデブラントはこちらで、ある出版社を開きました。もちろん、新カトリックの書物と聖人画のためです！　本当です！　さらに、Fr・オーヴァーベックの『中世スコラ学の前史と初期*6』は、バーゼル出版からまだ一五〇マルクで手に入ります。付け加えて言いますと、こちらの古書店にはまったく素晴らしいものがあり、もっといい人の手に渡る前に、それを馬鹿なアメリカ人がきっと買うかと思うと、本当に腹が立つ。古書店の主人に言ったのです、すぐにあなたに手紙を書くと。そこで、研究室にそれだけのお金があるなら（あるいはひょっとしてヤコービに蔵書のお金があるなら）、すぐにミュンヘン、フィンケン通り、ミットラー古書店に手紙を書いてください（私の名前を出して）。すなわち、一五五二年から五九年にかけてヴィッテンベルクのH・ルフトから出た全部羊皮紙のルター一二巻本の初版[*7]は、非常にいい保存状態です。後になって五巻本が出版されましたが、この初版はそれだけで完結していて、二万マルクします――それでもこうした著作に対して今日ではそれほど高いというわけではありません！

今あなたが取りかかっていること、出版する予定について、もちろん非常に知りたいところです。あなたの望みであれば、それを誰にも言いません。セクストゥス・エンペイリコスは中止ですか[*8]。かつてのパッペンハイムの翻訳[*9]は、私には悪くないように思えます。いくつか良いものをかなり苦労して見つけ出しました。例えば、オーヴァーベックの今日の神学のキリスト教性についての第二版[*10]、ヴィネとクザンの『パスカル研究』[*11]、シュライアーマッハーの『新約聖書入門』[*12]、F・シュレーゲルの書簡集[*13]、ヴィンケルマンの著作集[*14]、F・フォン・バーダーの宗教哲学[*15]、それにいくつかラテン語の良いもの、例えば、セネカの全集（トイプナー）[*16]、キケロの書簡全集[*17]、それに対するマヌティウスの註解[*18]。マルセイユと一緒に、キケロのアッティクスへの手紙を読んでいます。マルセイユとしては、ラテン語を学びたいということで、私としては、ラテン語の力を元に戻すとともに、キケロの手紙が心理学という私の得意分野にとって重要であるからです。キケロは読むのは簡単ではありません。マヌティウスの註解は面白い。

私の博士論文に簡潔な序論を加えましたが、全四章を通した思想展開全体を前もって総括するような類のもので、それが一番難しく、やっと最後の章を仕上げたばかりです[*19]。そこでは「あまりに尖鋭な表現」は取り消すようにしています。もし時間があまりかからないようであれば、お手紙をいただくと大変うれしく思います！　フォン・ローデンから何かお聞きになりましたか。トートナウベルクへの私の手紙はきっともう受けとられたことでしょう。

フッサールへは、私がヤスパースのところで博士号を得られるか、あるいは幸か不幸かここに残らざるを得ないか、はっきりしてから、「儀礼的に」手紙を出します。

心からの挨拶を込めて

あなたに感謝するカール・レーヴィット

論文をタイプしたら、すぐにコピーをお送りします。

注意されたし。ご研究を印刷する際に、校正やそのほかのことで必要ならば、喜んでお手伝いします。

＊1　ルートヴィヒ・フェルディナント・クラウス（一八九二―一九七四）は心理学者。一九一七年から一九二一年までフライブルクのフッサールとハイデガーのもとで学び、レーヴィットとも知り合う。一九二三年に、フッサールのもとで、著作 *Die nordische Seele: Artung, Prägung, Ausdruck*（Max Niemeyer, Halle an der Saale 1923）によって教授資格を得ようとしたが、フッサールは、ユダヤ人の「退廃現象」への攻撃が含まれていたために断固として拒否。レーヴィットは、一九二六年出版の彼の著作 *Rasse und Seele. Eine Einführung in die Gegenwart*（J. F. Lehmann, München 1926）の書評を書いた（*Mensch und Menschenwelt, Sämtliche Schriften*, Bd. 1, hrsg. von Klaus Stichweh, J. B. Metzler, Stuttgart 1981, 198–208, zuerst veröffentlicht in: *Zeitschrift für Menschenkunde* 2［1926/27］, 18–26）。のちにクラウスは指導的な人種理論家となる。

＊2　Auguste Joseph Alphonse Gratry, *Über die Erkenntnis Gottes*, 3 Bände, Band 1: *Über die Erkenntnis Gottes*, Band 2: *Über die Erkenntnis des Menschen in seiner Denkthätigkeit*, Band 3: *Über die Erkenntnis der Seele*, Verlag von Georg Joseph Manz, Regensburg 1858.

＊3　Auguste Joseph Alphonse Gratry, *Der Monat Mariä von der unbefleckten Empfängnis*. Deutsch von K. J. Pfahler, Druck und Verlag von Georg Joseph Manz, Regensburg 1859.

＊4　Auguste Joseph Alphonse Gratry, *Les sources, conseils pour conduire l'esprit*, Téqui, Paris 1862.

＊5　ディートリヒ・フォン・ヒルデブラント（一八八九―一九七七）は、一九一八年から二四年までミュンヘン大学私講師、一九二四年から三三年まで員外教授。一九三三年にオーストリアに、その後一九三九年にフランスに、最後に一九四〇年にアメリカ合衆国に亡命。一九四一年から六〇年までニューヨークのフォーダム大学教授。主著はとくに次のとおり。*Metaphysik der Gemeinschaft*, Haas & Grabherr, Augsburg 1930, und *Christian Ethics*, Franciscan Herald Press, Chicago 1953.

＊6　Franz Overbeck, *Vorgeschichte und Jugend der mittelalterlichen Scholastik: eine kirchengeschichtliche Vorlesung*. Aus dem Nachlass hrsg. von Carl Albrecht Bernouilli, Schwabe & Co., Basel 1917.

＊7　ヴィッテンベルク版ルター著作集はルターによって公刊され、ドイツ語著作が一二巻、ラテン語著作が七巻出版された。

＊8　どういう出版計画のことか、突き止められなかった。

＊9　Sextus Empiricus, *Pyrrhonische Grundzüge*, aus dem Griechischen übersetzt und mit einer Einleitung und Erläuterungen versorgt von Eugen Pappenheim, Dürr, Leipzig 1877〔ギリシャ語の原書からの邦訳は、『ピュロン主義哲学の概要』金山弥平、金山万里子訳、京都大学学術出版会、二〇〇五年〕.

＊10 Franz Overbeck, *Über die Christlichkeit der heutigen Theologie*, 2. um eine Einleitung und ein Nachwort vermehrte Auflage, C. G. Naumann, Leipzig 1903.

＊11 Alexandre Rodolphe Vinet, *Études sur Pascal*, Les Éditeurs, Paris 1848, und Victor Cousin, *Études sur Pascal*, 5. éd., rev. et augm., Didier, Paris 1857.

＊12 おそらく次の本のこと。Friedrich Schleiermacher, *Sämtliche Werke*, Bd. 8: *Friedrich Schleiermachers literarischer Nachlaß zur Theologie*, Bd. 3: *Einleitung in das Neue Testament*, Reimer, Berlin 1845.

＊13 おそらく次の本のこと。*Friedrich Schlegels Briefe an seinen Bruder August Wilhelm*, hrsg. von Oskar F. Walzel, Speyer & Peters, Berlin 1890.

＊14 Johann Joachim Winckelmann, *Winckelmanns Kleine Schriften zur Geschichte der Kunst des Altertums: mit Goethes Schilderung Winckelmanns*, hrsg. von Hermann Uhde-Bernays, Insel Verlag, Leipzig 1913.

＊15 どの版のことか、突き止められなかった。バーダーの一六巻からなる全集（hrsg. von Franz Hoffmann u.a., Bethmann, Leipzig 1851-60）では、宗教哲学の著作が四巻収められて出版されている。

＊16 Lucius Annaeus Seneca, *Opera* quae supersunt recognovit et rerum indicem locuplettissimum adiecit Fredericus Haase, 3 Bände, B. G. Teubner, Leipzig / Berlin 1852-53.

＊17 おそらく次の本のこと。Marcus Tullius Cicero, *Sämtliche Briefe*, 3 Bände, übersetzt von K. L. F. Mezger, Langenscheidt, Berlin-Schöneberg 1914〔『キケロー選集　13―15巻』根本和子他訳、岩波書店、二〇〇〇―二〇〇二年〕.

＊18 おそらく次の本のこと。Paulus Manutius, *Commentarius in M. Tulii Ciceronis epistolas ad diversos*. Acc. Ej. Scholia et H. Ragazonii comm. Cur. C. G. Richter, Leipzig 1780.

＊19 今日まで出版されていないカール・レーヴィットの博士論文（*Auslegung von Nietzsches Selbstinterpretation und von Nietzsche-Interpretationen*〔「ニーチェの自己解釈と諸々のニーチェ解釈の解明」〕）は、一九二三年三月三一日、哲学部長エーリヒ・ベッヒャー教授が受理。博士論文の目次は次のような章立てである。

文献表（Ⅳ頁）
ニーチェの自己解釈と諸々のニーチェ解釈の解明（一―二頁）
序論（三―二四頁）
Ⅰ　ニーチェの自己解釈の明瞭化（二五―六七頁）
Ⅱ　自己反省と自己経験（六八―一〇五頁）
Ⅲ　諸々のニーチェ解釈（一〇六―一五三頁）
Ⅳ　永遠回帰説の解釈（一五四―一八一頁）
回顧と展望（一八二―一九八頁）
註と補遺（一九九―二五四頁）

33 レーヴィットからハイデガーへ

［ミュンヘン、二二年九月二二日］

［???］ たった今手紙を投函したところです。そうしたらあなたの手紙が来ました。ありがとうございます。さてヤスパースの返事も待っています（規定によれば、少なくとも二学期以上いなければならないということなのですが……）。私は別に急いているわけではないのです――しかし、両親が！ ひょっとしてあなたが一〇月初めにこちらにいらっしゃるとしたら、数日私たちのところに泊まってください。そうなればいいですね。あなたがヤスパースのところで気分がよかったとのこと、うれしいです。ヤスパースは、最初会ったときから私にとっては重要なひとです――フッサールは、こせこせしていて、まったくつまらない人間です。

ローデンの住所を教えてください。ひどく愚かなことですが、すべて散らかってしまって。近いうちに、今日の手紙よりもまともなものを書きます。つまりイタリア風サラダを。

心からの挨拶を

あなたのカール・レーヴィット

34 レーヴィットからハイデガーへ

［ミュンヘン、二二年九月三〇日］

親愛なるハイデガー博士様！

二学期という義務の免除の申請が認められるかどうかは不確かだというヤスパースの返答を受けて（彼ならいいというでしょうが、学部は多数決によって決定する）、ここに居ることに決めました――現在の経済的事情の圧迫のせいでもありますが。私たちは五日前からタイプで清書しています。ゆっくりとですが進んでいます。大部分が終わ［れ］ばすぐにお送りします。

火曜日にガイガーと話しました――こちらがどうなって

いるか詳しくお伝えするつもりです。今もなお、あなたが一〇月にこちらにいらっしゃることを期待しています。残念です――ハイデルベルクのヤスパースのところに行きたかったのですが。しかし、いつも好きなことができるわけではない。仕事は順調です。どうせ私のスキーはフライブルクに置きっぱなしなのです！　一月にあなたを山小屋に訪ねられればとてもうれしい！　マルセイユがくれぐれもよろしくとのことです。ベッカーから［私は］かなり希望のない手紙を受けとりました。彼は経済上のことで悲嘆にくれて家で打ちひしがれております。

心からあなたに挨拶します

あなたに感謝するカール・レーヴィット

35　レーヴィットからハイデガーへ

ミュンヘン、ローゼン通り六／三

一一二年一一月二〇日

親愛なるハイデガー博士様！

ご機嫌いかがでしょうか。仕事ははかどっていますか。フライブルクを離れる見込みはどうでしょうか。こちらでは、私の生活はほとんど「ととのえられて」おりません――起こることすべてが厭わしく、ミュンヘンを去りたくなります。しばしば自らに問わざるをえないのですが、そもそも私は今日のこの擦り切れさせる状況を切り抜ける生命力を十分に持っているのだろうか、と。「家にいること」（視野の狭い狭量で俗っぽいかたくなさの塊）との、静かで、しかも騒々しい戦いの中で、空しく気力が多く消え去ってゆきます。受動的な抵抗、つまり反応しないということもまた、私を消耗させます。十日前にマルセイユが去ってしまったことも、私にとっていっそうの打撃でした。彼はエルマウのミュラー博士の息子たちのところにとても良い家庭教師の口を世話されたのです。そしてまた、私たちの死んだ大都会のせわしないぞっとする空気に耐えられなかったのです。大学はばかばかしくて、光輝く［?］墓場で、とくに哲学部は、その名前を裏切っている学部（facultas〔無能なのに能力ある学部〕）です（lucus a non lucendo）。ボイムカー[1]やベッヒャー[2]、ガイガー、さらにプフェンダーの講義やゼミナールは悲惨なものです。ただ、プフェンダーの素朴な語り口はまだしも純粋な人格をもっとも感じさせはしますが。ヴェルフリン[3]がミュンヘンにいなかったらどうなっていたことか――そうだったとしたら、学部全部が葬られてしまったでしょう。E・シュヴァルツ[4]にも幻滅至極です。M・ウェーバーをまた思い出しています――彼は、こうした多かれ少なかれ博識な妖怪たち［に比べて］、何と卓越していたことでしょうか。ガイガーのプラトンの「認識論」（！）に関するゼミナールは――どの翻訳を使おうとご自由なのですが――弱体で無益です。ボイムカーは少なくとも歴史的事実は知っています――記憶力はすごい――その他の点では老いぼれです。昨日は、彼は「第三節真理」を口述するところまで来ました。この真理は全体でたった十分で終わりました。彼は、彼が評価する同僚であるガイザー[5]や、ハーゲマン[6]、メルシエ[7]に言及しました。「君たちは、この講義を『現代ドイツ哲学』掲載の私の論文で、印刷された形で読むこともできます[8]」。私は、あなたがフライブルクで知り合っているベーゼマン[9]を除いて、ほとんど誰とも気が合いません。ただ愚かな試験志願者ばかりです――いろいろなゼミナールにいる神学生ときたら、ガイザーの講義にいる連中よりもひどい。たとえばコーンの場合は、こちらの講義の水準をはるかに超えています。あるとき、L・クラーゲスがある講演で述べたこと[10]は悪くなかった。学生組合の学生たちが場を支配しており、ティルピッツ[11]やルーデンドルフ[12]等を招き入れ、法政治学をやっています。バイエルンのこの強欲な運動のひどいこと！　一部は豊かになるため、また一部は糊口を凌ぐため必要に迫られて、もちろんすべてが闇取引です。ヴァルター[13]は、彼の研究を放棄せざるをえません。もっとも彼は一度も「学生」ではなかったのですが。ガイガーは、現代の糞印刷物をどれも表面的には知っていますが、ちゃんとしたものは何も知らない。彼は私の論文に興味をもっています。私は、数日前に全部校正し、タイプで打って彼に渡しました。彼は、フライブルクでこちらよりもかなりのことを学べることに、幾分驚いておりました。事象に関しては何も本質的なことは出てこないでしょう。彼が私の研究を返してよこしたら、もし今あなたに時間とその気があれば、すぐあなたにお送りしたい。しかし、二月になってようやくお送りすることになるでしょう。ともかく、ボイムカーとベッヒャーの口述試問などという副次的科目に対する準備の重圧と苦労は、数か月続くことになるでしょうから。そのため膨大な役に立たないことを拾い集めなければなりません――こうしたがらくたを根本的批判的に読んで、そこから益を得るような時間はありません。ですから、かなり気が急いて焦っており、家での軋轢などでいらいらし、怒りっぽくなっています。しかし、私の中では、できることはみな「自己解体」によって進行しており、ひらめいたときには、ニーチェが「ニヒリズム」や「近代性」と呼んでいるものをどれも通り抜ける勇気や希望が出てきます。あなたが私の研究の結論にどんなことをおっしゃるのか、多少知りたいところです。今日、知的いかさまなしにできるかぎりで、概念的に集中して、私が責任を負えるかぎりで述べることができました。私にとってはニーチェは、あなたにとってのアリストテレスの場合とは違った仕方ではありますが、同じように「原理的」に帰結であり、また発端等々であるのです。どの程度まであなたは、実際にご覧になるのでしょうか。本文をあまりに煩瑣にしないために、私は研究とは区別して「註」（二百の註です！）を付けた長い補遺を仕上げました。

あなたは本屋で最新のいかさまをご覧になりましたか。ハルナックのいわゆる読書の果実、つまり、アウグスティヌスからの抜粋である『反省と箴言』[14]!!　このフランス・モラリストの表題で装飾して、アウグスティヌスを美味そうに見せている。これは、オーヴァーベックのハルナック事典[15]！の付録です。それから、またしてもO・グリュントラー氏の宗教哲学（もちろん、彼の独り言です[16]）――シエーラーの前書き付きです！　ハースの内容のないがらくた[17]、トレルチのやっつけ仕事の著作[18]、等々。私はガイガーに招待されたことがあり、そこでウティッツがF・ブレンターノについて話した[19]のです。やはり、ブレンターノは非常に強靭な哲学的実存であったに違いない！　ウティッツが彼自身の経験から語った二、三の逸話からして、その弟子であるフッサールが狭い意味での哲学者としてことさらみじめに見えてきます。
　エビングハウスはどうなったでしょうか。それに、ベッカーは？　彼は手紙を書くことに億劫で、私は何も知らないのです。シェーラーについては、二つのまったく典型的な思い出が披露されました。誰かがシェーラーを非難して、彼自身はほとんど「倫理的」に生きていないといったとき、彼は次のように答えたそうです。「ええ、私はまさに道案内人で、そういう類の人間は、自分が示すところまでは自分では行かないのだ」。そして、シェーラーの「諸前提」を咎められると、「私は、私の最終的前提を知りたくはない」。

　先だってローデンから長い手紙をもらいました。確実ではないが、「途上」にあるとのことです。彼は、もし実際にできるなら、クリスマス休暇のときにフライブルクにも、つまり、トートナウベルクにも行きたいとのことでした。私「も」そうです。休暇の際には私もここから旅に出たいからです。ですから、もし私が一月初めに罷り寄るとして、あなたや奥様が喜んでくれるかどうか、今一度お聞きしたいです。私のスキーはどのみちフライブルクに預けてあるのですし。食事は、レストランで取ることになることでしょうし、奥様がいいのなら、何か食料や食材などを持参します。そうす［れ］ば、私は材料費を負担すればいいのではないでしょうか。そのときは、ちょっと詐術を弄して、事によったら黙ってローデンの費用は私の父に出させることができるかもしれません。このようにして、私たちがしばらく一緒に過ごせたら、とても素敵なことでしょう。

　ベセラーには時折会いますか。彼はちゃんとやっていますか。そして、あなたの子供たちは元気でしょうか。

　少し付け加えて。フライブルクで個人教授したイギリス人がイギリスから手紙を寄越して、時折ラッセルを使いたくなる[*20]とのことです。あなたがラッセルを売りたがっていることを知っていたので、当時彼に聞いてみたのです。どのくらいの金額でお売りになるのか、手紙でお知らせください（もちろん、その本のイギリスでの見込み価格よりは多少低くないと、彼は買わないでしょう）――もしその本（どれか、第一巻？）を欲しいという場合、あなたにお知らせします――小包で送ることができます。

　多くの挨拶を込めて
　　あなたに感謝している
　　　カール・レーヴィット

＊1　クレーメンス・ボイムカー（一八五三―一九二四）は、一八八三年にブレスラウの、一九〇〇年にボンの、一九〇三年にヴィルヘルム・ヴィンデルバントの後任としてシュトラースブルクの哲学の教授。一九一二年、ミュンヘン大学に転じる。とくに古代中世哲学を研究。主著は、*Witelo. Ein Philosoph und Naturforscher des 13. Jahrhunderts*, Aschendorff, Münster 1908. 次をも見よ。Karl Löwith, *Mein Leben in Deutschland vor und nach 1933*, 18〔『ナチズムと私の生活――仙台からの告発』二六頁〕.

＊2　エーリヒ・ベッヒャー（一八八二―一九二九）は、一九一六年にミュンヘン大学でオスヴァルト・キュルペの後任となる。とりわけ心理学、自然哲学、認識論、倫理学の諸問題を論じる。

＊3　ハインリヒ・ヴェルフリン（一八六四―一九四五）は、ヤーコプ・ブルクハルトと親交のあった美術史家。一八九三年にバーゼルのブルクハルトの教授職に招聘される。一九〇一年にベルリンに、一九一二年にミュンヘンに移る。主著は、*Kunstgeschichtliche Grundbegriffe. Das Problem der Stilentwicklung in der neueren Kunst* (Bruckmann, München 1915).

＊4　エードゥアルト・シュヴァルツ（一八五八―一九四〇）は古典文献学者。一九一九年からミュンヘン大学（ルートヴィヒ・マクシミリアン大学）の古典文献学の正教授。

＊5　ヨーゼフ・ガイザー（一八六九―一九四八）は、一九〇四年から一九一七年までミュンスターの哲学の教授。アリストテレス的スコラ学の伝統に立つ。一九一七年にフライブルク大学に転じ、これは哲学のカトリック教授職に就くというハイデガーの希望に終止符を打った。主著はとくに次のとおり。*Lehrbuch der Psychologie* (Schöningh, Münster 1908), *Grundlage der Logik und Erkenntnislehre: eine Untersuchung der Formen und Prinzipien objektiv wahrer Erkenntnis* (Schöningh, Münster, 1912) und *Allgemeine Philosophie des Seins und der Natur* (Schöningh, Münster 1915). ガイザーについては次をも見よ。Martin Heidegger / Heinrich Rickert, *Briefe 1912 bis 1933 und andere Dokumente*, 38f.

＊6　ゲオルク・ハーゲマン（一八三二―一九〇三）はミュンスターの哲学の教授。アリストテレス的スコラ哲学の擁護者。

＊7　おそらくデジレ＝ジョゼフ・メルシエ（一八五一―一九二六）のこと。一八八二年から一九〇五年までルーヴァン・カトリック大学〔1〕の哲学の教授。一九〇六年にメヘレンの大司教、一九〇七年に枢機卿。ボイムカーと同じく新スコラ学の代表者の一人。

＊8　Clemens Baeumker, »Selbstdarstellung«, in: Raymund Schmidt (Hrsg.), *Deutsche Philosophie der Gegenwart in Selbstdarstellungen*, Felix Meiner, Leipzig 1921, 31-60.

＊9　ベーゼマンについては情報を発見できなかった。ハイデガーの聴講者名簿にもゼミナール名簿にも出てこない。

＊10　おそらくクラーゲスは、宇宙生成論的エロスについて語っ

たのであろう（Ludwig Klages, *Vom kosmogonischen Eros*, Müller, München 1922）。

＊11 アルフレート・フォン・ティルピッツ（一八四九―一九三〇）は提督。一九〇七年、帝国海軍省の次官として、いわゆるティルピッツ計画を立案し、ドイツ外洋艦隊を拡張。のちに政治上、ドイツ国家人民党で活動。ヒンデンブルクやルーデンドルフと親交を結ぶ。

＊12 エーリヒ・ルーデンドルフ（一八六五―一九三七）は、一九一四年にシュトラースブルク旅団の司令官。第一次世界大戦では、パウル・フォン・ヒンデンブルクとならぶ指導的な将軍。大戦後はヒトラーと政治的に行動をともにし、一九二三年一一月九日、ヒトラーのミュンヘン一揆に参加。なお次も見よ。Karl Löwith, *Mein Leben in Deutschland vor und nach 1933*, 17f.〔『ナチズムと私の生活――仙台からの告発』二五頁〕

＊13 ヴァルター・W・マルセイユ〔2〕。

＊14 Augustin, *Reflexionen und Maximen*, gesammelt und übersetzt von Adolf von Harnack, J. C. B. Mohr, Tübingen 1922〔『省察と箴言』ハルナック編、服部英次郎訳、岩波文庫、一九九三年〕.

＊15 オーヴァーベックの教会事典は一九九五年にようやく遺稿から出版された。

＊16 Otto Gründler, *Elemente zu einer Religionsphilosophie auf phänomenologischer Grundlage*, Kösel & Pustet, München 1922.

＊17 Wilhelm Haas, *Kraft und Erscheinung: Grundriss einer Dynamik des Psychischen*, Friedrich Cohen, Bonn 1922.

＊18 Ernst Troeltsch, *Gesammelte Schriften*, Band 2: *Zur religiösen Lage, Religionsphilosophie und Ethik*, J. C. B. Mohr〔3〕, Tübingen 1922.

＊19 エーミール・ウティッツ（一八八三―一九五六）は、プラハでフランツ・カフカとフーゴー・ベルクマンのサークルの一員。一九二四年にハレの哲学の教授。一九三三年から一九三九年までプラハ大学で教える。フランツ・ブレンターノの影響が大きい。

＊20 バートランド・ラッセルの *The Principles of Mathematics*, Cambridge University Press, Cambridge 1903 のこと。これを使いたくなるイギリス人はクークー氏。

〔1〕 原文では「一九〇六年」であるが、誤りなので「一九〇七年」に訂正する。

〔2〕 編者のこの推測は誤りの可能性がある。このヴァルター（Walther）は、レーヴィットの親友で、この書簡35でも、十日前に去ったことを「いっそうの打撃でした」と書かれているヴァルター・マルセイユではなく、本書八三頁で、またしても日用品を購入している結婚した「学生」と記され、九一頁で、「結婚してすっかり馬鹿になりました」と揶揄されたヴァルターのことか。

〔3〕 原文ではJ. C. G. Mohrであるが、誤りなので、J. C. B. Mohrに訂正する。

36　ハイデガーからレーヴィットへ

フライブルク、一九二一年一一月二二日

親愛なるレーヴィット様！

お手紙、本当にありがとう。私たちの諸大学が没落していく様子を目撃できるために、今日、必要な力を振り絞らなくてはなりません。現今の大学教師たちが無責任と安楽さのゆえにしでかしていることは、もう想像を絶しています。

今学期初めに、初学者向け演習[*1]に押し流されてくる代物をかなり鋭く観察しました。恐ろしいことです。つまり、学生たちはおおむね第四学期から第七学期で、したがって戦争学期ではなく通常学期です。これに出ている学生は、アルフェウス、メルテンス、ヴィーゼマン、エルケンです。[*2]こういう死体が回りに座っているのを見るだけで、ぞっとします。アリストテレス演習[*3]では、ボンディ嬢[*4]が自然学第二巻第一章の最初の三分の一の「解釈」をたった九頁で出してきました。――これで全部です！

講義はしないので、これらの演習を取りやめるわけにもいきませんでした。そもそも演習を成立させるためには、条件を付けるのをただあきらめざるをえませんでした――その結果、ご存じのああいう代物全体が来たというわけです。新たにアムステルダムからの教授資格取得志願者が一人（古典文献学）[*5]――イエズス会士が一人[*6]――それに「マールブルク人」が一人[*7]――彼は演習で光明となるはずです（第一一学期です）。人柄は謙虚な印象です――これに大きい間違いはないでしょう。

カウフマンとベッカーも出席しています。私は学生たちから何でもうまく聞き出さなくてはなりません。夏学期講義はまるで壁に向かって話しているようでしたが、まったくあのとおりです。きちんとした問いは出ません。私が何かを話すと、当然どの代物もそれを大慌てで書きとめます。私自身が問いを提起すると、大きい話し合いが始まります。顔を見合わせ、パズルでも上手に解けそうなほどです。そうこうするうちに「交渉」だの「気遣い」だのが聞こえてきますが、いつもまったく場違いです。ベッカーには本当にがっかりで、私の演習ではまるで迫力がありません！

ベセラーが言うには、あの講義[*8]ではすべてが精彩を失ってくすんでおり、感銘を与えないが、教育は上手だ、とのこと。しかし、ベセラーならちゃんと成長できます。

エビングハウスは私のアリストテレス序論を読みました。彼の奥さんがタイプしてくれました。彼の教授資格論文はまったくひそかにまるごとひっくり返されます。彼はヘーゲルに対して批判的で、フィヒテにはひどく批判的ですが、本来の事柄全部において自立しておらず、私のものを彼の引き出しにしまいます。けれども、彼のことは喜んでいます。猛烈に——どちらかというと外面的な猛烈さではあるものの——事象に向かっていきます。

毎週一晩、初期ルターとメランヒトンの重要な個所を彼に一言一句解釈します。彼が自分のヘーゲルのための具体的視野をいくつか得るためです。

何か決定的なことを私が学べるような人は、私には誰もいません。だから私は自分の研究と二つ折り版の本と一緒に暮らします。

来年の夏学期には私の「論理学」を講義したい(週三時間)[*9]。驚かれるでしょうが、私はそこまで進んでいます。

とはいえ、前学期の経験から、今度の講義が豚に真珠にならないかどうかじっくり考えています。私の机のなかで腐らせはしません。誰もが気軽にことをすませてはるかにうまくやっているのに、私はなぜ、こんなばかげたことをして力を浪費しなくてはならないのでしょうか。彼らのほうがいいのかもしれません。緊急この上ないことに従事しているのですから。彼らは、自分が望んでいることを手抜きしてやってのけることができます。そこで人々は、ご立派な環境でのうのうとしていられるというわけなのです。

ご存じのとおり、ゲッティンゲンの件は私にはもう片がつきました[*10]。ガイガーが第一位です。彼のほうが年長で多く書いています。もしも私が長い間待って、同じくらいの頁分の論文を印刷したなら、同情からどこかに採ってもらえるかもしれません。ただ、いまは、そしてそもそも私にとって家族とともに待つという外的事情は、ガイガーの場合とは違います。しかしどうしようもありません。

マールブルクでは私も話題に上がります。アリストテレスへの序論と翻訳をもっているナトルプ[*11]は「感動」し、今日ドイツのどこかの正教授が成し遂げるようなことのはるか上を行っている、と言っています。お年寄りはもちろんいま鼻高々です。

しかしこれらは空疎なおしゃべりです。それは私を第二位につけるのが関の山で、第一位はクローナーでしょう。「彼のほうが年長で多く書いている」。

私にとっては、こういう順位づけのそういう提案は栄誉でも成果でもなく、むしろ私に起こりうる苦痛きわまりない恥さらしです。批判力がそのように欠如している以上、ナトルプの感激は私にとっては何の意味もありません。

ハルトマンも[12]――シェーラーも――ガイガーも――マールブルクにおける私の具体的な見込みをふさぐでしょう。彼らが十分抜け目なくて利己的なら、きっとそうするでしょう。私はそれが理解できますし、彼らがそうするのを悪く受けとることもできません。自分自身の死刑執行人を養うことなど、誰にも要求できません。もしもあなたが、戦略的状況についてガイガーから知らされていないとすれば、その話はしないでください。ガイガーが招聘されるなら、彼はきっとあなたに報告するでしょう。そのときは私に教えてください。私は新聞を読みませんし、それ以外にも知る手だてがありません。――

あなたの論文はあなたの試験が終わってから読みたいと思います。[13]ガイガーが御地に二月までしかいないとすると、あなたは論文をすぐに必要とするでしょうから。私も自分のことで手いっぱいです。いずれにせよ、論文をもう修正しないでください。読む以上は、私は批判的に読みます。

あなたが一月にローデンと一緒に来られるのを、私たちはとても楽しみにしています。当地では今学期は一月三一日に終わるという話です。そうだとすると、二月のほうがずっと好都合でしょうし、雪の状態も確実です。どっちみち、クリスマス後に逃げ出す準備をしておいてください。

経済的なことについては、妻から別にお知らせします。ラッセルの第一巻はもっています。イギリスの価格は知りません。イギリスの新価格の六割だといいのですが。

日本人たちが研究室に一〇イギリスポンドを寄付してくれました。フランス・アカデミー版のデカルト[14]を購入します！　それに、私のためにさらにヒュームも一揃い[15]！　蔵書をまあまあのものに仕立てるのは断念しました。ディルタイは、全集の新しい三巻全部[16]と『シュライアーマッハーの生涯』[17]がありません。

お年寄りは日本のある雑誌に載せる論文を何編か書いています。[18]リッカートが夏にそれを取り決めました。表題は「刷新」！　お年寄りが言うには、まったく「精神科学的で社会倫理的」だそうです。ドイツでもそれを年報で公表したがっています。想像力をどんなに自由に働かせてもあなたには思いつけないようなすさまじい代物です。最悪の事態を避けるために、そういったものはドイツでは印刷できないだろう——あまりに初歩的だから、と夫人に言いました。

ヴァスムントというひと[*19]が当地にいます——キール出身です。以前何学期も私の講義に出席していたそうで、エフライム[*20]の友人です。私は思い出せません——どうでもよいことでもありますが。エフライムはヤスパースのもとでのキルケゴール研究をあきらめ、キールの正教授ハンス・フライアー[*21]のところで博士号を取ります。

さて、あなたが手にしているのは噂話だらけの手紙に間違いありません。しかし、自分の「状況」について記す場合は、こういうやり方でしか書けません。そのなかで別の事柄について書くのはもったいなく、直接話す方がよいでしょう。——

ハルナックのアウグスティヌス労作はコーンが自前でゼミナールのために注文しました。お年寄りは感激していて、これからアウグスティヌスを知ろうとしています。——研究室の蔵書には役に立たない代物がたくさんあり、雑本はもう重要ではありません。——

トートナウベルクには毛布一枚と枕、寝具類を、それにタオルを何枚かと食料と食材をもってきてほしいのですが。こちらに来られるのを楽しみにしています。アーフラの住所は分かりますか。

心からのあいさつを　あなたの

マルティン・ハイデガー。

＊1　ハイデガーのゼミナール「フッサール『イデーンⅠ』についての初学者向け現象学演習」。

＊2　ゼミナール名簿に記載されている出席者はハンス・エルケン、ハンス・メルテンス、グスタフ・ヴィーゼマン、パウル・メルテンス、カール・アルフェウス。

＊3　ハイデガーのゼミナール「アリストテレスの現象学的解釈」。

＊4　エリーザベト・ボンディは当時、第五学期の哲学の学生。一九二一・二二年冬学期から一九二二・二三年冬学期までハイデガーのゼミナールに出席。

＊5　ヘンドリック・ヨセフス・ポス（一八九八—一九五五）はオランダの哲学者で古典文献学者。一九二〇年代初めに、ハイデルベルクのリッカートとフライブルクのフッサールのも

とで学ぶ。フライブルクでハイデガーと知り合う。一九二一年、ハイデルベルクで博士号を取得。一九二九年、ダヴォースで行われたハイデガーとカッシーラーとの論争に居合せる。一九三一年、ハイデガーはポスについての所見を執筆し、これは一九九一年にようやく公表（Jan Aller [Hrg.], *Martin Heidegger 1889-1976. Filosofische Weerklank in de Lage Landen*, Rodopi, Amsterdam / Atlanta 1991, 173）。

＊6　おそらくカール・クリンケンベルクのことで、ハイデガーのゼミナールに出席した唯一の神学生であった。

＊7　ハンス＝ゲオルク・ガダマー（一九〇〇―二〇〇二）は、一九二二・二三年冬学期に、ハイデガーのもとで学ぶためにフライブルクに来る。当時第一三学期。一九二九年、論文 *Platos dialektische Ethik. Interpretationen zum »Philebos«* （Felix Meiner, Leipzig 1931）で、ハイデガーとフリートレンダーから教授資格を取得。一九三九年、ライプチヒ大学正教授に招聘。一九四九年、ハイデルベルク大学でカール・ヤスパースの後任となる。ガダマーとハイデガーは生涯にわたる親交を結ぶ。主著は、*Wahrheit und Methode. Grundzüge einer hermeneutischen Philosophie* erschien 1960 (J. C. B. Mohr, Tübingen〔『真理と方法』全三巻、轡田收他訳、法政大学出版局、一九八六―二〇一二年〕)。ガダマーについては次を見よ。Jean Grondin, *Hans-Georg Gadamer. Eine Biographie*, J. C. B. Mohr, Tübingen 1999.

＊8　オスカル・ベッカーの講義。

＊9　この講義は「存在論（事実性の解釈学）」という表題で行われた〔1〕。Martin Heidegger, *Ontologie (Hermeneutik der Faktizität)*, hrg. von Käte Bröcker-Oltmanns (HGA 63), Vittorio Klostermann, Frankfurt am Main 1988〔『ハイデッガー全集第63巻　オントロギー（事実性の解釈学）』篠憲二他訳、創文社、一九九二年〕。表題の問題については同書一一三頁を見よ。

＊10　ハイデガーは、ゲッティンゲンの哲学の教授ポストに期待していた。ゲオルク・ミッシュは、ハイデガーの哲学的業績が招聘の検討に値するかをフッサールに照会し、フッサールは、ハイデガーの草稿「アリストテレスの現象学的解釈」を一部彼に送る。招聘されたのはハイデガーではなく、モーリッツ・ガイガーである。

＊11　パウル・ナトルプ（一八五四―一九二四）は、ヘルマン・コーエンの最もすぐれた弟子。一八九三年〔から一九二二年まで〕、マールブルク大学の哲学と教育学の正教授。一九一二年に次を出版。*Die logische Grundlagen der exakten Wissenschaften* (B. G. Teubner, Leipzig / Berlin) und *Allgemeine Psychologie nach kritischer Methode* (J. C. B. Mohr, Tübingen)。フッサール現象学に関心を寄せ、ハイデガーが一九二三年にマールブルク大学に招聘される陰の推進力となる。マールブルクではハイデガーとナトルプのあいだに活発な交流が生まれる。次をも見よ。Martin Heidegger, »Nachruf auf Paul Natorp«, in: *Platon: Sophistes*, hrg. von Ingeborg Schüßler (HGA 19), Vittorio Klostermann, Frankfurt am

Main 1992, 1-5〔「パウル・ナトルプ追悼」、『プラトン『ソピステス』』所収〕.

＊12　ニコライ・ハルトマン（一八八二―一九五〇）は一九二二年、マールブルク大学でパウル・ナトルプの後任となる。一九二五年にケルン大学、一九三一年にベルリン大学、一九四五年にゲッティンゲン大学の招聘を受ける。ヘルマン・コーエンの弟子。のちにカントのコペルニクス的行為を転回し、認識論的な主観‐客観関係を二つの存在者のあいだの関係に、したがって存在関係に解釈し直す。重要な著作はとくに次のとおり。*Platos Logik des Seins*, Töpelmann, Gießen 1909, *Grundzüge einer Metaphysik der Erkenntnis*, de Gruyter, Berlin/Leipzig 1921, *Die Philosophie des deutschen Idealismus*, Band 1, *Fichte, Schelling und die Romantik*〔『ドイツ観念論の哲学　第一部　フィヒテ、シェリング、ロマン主義』迫田健一他訳、作品社、二〇〇四年〕, Band 2, *Hegel*, de Gruyter, Berlin/Leipzig 1923-1929, *Ethik*, de Gruyter, Berlin/Leipzig 1926〔『倫理學』高橋敬視訳、山口書店、一九四三年〕, *Zur Grundlegung der Ontologie*, de Gruyter, Berlin/Leipzig 1935〔『存在論の基礎附け』高橋敬視訳、山口書店、一九四三年〕。ナトルプとハルトマンとハイデガーの関係については次を見よ。Hans-Georg Gadamer, *Philosophische Lehrjahre. Eine Rückblick*, Vittorio Klostermann, Frankfurt am Main 1977, 21-43〔『哲学修業時代』中村志朗訳、未來社、一九九六年、二二―五〇頁〕.

＊13　一九二二年一一月一九日付、ハイデガーのヤスパース宛て書簡をも見よ。「レーヴィットがことをもっと楽にしたのは明らかです。論文はガイガーのところに提出されるはずです。私が要求した書き直しをまったく目にしなかったので、私は責任をすべて拒否しました」（M. Heidegger/K. Jaspers, *Briefwechsel 1920-1963*, 34〔『ハイデッガー＝ヤスパース往復書簡 1920-1963』三五頁〕）。

＊14　René Descartes, *Œuvres* I-XI, Paris 1897-1913〔『デカルト著作集　増補版』（全四巻）、白水社、二〇〇一年〕.

＊15　*The Philosophical Works of David Hume*, Vol. 1-4, ed. by Thomas H. Green, Longmans, Green and Co., London 1882-1886.

＊16　おそらく次の本のこと。Wilhelm Dilthey, *Einleitung in die Geisteswissenschaften. Versuch einer Grundlegung für das Studium der Gesellschaft und der Geschichte*, *Gesammelte Schriften* Bd. I, B. G. Teubner, Leipzig/Berlin 1922〔『ディルタイ全集第1巻　精神科学序説I』牧野英二編集校閲、法政大学出版局、二〇〇六年〕, *Weltanschauung und Analyse des Menschen seit Renaissance und Reformation*, *Gesammelte Schriften* Bd. II, B. G. Teubner, Leipzig/Berlin ^{2}1921〔『ルネサンスと宗教改革――15・6世紀における人間の把握と分析』西村貞二訳、創文社、一九七八年〕, および、*Die Jugendgeschichte Hegels und andere Abhandlungen zur Geschichte des deutschen Idealismus*, *Gesammelte Schriften* Bd. IV, B.

G. Teubner, Leipzig/Berlin 1921〔「ヘーゲルの青年時代」水野建雄他訳、『ディルタイ全集第8巻　精神科学序説I』所収、他〕。

＊17　Wilhelm Dilthey. *Leben Schleiermachers* Bd. 1. G. Reimer. Berlin 1870〔『ディルタイ全集第9・10巻　シュライアーマッハーの生涯』森田孝他編集校閲、法政大学出版局、二〇一四—一六年〕。

＊18　フッサールは、一九二三・二四年にラッセルとリッカートに続いて『改造——政治・文学・社会問題等の月刊評論誌』に三編の論説を発表。エトムント・フッサール「革新——その問題とその方法」、『改造』第五巻（一九二三）第三号所収、六八—九一頁〔2〕、「本質研究の方法」、『改造』第六巻（一九二四）〔3〕第四号〔4〕所収、一〇七—一一六頁、「個人倫理の問題としての刷新」、『改造』第六巻（一九二四）第二号〔5〕所収、二一—三一頁。第二の論説と第三のそれは〔掲載順が〕交換された。他の二編の論説「刷新と学問」、「人類発展における文化の形式的諸類型」は、一九二三年の地震〔関東大震災〕の結果、公表されなかった。

＊19　ヨーゼフ・ヴァスムントは、一九二二・二三年冬学期のハイデガーのゼミナール「初学者向け現象学演習　フッサール『イデーンI』」に出席。

＊20　リヒャルト・エフライムは、一九二二・二三年冬学期から一九二三年夏学期までハイデガーのもとで学ぶ。一九二四年、論文 *Zum Problem der Objektivität bei Gottfried Keller* で、フライブルク大学で博士号を取得。

＊21　ハンス・フライアー（一八八七—一九六九）は、一九二二年から一九二五年までキール大学の哲学の教授。一九二五年、ライプチヒ大学で、ドイツにおける最初の社会学教授職を引き受ける。保守革命の支持者でもあった。

〔1〕原文では *Ontologie. Hermeneutik der Faktizität*（『オントロギー——事実性の解釈学』）であるが、*Ontologie (Hermeneutik der Faktizität)*（『オントロギー（事実性の解釈学）』）に訂正する。同書の「編者あとがき」〔原書の一一三頁〕によると、当初予告した講義題目は「存在論」だったが、ハイデガーは、初回の講義で、本来の題目は「事実性の解釈学」であると述べ、黒板に「存在論（事実性の解釈学）」と記した。邦訳、一二四頁をも参照。

〔2〕原文では「八四—九二頁」であるが、誤りなので「六八—九一頁」に訂正する。

〔3〕原文では「一九二三年」であるが、誤りなので「一九二四年」に訂正する。

〔4〕原文では「第二号」であるが、誤りなので「第四号」に訂正する。

〔5〕原文では「第三号」であるが、誤りなので「第二号」に訂正する。

37　レーヴィットからハイデガーへ

〔ミュンヘン〕二三年一二月七日

親愛なるハイデガー博士様！

お手紙どうもありがとうございます。ゼミナール等々での学生たちのこちらの「状況」と比較すれば、あなたはそちらの「死体」をともかくもまだ生きている屍であるとみなすようになることでしょう。こちらでは実際に一〇ペニッヒを入れても何も出てこない自動販売機でしかないのですから。ガイガーがそんなついでの報告に満足しているのは、まったく滑稽です。そもそもそれはゼミナールの報告や議論ではなく、たいていはその前の時間に話された金言の書きとりです。それに加えてまさに不安になることは、――バイエルンのビールで威勢がよくなるのですが――この上なく偏狭なナショナリズムと反ユダヤ主義が拡大していることです。大講堂［？］に選挙ポスターが貼ってあります――身の毛もよだつものです。たとえば、そこで要求されているのは、大学には一パーセントのユダヤ人教授しかゆるされない、それが人口比に合致しているから、というのです。そうすればこの学生諸氏はここやらどこやらでほっとして暮らせる、というのです。ほとんど毎日、何かの講演会や夜の発表会が行われますが、要するにある種の学生結社の無駄話です――そして、ほとんどすべての催し物で、もうお払い箱になった王室の殿下たちや閣下たち、とりわけルーデンドルフが、大学評議会に招かれて現れるのです。彼は、近くでよく見るとひどいもので、徹頭徹尾気取り屋で、粗暴で、思い上がって自惚れており、まったく愚かです。

もうお分かりでしょうが、思わず人の陰口になるのです。――ラッセルの件で、クークー氏の返事をそれまでにはもらっているはずだと考えていたので、返事を待っていたのです。しかし、御仁は書いてよこさず、おそらくその本を千マルクで進呈されると想像していたのでしょう。アーフラの住所はまだおそらく、ベルリン、ヴィルマースドルフ、パーダーボルン通り二番地です。ここ二か月彼女からは何の連絡もありません。

トートナウベルクは非常に楽しみです。しかし、二月はだめです――試験のためです。〔博士論文を〕一月か二月には提出することになるでしょうから。試験に向けてまだそれほど猛勉強してはおりません。いくつかのゼミナールや講義に多くの時間を取られており、「猛勉強」すべきところは、試験の前二か月でなんとかこなすつもりです。並列して同時に多くの哲学を無意味に勉強するには、私の頭は、フライブルクの教育によってかなりだめになっており、こちらでは、私が見聞きしたものは何一つ理性的に試験されません。カント・ゼミナール（ボイムカー）とプラトン・ゼミナールに同時に出席するのは、私には困難なことです。カルミデスだけでも、何か月もそれに徹底的に費やす価値があるからです――ガイガーはそれを一時間で終えてしまう、どの翻訳を使おうとご自由！　この試験のための猛勉強はくだらない――ニーチェ研究を後ろ盾にして、新たなものへと――これまでのものと関連させて――とりわけフロイトの著作を見据えて――ぜひ取り組もうと考えているので、くだらないのです。私はまだ、どんな天才的で方法的に意識的な探求がフロイトの分析の中にあるのかについて、そして私がこうした心理学的領野で、主として精神史的な方向性よりもより直接的に「事実性」を把握できるようになるかどうかについて、見定めている〔わけではありません〕。まあ――私が考えていること、どうしてそう考えているかということについては、むしろ口頭でお話ししたいところです。

　またもや新しいニーチェ本が出版されました。E・グンドルフとK・ヒルデブラントによる二つの論文[*1]を収めたものです。このサークルに付きものではありますが、比較的洗練されており、巧妙で、決してこせこせしてはいない――しかし、一括した結論はステレオタイプで、尊大で、自惚れていて、聖典にされており、すぐに飽きてしまいます。古代的ではなく、擬古主義的であり、それゆえ実際のところは、あまりにも現代の印象主義的なもののスケッチにすぎません。精神的なコルセット、「道程と目標に関する司祭的知[*2]」にすぎません！　哀れなニーチェは、結局のところ、両者にとって（はっきりそう言っております！）まさにゲオルゲ[*3]へと至る道程の半ばに留まっている。ゲオルゲは、規範、実現、完成、形姿、中心等々であり、ニーチェはそこへの道標なのです。何と愚かな！　これら過剰に知る人たち！

　少し以前のこと、私はグンドルフのゲーテ[*4]まで売り飛ばしました。彼のシェイクスピア[*5]だけはまだ持っています。他方、彼の『クライスト[*6]』は、面白くなくはない。クライストと対決するというわれわれの時代とゲオルゲ・サークルの徴候をよく表しております。グンドルフの著作にはクラーゲスや的確な直覚が多くひそみ、比較的明瞭な立場や反論も含まれているにしても――全体としてみれば、それら全部よりも、クライストのどんな短い物語（と手紙）を取っても、そのほうが意味深い。シュタイナー[*7]を読みました――シュタイナーは、ニーチェ弁護者がいつもシュタイナーとニーチェを対比して言うほどに、平凡なわけではありません。あなたにもきっと面白いことでしょう。シュタイナーはブルーノ・バウアーから出発した！

できるだけすぐに、ブルーノ・バウアーの次の著作が欲しいかどうか、書き送ってください（今日取り置きするよう頼みました。たった七百マルクです）。

『共観福音史家の福音史の批判』一八四一年、三巻合本[*8]。

それに、同じくバウアーの『福音書の批判とその起源の歴史』一八五〇年、三巻本[*9]もひょっとすると手に入れられます（これも、おおよそ六百から七百マルクです）。

それに、あなたがいつからトートナウベルクにいらっしゃるか、そして正確な住所を教えてください、ここから食料品の小包をそちらに送るためです（バウアーをご所望ならばこれもそこに送ります）。一二月一五日以前に送ることができれば最もいいのですが。ローデンについては、まだ確かなことは分かりません。

注意されたし。「戦略的な事柄」については、ゲッティンゲンからは何も知らされていませんでした――しかし、ガイガーは、かなり確実にゲッティンゲンを見込んでいることをちらつかせております。彼とはそれ以上のことは話していません。ローデンが五月一〇日の研究について私に請け合っている唯一のことは、ゆっくりと前に進んでいること、研究が「本当に困難だ」ということです。私にはうまく答えられません。彼の講義は「本当に簡単だ」とは。

心からの挨拶を、そして奥様への感謝も

あなたのカール・レーヴィット

エビングハウスにもよろしく次のことをお伝えください。どうして彼は、出版社の問い合わせに関して、私に返事をよこさないのか、と。

＊1　Ernst Gundolf und Kurt Hildebrandt, *Nietzsche als Richter unsrer Zeit*, Hirt, Breslau 1923.　同書は一九二二年にすでに出版されていた。

＊2　おそらく次を暗示。Friedrich Nietzsche, *Nietzsches Werke*, Zweite Abtheilung, Band XV, *Ecce homo. Der Wille zur Macht. Erstes und Zweites Buch*, Alfred Kröner, Leipzig 1912, 247ff. (Nr. 140 und 141)〔『ニーチェ全集12　権力への意志　上』原佑訳、ちくま学芸文庫、一九九〇年、一五二一一五六頁〕.

＊3　シュテファン・ゲオルゲ（一八六八―一九三三）は、二〇世紀前半の最も重要な詩人の一人。C・A・クラインとともに、詩の雑誌『芸術草紙』（»Blätter für die Kunst«）を創刊。最初の詩集は一九〇三年に出版。ゲオルゲは、ノルベルト・フォン・ヘリングラートが企てた歴史的批判的ヘルダーリン著作集に積極的に参画。選ばれた若者たちと弟子たちのサークル、いわゆる「ゲオルゲ・サークル」をつくり、「精神的共同体」たらしめる。ゲオルゲのこのサークルにいたのは、ヴォルフスケールやグンドルフ兄弟のほか、とくに次の人々。Friedrich Wolters, Berthold Vallentin, Kurt Hildebrandt, Robert Boehringer, Ernst Morwitz, Ludwig Thormaehlen, Erich Boehringer, Max Kommerell, Ernst Kantorowicz, Bernhard und Woldemar Graf von Uxkull-Gyllenband, die Brüder Alexander, Berthold und Claus Schenk Graf von Stauffenberg.

＊4　Friedrich Gundolf, *Goethe*, Georg Bondi, Berlin 1916〔『若きゲーテ　ゲーテ研究1』、『古典期のゲーテ　ゲーテ研究2』、『晩年のゲーテ　ゲーテ研究3』小口優訳、未來社、一九五六―一九五八年〕.

＊5　Friedrich Gundolf, *Shakespeare und der deutsche Geist*, Georg Bondi, Berlin 1911〔『シェイクスピアと獨逸精神　上・下』竹内敏雄訳、岩波文庫、一九四一年〕.

＊6　Friedrich Gundolf, *Heinrich von Kleist*, Georg Bondi, Berlin 1922.

＊7　ルードルフ・シュタイナー（一八六一―一九二五）は人智学の創始者。一八九五年、*Friedrich Nietzsche, ein Kämpfer gegen seine Zeit*, Weimar, Felber〔『ニーチェ――同時代との闘争者』樋口純明訳、人智学出版社、一九八一年〕を出版。

＊8　Bruno Bauer, *Kritik der evangelischen Geschichte der Synoptiker*, Wigand, Leipzig 1841.

＊9　Bruno Bauer, *Kritik der Evangelien und Geschichte ihrer Ursprünge*, 3 Bände, Hempel, Berlin 1850–51.

38　ハイデガーからレーヴィットへ

［フライブルク、］一二年一二月九日

親愛なるレーヴィット様！

お手紙、本当にありがとう。目下のところ妻が中耳炎にかかっているものですから、——仕事にも手紙にもとりかかれません。できれば、年内にあらためてまともな手紙を差し上げたいと思っています。バウアーは両方とも入手してもらえますか。ヤスパースにオーヴァーベックの『キリスト教と文化』[*1]を調達しました——彼はこの本を知りませんでした——最近手紙をよこしました。彼のオーヴァーベック理解はいかにも彼らしいものです。[*2]こちらに来たときにお見せしましょう。

当地では休暇は一月二日までしかありません。けれども、私の授業はどれも週末にあるので、山小屋で過ごす時間はあります。いまは、目下のところはすばらしい天気です。とはいえ出かけませんが。

バウアーの送り先の住所は、バーデン、シュヴァルツヴァルト、トートナウベルク（リュッテ）、棟梁ピーウス・シュヴァイツァー。小包を彼自身へのクリスマスプレゼントと勘違いしないように、彼には伝えておきます。シーツとタオルをご持参ください。

「パリを前にして新しきことなし」[*3]。私はとてもよい状態にありますが、ただ腹立たしいことに、印刷の仕事[*4]が差し迫っています——半年かかるでしょう。

ルードルフ・ウンガー[*5]が『クライスト』も一冊もってくるそうです。

心からのあいさつを　妻からも

あなたのマルティン・ハイデガー。

いつ、そしてどのくらいの期間おいでになるのか、正確に書き送ってくれますか。

＊1　Franz Overbeck, *Christentum und Kultur: Gedanken und Anmerkungen zur modernen Theologie*, aus dem Nachlass hrg. von Carl Albrecht Bernoulli. Schwabe & Co. Basel 1919.

＊2　一九二二年一一月二四日付のヤスパースのハイデガー宛て書簡。次に所収。Martin Heidegger und Karl Jaspers, *Briefwechsel 1920–1963*, 37（『ハイデッガー＝ヤスパース往復書簡 1920–1963』三九―四〇頁）。「それでも、オーヴァーベックをありがとうございました。代わりに支払ってくださいましたが、いくらお払いすればよいのでしょうか。――届いてすぐ読みました。共感する点が多々ありました。とはいえ結局、以前彼を読んだときと同じ不信感を抱きもしました。痩せていて血が通っておらず、身を守るための用心だけはたっぷりです。私は刺激を受けませんでした。けれども誠実なひとで、ニーチェとの交友でも誠実さが証明されており、何にも惑わされない学者です。［…］批判においては一貫して強い説得力があります。人々には、あるいは少なくとも私には、批判が依拠する肯定的なものが、痩せすぎて見えるために消えてしまいます。たんに否定的だと特徴づけることさえできます。――しかし彼は、ニーチェとブルクハルトの世界のひとであり、すでにそれゆえに私は、尊敬の念と、現代ヨーロッパの砂漠のなかの数少ないオアシスの一つにいるという意識とをもって彼を読みます」。

＊3　招聘に関して新しい情報が何もなく、ハイデガーはゲッティンゲンの正教授への希望をあきらめていた。「パリを前にして新しきことなし」という慣用句は、〔普仏戦争における〕一八七〇―七一年のパリ包囲にさいしてフォン・ポドビエルスキ将軍が送った急報に由来。*Geflügelte Worte, der Zitatenschatz des deutschen Volkes*, gesammelt und erläutert von Georg Büchmann, 31. Aufl. Neubearbeitet, ergänzt und bis in die Gegenwart fortgeführt von Werner Rust, durchgesehen von Alfred Grunow, Haude & Spener, Berlin 1964, 717f.

＊4　ハイデガーは、「アリストテレス序論」をフッサールの『哲学および現象学研究年報』で公表する計画であった。一九二四年末頃にはこの計画を放棄。

＊5　ルードルフ・ウンガー（一八七六―一九四二）はドイツ文学者で文学史家。一九二一年から一九二四年までケーニヒスベルク大学で教える。一九二二年に次の本を出版。*Herder, Novalis und Kleist: Studien über die Entwicklung des Todesproblems in Denken und Dichten vom Sturm und Drang zur Romantik; mit einem ungedruckten Briefe Herders*, Diesterweg, Frankfurt am Main.

39　レーヴィットからハイデガーへ

〔ミュンヘン、一九二二年一二月〕

親愛なるハイデガー博士様！

お葉書ありがとうございます。どちらの『バウアー』も手に入りました。私が自分でフライブルクに持参します。ご都合がよろしければ、三〇日に行こうと考えています。今日のところは、この葉書だけでご勘弁ください。もしあなたが今年まだ「まともな手紙」をお書きくださろうとするなら――あなたもご存じのように、私は嬉しいですし、それを期待をしてもいるのです（そういう意識からついでに、期待の「時間意識」への洞察をいくつか得るわけですが）。私はいつもあまりに多くの多様なことが念頭にあって、まだまともな手紙を書くことができません。ある意味で無責任なおのずから噴出してくるような表現の手紙は、もう書くことは許されませんし、そういう手紙で頻繁に友達の顰蹙を買ったのです。人間は、たいていそのようにして人生経験をしてゆくとも言えます！　人生経験は今や、ほとんど金儲けと同じになっています――残念ながら多くの人間にとっては理由もなく。――すべてを静かに自分自身の中だけで処理して、決着させる――私はそういうやり方を規範として妥当させることはできません。そういうやり方は必然なのかもしれない――必要に迫られて。――〔しかし〕むしろ、互いに生き生きと豊かにし合い伝達し合うことこそがより自然なものなのではないか。学問的生が真っ当であり、ただそれ自身にのみ注意を向けるとしたら、それは間接的な伝達となる、このことが学問的生の特徴と限界であるように私にはつねに思われたのです。直接的な接近がすべて葬り去られてしまうわけではない。私の生き方、考え方、研究の仕方をたとえばベセラーのそれとともに概観すると、最後には比較の可能性がなくなってしまう――なぜなら、本質的に安定した現存在は、他の人々にとって決定的であるものを誤解するものだからです。――そういう人から見ると、たいてい自分と同じようなことが要求されており、同じようなことがなされなければならないと思えるからです。――私がさまざまな誤解を追及することにそもそもどれほど精力を使い果たしているか、私には分かりません――しかし、それはほとんどまったく問題ではありません、「どのようにして」というほうが重要なのですから――ただ、「どのようにして」というのもすべてではありませんが。「これらの支離滅裂な文章をお許しください」。自然に筆がすべってしまいました。

心からの挨拶を

あなたのカール・レーヴィット

中耳炎があまりひどくないことを願っています。一二月二五日までは確実にまだこちらにおります。

40　レーヴィットからハイデガーへ

二三年二月一五日

親愛なるハイデガー博士様、

今日、イギリス人のクークー氏から手紙を受けとりました――ラッセルに関する問い合わせへの回答です――クリスマス前に出したもの！　彼は決めるのに長いことかかったのです。要するに、一イギリスポンド（いまは約百マルク）でその巻を買い受けるというのです。ただし、本をすぐに送らなければならないでしょう。しかも、あなたの負担で（［それが］郵送で紛失した場合）。一ポンドですから、郵便料金がかかってもいいでしょう。一番いいのは書留です。本が発送され［た］と私が連絡すれば、彼は小切手で代金を送ってきます。もし紛失した場合、郵送料は彼が払います。同意［なさる］なら、すぐに送ってください。彼は三月一〇日までしかそこにいないのです！　送［った］ならば私にお知らせください。彼に伝えます。

まだ何も聞いていませんか。調子はそもそもどうですか。今学期はもうすでに終わっているのでしょうか。こちらでは、四月一〇日まであります。試験が終わ［った］らすぐに、何に取り組むか真剣に熟慮しなければなりません。(1) もっとも私に適したことができるか。(2) それをするとして、同時にそれによって（あるいはその上）、家から独立できるだけのお金を儲けられるか。もしも哲学が「精密科学」だったとしたら、研究所の助手の職で賃金をもらうこともできたのでしょうが。あなたがまだ夏にもフライブルクにいらっしゃるとして、そちらで何か見つけることができるとお考えですか。例えば家庭教師の口とか、「残りの」日本人などを。または、その他のあまりばかばかしくないものを。（市民大学はどうでしょうか。まだシュペーマンが校長ですか）。[*1] 何かヤスパースからお聞きになっていますか。彼はまだベルリンのことを考えているのでしょうか。私としては、二年間ぐらいイタリアかスペインに家庭教師で行きたいくらいです。しかし、それは見つけられますまい。当分のあいだ、就職や一時的な就職にしろ、それを実際に探すことは十分にはできません。なにしろ［私は］猛勉強で大変なのです。ギムナジウム的なやり方の何と子供じみたことか。さまざまな三段論法の形式を覚えてはいませんでしたが、ボイムカーはそんなことまで訊けるのです。私のカント報告は彼の気に入り、それは非常に素晴らしいと言って、［彼は］「フッサール学派」の人たちの前で何度か言及したのです。しかし、フッサールその人だったら、この報告については腕組みして私を見放し、救いがたいと拒絶［???］したことでしょう。ボイムカーは二言目には、キュルペの「批判的実在論」[*2] を挙げるのです。

猛勉強とは別に、まずはペトラルカに取り組んでいます――六百年経てもいまだに哲学です!!　時折、ディルタイの書で骨休みしています。もっともっとこの素晴らしいディルタイを研究しなければならないことが分かりました。さらに、ストア学派とその心理学をさらに勉強したいと考えています。ニーチェに関するシュレンプフのどうしようもない冊子[*3]が出版されました。

リッテルマイアーが先日こちらで講演しましたが、[*4] 悪気のない無駄話でした。それに比べて、シュヴァイツァー[*5]はとても尊敬すべきみごとなやつです。

アリストテレスはどうなったでしょうか??　あなたが叙述を引き延ばす必要があると考えているとしたら惜しい。あなたが読ませてくれたものは、きわめて簡潔で緊密であり、しかも明確でもあるので（私が同じように緊密に考えつくしているとしたら）、その叙述を変更することはほとんど想像できないからです。一点については、あなたともっと詳しく話してみなければなりません――「生の在り方」としての「死」に関する節[*6]です。あなたが言うには、人間が死の思想を、生の時間性の一般的な意味でしか、自己の生に引き入れ関係づけることがない場合、それは死を考えまいとすることであり、死を無理に忘れようとしているからである。私はそのようには考えません。私にとってもっと本質的に思えるのは、誕生という遂行なき単なる事実です——誕生から後に生じてくる強制によって、この事実とその帰結を「引き受け」、選ぶことのできないものを選ぶ（キルケゴールの意味で）ということです。そして私には、こうした問いに対する出発点は、他のあの事実において理解できると思えるからです。つまり、自殺という人間に特有の可能性です。〔生への〕入口から自発的に退出してしまうこと。そうした入口が「どこから」由来するかは論ずることはできませんが。たったこれだけの文章で私の考え方を分かってもらえるか、自信はありません。

ゼミナールで、すっかり委縮して不誠実な人間ばかりと出会うのはいやなことです。そうした人間の表情には、いわゆる長年の研究で積み重なったくすんだ塵芥が沈殿している。その格闘によって、成長するのではなく、かえって埋没してゆく。光を見れば、ここかしこで用心して疑い深く目をしばたく。プラトンが切り詰められているさまは醜悪です。その他では、すべては肝心（nervus rerum）である金銭問題を中心に動いています。実際それが肝心になりました。そもそも経済的に一息つくために力を多く浪費しなければならないことは、グロテスクです。ベセラーには時折お会いになりますか。

心からあなたに挨拶します。

あなたの

カール・レーヴィット

＊1 〔レーヴィットが動物学を学んだ〕ハンス・シュペーマンは、一九二〇年から二三年にかけてフライブルク市民大学の校長。

＊2 オスヴァルト・キュルペ（一八六二—一九一五）は、一八八七年から九四年まで、ライプチヒの実験心理学研究所でヴィルヘルム・ヴントの助手。一八九四年、ヴュルツブルクの哲学と美学の教授。一八九六年、同地で実験心理学研究所を創設し、思考心理学の研究で世界的評価を受ける。一九〇九年、ボン大学教授。最後に一九一四年にミュンヘン大学に移る。ボン大学とミュンヘン大学で、ヴュルツブルクをモデルに研究所を創設。一八九八年以降実証主義から立場を変え、批判的実在論を展開。意識の志向性を思考過程と思考体験の記述によって探究。主著はとくに次のとおり。*Grundriss der Psychologie: auf experimenteller Grundlage*, Engelmann, Leipzig 1893, *Einleitung in die Philosophie*, Hirzel, Leipzig 1895, und *Die Realisierung. Ein Beitrag zur Grundlegung der Realwissenschaften*, 3 Bände, Hirzel, Leipzig 1912-1923.

*3 Christoph Schrempf, *Friedrich Nietzsche*, Vandenhoeck & Ruprecht, Göttingen 1922.

*4 フリードリヒ・リッテルマイアー（一八七二―一九三八）は牧師で神学者。一九二二年に始められたキリスト教刷新運動の創始者の一人で、最高指導者。おそらく当時ミュンヘンでこのテーマについて講演したのだろう。

*5 アルベルト・シュヴァイツァー（一八七五―一九六五）は、ドイツ－フランスの〔つまりアルザス地方生まれの〕医師でプロテスタント神学者、哲学者。『全集（全五巻）』は一九七四年に出版（hrsg. von Rudolf Grabs, C. H. Beck, München）。

*6 Martin Heidegger, »Phänomenologische Interpretationen zu Aristoteles (Anzeige der hermeneutischen Situation)«, in: Martin Heidegger, *Phänomenologische Interpretationen ausgewählter Abhandlungen des Aristoteles zur Ontologie und Logik* (HGA 62), 358f.〔『存在論と論理学のためのアリストテレスの精選論文集の現象学的解釈』所収、『アリストテレスの現象学的解釈――『存在と時間』への道』三〇頁以下〕

41 ハイデガーからレーヴィットへ

フライブルク・ブライスガウ、二三年二月二〇日

親愛なるレーヴィット様！

いろんなお手紙とご配慮、本当にありがとう。クゼリウス[*1]の目録は研究にとってとても興味深いものでした。すばらしく美しい本で価格も手頃です――カルヴァンの註解[*2]、デ・ヴェッテ、使徒行伝（オーヴァーベック編集の版）[*3]――。私は折り返し手紙を書きました――それなのに、最も貴重な書物は一冊も手に入りませんでした。結局、オーヴァーベック[*4]をかっさらったのはあなたでしょうか。

私はラッセルを発送しません――向こうにラッセルを届けるのはとても面倒で、それが着く前にクークーはもうとっくに別な場所に移動しています。――

私は週四時間のアリストテレスの授業を割りこませました――けれどもやっと準備的解釈[*5]が終わったところです。クリスマスが終わったら、出席者の一団はいくらかましに

なっていました。いずれにせよ、誰もが恐ろしいほど努力していますます。ヴィクトーリウス嬢[*6]は群を抜いて一番です――シェーラー流をすっかりやめました。トマスのアリストテレス註解[*7]を編纂したがっています。

他の青二才たちには何も期待していません。それなのに「群れ」たちはみな私と一緒に「引っ越し」たがっています。ロータッカー[*8]は、私がはっきりと、ほとんど無礼な断り方をしたにもかかわらず、すでにもう二通も、仕事を依頼する長い手紙を送ってきました。私は論文を彼の雑誌に渡すつもりです。『イデーン』[*9]を私は最後のゼミナールの時間に公に燃やしてしまいました。そして解体したので、全体にとって本質的な基礎はきれいに際立たせられてここにある、と私は言えるほどです。いまそこから『論理学研究』を振り返ると確信するのですが、フッサールは一度も、生涯で一瞬たりとも哲学者だったことはありません。彼はますます笑うべきものになります。あなたが「死」について語っていることは[*10]、死が歴史的なもの――「指示」されるべきもの――の問題にとって決定的ではない場合にだけ、私の意見とまったく同じです。しかし死は、私が考えている事柄についてそもそも何かを見えるようにするためには、一見最も手軽なことです。私が由来性（…から由来して存在すること）と呼ぶものは、もちろん事実性における何かを、つまり事実性の不気味さと真に実存的な困難とをなすものを言い当てています。すなわちしかし、ほかならぬ事実性解釈が同じ困難のなかにあるのです。私はこの「問い」を「終えている」どころではありません――ですから、「歴史的なもの」を私はつねに差し控えているのです。

アリストテレス序論の「仕上げ」が及ぶのは内容の拡大だけにとどまります――すなわち、あとに続くアリストテレス解釈が関係するかぎりにおける、事実性の解釈の根本部分を組み込むだけなのです。この批判に対しても、誰もが、常套句に逃れて、そこから「何かを作り出す」というやり方をとるだろうということは、私にはまったくよく分かっています。しかし、同時に私は、本当の影響がどういうものでありうるかについて自分がまったく知らないということも、確信しています。いずれにせよその影響は隠されたままです。――ディルタイに対する乱暴狼藉と「精神史」のお祭り騒ぎが始まるでしょう――ディルタイに「突き動か」される時代ではまったくありません。今日妻はイエルク[*11]をフェルダフィングに連れて行きました。たぶん私は三月初めには何週間かそこに行きます。明日は山小屋に少しいられます。「実践的、実際的な」ことについては、直接話すのが一番でしょう。猛勉強をやりとおしてください。ちょうどローデンから手紙が届きました！

心からのあいさつを

あなたの

マルティン・ハイデガー。

＊1　ベルリンの書店・古書店。

＊2　おそらく次の本のこと。Johannes Calvin, *Ioannis Calvini in Novum Testamentum commentarii, ad editionem Amstelodamensen, accuratissime exscribi curavit et praefatus est August Tholuck*, Guilelmum Thome, Berolini 1833–1838.

＊3　Wilhelm Martin Leberecht De Wette, *Kurze Erklärung der Apostelgeschichte*, hrg. von Franz Overbeck, Hirzel, Leipzig 1870.

＊4　おそらく次の本のこと。Franz Overbeck, *Über die Christlichkeit unserer heutigen Theologie*, zweite, um eine Einleitung und ein Nachwort vermehrte Auflage, C. G. Naumann, Leipzig 1903.

＊5　ハイデガーのゼミナール「アリストテレスの現象学的解釈についての演習（『ニコマコス倫理学』第六巻、『魂について』、『形而上学』第七巻）」。

＊6　ケーテ・ヴィクトーリウスは、一九二一年夏学期から、フライブルクにおけるハイデガーのすべてのゼミナールに出席。終生、ハイデガーと親交を結ぶ。二人の往復書簡集は未刊。のち精神分析家。次をも見よ。Martin Heidegger und Karl Jaspers, *Briefuechsel 1920–1963*, 283f〔『ハイデッガー＝ヤスパース往復書簡 1920-1963』四一四─四一五頁〕。彼女が公表したのは、»›Der Moses des Michelangelo‹ von Sigmund Freud. Eine Studie«, in: Alexander Mitscherlich (Hrg.), *Entfaltung der Psychoanalyse. Das Wirken Sigmund Freuds*, Klett, Stuttgart 1956, 1-10.

＊7　トマス・アクィナスが註解したアリストテレスの著作は次のとおり。*Metaphysica, Logica, Ethica, Politica, Physica, De caelo et mundi, De generatione et corruptione, Meteora, De Anima* und *De sensu et sensato*.

＊8　エーリヒ・ロータッカー（一八八八─一九六五）は、一九二四年から一九二八年までハイデルベルク大学の哲学の教授、次に一九二八年から一九五四年までボン大学の哲学の教授。一九二三年、ロータッカーは新しい雑誌『文学研究と精神史のためのドイツ季刊誌』（*Deutsche Vierteljahrsschrift für Literaturwissenschaft und Geistesgeschichte*）の編集者。ハイデガーは、この雑誌に論文「時間の概念」を公表するはずであった（現在は次に所収。Martin Heidegger, *Der Begriff der Zeit*, hrg. von Friedrich-Wilhelm von Herrmann〔HGA

64], Vittorio Klostermann, Frankfurt am Main 2004, 1-103〔『時間の概念』〕)。さらに次を見よ。»Martin Heidegger und die Anfänge der ›Deutschen Vierteljahrsschrift für Literaturwissenschaft und Geistesgeschichte‹. Eine Dokumentation«, hrg. von Joachim W. Storck und Theodore Kisiel, in: *Dilthey-Jahrbuch* 8 (1992-93), 181-225〔「マルティン・ハイデッガーと『文学研究と精神史のためのドイツ季刊誌』の草創期」、『ハイデッガー　カッセル講演』所収、後藤嘉也訳、平凡社ライブラリー、二〇〇六年、一二七—一九一頁〕。ハイデガーとロータッカーの往復書簡もこのドキュメントのなかで公表された。

＊9　Edmund Husserl, *Ideen zu einer reinen Phänomenologie und einer phänomenologischen Philosophie*〔『イデーンI』(全三巻)〕.

＊10　アリストテレスの現象学的解釈における死の分析のこと。Martin Heidegger, *Phänomenologische Interpretationen ausgewählter Abhandlungen des Aristoteles zur Ontologie und Logik* (HGA 62), 358-360〔『存在論と論理学のためのアリストテレスの精選論文集の現象学的解釈』所収、『アリストテレスの現象学的解釈——『存在と時間』への道』三〇—三四頁〕.

＊11　長男イェルク・ハイデガー、一九一九年一月二一日生まれ。

42　ハイデガーからレーヴィットへ

フライブルク、二三年四月二一日

親愛なるレーヴィット様!

お手紙とお葉書[*1]、ありがとう。少し長くメスキルヒにとどまり、少年時代からなじんでいるあちこちの森を歩き回りました。土と空気と風景と光をちょっともち帰りたいくらいです——これはあとから考えることです。自分がいつもたずさえているものの孤独は、故郷にいればこそ「思いがけなく」強く襲ったので。

私が当地に着いて二時間もしないうちに、もうベッカーが走ってきました。私がいつ戻るかフッサールが尋ねさせたのです。エビングハウスが押しかけてきました——自分は銀行に雇われている身なのか、と疑ったほどです。

蔵書を点検しに研究室に行ったら、エルケンが座っていました——私のゼミナールのありとあらゆるばかばかしさと気持ち悪いべたつきが私を襲いました。

即座に私は「還元〔削減〕」を決心しました――「存在論」[*2]は週一時間しか講義しません――アリストテレス・ゼミナールにとって重要な事柄だけ――「本来的な」部分は自分のためにとっておきます――冬学期に出された宿題を終わらせるために、アリストテレス演習[*3]は週二時間だけです。エビングハウスとの演習[*4]が「なしになる」といいのですが。私が力を注ぐ唯一のものは、ニコマコス倫理学についての初学者向けアリストテレス演習[*5]です。出席するみずみずしい若者たちのなかに、誰か心をとらえられるひとが出るかもしれません。ベテランぞろいの私のゼミナールは、タグボートでする航海のような感じがします。それも、水漏れしていて以前からひどすぎるために、自力で動くのにエンジンの取り付けが必要なおんぼろのタグボートです。

ベッカーが私の講義や初学者向け演習にまで出席するのは、彼に対するただでさえ乏しい私の敬意をさらに数段薄れさせます。エビングハウスはいま、緊張してカントに取り組んでいるところです。それで何をしたいのか、自分でも分からないのでしょう。その証拠に、数日前に私にこう言いました。「あのですね、私たちは、単純に素材をもとに解釈すればいいものを、まだ考えすぎるのです」。――私が思うに、私たちはまだ考えなさすぎるのです――こんな調子なら、ゼミナールを週四〇時間やっても週一時間以上には役立たないでしょう。――

フッサールは、好意的だが無能な政治をしています。シェーラーがあらゆる手段を使って私に対する陰謀をたくらんでいることは、いまや異論の余地なく確かめられています。お年寄りと同様、ナトルプがたわいなくただ机に向かって座っているのは明らかです。私たちが会うときは今後はもう招聘の話題を出さないでくれるよう、彼に頼みました。少なくともベルリンではまだしも礼儀正しさが勝利するかもしれません。八月まではありとあらゆる闇取引の可能性があることを考慮すべきでしょう。

あなたの論文は夏のあいだに「目を通す」つもりです――いまはただ、該当箇所に私のメモを書いた紙片をはさんでいます。出版は、ロータッカー・ウント・コンパニー社できっと可能になるでしょう。間違いなく請け合います。次回、「序論」もお渡しできると思います。

マルセイユは自宅で仕事をするのが一番捗ります。蔵書のなかで私にとって大事なのはシュラッター[*6]でしょう――それが註解書であるなら。

フィンケ[*7]とゲラー[*8]はまだ帰っていません――フィンケはまた旅行です――講義はようやく来週開始です。日本人たちも出かけています――一人はギリシャに――彼らはしかし五月初めにはこちらに戻る予定です。木場[*9]にはこれまで連絡がつきません。ある国立大学で教えている田辺[*10]から聞き出すつもりです。偉大な［?］は残念ながらまるで信頼が置けません。――ベセラーは、ベッカーで「暮らしを立てている」ように見えます。ミュラー゠ブラッタウは、もう新しい叢書の、つまり、ケーニヒスベルク大学音楽学研究室の出版物の編集者です。第一号、ミュラー゠ブラッタウ『フーガの歴史』[*11]。編集者の博士論文！

ニーチェが反時代的考察を書いたときは、まだ文献学と歴史の研究がされました――昨今ではどんちゃん騒ぎしかしません。合唱指揮者シェーラーをたずさえてもう自制がきかなくなっているいんちきが、まだ何世代かのさばるでしょう――それはいまついに、「形而上学への上昇」や「宗教的刷新」という看板のもとで、「腰を据え」始めているのです。あなたの件で何か知ったり手に入れたりしたら、すぐにあなたに書き送ります。――

若いバウムガルテン[*12]には見込みがありません――ひよわな「ゲオルギーネ」[*13]で、哲学者「ゲルダ・ヴァルター」を全面的に信頼しています。ハイデルベルクの雰囲気はさわやかなようです。――それだけでましです。ここちがって何も起きていません。

心からあいさつします

あなたの

M・ハイデガー。

ご両親によろしくお伝えください。[*14]

今後は「博士」という呼びかけはやめてくれますか。このことを書き添えるのを私は何度も忘れています。

＊1　この手紙と葉書は遺品には残っていない。

＊2　Martin Heidegger, *Ontologie (Hermeneutik der Faktizität)*〔1〕(HGA 63)〔『ハイデッガー全集第63巻　オントロギー（事実性の解釈学）』〕.

＊3　アリストテレスの現象学的解釈の続き。

＊4　カント『たんなる理性の限界内における宗教』の神学的基礎についてのコロキウム。

＊5　初学者向け現象学演習（アリストテレス『ニコマコス倫理

学』)。

*6 Adolf Schlatter, *Erläuterungen zum Neuen Testament*, 10 Bände, Calwer Vereinsbuchhandlung, Calw/Stuttgart ²1910〔『新約聖書講解』(全一五巻)、蓮見和男他訳、新教出版社、一九七六―一九七九年〕.

*7 ハインリヒ・フィンケはスペインやイタリアとよいつながりがあった。バルセロナ、バリャドリッド、ミラノ、サラマンカの大学の名誉博士で、マドリッドの歴史学アカデミーの名誉会員。

*8 エーミール・ゲラー(一八七四―一九三三)は、一九〇九年からフライブルク大学の教会史の教授。ハイデガーは、一九一〇・一一年冬学期のゲラーの講義「カトリック教会法第一部、序論、文献、制度」(週四時間)を聴講。

*9 木場了本は、一九二一・二二年冬学期のハイデガーのゼミナール「『論理学研究第二巻』についての現象学演習」に出席。

*10 田辺元(一八八五―一九六二)は、一九二二年、フッサールとハイデガーのもとで研究するためにフライブルクを訪れる。のちに、京都帝国大学の西田幾多郎の後任となる。

*11 Joseph Müller-Blattau, *Grundzüge einer Geschichte der Fuge*, Musikwissenschaftliches Seminar, Königsberg 1923.

*12 エードゥアルト・バウムガルテン(一八九九―一九八二)は、ハイデルベルクのおじマックス・ウェーバーのもとで博士号を取得。一九二七年から一九三一年までウィスコンシン大学の哲学の教授、一九二九年、フライブルク大学のエイブラハム・リンカーン特別研究員、一九四〇年、ケーニヒスベルク大学の哲学の教授。第二次世界大戦後、マンハイム大学の招聘を受ける。また次を見よ。Martin Heidegger und Karl Jaspers, *Briefwechsel 1920-1963*, 270-274〔『ハイデッガー=ヤスパース往復書簡 1920-1963』四〇一―四〇五頁〕. バウムガルテンに関する、一九三三年一二月一六日付のハイデガーの否定的所見をも見よ。Marin Heidegger, *Reden und andere Zeugnisse eines Lebensweges [1910-1976]*, hrg. von Hermann Heidegger [HGA 16], Vittorio Klostermann, Frankfurt am Main 2000, 774f.〔『スピーチとある生涯のその他の証』〕この所見は、ハイデガーに関する非ナチ化の手続きのなかでもある役割を演じた。これについては次を見よ。Lutz Hachmeister, *Heideggers Testament. Der Philosoph, der Spiegel und die SS*, Propyläen, Berlin 2014, 76.

*13 「ゲオルギーネ」〔ゲオルゲを女性形にした名前〕は、バウムガルテンのシュテファン・ゲオルゲ崇拝をあてこすったもの。

*14 マルティン・ハイデガーは、三月にミュンヘンのレーヴィットのもとを訪問。一九二三年三月二七日に妻エルフリーデに宛てた手紙のなかで、この訪問について伝える。「レーヴィット宅ではとても温かいもてなしを受けました――息子の蔵書はりっぱです――私のものよりずっと多くてよい――しかし結局使いみちがありません――趣味人のためのものです。

父親は実直な「教授」（画家）です――彼のアトリエで私の写真をとってくれました。――同封の写真はうまくいかなかったので――今日はおまけに二度も。〔…〕レーヴィットに、ミュンヘンで最も美しいものを見せてもらいました――とくにギリシャの壺のコレクション――。これは私がこれまで受けた最も強烈な印象の一つです。ほかにもこの都市を満喫しているので、また外出できたらうれしい」（*»Mein liebes Seelchen«*, 127）。

〔1〕原文では *Ontologie. Hermeneutik der Faktizität*〔『オントロギー――事実性の解釈学』〕であるが、*Ontologie (Hermeneutik der Faktizität)*〔『オントロギー（事実性の解釈学）』〕に訂正。書簡36訳註〔1〕〔本書一〇八頁〕を参照。

43　ハイデガーからレーヴィットへ

フライブルク――一九二三年五月八日

親愛なるレーヴィット様！

お手紙[*1]、本当にありがとう。数日前に例の巻[*2]を受けとりました。やっと第二論文を読み始めたばかりです。代金は祝日のあとに発送します。

　昨日、フィンケとゲラーから〔あなたの職についての〕情報が入りました。フィンケの成果は何もなしです――以前当地にいて現在ハンブルクにいるスペイン人の講師に彼が尋ねたのですが。――すっかり安心して推薦できるポストが見つからなかったので、フィンケはあなたがスペインやイタリアに行かないよう切に忠告していました。フィンケはバルセロナで数人の若いドイツ人と出会ったそうです。彼らも、当初はちょっとのあいだ教師だったのですが――いまでは文字どおり路頭に迷い、石炭運搬船で必要最低限の生活費を稼いでいるだけなのです。

　今日、田辺教授（日本）から便りがありました。――私は彼に探りを入れてみます――木場はフィレンツェから手紙をよこしました――しかし住所は書いてありませんでした。

　あなたには、次の少し有利な機会をドイツでつかまえるようお勧めしたい。――

　若い学生たちのなかには、とても良い印象を与えるひとが何人かいます――初学者向け演習（アリストテレス、ニコマコス倫理学）の出席者は八〇人！　およそ七割はギリシャ語が「できる」――最初の二時間は私はとても喜びました――もちろん、いま私は、この演習に力を注げるためには、すっかり時間に余裕がなくてはならないでしょう。しかし、私の「存在論」がなかなかうまくいきません――ただし目に見えてましになります。――そこには現象学に対する強烈な打撃が含まれていて――私はいますっかり自分の足だけで立っています。しかし、ものごとを伝達するとなると、私はしばしば絶望してしまいます――とはいえ、新しい諸概念がまぎれもなく解明するという経験を私は繰り返しています。

　私はいま創造の確かな時期にあり、ほとんどいつも目覚めています――ほとんどめったに寝ません、――私がことを十分長く肉体的な意味でもちこたえられるといいのですが。仕事にひたすら駆り立てられたのに、私は相変わらず最もうまくいってきたのです――すべてはしばしばあまりに不気味なので――まさしくめまいがします。

　マールブルクから六個来ました[*3]――質はまだ不明。

　エビングハウスとの演習が始まりました――彼はひどく形式にこだわり、その日暮らしです――つまりはベルリンの器用さ、――ところが恐ろしいほど努力しています。いつもの出席者のなかに、修士号を取得した女子学生[*4]がベルリンから現れました。トレルチ[*5]のもとで、カントの著作に関する論文で博士号を取りたがっています。

　ヴァルター嬢は、ヤスパースを侮辱するまったくばかげた手紙をフッサールに送りました。フッサールがそれを私に読ませました。こうです。ヤスパースは現象学をまったく理解していない――彼は相対主義者だ――彼は講義でこんなことまで語った、毎年毎年分厚い年報の巻が刊行されるが中身は文字どおり空っぽだ、現象学に未来はない、使いものになる現象学者はハイデガーしかいない、その彼はまるで遠くに離れている、と。

　ひどいのは手紙そのものではありません。そういう女がフッサールにそんな代物を書くことが許されうるということ、要するに、フッサールがそれに賛成だということなのです。――シュタイン嬢が次の巻に席をもう予約済みだ[*6]ということが、いま判明しています。

　私のアリストテレスを引っこめるべきかどうか、真剣に熟慮しています。「招聘」はきっとどうにもならないでしょう。私がなんとか出版したとしても、見込みはまったくなくなるでしょう。

　おそらくお年寄りはそれから、私が彼の息の根を止めることに本当に気づくでしょう——そうすると後任の件はなくなります。しかし私にはどうしようもありません。

　ここ何学期か、ファン・ゴッホが弟に宛てた言葉が私につきまとっています。「人間の歴史は小麦とまったく同じだということを心底感じています。大地にまかれて開花すると、どうなるでしょう。臼でひかれてパンになるのです。［五九二番］*7すりつぶされない者に呪いあれ——！」たしかに私は神学者としてすでに石臼に挟まれています——しかし、今日こそ、現存在はぞっとするほど無邪気です——しかし、私は思い上がりたくありません。——

　あのアーフラは申し分ないひとです——ベセラーは私の講義に出ています。——

　哲学の大学教員の小屋はどこも満杯です。私の存在論は、自分でも理解しきれないのに、九〇人も出席しています!!

——

　聖霊降臨祭には家族全員で山小屋に行きます。妻と子どもたちはそのあとも高地にとどまります——ベセラーは聖霊降臨祭に登ってくるでしょう。フォン・ローデンによろしく。あなたがいま何をしているか、書き送ってくれますか。

　ご両親によろしくお伝えください。

心からのあいさつを
　　あなたの
　　　マルティン・ハイデガー。

＊1　この手紙は遺品には残っていない。
＊2　どの巻のことか、突き止められなかった。
＊3　この「六個」の一人はハンス゠ゲオルク・ガダマー。ハイデガーは当初、ガダマーに対してきわめて批判的であった。
＊4　誰のことか、突き止められなかった。
＊5　エルンスト・トレルチ（一八六五—一九二三）は神学者で哲学者、政治家。一九一五年からベルリン大学の哲学の教授。主著の一つは、*Die Soziallehren der christlichen Kirchen und Gruppen*, J. C. B. Mohr, Tübingen 1912〔『古代キリスト教の社会教説』高野晃兆、帆苅猛訳、教文館、一九九九年、『中世キリスト教の社会教説』高野晃兆訳、教文館、二〇一四年〕。トレルチのハイデガー宛て書簡は、*Heidegger-Jahrbuch* 1 (2004), 75f. で公表。
＊6　Edith Stein, *Eine Untersuchungen über den Staat*, in: *Jahrbuch für Philosophie und phänomenologische Forschung*

VII (1925), 1-123; jetzt auch in: Edith Stein, *Gesamtausgabe*, Bd. 7, Herder, Freiburg/Basel/Wien 2006〔『国家研究』道躰章弘訳、水声社、一九九七年〕.

＊7 Vincent van Gogh, *Biefe an seinen Bruder*.〔1〕 これは義妹J・ファン・ゴッホ＝ボンゲルが編集したもの。レーオ・クライン・ディーポルトによるドイツ語訳は、2 Bände, Paul Cassirer, Berlin, 1914, Nr. 592〔2〕〔『ファン・ゴッホ書簡全集』（全五巻）所収、二見史郎他訳、みすず書房、一九八四年〕。

〔1〕 原文では *Biefe an seinem Bruder* と誤記されているので、*Biefe an seinen Bruder* に訂正する。

〔2〕 本書の編者A・デンカーが底本にしたゴッホのテオ宛て書簡集は、テオの妻J・ファン・ゴッホ＝ボンゲル編集のオランダ語版のドイツ語訳で、一九一四年に出版された。ハイデガーとレーヴィットが読んだのはこのドイツ語訳である。この版では当該書簡は五九二番であるが、その後、一九五二年から五四年にかけてオランダ語版ゴッホ書簡全集が編集され、番号が六〇七番に変わった。同じくボンゲル版の番号をつけている各種邦訳でも六〇七番である。『ファン・ゴッホ書簡全集5』二見史郎他訳、みすず書房、一九八四年、一六七七―一六七八頁。

44 レーヴィットからハイデガーへ

〔ミュンヘン、〕二三年五月一〇日

親愛なるハイデガー様

ドイツ語で、適切な呼びかけの言葉を見つけるのがどうしてこんなに難しいのでしょうか。「様」(Herr) というのは、無味乾燥で無内容な響きがします。「この上なく尊敬する枢密顧問官様」から「親愛なる友よ」までの間にあるたくさんの中間段階がドイツ語にはない。教師と友人の自然な一体感を表現する言葉を、長いこと探しています。今日はあなたにゼーダーブロム[*1]の客員講義についてちょっとお話しします。

大講堂はぎっちりと人が押しかけており――しかし特徴的なのは、学生たちというより（一人も学生組合の帽子をかぶった学生はいない！）、町の人たちが詰めかけており、プロテスタント教会の役員たちなど、まるでミュンヘンのプロテスタントが全部来たかのようで、年老いた夫人たちや温厚な市民たちが多かった。

　学長閣下のプファイルシフター、この粗野で荘重さを装ったバイエルンの学長[*2]は、恥知らずな前口上を述べたのです。もうそれだけで、ゼーターブロムは際立つことになりました。プファイルシフターの挨拶、「監督閣下にして、……尊敬措くあたわざるウプサラ大学長閣下、……等々。前学期のカトリック教会の代表者であるマウスバッハ教皇任命主教[*3]に引き続き、……私の特別の喜びは、今回プロテスタント教会の最も著名な代表者のおひとりであり、比較宗教史研究者を……」。それは短く好意的でない紹介でした――プファイルシフターは、ゼーダーブロムに二番から三番の評価を与えたのです。傑作な失敗は、「デリンガー、ミュンヘンの神学部の鑑[*4]」と述べたことです。

　そしてゼーダーブロムが講壇に上がりました。彼は、年の割には驚くほどはつらつとして若く、上品で気骨のある人物です。大きく、角ばったストリンドベリのような頭ですが、ストリンドベリの異様さはありません。額は大きく広く、目は優しく、口は少し大きくとも唇は薄く、表情はエネルギッシュで引き締まっています。髪はよく整えられ、ウールのように柔らかいブロンドです。もっとも印象深いのは、彼の変化に富んだ通る声です。いくらか伝道者めいていますが、本気で興奮したかと思うとすぐに、すぐに自己防御の縄張りを張って、客観的で学者らしい論究に移行する。ハルナックを聴いたことがある人たちに言わせると、それはゼーターブロムにおけるハルナックの良い部分だとのことです。説教学の従来の教育を受けているからかもしれません。彼は三時間にわたって話しました。

　講演の導入部の言葉にあった、ヨーロッパのナショナリズムより優越する自由、しかしまったくあいまいではないナショナリズムからの自由というのが気持ち良く、もし学生諸氏がいて、彼がフランス語や英語で引用したときに、〔ナショナリズムゆえに〕床をこすって不快感を表すようなことをしたら、それは「神学者」にたいする本能的尊敬を欠くことになったでしょう。彼がそのようなフランス語の引用は今日では逆にフランスの大学ではほとんどできないだろうと、――ついでに――満足して述べた時には、聴衆は床を踏み鳴らして賛意を表したのです！　ゼーダーブロムは完全にドイツ語に通暁しております。国際的な学者、スウェーデン人、学長の金鎖を身にまとった高位聖職者という立場が次々に入れ替わったことが目立ちました。内容としてはあまり整理されていなかったので、それについて言うことは困難です。核心にあるのは、エラスムスやルター、イグナティウス・デ・ロヨラについて多少詳述した上で、プロテスタントとカトリックの「救済の確信」の違い、敬虔の違いを特徴づけたところです。彼は、いくつかの最大の弱点に光を当てることを決して躊躇しなかったのですが、慎重に配慮すべき個所ではいわくありげに反語的に語るのが特徴でした。三番目の講演になって彼本来の傾向が露わになったのです——彼の同盟への努力です——「プロテスタント的カトリシズム」（ハイラー！）[*5]。

彼は、今日のヨーロッパの世界情勢のこうした見方を十分にあからさまに理由づけることはしなかった。もし彼が次のように端的に言っていたとしたら、すべては明瞭になっていたのですが。つまり、われわれは皆、少なくとも外見上だけでも統合された諸々のキリスト教会とキリスト教連合を、つまり、ヨーロッパのナショナリズムの狂気に対する対抗軸となる社会的・政治的言論機関を創設することに努めなければならない、と。彼の言うことはすべて事実上はそうしたところに帰着したのですが、しかし、それは「実践的キリスト教」の「純粋な教え」という理念から帰結すべきものだというのです。地上における「神の国」(civitas dei) の不毛な試み。それに意味があったのは、われわれプロテスタントの戦争扇動説教者への対抗戦線としてだけです。

彼は、そうしたことのほとんどすべてにちらりと言及したのですが、バルト-ゴーガルテン運動[*6]には触れなかった。キルケゴールにも当然ながら一言もなかった。スウェーデンの監督が「登場」すれば自ずとキルケゴールを連想するわけですが、まったく幻滅しました。こうしたことから見ると、ゼーダーブロムは小物のマルテンセン監督[*7]です！

いわゆる単独者のキリスト教が堕落することなく「組織」される方途——彼は非常に詳しくルターに立ち入りました（大教理問答など）——は、もちろん私自身もまったく分かりません。真の組織の可能性と必然性はゼーダーブロムの前提です。それゆえ、カトリックの制度に対しては、本当に心から尊敬の念を何回も表明しておりました。もっとも彼はみずから、今日最も活動的なキリスト者は、（この意味では）組織されていない——つまり、クエーカー教徒だ——と異議を唱えました。しかし、彼は今日の「キリスト教界」の力を信じており、リベラルなプロテスタント的楽観主義の典型です。

それに比べると、シュヴァイツァーは何とはっきりと活動したことでしょうか。シュヴァイツァーは、世界経過の無意味さをはじめから承認し、そこから単独者の有効な活動的生に対して自分の範囲内で結論を引き出しているからです。高利と報酬に反対するルターの著作[*8]から引用したところで、ルターの公共的な影響力によってたいした成果があがるわけではない。しかし、誰かが高利貸しとしての自分の活動を誠実に人間たちと人間性のためのものだと感じ、「公共のために」活動しようとする恐るべき努力をおじけづいてやめたりしないとすれば、私はいつも大いに尊重しているのです。そして私には巨大なXがあることを隠しはしません。それは、あの「実存的限定」です。つまり私の意味するところは、自分が近づけるものにこのように自己を必然的に限定する点で、それはなるほど、すべてのせかせかした活動を積極的に否定するものである、しかし、その実存的限定は、狂気と化した公共的生の事実的、普遍的威力とは無関係に生きることを、また——客観的には——いつの日かその威力によって圧殺されることを妨げることができない。もっとも客観的な普遍的威力に対するこの積極的な「ない」は、生きるための空気を浄化し、…からの自由を生む——私はしばしば、その「ない」が何ものかへの自由となるために十分かどうか!?疑っています。秩序をもった組織がみな非根源的であることは、それが必然的でないことを証明するものではないし、個々の私生活においてすら、今日では事実上、機械的で暴力的な「匿名」（例えば、新聞に関するキルケゴールの日記）が大きな役割を果たしている。まったく具体的に言うならば、この情勢——革命や戦争など——が単なる情勢以上のものであるので、ある立場をとることを端的に強いるなら、それは私にとって決定的な状況（単なる「情勢」ではなく）になるということです。そして、私がこれまでのように、今日の状態の下劣な政治化などを——私が職業上、これと関係した場合——受動的に受け止め傍観していることができるかどうかは、わかりません。哲学的研究の「遂行の仕方」のうちに、自分たちが出会うものすべてを溶かし込むことはできないからです。われわれは今日では常に、重くて固い消化できない物事に「われわれの道」で出会います——その道は条件付きでのみわれわれ固有のものであると言える——。人間として徹頭徹尾「政治家」であるような政治家もいるかもしれません。そうした情熱的な人物たちに、彼らが公共の「問題」に自らを捧げていると言うのも的外れになってしまうでしょう。――彼らは、この自分の問題の表現として現実に生きているのですから。端的な例は「音楽家」です――あとからただの視野狭窄の音楽家になったというのではなく、始めから終わりまで音楽家であるひと、例えばブルックナー[*9]です。哲学では、どちらのあり方も難しい。哲学で実存のそうした明確な形態を見出すのは困難であるように思います。神学でもそうです。神学の上着を着てゼーダーブロムは、「裂けた縫い目を今一度修理したい」(!?) のです。

すでにお分かりでしょうが、すべては「歴史的なもの」と「歴史的な知」という諸問題の周りを動いている。両者は「意味生成」上は絡まりあっているにもかかわらず、すべては、両者の事実的な不均衡という問題の周りを動いているのです。

自分固有の能力を育成するとき、落ち着いて限定されていながらも力強い発展はわれわれには望むべくもありません。私が考えているのは、文学的大都会の否応のない作用による「過剰露出」だけではなく「、」とりわけ「生」の潮流への性急な早すぎる没入です。そうした「生」に、私たちはすでにギムナジウムの生徒であったときに意味もなく魅了され、その後、それは支配者なき権力の破滅的な暴走であったこと、いまでもそうであることが分かったのです。

ビショッフシュタイン城[*10]のマルセイユの学校では、少年たちはドイツや政治、ルール占領[*11]等々についてまったく何も見もしないし聞きもせず、また読みもしません。彼らは、プロテスタンティズムの影響の卑しい部分を非常に良い仕方で避けていると言えるかもしれません。しかし、彼らが一七歳や一八歳になって、再びまったく別の轟音の中へ入り、彼らの道から離れざるを得なくなったら、年上の世代の普通の市民と同じように気づかないうちに偏見に満ちて、父親の新聞を読むようになり、その狭い社会的圏域に閉じこもるようになったとしたら、どうなるでしょうか。ビショッフシュタインでは、若者たちはきわめて独特な写真や絵、例えばドイツ皇帝とかヒンデンブルク、立派な制服を着た父親、戦艦等を部屋に掲げていますが、教師たちはまったく気にしていない。邪魔にはならないし、また何か影響があるのでもない――しかし、別の考え方をしている人たちと何らか論争して決着を付けるなどということにはそれどころか論争するということにさえ決してならない。つまり、少年たちはただ表面だけがずっと非政治的なままなのであり、一旦事が起きれば、同じく記憶をなくして同じ決まり文句でまた別の戦争に行くことになるだろうし、したたかな新聞や世論調査の汚れた手法について同じくまったく無知のままだろう。

——できることをひたすらやる！　それはその通りでしょう。しかし、もう今日ではどうしようもなく「時代」が、ひたすら「本来的」であるように存在する余裕を許してくれません。

あなたがこの手紙で何かお考えになるかどうか、それは分かりません。これは「反省」の流動（diffluxus）への揺り戻しではありません。皆が混迷しているときに混迷しないこと、情勢のさまざまな意味を持つ諸要求に応えることは困難だというだけです。今日はこれくらいで。

ベッカーがいつ博士号を取るかご存じですか。ベッカーは何も伝えてくれません。

心からの挨拶を

あなたのカール・レーヴィット

エビングハウスとのゼミナールは始まりましたか。

追伸　ゼーダーブロムに特徴的なのは、ルターの信仰概念を「反形而上学的」ではないとして弁護することです。つまり「神への信仰」における創造の意味を、つまり「主観主義」を弱める。ゼーダーブロムの良いところは、古くから尊重される主観的‐客観的という対立をまだお仕舞にしていないところだからです。

ニュースとしては、ルターの——映画です！　誰か有名な俳優が「ルターを演じる」[*12]のです。

聖霊降臨祭までに何か別のものがなければ、メクレンブルクで家庭教師を引き受けるつもりです。その口は確約されており、一四歳の少年（フォン・フロート）[*13]を教えることになります。

＊1　ナータン・ゼーダーブロム（一八六六―一九三一）は、スウェーデンのルター派神学者でウプサラの大監督。キリスト教統一運動と世界平和に尽力。一九三〇年、ノーベル平和賞受賞。

＊2　ゲオルク・プファイルシフター（一八七〇―一九三六）は

神学者で宗教学者。一九〇三年から一九一七年までフライブルク大学の教会史の教授。ハイデガーは神学生として一九一〇・一一年冬学期から一九一一・一二年冬学期まで教会史の講義を聴講。プファイルシフターは一九一七年にミュンヘン大学（ルートヴィヒ・マクシミリアン大学）に転じ、一九二二年から二三年まで学長。

＊3　ヨーゼフ・マウスバッハ（一八六一―一九三一）は神学者で政治家。一八九二年、ミュンスターの道徳[1]神学と護教論の教授。主著の一つは、ゲルハルト・エッサーと共著の三巻本 *Religion, Christentum, Kirche*（Kösel, Kempten 1911-13）で、これはハイデガーが集中して研究した著作。

＊4　ヨハン・ヨーゼフ・イグナツ・フォン・デリンガー（一七九九―一八九〇）は一八二六年、ミュンヘン大学の招聘に応じる。当時のカトリック神学の議論に決定的な影響を与え、一八四〇年代には政治にも関与。一八七一年、教皇の無謬性の教義を否定したため破門される。ほどなくデリンガーはミュンヘン大学長となり、バイエルン科学アカデミー会長。古カトリック運動の推進者。

＊5　フリードリヒ・ハイラー（一八九二―一九六七）は宗教学者。ゼーダーブロムの影響を受け、カトリシズムとプロテスタンティズムの境界を歩む。ゼーダーブロムのキリスト教統一運動には多大な共感を寄せるが、カトリック教会から抜け出ることもプロテスタント教会に入信することもなかった。

＊6　バルト－ゴーガルテン運動とは、神と人間との絶対的な対立を強調する、プロテスタント神学における新たな方向で、弁証法神学とも呼ばれる。カール・バルト（一八八六―一九六八）はプロテスタント神学者で、弁証法神学の提唱者の一人（弁証法神学はバルト・ゴーガルテン学派ともいわれるが、ルードルフ・ブルトマンやエードゥアルト・トゥルナイゼンも提唱者）。最も有名な著作 *Der Römerbrief*, Bäschlin, Bern 1919 はすでに一九一八年に出版。一九二二年には改訂第二版を刊行（Christian Kaiser, München）（『ローマ書講解　上・下』小川圭治、岩波哲男訳、平凡社ライブラリー、二〇〇一年）。一九二一年には、博士号も教授資格もないにもかかわらず、ゲッティンゲン大学に改革派神学の客員教授として招聘。一九二五年に、ミュンスターから教義学と新約聖書釈義の教授の招聘を受け、応じる。一九三〇年、組織神学の教授としてボンに移る。一九三一年以降、記念碑的著作『教会教義学』を執筆し、その最終巻は一九六七年に出版。ヒトラーに忠誠を誓うことを拒絶し、一九三五年に退職させられる。その後バーゼル大学に招聘され、以後そこで教える。フリードリヒ・ゴーガルテン（一八八七―一九六七）はルター派神学者で、弁証法神学を提唱した一人。ブレスラウ、ボン、ゲッティンゲンの教授。主著はとくに次のとおり。*Illusionen: eine Auseinandersetzung mit dem Kulturidealismus*, Diederichs, Jena 1926, *Glaube und Wirklichkeit*, Diederichs, Jena 1928, *Politische Ethik. Versuch einer Grundlegung*, Diederichs, Jena 1932, und *Das Bekenntnis der Kirche*, Diederichs, Jena

1934.

＊7　ハンス・ラッセン・マルテンセン（一八〇八―一八八四）はデンマークの神学者で監督。キルケゴールにとって、彼は教会におけるあらゆる悪を体現していた。

＊8　Martin Luther, *Von den Juden und ihren Lügen*, in: Weimarer Ausgabe, Band 53, Schriften 1542/43, hrsg. von Ferdinand Cohrs und Oscar Brenner, Böhlaus, Weimar 1920, 417-552.

＊9　ヨーゼフ・アントン・ブルックナー（一八二四―一八九六）は、オーストリアのロマン主義の作曲家。

＊10　ビショッフシュタイン城はレンゲンフェルト・ウンターム・シュタインにあり、一九〇八年から一九四五年まで田園教育舎〔2〕。

＊11　一九二三年一月のドルトムントまでのルール地域の占領は、ヴェルサイユ条約で確定された賠償金支払いを履行させるために行われたが、右翼保守勢力から、連合軍によってドイツが辱めを受けたものと解釈され、国家主義運動のプロパガンダ――「ヴェルサイユの恥辱」――に利用された。

＊12　一九二三年製作のカール・ヴュステンハーゲンの映画「マルティン・ルター」のこと。俳優とはヴィルヘルム・ディーゲルマン。

＊13　Karl Löwith, *Mein Leben in Deutschland vor und nach 1933*, 62f.〔『ナチズムと私の生活――仙台からの告発』一〇一―一〇二頁〕

〔1〕原文では「エスナー」（Esner）であるが、正誤表に従って「エッサー」（Esser）に訂正する。

〔2〕田園教育舎（Landerziehungsheim）は、イギリスの影響を受けて一九世紀末に成立した、改革教育学に依拠する私立の全寮制の学校。青少年を大都会の生活の危険から守って、自然環境の豊かな田舎の生活のなかで全人教育を行うことを理念とした。

45　レーヴィットからハイデガーへ

コーゲル〔一九二三年六月〕

親愛なるハイデガー様、

お手紙[*1]に返事する時間がミュンヘンではもうありませんでした。一四歳の少年の家庭教師として聖霊降臨節の休みにこちらに来ました。ある程度こちらに馴染んだら、もっと手紙を書くつもりです。ベルリンに一日だけ滞在し、アーフラとシャルロッテ・グロッサー[*2]と過ごしました。二人とも金を得なければならないというので、苦労しています。こちらに何冊か持参しました——そのための時間があればいいのですが。

　こちらの空気は重く湿っています（標高はわずか百メートルです）。ミュンヘンから来て、まずそれに慣れなければなりません。フィンク＝ゲラーについてのあなたのお骨折り、大変感謝しております！　ヴァルター嬢には、表題を逆にするように提案しています。つまり、『神秘主義的現象学』[*3]（mystische Phänomenologie）です。あなたのアリストテレスは、いま印刷中なのでしょうか!?!　マルセイユが手紙で書いてきたところでは、ノール[*4]が学校を訪ねてきて、ガイガーはゲッティンゲンへ、あなたはマールブルクへ行くと言ったとのことです。何か懸賞金の出る公募課題をご存じありませんか。私は「カント研究」のものしか知りません。シュテルンの住所を（懸賞という目的のために）お教え願えませんか。あるいは、あなた自身、W・シュテルンの『人格と魂』[*5]（あるいはそんな類の名の——心理学）をお持ちでしょうか。それがどうしても必要で（現在五万マルク以上します）、ミュンヘンでは調達できなかったのです。ガイガーでさえ！それを持っていませんでした。さらに、リットの『生と認識』[*6]（一九二三年、トイプナー）も必要なのです。もし、この二つのものをお見かけになったら、わずかな時間を割いてお知らせいただきたいのです。心からあなたに挨拶します

　あなたのカール・レーヴィット

*1　この手紙は遺品には残っていない。

*2　シャルロッテ・グロッサーについてはさらに次を見よ。*Mein Leben in Deutschland vor und nach 1933*, 61〔『ナチズムと私の生活——仙台からの告発』九八頁〕.

*3　Gerda Walther, *Zur Phänomenologie der Mystik*〔『神秘主義の現象学』〕.

*4　ヘルマン・ノール（一八七九—一九六〇）は、一九二〇年からゲッティンゲンの哲学の教授。ディルタイの伝統に立つ。一九二〇年代の改革教育学運動の推進者の一人で、精神科学的教育学のゲッティンゲン学派を創設。一九二二年、同僚ゲオルク・ミッシュとともに、ハイデガーをゲッティンゲン大学に招聘する可能性を検討。

*5　おそらくヴィリアム・シュテルン〔ウィリアム・スターン〕の次の新版のこと。*Person und Sache. System des kritischen Personalismus.* Band 1: *Ableitung und Grundlehre des kritischen Personalismus*. Barth, Leipzig ^{2}1923, und Band 2: *Die*

menschliche Persönlichkeit, Barth, Leipzig ^{3}1923.

＊6　Theodor Litt, *Erkenntnis und Leben*, B. G. Teubner, Leipzig / Berlin 1923.

46　ハイデガーからレーヴィットへ

［フライブルク、］一九二三年六月一八日

親愛なるレーヴィット様！

一〇月一日付でマールブルクに正教授の権利とポストをもって〔員外教授として〕招聘されます。同時に、現在私のところにいるひとの弟子で、目下ハイデルベルクにいるある日本人[＊1]が、冬にマールブルクの私のもとに来る見込みです。これで事態が動きます。マルセイユとフォン・ローデンにこのことを書き送ってください。

冬になったら、山小屋でスキー大作戦をしましょう。眠れないのをいいことに仕事しすぎたために、ここ何日か臥せっていますが、大丈夫です。イェーガーのアリストテレス[＊2]が出版されました。四三〇頁で――以前の彼の著作[＊3]の様式で書かれた貴重なものです――いっそう饒舌ではありますが。哲学的には重要ではありませんし、そういう主張もしていません――ラインハルトのポセイドニウス[＊4]の方向――「内的形式」に向かっています。

ヴァルター嬢の著作[＊5]が出版されました。ある註で引用されているのは、(1) リカルダ・フーフ、[＊6] (2) キルケゴール、(3) ヘートヴィヒ・コンラート＝マルティウス。[＊7] この註はひどい悪趣味の証です。ヤスパースが精神病理学の第三版[＊8]を送ってくれました。重要で新しい！

リットを私はもっていません――お粗末なもの――ジンメルの後追い。

シュテルン[＊9]の住所はシュテルンヴァルト通り六番地。お年寄りとの関係はとても深刻になってきました。私が無遠慮に進んだからです。

ベッカーにはがっかりです。個人的な困難を抱えているせいではないでしょうか。

お手紙[＊10]、ありがとう。返信はまたの機会にします。

心から

あなたの
　マルティン・ハイデガー

＊1　三木清（一八九七―一九四五）のこと。一九二三・二四年冬学期に、ハイデガーの講義とゼミナールに出席。のちにマルクス主義者になり、このため、大学でのキャリアが終わる。現在私のところにいるひととは、おそらく九鬼周造（一八八八―一九四一）のこと〔1〕。一九二一年から一九二九年まで、ドイツでリッカート、フッサール、ハイデガーに、パリでベルクソンに学ぶ。ジャン＝ポール・サルトルは彼の家庭教師。ハイデガーの個人教授も受ける。一九三五年から京都帝国大学で〔教授として〕教える。

＊2　Werner Wilhelm Jaeger, *Aristoteles: Grundlegung einer Geschichte seiner Entwicklung*, Weidmann, Berlin 1923.

＊3　Werner Wilhelm Jaeger, *Studien zur Entstehungsgeschichte der Metaphysik des Aristoteles*, Weidmann, Berlin 1912.

＊4　Karl Reinhardt, *Poseidonius*, C. H. Beck, München 1921.

＊5　Gerda Walther, *Zur Phänomenologie der Mystik*.

＊6　リカルダ・フーフ（一八六四―一九四七）は著作家で歴史家。

＊7　ヘートヴィヒ・コンラート＝マルティウス（一八八八―一九六六）はテーオドーア・リット、エトムント・フッサール、アレクサンダー・プフェンダーのもとで学ぶ。一九五五年、ミュンヘン大学客員教授。彼女のライフワークは大規模なもの。»Zur Ontologie und Erscheinungslehre der realen Außenwelt: verbunden mit einer Kritik positivistischer Theorien« は一九一六年に『哲学および現象学研究年報』第三巻（三四五―五四二頁）で、»Realontologie« は一九二三年〔2〕に『哲学および現象学研究年報』第六巻（一五九―三三三頁）で公表。フッサールの記念論文集に寄稿したのは、論文 »Farben. Ein Kapitel aus der Realontologie«（『哲学および現象学研究年報』別巻、『エトムント・フッサール古稀記念論文集』一九二九年、三三九―三七〇頁）。

＊8　Karl Jaspers, *Allgemeine Psychopathologie: für Studierende, Ärzte und Psychologen*, 3. vermehrte und verbesserte Auflage, Springer, Berlin 1923〔『精神病理学原論』西丸四方訳、みすず書房、一九七一年〔3〕〕.

＊9　ギュンター・シュテルン。

＊10　この手紙は遺品には残っていない。

〔1〕九鬼と三木は師弟関係にはないから、ハイデガーの記述かこの編註が誤りである。

〔2〕原文では「一九二五年」と誤記されているので、「一九二三年」に訂正する。

〔3〕この邦訳は原書第五版の翻訳である。

47　レーヴィットからハイデガーへ

［コーゲル］一二三年六月二一日

親愛なるハイデガー様、

この良い知らせを聞いて、すぐあなたに手短にお手紙しなければなりますまい。惨めな結果にならなかったので、私の喜びは大きく、しかも、正教授です——原則的には結局やはり「員外教授」[*1]に留まるだけに、正教授というのはますますすばらしいことです。ありきたりの祝意を私からは期待しないでしょう。ただ私が心から願うのは、あなたがマールブルクで快適に過ごされ、より有利な「境遇」が状況にとってても役に立つことだけです。取り消されるというようなスキャンダルがあったら、そこから無傷で抜け出すことはありませんから。そして、強制されてフッサールと一緒に居るという圧迫も終わりです。マールブルクで何から始められるのか、もう楽しみです。アウグスティヌスでしょうか。ベセラーは冬の計画はすでに決めているのでしょうか。彼はすでに博士号を取りましたか。マルセイユは大変に喜ぶことでしょう。フォン・ローデンの両親は先ごろハレに引っ越しました。——私と言えば、まだ気候のせいで悩まされています。海抜百メートルは、私の身体には低すぎるようです。いつも頭痛がします。ゲッティンゲンやケーニヒスベルクも決まりましたか。ヴァルター嬢が彼女の本を送ってきました。[*2]癪に障るところもあります——とりわけ、趣味の悪さに——プフェンダーを結婚の証人とする、フッサールと聖テレサとの結婚式。私は、それをまったく心理学的に、私の知る彼女の人柄との関係で読んでいます。学問的に真剣に受けとるべきところは何もなく、人間としても彼女は際立って物知らずですし、その理論的思索は、彼女が女性としての実存に不満足でひねくれている点で、まとまっておりません。その中には、そうしたことを覗かせる頁が多くあります。後味の悪い読書ですが、どうしても彼女のために読む責任があります。彼女が直観的把握だというものはお粗末な解釈であり、彼女の形而上学とゲオルゲ崇拝は哀れな代用品です。それを知ったからといって彼女には何の意味もないでしょうが。

私の生徒に、最初の歴史の時間に、「歴史」というとおおよそ何を想像するか尋ねました。彼の正直な答えは、「歴史というのは、学校で昔のゲルマン人について何か習わなきゃいけないものです」というものです。さらに私が、家族や、コーゲルなど、そして彼自身も歴史をもっているのだと言うと、非常に驚いておりました。ゼミナールでの「帽子」の規定（「…の延長した物体」）を思い出しました。例の「日本人」[*3]がどうにかなれば——そうしたら素晴らしい!!

では、マールブルクで再会を！

心よりあなたに挨拶します

あなたの

カール・レーヴィット

＊1　ハイデガーはマールブルクに員外教授のポストに招聘されたが、予算を伴わない正教授の地位であった。

＊2　Gerda Walther, *Zur Phänomenologie der Mystik.*

＊3　ハイデガーの日本人学生。レーヴィットは彼らにドイツ語の補習授業をしたとされる。

48　レーヴィットからハイデガーへ

［コーゲル、］二三年七月九日

親愛なるハイデガー様、

マールブルクへの移住は素晴らしいものとなりそうですね。マルセイユはとても喜んでいます。フォン・ローデンは私に次のように書いてきました。彼はあなたにローマ人への手紙五章から八章に関する短い研究[*1]を送るつもりであると。さらに続けて、「ニコマコス倫理学と締まらない二、三の手紙は、むしろ送りたくないのです。上手くいけば、四方八方手を尽くして、冬学期にマールブルクに行きたいのです。ハイデガー自身から承認を受けるまでは、私はマールブルクには行きません」。私はと言えば、日本人やその他の何かでマールブルクで生活できるのであれば、そちらに行くつもりだと父には書きましたが、今日また例の金に関する手紙が来て、そこでは、父からはいかなる金も期待できないこと、さらに、父は私がこんな金にならない哲学研究に取りついた一切の責任から放免されていると考えていることが断言してありました。それは私にはもう分かっていることです。そこで、あなたにいま一度お願いしたいのです。もし何とかなるのであれば、マールブルクで私が何か生計を立てる手段をお考えくださり、もし確かな見込みがあるのなら、すぐにでもお知らせくださることを。何らかの助手の地位はやはり問題外でしょう――「ゼミナール」を果敢に試みる気はありますが、そもそもそうなれるかどうかは別にして、当然ながら何ももたらすことはないでしょう。ここで［私が］稼いでいるわずかな金は、現今の通貨下落が進んでゆく状況では話になりません。マールブルクのような小さい町で、その他の方法で稼ぐ可能性は多くないでしょう。八月か九月半ばまでに日本人のことについて何かはっきりしたことが分かれば、私にはとても都合がいいのですが。ここをある日突然去ってしまうことはできませんので。

容赦ない雨天が過ぎ去ったと思ったら、いまこちらでは暑さに苦しんでいます。湖で泳ぐことが多くなり、それほど才能があるわけでもない生徒の授業で、過ごしやすい早朝の時が過ぎ去ってしまうことに苛立っています。一日の別の時間配分を試してみなければならないでしょう。午後に眠り、夜中ずっと起きているとか。

厄介な金銭問題のこと、お許しください。これがないと、残念ながら立ち行かないものですから。

秋にはすべてうまくいくことを期待しています。

いまお願いした手紙を当てにしてもよろしいでしょうか。

心からの挨拶を込めて

あなたのカール・レーヴィット

＊1　この研究については、詳しい情報を見つけられなかった。

49　レーヴィットからハイデガーへ

［コーゲル、］一九二三年七月二七日

親愛なるハイデガー様、

マールブルクへの見込みは、明るくなってきました。マルセイユからたったいま届いた手紙では、ナトルプが彼らの学校を訪ね（ナトルプの息子はそこの製図の教師です）、分かったことは、ナトルプ自身がひょっとすると（講義などする場合には）講義の速記をする誰かを必要としている、というのです——外国人のために。そうした仕事はマールブルクでは、ハイデルベルクでもそうでしょうが、いやな文化活動のように感じます！　ゲオルゲ＝ヴォルタース*1は、頭目でしょうが！

もう住居はおありですか。とりあえず家族は連れず転居されるのでしょうか。いつでしょうか。フッサールが〇三［?-］に招聘されても、何も変わりませんか?!*2　変わるのであれば、是非お知らせください！　G・ヴァルターには彼女の『神秘主義』*3にたいする忌憚のない批判を［私は］書き送りました。それにたいして、彼女は賢明な返書を寄越し、事情が変われば哲学をやめるだろう、「喜んで」（わざわざ下線で強調して！）というのです。

こちらでは、退屈なお祭りが続いております。私が休養を取るために、生徒たちには数日休みを与えました！

K・ホルの「アウグスティヌスの内的な発展」に関する小著*4の広告を［私は］見ました。もうご存じですか。もう経済においてばかり震撼させるようなことが起こっています——ちょうど食事の時、冗談で言われたのですが、養老院に住む夫人が二千マルクを持って、何年かぶりにベルリンに行って、ドレスを買おうとしたのですが、その代わりに鉄筆を二本買って家に戻ったというのです。

心からあなたに挨拶します。ますます［私は］、ひとえに哲学という侍従の「忠実なしもべ」に向いているという思いを強くしています。

あなたの

カール・レーヴィット

ナトルプのことで何かできるとしたら、結構な副業になることでしょう——ナトルプは、フッサールと同じく外国人との関係が多いように見えます。ここに書いた話は、不確かなものではあれ、あなたに念のためにお伝えするものです。ナトルプがマルセイユに言ったところでは、家庭教師の口はマールブルクにはなく、まったく見込みがないとのことです。フォン・ローデンは何か送ってきましたか。

＊1　フリードリヒ・ヴィルヘルム・ヴォルタース（一八七六―一九三〇）は歴史家、抒情詩人で翻訳者。一九〇四年にゲオルゲ・サークルに加入。グンドルフとともに、『精神運動年報』（*Jahrbuch für die geistige Bewegung*）を編集。一九一三年以来、主著を執筆（*Stefan George und die Blätter für die Kunst. Deutsche Geistesgeschichte seit 1890*. Georg Bondi. Berlin 1929）。

＊2　一九二三年七月四日、フッサールは、エルンスト・トレルチの死去によって空席となったベルリン大学の教授職に招聘される。七月三一日にその招聘を拒否。

＊3　Gerda Walther. *Zur Phänomenologie der Mystik*.

＊4　Karl Holl. *Augustins innere Entwicklung*. Verlag der Akademie der Wissenschaften. Berlin 1923.

50　ハイデガーからレーヴィットへ

［フライブルク、］二三年七月三〇日

親愛なるレーヴィット様！

お葉書、本当にありがとう。日本人については、残念ながら、最新の情報をもとに明確な見通しをつけることがまだできません。そうなると、当の日本人たちが個人教授も受けるのか、という次の疑問が生まれます――若手たちで大学教員ではなく、したがって国費で来ているわけではありません、――何かもっと確実なことが分かり次第、手紙をお送りします。――

助手の問題については私には権限がありません。研究室の共同室長ではないからです――イェンシュ[*1]とハルトマンだけです――後者のところは、この間ハルトマンのもとで博士号を取得したカルシュ[*2]です――それから、今学期だけは、当地でハルトマンの弟子のガダマー博士。二人はそういったものを手に入れようと努めています――見込みそのものは乏しいものです――マールブルク周辺で家庭教師のポストを見つけることはできないでしょうか。数日前、ヴィルケがこちらに来ました――ドリーシュを介して中国と日本ととても良い関係ができています――むこうの大学に報酬つきで滞在する計画を立てています――私は彼に、短い期間ならあなたも喜んで行くだろう、と言いました――彼はきっとあなたに手紙を書くでしょう。ヴィルケは疲れ切っているようでした――とてもいら立っていて――日本のドイツ叢書にかかわっています。シュテルン氏やそのたぐいにはぜひとも近寄らないようにします――私がそもそも恐れているのは、何かでセンセーションが巻き起こることです――できれば何ひとつ「どんちゃん騒ぎ」をしたくありません。フッサールはたぶん当地にとどまります――組織を拡大したいのです、――ヤスパースは、八〇頁の冊子『大学の理念』（シュプリンガー）[*3]を出版しました――最近送ってきました――彼は、「実存的絶対主義」によって相対主義に抵抗します――大変結構な発言ですが、肯定的な「反省」のエネルギーがまるでありません。

　私の「序論」にはひどく参ります――冬学期にはまだ私は特別力を使い果たしはしないでしょう――いまは〔来年の〕夏学期のために、週四時間のアウグスティヌス講義に向けてすでに仕事をしています。フォン・ローデンは――ファブリーツィウス[*4]の話では――健康に支障があるそうです。

　エビングハウスのヘーゲルはまだ先が見えません。

　彼と一緒の夏学期にはひどく落胆しました。多大なエネルギーをむだに使い――それなのに、すべてが法律の解釈のように細々と議論され平板な定式と成果に行きつく――目で見ていない――私の学生たちはいつも呆然としている。ベッカーは学生たちには浸透していないようです――助手としての立場をまったく獲得していません。冬学期が経過するうちに、ずっと早くマールブルクで、あなたのためになすべきことの見通しを立てましょうか――そうすると、あなたが夏学期に来るのが一番ですね――そのほうが私も「都合を合わせ」やすいのです――何しろ最初の学期は中途半端になるものです。来週から何週間か当地にいます――折を見て「手紙」にとりかかれるよう望んでいます。

心からのあいさつを　あなたのM・ハイデガー。

＊1　エーリヒ・イェンシュ（一八八三―一九四〇）は哲学者で心理学者。一九一三年から一九四〇年まで、マールブルク大学の心理学の教授、心理学研究所長、哲学研究室長。主著は、*Wirklichkeit und Wert in der Philosophie und Kultur der Neuzeit. Prolegomena zur philosophischen Forschung auf der Grundlage philosophischer Anthropologie nach empirischer Methode*, Elsner, Berlin 1929.

＊2　フリッツ・カルシュ（一八九三―一九七一）は一九二三年、ニコライ・ハルトマンのもとで博士号を取得。一九二五年か

ら一九三九年まで、松江（日本）の高校〔旧制松江高等学校〕でドイツ語とドイツ文学を教える。

＊3　Karl Jaspers, *Die Idee der Universität*, Springer, Berlin 1923〔『大学の理念』福井一光訳、理想社、一九九九年〕.

＊4　エルンスト・ファブリーツィウス（一八五七―一九四二）はフライブルク大学の古代史の教授。マルティン・ハイデガーと親交を結ぶ。

51　レーヴィットからハイデガーへ

〔コーゲル、〕二三年八月六日

親愛なるハイデガー様、

お葉書ありがとうございます。よくある素晴らしい偶然で、フォン・ローデンの手紙とブレッカー[*1]によるあなたの講義[*2]の筆記録も同時に到着しました（ベッカーは学期全体を通して何も言ってよこしません）。先日、一週間リューゲンで休暇を過ごしました。この素晴らしいバルト海の大きな島をあちらこちら散策し、とりわけ海岸沿いをたくさん歩き水浴びをしました。かねてから海で一番はっきり自然が私に語りかけてくるのです――私一人（solus ipsus）――しかし、見捨てられたという意味で孤独なのではありません。

フォン・ローデンは、休みになったら健康のためさまざま試みることになるでしょう――マールブルクはこうした観点では、気候がまったくひどいハレよりは大分ましです（ハレはベルリンよりもよほどひどい）。その他、彼自身きっとあなたに手紙で伝えていると思います。

もうマールブルクに行くつもりなものですから、次のことがまだ問題です。シャルロッテ・グロッサーが交友のある（マールブルクの）フリートレンダー[*3]夫人に宛てて、宿舎があるかどうかを手紙で尋ね、すぐに返事をもらったのです。次のような可能性がまだあるとのことです。「研究助成団体は、大学教員になる意志があり、落ち着いて研究させるべき者に奨学金を支給します。五月には例えばそれは五〇万マルクでした。フリートレンダーは、彼の弟子であるクリングナー[*4]博士に奨学金を得るよう正当に配慮しました。フリートレンダーの考えでは、奨学金は、誰かが尽力すればあなたにも承認されるかもしれません。そんなことはその人にとって大した苦労にはなりません」。もちろんそうしたことは、あなたがマールブルクに着任して学期中になってようやくできることです。もしあなたが大学教員になる意志がある者として私を支援くださることに同意されるなら、それを是非お願いしたのです！　とりあえず秋になるまで辛抱強く待っております。そして、こちらの職を放棄するようなことは、［私に］別の見込みが見えてくるまではしません。こちらでは、ともかく半日は自由で、通貨下落がさらに進んでゆくのでなければ、［私が］いくらか貯蓄できるほどの給与も得ていますから——少なくともこちらからマールブルクに行くくらいは！　何年かして教授資格論文を書こうとする「決断」について、いま何か積極的なことを言うことはほとんどできません。私の博士論文と他人のそれとを安易に比較しても、そこから特に何も意味あることは出て来ません。それはとりわけ、他の博士論文が私とは別の指導教師に拠っているからです。ただひとつ言えることは、「職業としての学問」という考え方が、以前私には非常に問題があるものであったのが、それは私自身がそういうことができるかどうかあまりにも疑問に思えたからですが、今日ではこうした問題構造のなかで私の実存を発揮することができると思えるようになったのです。「情熱」という言葉では、非常に尊大になってしまいます。しかし私はベッカーにはそうしたものが欠けていると思います。彼の営みは、一種庭園での洗練された育成のように見えます、変種の植物の繊細で熟慮された栽培——一度も土壌を鋤き返すことはなく、ただより良い肥料を与えている。私は、学問的研究に対する私の能力を自分で評価することはできません。ただ強く感じているのは、あなたが達成されていることとの隔たりです。大学教員になる意志という疑問に決着をつけることが奨学金の必要条件となるかどうか、それはあなたにお任せするしかありません。いずれまたもっとまとまった短い論文を書き終われば、もちろんすぐにあなたにお送りします。それ以前にもしお会いしなければ。

ヤスパースが、私の博士論文をまだもって読んでいないのは残念です。彼はまた、彼の精神病理学の新版をもっと安く（書店よりも）手に入れたいという願いにも、何の連絡もくれません。ですから、彼の『大学の理念』を新たに欲しいとしつこくお願いするようなことはしません。あなたが今後不要になったら、私に送ってくださるでしょう。

　夏学期に週四時間アウグスティヌスの講義をするというあなたの計画[*5]を聞いて、非常にうれしく思います。どの作品を特に援用するおつもりなのかお伝えください。そして、正しくアウグスティヌス研究に取りかかるために拠り所になるものをいくつかさらにお教えください！（ホルの小著[*6]はこちらでは手に入れられません。もう出版社で品切れになっているようです）。リューゲンから戻ってきたらすぐに、ガート出身の牧師[*7]が電話を寄越し、スロッティ牧師[*8]がまだいるから来いというのです。スロッティ牧師は、数週間前にシュライヒに関する講演[*9]をした人です。この人たちと過ごす宵は、貴族の侍従たちの午餐会——そこでは市民階級出身の家庭教師など相当に奇妙な感じがするのですが——それよりはいずれにしてもまだ空疎ではありませんでした。このプロテスタントの地方牧師たちはみな、いじらしいほど「教養渇望」を持ち、批判的歴史的聖書研究をめぐってどうにかこうにかジグザクに歩んでおり、その他、その地域の事情に応じて、説教を作成し、小さくて結構な財産を管理し、堅信を施し、洗礼をし、埋葬し、祝福する勤勉な社会人です。スロッティ牧師は、一九一五年にファルケンベルクのもとでキルケゴールについて博士号を取得しています[*10]（私は、「シュライヒとキルケゴール」には責任がありません）。彼は私にその博士論文をくれたのです——きちんとした抜粋で、「命題」が書いてあるだけですから評判を落とすようなものではありません。しかし、そのとき私が知らなかったキルケゴールの著作を貸してくれました。『愛の生命と支配』[*11]ライプチヒ、一八九〇年、リヒター書店、ドナー訳です。『修練』より以前に成立し、それほど緊密に書かれているわけではありませんが、内容は似ています。各章がみな同じ重要さを持ってはおりませんが、キリスト教講話やキリスト教の修練と同じく、方法が明確で文体の洗練が多く見られます。

　あなたの夏学期講義は、これまでちょっとだけ覗いてみました。そうして、ブレッカーの筆記録が分かるようになりましたが、私が知っているあなたの講義のなかでもっともまとまっており、本当に簡潔でどの言葉を取っても練りに練られた指示ばかりです——しかし、それはフッサールのように「体系」を拡張するために何もない空間を煩わしく指し示すものではない。この講義の後では、誤解を招くことはほとんど不可能なはずです。「事実的現存在」って一体何だとまたぞろ疑問に思うひと以外は！（メツガーは教授資格を得ましたか。[*12] カウフマンの肥満体は何をしているのでしょうか）。影響力という観点からすれば、こうした講義に続いて、解体する綿密な分析に移行すればいいのではと考えます——これまでの講義だけにとどめておくと、受講者はテーゼのようなものに慣れてしまい、日常性の証示をただなんとなく日常的に受け止めてしまいます。私が言いたいのは次のことです。骨格構造の組み合わせをすでに熟知している解剖学者は、何度でも学生たちによって次のことを、思い起こさせられるということなのです、つまり、個人個人が皮膚と筋肉を自分で取り除くすべを身につけなければならない、ということを。

筆記録をめくっていて、「観念論的過去」に煩わされない明確な指摘が多く目につきました。ある種の問いに答えようとすることが意味のないほどの絶対的明晰さ。古くからのカテゴリーの細部のさらなる彫琢。そうしたカテゴリーを「哲学者たち」は、曲芸師が巧みに扱う玉ではなくきわめて単純な事実しか得られないために、カテゴリーとしては多分まったく理解しないでしょう。——あなたが哲学の慣習と、断固として、また明確に絶縁していることに、私は大喜びしています——いたるところで似たようなものが求められているのは確かですが、四階から下の階に向かって罵倒しているだけで、広々とした上空に向かって単純な歌を歌うことにもならず、他の間借り人を正規に追い出すことにもならない——ただ当世風の指数を用いて新たに貸借契約を結んでいるにすぎない。——

マールブルクの「センセーション」について、あなたが不安を抱く必要はありません。私なら、あなたにまして、拒絶することにおいて魅了できる人はいないことを知っているのです。

太陽が照る予感に満ちた海岸の持つ大いなる静かな力は、「カテゴリー」で適切に言い表すことはできません。この力だけでなくその他のものもなお、「批判的」哲学の外部でより意味に満ちています。ですから、田舎で過ごす三か月で力点はずれてきています。山小屋で二週間過ごせば、それ以前とそれ以後をうまくつなぐことができるにちがいありません。そのつながりが強引さをまぬか［れ］ないとしても？

あなたに感謝し、心からの挨拶をお送りします。カール・レーヴィット

*1 ヴァルター・ブレッカー（一九〇二―一九九二）は哲学者。ハイデガーの弟子で助手。一九二八年にハイデガーのもとで次の論文で博士号を取得。*Kants »Kritik der ästhetischen Urteilskraft«. Versuch einer phänomenologischen Interpretation und Kritik des I. T. der »Kritik der Urteilskraft«.* 一九三四年に同じくハイデガーのもとで教授資格を取得。その教授資格論文 *Aristoteles* は、一九三五年に Vittorio Klostermann（Frankfurt am Main）から出版。一九三七年から一九四〇年までフライブルクで私講師。一九四〇年から四八年まで、ロストック大学の哲学の教授。その後、一九六七年の定年退職までキール大学の哲学の教授。

*2 一九二三年夏学期のハイデガーの講義のこと。Martin Heidegger, *Ontologie (Hermeneutik der Faktizität)* (HGA 63)〔1〕〔『ハイデッガー全集第63巻　オントロギー（事実性の解釈学）』〕.

*3 パウル・フリートレンダー（一八八二―一九六八）は古典文献学者で、一九二〇年から一九三二年までマールブルク大学教授。その後、ハレ大学教授。一九三五年に免職。一九三八年に拘禁されザクセンハウゼン強制収容所に移送される。一九三九年にアメリカ合衆国に亡命し、ジョン・ホプキンス大学とカリフォルニア大学で教える。主な著作は、*Platon:* Band 1: *Eidos. Paideia. Dialogos.* Band 2: *Die platonischen Schriften* und Band 3: *Die platonischen Schriften: zweite und dritte Periode*, de Gruyter, Berlin 1928ff.

*4 フリードリヒ・クリングナー（一八九四―一九六八）は、古典文献学者でフリートレンダーの弟子。一九二〇年にフリートレンダーを追ってマールブルクに移る。マールブルクで一九二一年、ボエティウスの『哲学の慰め』に関する博士論文で博士号を取得。一九二五年、ハンブルク大学教授。一九三〇年から一九四七年までライプチヒ大学教授。一九四七年、ミュンヘン大学に転じる。

*5 一九二四年夏学期には、ハイデガーはアウグスティヌスではなく、アリストテレスについて講義した。次を見よ。Martin Heidegger, *Grundbegriffe der aristotelischen Philosophie*, hrsg. vom Mark Michalski (HGA 18), Vittorio Klostermann, Frankfurt am Main 2002〔『アリストテレス哲学の根本諸概念』〕.

*6 Karl Holl, *Augustins innere Entwicklung*, Verlag der Akademie der Wissenschaften, Berlin 1923.

*7 ガートから来た牧師については、詳しい情報を見つけられなかった。

*8 マルティン・スロッティ（一八八四―一九四五）は、一九一五年、エルランゲン大学でキルケゴール研究によって博士号を取得。Martin Slotty, *Die Erkenntnislehre S. A. Kierkegaards. Eine Würdigung seiner Verfasserwirksamkeit vom zentralen Gesichtspunkte aus*, Pillardy & Augustin, Cassel 1915.

*9 カール・ルートヴィヒ・シュライヒ（一八五九―一九二二）

は外科医で著述家。彼の著作はとくに、*Erinnerungen an Strindberg. Nebst Nachrufen für Ehrlich und von Bergmann*, Georg Müller Verlag, München 1917, *Das Problem des Todes*, Rowohlt, Berlin 1920, *Das Ich und die Dämonien*, S. Fischer, Berlin, 1920, und *Bewußtsein und Unsterblichkeit*. Deutsche Verlags-Anstalt, Stuttgart/Berlin 1920. 講演については、詳しい情報を見つけられなかった。

＊10　リヒャルト・フリードリヒ・オットー・ファルケンベルク（一八五一―一九二〇）は、一八八九年から一九二〇年までエルランゲン大学の哲学の教授。中心テーマは近代哲学史。キルケゴールに関する博士号取得を後押ししたドイツで最初の教授。一九〇九年から一九一五年まで、エルランゲンではキルケゴールに関する四つの博士論文が提出される。

＊11　Sören Kierkegaard, *Leben und Walten der Liebe*, übersetzt von Albert Donner, Friedrich Richter, Leipzig 1890〔『キルケゴール著作集15・16　愛のわざ』武藤一雄、芦津丈夫訳、白水社、一九九五年〕.

＊12　アルノルト・メッツガーは当時、教授資格論文として構想した論文を執筆中。»Der Gegenstand der Erkenntnis: Studien zur Phänomenologie des Gegenstandes, 1. Teil«（in: *Jahrbuch für Philosophie und phänomenologische Forschung* VII [1925], 613–769）. しかし、それは種々の難点が見通せたので提出されなかった。一九三三年に、*Phänomenologie und Metaphysik*（Max Niemeyer, Halle an der Saale）で教授資格を取得。

〔1〕原文では *Ontologie. Hermeneutik der Faktizität*（『オントロギー――事実性の解釈学)』）であるが、*Ontologie (Hermeneutik der Faktizität)*（『オントロギー（事実性の解釈学)』）に訂正。書簡36訳註〔1〕〔本書一〇八頁〕を参照。

52　ハイデガーからレーヴィットへ

〔トートナウベルク〕山小屋、二三年八月二三日

親愛なるレーヴィット様！

お手紙、本当にありがとう。二日前、にわかに転居先が見つかったため、私たちは大慌てです。短い手紙しか書けません。クリングナー博士は今学期、教授資格を取得しました。あなたの件が具体化すれば、もちろん私はあなたのために立ち合います。あなたが学問に居心地のよさを感じるのか、いつの日か怒って逃げ出したりしないのか、私に

はまだ分かりません。いずれにせよ、あなたがたっぷり時間をかけることに賛成です。ハルトマンのある弟子――今学期当地にいたガダマー博士というひとで、いま数日間、奥さんと一緒に山小屋の私たちのところにいる――にも、ブレーキをかけます。もともとヘーニヒスヴァルト[*1]、――ナトルプ、いまは熱烈なハルトマン信奉者、――今学期は私にくっついている、――とても精通していて、大学の噂話が大好きで、とても感じやすい――父親[*2]はマールブルクの正教授。ハルトマンのもとで教授資格を取得するつもりで――そのためにアリストテレスについて研究しています。さしあたり、彼には肯定すべき面がまったく見えません。概念や命題を受け売りしますが――自分の「巨匠」とまるで同じで頼りない。急いで教授資格を取得しようとするなら、絶対に止めるつもりです。彼はいま、ハルトマンの『形而上学』の書評[*3]を書いています――アイディアは私から――これまでは哲学について何も知らなかったのです。

一般にマールブルクはとても荒涼としているように見え、それでいて紳士連は偉大な預言者を気どっています。それだけいっそう、あなたが足場を固め支度を整えて到着を告げられるよう願っています。私の近くにいることがあなたにとって大変有益かどうか、私には分かりません――あなたは自立すべきです、――そもそも、私が育てたいのは「哲学者」ではなく、真の学問的人間なのです――まずは精神科学と神学において。あなたの能力をもってすると生物学に突入できないのかどうか、私にはいまだに定かではありません。フォン・ローデンに、マールブルクに来てくれるよう頼みました――彼が私に送ってきたものはきわめて事象に即しています――端的によく見ています。神学者にとって最も重要なものを彼はそなえています――ただし彼はゆっくりと進みます――これは何も悪いことではありません。

私は研究室長に任命されました――新しいことです――助手問題でも何かできるかもしれません――しかし、それがたしかになるのは〔来年の〕夏学期になってからやっとです。それに比べてよくないのは、国家試験を数多く担当する見込みがあることです――マールブルクはその中心なので。したがって、私はこの最初の学期中は多くのことをあきらめなくてはならず、たぶん初学者向け演習だけにするでしょう。あなたは二四年夏学期に移る準備をする方がよいでしょう。(1) 私が座って研究に専念していると、あなたは私から多くを得られる、(2) そうだとすると、何が問題なのかを私はいっそう見通せる。

もういまから、あなたを冬学期末――三月――に、この高地で何週間かスキーに招待したいのです。そうすれば、いろんなことについてじっくり話し合えます。今週、薪をたくさん運び込みました。アーフラを一緒に誘えるかもしれません。マールブルクに向かう途中で、ハイデルベルクに数日います――ヤスパースと会います。彼の著作を今度あなたに差し上げます――私はそれをあらためてもっと詳しく読まなくてはなりません。

あなたのいまの職[*4]は期間が限られているのでしょうか。例の日本人については明確なことを知りません。彼は〔マールブルクに〕来るでしょう。

この冬学期、あなたを不確かな立場に置きたくありません――いまは当面私はすべてをただ遠くから判断せざるをえないので、そうなることもありうるでしょう。

あなたは、これだけははっきり当てにできます。あなたが具体的に学問を――どの学問であれ――選ぶ決断をしたら、きっと私はあなたを助けます。

とくに、いまのポストがどうなっているかについて、書き送ってくれますか――冬学期が進むうちに何かできるかもしれません。

心からのあいさつを

あなたのマルティン・ハイデガー。

＊1　リヒャルト・ヘーニヒスヴァルト（一八七五―一九四七）は新カント派で、一九一一年から一九三〇年までブレスラウ大学の哲学の教授。一九三〇年、ミュンヘン大学への招聘に応じる。一九三三年、ユダヤの出自のため免職。一九三八年、ダッハウ強制収容所に収容される。一九三九年にアメリカ合衆国に亡命し、ニューヨークで在野の学者。ヘーニヒスヴァルトについては、一九三三年六月二五日付のハイデガーの次の否定的所見をも参照。Marin Heidegger, *Reden und andere Zeugnisse eines Lebensweges* (HGA 16), Vittorio Klostermann, Frankfurt am Main 2000, 132f.〔『スピーチとある生涯のその他の証』〕

＊2　ヨハネス・ゲオルク・ガダマー（一八六七―一九二八）は化学者。一九〇二年から一九一九年までブレスラウ大学の薬剤化学の教授。一九一九年にマールブルク大学に転じる。

＊3　Hans-Georg Gadmer, »Metaphysik der Erkenntniss«. Zu dem gleichnamigen Buch von Nicolai Hartmann, in: *Logos* XII (1923-24), 340-359.

＊4　コーゲル（メクレンブルク）での家庭教師の職。雇用主は侍従のアウグスト・フライヘア・フォン・フロート。

53　ハイデガーからレーヴィットへ

フェルダフィング、二三年九月二七日

親愛なるレーヴィット様

このところしばらく当地にいます――転居期間中は。ところがいま、転居計画が当面おじゃんになってしまいました。引っ越しチェーン店の妻が急逝したからです。最終決着はまだついていません。たぶん、私が一人で引っ越すはめになりそうです。

あなたが来られるようになるのを楽しみにしています。イェンシュには自分で決めた助手がいます。

現象学入門を週二時間、[＊1]アリストテレスを週二時間講義[＊2]します――アリストテレスの中身はまだ決めておらず、私がすべきことに応じて定まります。――この講義をむしろ次のアウグスティヌス講義[＊3]に直接つなげたいので、私の原稿にとどまらずに、新たに仕事をしなくてはなりません。当分私はこれにかかりっきりです。ニーマイアーは数週間来、出版を停止しています。[＊4]〔年報と〕同時に独立して刊行されるはずだった私の「序論」がまったく片づいていないので、私は落胆していません。

ゼミナールは二つです。初学者向けに論理学研究[＊5]を扱い、もう一つはアリストテレスと中世について[＊6]――これは〔大学の〕蔵書がどうなっているか次第です。アウグスティヌス演習をするには必要なものが欠けています。形而上学はアリストテレスから話題になるので、あなたが困ることはありません――これらの演習では、現象そのものに取り組むことに主眼を置いているので、マルセイユはしっかり参加できます。ハルトマンの演習は、ヘーゲル（上級者）とカント（初学者）です。

私はハイデルベルクを経由してマールブルクに行きます。

心からのあいさつを、また会いましょう

あなたの

M・ハイデガー。

＊1　Martin Heidegger, *Einfürung in die phänomenologische Forschung*, hrg. von Friedrich-Wilhelm von Herrmann, (HGA 17), Vittorio Klostermann, Frankfurt am Main 1994〔『ハイデッガー全集第17巻　現象学的研究への入門』加藤精司他訳、創文社、二〇〇一年〕.

＊2　ハイデガーがこの講義を行ったのは次の学期であった。Martin Heidegger, *Grundbegriffe der aristotelischen Philosophie*, hrg. von Mark Michalski (HGA 18), Vittorio Klostermann, Frankfurt am Main 2002〔『アリストテレス哲学の根本諸概念』〕.

＊3　この講義は行われなかった。

＊4　ドイツのインフレ危機のため。

＊5　マルティン・ハイデガー「初学者向け現象学演習：フッサール『論理学研究』第二巻一」。

＊6　これがあとで「上級者向け現象学演習：アリストテレス『自然学』第二巻」になった。

54　ハイデガーからレーヴィットへ

フェルダフィング、〔一九二三年〕一〇月一日

親愛なるレーヴィット様！

当地からコーゲルのあなた宛てにもう一度手紙を出します。私たちの転居はもうだめになりました。したがって、さしあたりは「下宿人」としてマールブルクに行かなくてはなりません。明後日メスキルヒに行き（父の状態がひどく悪いのです）[*1]、（とてもつらい）別れを告げたフライブルクにもう一度向かいます。当地からまっすぐマールブルクに行く計画だったのですが。こういう事情で、ハイデルベルクに行けるかどうか、まだ分かりません。リエニーツが来ました。とても気に入りました。あなたの手紙についてはあなたと直接話しましょう。ベッカーからは何の便りもありません。エビングハウスは、こと細かく議論する彼の能力をすべて投入し、数多くの策謀をめぐらし無理難題をふっかけて、新しくてかなり大きい住居を手に入れました。

こういうことは、彼の「ヘーゲル」解釈の一つとまったく同じ「喜び」を彼にもたらします（彼はヘーゲルから次第に離れているのですが――カントへと）。それは「似たりよったり」です！　私はしばしば二人の女子、グロッサーとガイガーのことを考えます――ヴァルター嬢は彼女たちにかないっこありません。あなたがグロッサー嬢からギリシャ語の力を借りられたらいいのですが。あなたがお金を工面できるようできるだけ協力します。

あなたはきっと、マールブルクの私の「信奉者」のなかで支配的な影響力をもつでしょうから、学派の不和や「他の方向」だのなんだのと呼ばれるものからは何も生まれないという意味でも、あなたが影響を及ぼすことを願っています。そういうことを私は日和見主義よりも好みません。私の学生たちが事象に即した研究と真摯な振る舞いをとおして大学における学問的実存の新生のためにともに研究するよう望んでいます。――

ヤスパースは決定的な点でひどく素朴で単純です――『世界観の心理学』からほとんど一歩後退しています。私がたった一人になるだろうし、他からの助けはすべて「誘惑」だということに、私は気づいています。それでは、新しい仕事の成功を祈ります。くじけないでください。

あなたのM・ハイデガー。

＊1　フリードリヒ・ハイデガー（一八五一―一九二四）は堂守で樽職人の親方。一九二四年五月一日、脳卒中のために死去。

55　ハイデガーからレーヴィットへ

M［メスキルヒ、］二四年三月一九日

親愛なるレーヴィット様！

まず、ふいごの件、本当にありがとう――おかげさまで山小屋の設備が便利になり、大喜びしました。私たちは一四日に谷を下りました。下の子のために妻がもうのんびりできなくなったからです。一六日に私は当地に到着し、二三日までとどまります。[1]

ユーバーヴェークは信頼が置けます――もちろん、いまやまもなく一〇年です——しかしこの種のものでは最良です。

以前ザイデマン版[*2]を探しましたが、見つかりませんでした。講義録はいまではヴァイマル版[*3]でも出版されています。高すぎないようなら、購入してはどうでしょうか。

今度は、アリストテレス〔序論〕を絶対に印刷するよう決意しました——私はそこまで来ました。私はこれを厄介払いしなくてはなりません——たぶん、印刷中にこれをもう一度あらためて書きます。

そのためアウグスティヌス〔講義〕がなしになり、講義しているのはアリストテレスで、ゼミナールは中世[*4]だけです。私がどこまでできるかによりますが、ごく少人数向けのアリストテレス講義を二週間ごとにおこなうつもりです。印刷所のあれこれのおかげで、最も美しい歳月のうちの一年が失われます——けれどもいつかはしなくてはなりません。

序論にはまだまだ苦労します。高地の山小屋でここ数日を過ごしましたが、晩に新しい構成のものを一気に書きつけました——目下のところ、これに一番満足しています。ヤスパースのもとにどのくらい滞在するかは、まだ決まっていません。いずれにしても、月末にはマールブルクにいます。

ガダマーの知らせによると、マルセイユはマールブルクに到着したそうです。私の妻は下の子と一緒にまだフライブルクにいます。フォン・ローデンはまだ高地にとどまっていました。クリスチャニア[*5]を練習したときに足を捻挫したからです。フライブルクには、まったく活気がなくてどうにもならないという印象を受けました。

また会いましょう。心からのあいさつを

あなたのM・ハイデガー。

ご両親によろしくお伝えください。

*1 Friedrich Überweg, *Grundriss der Geschichte der Philosophie*, 4 Bände. (Zehnte vollständig neu bearbeitete und erweiterte Auflage). Mittler & Sohn, Berlin 1915.

*2 おそらく次の本のこと。*Dr. Martin Luther's Erste und Älteste Vorlesungen über die Psalmen aus den Jahren 1513-1516*. 2 Bände in 1 Band. Nach der eigenhändigen lateinischen Handschrift Luther's auf der Königlichen öffentlichen Bibliothek zu Dresden. Hrg. mit Unterstützung des Hohen Königlichen Ministeriums des Cultus und öffentlichen Unterrichts und der Generaldirection der Königlichen Sammlungen für Kunst und Wissenschaft von Johan Karl Seidemann. Mit Facsimile in Photolithographie. R von Zahns Verlag, Dresden 1876.

＊3　Martin Luther, *Werke*, Kritische Gesamtausgabe, Abt. I: *Schriften*, Bd. 3, *Psalmenvorlesungen 1513／15 (Ps.1-84)* und Bd. 4, *Psalmenvorlesungen 1513／15 (Ps.85-150)*; *Randbemerkungen zu Faber Stapulesis; Richtervorlesungen 1516／17; Sermone 1514／20*, H. Böhlau, Weimar 1885 und 1886 (Nachdruck 1923).

＊4　盛期スコラ学とアリストテレス。*Thomas, De ente et essentia*〔『在るものと本質について』稲垣良典訳註、知泉書館、二〇一二年〕、および Cajetan, *De nominium analogia*。

＊5　「クリスチャニア・ターン」はスキーの方向転換技術の一つ。

56　ハイデガーからレーヴィットへ

ハイデルベルク、二四年三月二六日

親愛なるレーヴィット様！

お手紙[*1]、ありがとう。あなたなら、ヤスパースに喜びを感じるでしょう――この私と同様に。――彼は独自の確かさをもって敢行しています――全体が決定的です――今日の全体が。すなわち、彼には胃袋があって、独自のやり方ですべてを摂取し役立てるのです。

私の道はちがっています――目標がずっと限定されている――あなたも〔私に〕大きすぎる期待を寄せています――そして私のものを知っているすべてのひとが。そういうことになるのは、たんに〔私の〕地位、役割、思考する環境（哲学、哲学者）のせいにすぎません。私は、先学期ほど毎回いやいや講壇に立たざるをえないことは、これまで一度もありませんでした。いまいましいことに、私がなすべき研究は、古い哲学や神学の領域で、それも「カテゴリー」のようにさまつなものを批判的にはっきり見ながら動かなくてはなりません。その結果、あたかも、批判さえすれば、否定されたものに対応する何か具体的な内容が対置されるかのように見えてしまいます。しかも、私の研究が、学派や方向や、継続や補完のための何かでもあるかのように。研究は一回限りのもので、私にしかできません——いろんな条件がこのように組み合わされた状況という一回性にもとづいて。私の研究はいつも時代遅れで、「今日」におよそ無縁かもしれないような実存形式から生じています。

研究しなくてはならないということを、私は授業で教えるように証明することはできません——たとえ、その証明が研究の可能性をある程度まで理解させることだとしても。

その研究が何らかの成果を上げるかどうかは、それにもましてとるにたらないことです。影響がどう見えようと、私の知ったことではありません。ただ、私に直接見えているかぎり影響などないことだけは明らかです。しかし、これらは反省であって、反省は何も動かしません。

演習についてのあなたの問い合わせについて、じっくり考えました。私は反対です。まずあなたのために。私の推測しているように教授資格取得の計画があるなら、しっかりした研究を提出することだけが唯一のことであり、教授資格を取得するということのねらいは〔教授資格論文執筆とは〕別の仕方であからさまになってはけっしてなりません。この機会に、あなたにもう一度言わなくてはなりません。次の一〇年間は、教授職に就ける見込みはこれまでになく小さいのです——というのも、哲学の講座ははっきり削減されている——つまり、いくつかの講座があるところでは第二か第三の講座がもう確保されない——のですから。大学教員への道が決まるのはまったく運次第です。あなたが努力するなら、私が援助します。それ以上には、大騒ぎをするつもりも学派を作るつもりも私にはありません。

最後に、この件は手続き上の理由でもうまくいきません。かりに私自身が賛成したとしても、あなたが大学で夏学期の演習をすることを、私には決定できないでしょう。ヤスパースの意見も同じです。私は以前フッサールに伝えましたが、メッツガーのしていることは本来許されないのです。

あなたが少人数で何かをする場合には、とにかく独力でするよう望みます。

心からのあいさつを　あなたのM・ハイデガー。

ヤスパースがよろしくとのことです。

＊1　この手紙は遺品には残っていない。

57　レーヴィットからハイデガーへ

ミュンヘン、ローゼン通り六／三
二四年八月一七日
日曜日

注意されたし。これは予告された手紙ではありません。

親愛なるハイデガー様、

昨晩着きました。最後の晩に――フライブルクの――、フォン・ローデンが到着しました。とても元気で、私たちは長いことおしゃべりしました。彼は、近いうちに山小屋に行きたいとのことでした。素晴らしい天気のなか、車の窓を開けてドナウ川の渓谷沿いに行く行程は非常に気持ち良かった。こちらの住居で［私は］ただ一人の支配者です。両親は八月中バイエルンの山に行っており［ます］。

父の手紙が［私に］あり、そのせいで私自身言いたくもないことで、あなたを煩わせざるを得ないのが残念です。この厄介な心配を、つまり、両親と息子との間の――確実に――克服できない不和を「哲学的書簡」に混入させたくはないのです。こうしたことは今日、実際に「典型的に社会学的な」現象（世代？）であるように思われます――それは繰り返され、文字通り愕然とするまでの退屈さと化しているからであり、私はそれを他の連中の場合（教授資格論文の問題でベッカーやガダマー）にも見て取ったのです。あなたはすでに、私の葉書[＊1]から肝心なことはすべてを理解されていると思います。両親は、その葉書と同時に書いた、とにもかくにも彼らが理解できるようにと書いた手紙を完全に誤解したのです。それに対する回答は、よかれと思ってではあれ、友情における私のいわゆる「自己犠牲」に関して完全に思い違いをした非難でありました――私には好意的すぎる先入主であり、マルセイユに対しては悪意ある先入主でありました。しかし、主な点は、お前は一年前にマールブルクに行っているが、それは「可能な限り早く」！　教授資格を取り、「現実の」地位に就くためなのだ、ということです。そして「時代状況のゆゆしさ」などについても述べられています。父がこの二つの期待を持っていることは、私の責任ではないと思います。私が取り除けるただ一つの心配は、あなたも同じ意見であるとすれば、これでしょう。つまり、私が冬学期にマールブルクに行こうと、あるいは別のところに行こうと教授資格の可能性については、まったく変わるところがない。その可能性は、第一には、私があなたの要求を満足させ、私を応援してくれるようあなたを仕向けられるような研究を成し遂げることにかかっており、第二には、学部に左右されます。さらに、まだ多くの人間が餓死しているわけでもないのです。あなたが同じ意見で、そのことをあなたの返書で「はっきりと」書いてくだされば、非常に嬉しく存じます。もちろん私のためにではなく、父親を安心させるためです。父を喜ばせようとして、勤勉とか素行とかを評価してもらう必要はありません。私はもうギムナジウムの生徒ではありませんし、フンボルトの報告以来あなたには何も原稿を見せなかったのですから——私たちは、ただ一度だけ哲学的なことについて議論しただけです、最後の晩に。

私にとってひとつ明らかなことがあります。私はマールブルクに居た時よりも、こちらの家で研究に向かうことができ、マルセイユと私自身に負っているものが分かっている、ということです。あなたが、辛抱強く待っておられるのに、個人的な動機によって研究が何度も滞っていることにだんだんと疑念を持たれているとしても、それは十分に理解できるところです。しかし、「ベセラー」と同列には考えないでください——今回はまったく事情が異なりました——言い方を変えれば、同じ問題を巡っているのではあっても、マルセイユと私は、私たちをもともと引き合わせた道を最後まで歩まねばならないという点で一致したという点で、〔ベセラーとは〕大きな違いがあるのですから、まったく別なのです。マルセイユには他の誰よりも多くのものを負っています。しかしそれは、われわれ二人の苦しみに満ちた戦いでもありました。今なら私は、あなたがかつて、大分以前に、手紙で述べられたことが分かるかもしれません。つまり、「人間が共に存在できるように」——共に存在することが許されるように——つまり、「実存において」[*2]。

今、私たちは休息を取り、快癒しなければなりません。私がしばらくの間マールブルクを断念するとしても、それは何かロマンティックな冒険をしようというのではありません。それに対して、よく分からないことは次のことです。それをあなたには最初に書いておいた方が良かったかもしれません。もしそれがもっと明確であれば、すぐにそうするつもりなのです。フライブルクで〔私は〕シャルロッテ・グロッサーから手紙を受けとりました。彼女が勤めているローマの書店で半日働いて給料を得る仕事に就けそうなのです。そうするとローマに滞在できることになります。そのことについて今手紙を交わしています。初めは、それを好都合だと思っていましたが、あちらで実際に自由な時間に研究を進展させることが健やかに惑わされずにできるだろうかという疑念が湧いてきました。それについてどう思われますか。同じようなテンポで現象学的な研究を書き付けてゆくのは、ともかく私のやり方ではありませんが、「ローマ」というと、不確かなものを感じてしまうのです。他方では、この半年で私は相当傷つき、物事に噛みつき一人で食いちぎろうとすることに何か不安を覚えるのです――例えば、フライブルクで。さらに、後者の場合、厄介な金銭問題が加わってきます――ベッカーは、二人の日本人を必要としています（ところで、三木はまだいますか）。フッサールへカノッサの屈辱のように近寄ることはできませんが、物乞いの気持ちが湧き上がってきます。せいぜい（こちらの）ドライ・マスケン出版[*3]に仕事があるかどうか、あした見てみようと思います。

私の件で〔教授資格について返信で書いてくださることを〕お断りにならないなら嬉しいと思います。当然お断りにはならないこととは思いますが――そして書いてくださるのは、父の特に狭隘な「見方」のためではありますまい――父のそういう見方を防ぐことは私にはできません――夏には印刷した研究をお渡しできれば、嬉しいところです。（注意されたし。「ニーチェ」ということで何かおっしゃりたいのではありませんか）。

目下のところ特に気分が良いわけではないのは当然としても、落胆しているわけでは決してありません。この二週間を（ひとりフライブルクでの）次のことのしるしと受け止めれば、私は自分自身を欺いているわけではないと考えているからです。つまり、何事も無駄ではなかった、私に本当に耐え難い重荷が与えられているわけではなく、あたかも地中で私の哲学的学問的なさまざまの可能性が、あらゆることにもかかわらず、そしてそのすべてによって、静けさの中でともに生い育ってきたのだ、と。マルセイユの場合も、危うい体質であっても彼はやり遂げると信じています。

心から挨拶します
あなたのカール・レーヴィット

次の住所宛てにお送りください。
ミュンヘン　ローゼン通り六／三
薬剤師ブラウン様気付カール・レーヴィット
（そうでないと郵便物は両親のところへ再配達されてしまいます）

＊1　この葉書は遺品には残っていない。
＊2　一九二一年八月一九日付のハイデガーの手紙（25）〔1〕（本書七四頁）を参照。
＊3　ミュンヘンのドライ・マスケン出版のこと。ここからレーヴィットは一九二八年に教授資格論文 *Das Individuum in der Rolle des Mitmenschen* を出版〔『共同存在の現象学』岩波文庫〕。
〔1〕　原文では（24）であるが、誤記と見なして（25）に訂正する。

58　ハイデガーからレーヴィットへ

マールブルク、二四年八月二一日

親愛なるレーヴィット様！

ローマの機会が格好の時に来ましたね。[＊1] 教授資格取得の準備をイタリアでするのは、あなたが最初ではないでしょう。書籍販売業の片手間なのか、アカデミーの依頼による写本の照合なのかは、どうでもよいように思えます。

私なら喜んで飛びつくでしょう。当地でじっとしているのは苦しく、その話をどこかで聞いたら、私たちは当面の誘いにひきつけられるものです。もしも何かの事情で私が日本に行かざるをえなくなったとすれば――これがありえないのはかなり確かですが――、それは私が弟子たちから逃れるという努力だったことでしょう――彼らは、別な場所で学ぶということを自分で思いつきもしないのですから。どのみち、当地では何もかもこんがらかっています。

あなたの教授資格取得が遅すぎることはありません。そもそも規定上、春より前にはうまくいかないでしょう。したがって、早くとも二五年夏学期になります。けれども、こういう問題は期限が付けられません。一番大切なのは、三月に手紙に書いたように、私の要求を満たす論文です。――それさえ私の手に入れば、学部を味方につけられるにちがいありません。測りがたい感情やえこひいきや策謀が大きい役割を果たすということは、悲しいことですが変えられません。多くの教授陣が――こういうことからかけ離れたところにいる専門分野のひとでさえ――、それを生業としているのです。大学から離れて回り道をしても哲学について研究できないことはないと思います。しかしハルトマンは、そのときまで当地にいることはたぶんもうないでしょう。[*2] けれども、教授資格の取得がそれだけで確かな生活を保証するものではありません――政府が今後、私講師の最低生活費をどうするのか、これは予測できません。政府は、大学に対する何らかの義務を引き受けた以上、さらに前進する見込みのある力量のもち主だけに教授資格を与えるよう迫ります。大学教員への道を選ぶ場合、ポストと生活保障が第一の観点であってはなりません。私は極貧の出です、――両親が――私が大学でいったい何を研究し、どういう進路を望んでいるかを一度も理解できないまま――食うものも食わずにしてくれた仕送りは、やはりとてもわずかなものでした。ですから私は、いまどきの「貧しい」学生とはまるでちがう断念を強いられて、学生時代を送らなくてはなりませんでした。そしてそれができたのは、私がぐらぐらしなかったためです。それに加えて私には「幸運」が、いま思っても恐ろしいほどの運がありました。

このことについて、これ以上あなたに書く必要はありません――それを指摘したかったのは、大学教員へのこういう道は生活苦にふさわしい独自な何かがあるということをあなたに理解してもらうためです――もちろん、まだおむつを当てているときから正教授が確実な――父親からもらうのが――人々もいます――こういうひとで何か偉大なことを成し遂げた人物を私は一人も知りませんが。

あなたが飢え死にすることはないでしょう。それに、生きることは楽しみではありません。たとえ自分が正教授だとしても、そうではありません。私たちはまず、自分の職業で自分を失うことのないようにどれほど力を消耗するかを経験する覚悟ができていなくてはなりません。

ナトルプが亡くなりました。[*3]尊敬することが許されるこのうえなく貴重な機会を当地で与えてくれた唯一の人物を私は失いました。——

三木は昨日旅立ちました。もう戻らないでしょう。

ローマに着いたら、グロッサー嬢によろしくお伝えください。

心からのあいさつを

あなたの

マルティン・ハイデガー。

追伸　残念ながら、ベッドでこの手紙を書かなくてはなりません。数日来胃が不調で、仕事ができません——計画と事実性。

ご両親にぜひよろしくお伝えください。

ローマでは、あとで名を書く男性を一度訪ねてくれますか——フランシスコ会修道士です——フライブルクからの知り合いで、最近ここマールブルクに私を訪問してくれました。一一月になったらローマに帰るでしょう。P・ブルーノ・カッターバハ学士（フランシスコ会）[*4]。バチカン機密文書館文書館員、古文書学・公文書学教授。ローマ／三、S・ウフィッツイオ通り一番地、バチカン機密文書館気付。

——

それから、フランツ・エーアレ神父のための記念論文集がバチカンからまもなく出るので、注目してください。全五巻！、ミスチェレーナ・エーアレ編[*5]。哲学・神学史の巻に関心があります。

＊1　レーヴィットは一九二四年にイタリアに渡り、そこで一年間を過ごす。次をも参照。Karl Löwith, *Mein Leben in Deutschland vor und nach 1933*, 63-65〔『ナチズムと私の生活——仙台からの告発』一〇二—一〇四頁〕.

＊2　ニコライ・ハルトマンは一九二五年にケルン大学からの招聘を受け、ハイデガーはマールブルクで彼の後任になる。

＊3　パウル・ナトルプは一九二四年八月一七日に死去。ハイデガーの「パウル・ナトルプ追悼」をも参照。Martin Heidegger, *Platon: Sophistes*, (HGA 19), 1-5〔『プラトン『ソピステ

ス』］。

＊4　ブルーノ・カッターバハ（フランシスコ会）（一八八三―一九三一）は文書保管職員で古文書学者。一九〇八年、フライブルクのハインリヒ・フィンケのもとで教授資格を取得し、のちにローマに移住。ハイデガーは彼をその学生時代から知っていた。

＊5　*Miscellanea Francesco Ehrle. Scritti di storia paleografia, pubblicati sotto gli auspici di S. S. Pio XI in occasione dell'ottantesimo natalizio dell'Emo Cardinale Francesco Ehrle*, 5 Bände, Biblioteca Apostolica Vaticana, Roma 1924.

59　レーヴィットからハイデガーへ

ローマ、ボルゴ・ピオ一〇五［一九二四年九月一三日］

親愛なるハイデガー様、

ミュンヘンからは［私は］お手紙できませんでした。なにしろ［私は］急いで旅立ち、こちらに来てもう一週間になります。明後日から書店で働き始めます。今日は「ローマのフライブルク」から心からの挨拶だけを！

あなたの

カール・レーヴィット

［シャルロッテ・グロッサーの付記：心からの挨拶を、あなたのシャルロッテ・グロッサー］

ミュンヘンへのお手紙に感謝しています！

60　レーヴィットからハイデガーへ

ローマ、ボルゴ・ピオ一〇五［一九二四年九月二二日］

親愛なるハイデガー様、

二六日[*1]にもこちらから葉書をお受けとりになるはずです――その葉書に示されているのは、ルター伝からあなたが知ることになるであろう階段のある教会です！
昨日私は地中深くにおりました——カリストゥスのカタコンべ[*2]に入ったのです。それからアッピア街道に沿って歩きました。日曜日は有効活用しなければなりません。書店で注文する仕事をもう長くしなくてもよくなればいいのですが！　そうなれば、再び私自身の精神的「労働」の自由がどれほどか見積もれるようになります。「丼勘定」で言うことは簡単ですが、行うのは難しい！　ローマは、美と生命力に満ちています。海岸にももう行ってきました。アリストテレス－ルター[*3]とキルケゴールの絵を喜んでいただければいいのですが。心から挨拶をします。

あなたの
カール・レーヴィット

シャルロッテ・グロッサーはすでにスイスのアローザにおります——体の具合がかなり悪いのです。

＊1　九月二六日はハイデガーの誕生日。
＊2　聖カリストゥスのカタコンべは、ローマの古代アッピア街道、アルデアティーナ街道、セッテ・キエーゼ通りにまたがる古代の地下墓所。
＊3　次の本のことか。Karl Immanuel Nitzsch, *Luther und Aristoteles: Festschrift zum vierhundertjährigen Geburtstage Luthers*, Universitäts-Buchhandlung, Kiel 1883.

61　レーヴィットからハイデガーへ

［ローマ、一九二四年］一〇月一八日

親愛なるハイデガー様、
私がご報告したいことを十分に書く余裕がまだありません。今は、半日のことに尽力しなければならないのです。一か月でいつもすべてが立ち上がってくるのは信じられないほどです——本当に新しい「世界」です——誰のことも詳しくは知らず、ただ偶然に市電やカタコンべで大学人に会うだけなのでなおさらです——たとえば、市電ではフォン・ヒルデブラントと、カタコンべではリーツマン[*1]と会い、

——またティリッヒ[*2]にも出会ったのです。今日のところは急いで書籍のご案内をします。もし何かご所望のものがあれば、速やかな返事をお願いします。古本屋で見かけたのは各巻それぞれ九〇リラです。A・マイウス編集の新教皇叢書、第一巻から第七巻[*3]（個々に買うことができる）、第一巻は、五つの古書体学の表を含むバチカン写本によるアウグスティヌス説教二〇一編など[*4]（アレクサンドリアのS・キュリルスの祈願とマタイとルカの註解断片[*5]）、そしてアウグスティヌスの作品に関する多くの要約と古い文章を含んでいます。さらに、古い——一五九〇年ベルガモ版——カイエタヌスの註解付き『大全』全巻[*6]——製本された五巻本で、合わせて一五〇リラですが、粗悪な印刷で字が小さい——あなたの知り合いの誰かが欲しがるかもしれません（一五〇リラは三〇マルクです）。あなたにとって重要な神学上のものについてリストをくださるようなことがあれば、こちらでカトリック神学のいくつかの大きい古書店で探してみることもできます。私と言えば、今は本にかけるお金は持っていません。カッターバハを訪ねたら、あなたによろしくとのことでした。当地での生活はとてもここちよいものです。フォン・ローデンの住所を教えていただけますでしょうか。プラトンについて講義するのですか。そしてトマスをゼミナール［で］？　マールブルクでは何が起きましたか、何が起きませんでしたか。

ガダマーとマルセイユにはしばしばお会いになるのでしょうか。

ここ「ローマ」では、「園亭」に暮らしているというより、隠者のように生きています。

こちらの考古学者たちの「解釈」によれば、まったく駄目な形而上学は考古学の足元にも及ばないそうです。「世俗的な」解釈はそれゆえにこそもっと慎重であるべきだといつも前もって言うアーメルング[*7]は、慎重な大祭司であります！

あなたに、奥様に、そしてお二人のお子さんたちに心からの挨拶を

あなたの

カール・レーヴィット

*1　ハンス・リーツマン（一八七五—一九四二）は神学者で教会史家。一九二三年、ベルリン大学のアードルフ・フォン・ハルナックの後任になる。

＊2　パウル・ヨハネス・ティリッヒ（一八八六―一九六五）は〔一九二四年、マールブルクの、〕一九二五年、ドレスデンの神学の教授。一九二九年から一九三三年まで、フランクフルト・アム・マインで哲学と社会学の教授。一九四〇年から一九五五年まで、ニューヨークのユニオン神学校で教える。その後、ハーバードとシカゴの教授。

＊3　*Nova patrum bibliotheca*, ed. Angelus Maius, Romae: Typis Sacri Consilii propagando Christiano nomini, 1844–1855.

＊4　*Sancti Augustini Novi ex cod. Vaticanis sermones*, Romae: Sacr. Consilium Propoganda Christ. Nomini, 1852.

＊5　どの版のことか、突き止められなかった。

＊6　*Summa Sancti Thomae Aquinatis universam sacram theologiam complectens cum commentariis Thomae de Vio Caietani*, Bergamo 1590.

＊7　プロテスタント神学者のカール・アーメルング（一八五八―一九三九）のことか。

62　レーヴィットからハイデガーへ

二四年一〇月二八日　ローマ　ボルゴ・ピオ一〇五
サルトリ気付

親愛なるハイデガー様、

学期の始めにもう一筆したためたく存じます。いま下の通りでは、ファシストの集団が何やら喚いております。今のところ祝うべき何の殺人も起きていないのだから、年に一回の何かの記念日をまた祝っているのでしょう。思い出さざるを得ないのは、私たちが一緒にミュンヘンで視野狭窄で狂信的なヒトラー親衛隊を見て、その後美しくて古いカトリック教会に行ったことです。

こちらではもうミュンヘンよりもよほど事情に通じてきました。ここローマを故郷のように感じるのは容易いことです――ローマは普通の意味での大都会ではまったくありません。ここではどうでもいいような家々の海に溺れることはありません――どんな街角も独自の本当のスタイルがあり、まったく異質と思えるものが当たり前のように組み合わさり、持続的な歴史の力によって緊密に結びついています。ローマカトリック教会が伝統を保持する紐帯となっていることは、そこかしこで感じられます。四世紀から二〇世紀までの建築様式をすべて同時に含んでいるローマの無数の教会で行われる数知れない毎日のミサが、過ぎ去ったローマ皇帝の栄光の見事な遺物すべてと輝かしく調和しているのです。ローマ皇帝の誰かが公衆浴場へと引きずって運ばせたエジプトの対麻痺治療の浴槽――祭壇として。ローマの七つの丘、その上に立つ、頂点に十字架が置かれたオベリスク、三つの地下聖堂を持つ教会、ユピテル神殿の円柱がある取引所、彩色された下絵のマリアがあるバッカス神殿。別のマリア（コリント式円柱の上にある）は、その光輪が電球によってイタリア国旗の色で照らされている。柱廊に置かれた、一月六日の公現祭で奇跡を起こすに違いない、アルカディアの木像の幼子イエス。トラピストたちがユーカリのリキュールを声を出しながら売っているカタコンベ。少なくとも五つのパウロの墓と、解剖学に供給できるほどのペトロの骨、毎日謁見を許す不可謬の教皇、例えば、映画俳優のジャッキー・クーガン[*1]（チャップリン映画！）に謁見を許し、その時、一二歳の彼はポスターの「公告」を貼ることを許され、「皇帝」に感謝している――。あるイエズス会士は、誰かある聖者のために何時間も説法をする、それは話術と身振りを費やし、どれほど大胆なバロックの聖者もそれに比することはできないほどです――最前列では、グリュントラー博士[*2]が一心に跪いており、そして、フォン・ヒルデブラント教授もいます!! カタコンベに降りれば、間違いなくドイツのあらゆる大学の考古学者とか大祭司のアーメルングに出会います。リーツマンは、大胆なコンビネーションの服装で、常日頃の学問的とは言えない専門的禁欲の埋め合わせをしている。ローマ見物のドイツの若いカトリックの聖職者たちは、（私もいたのですが）サンピエトロ大聖堂の一四〇メートルの高さのドームに登り、彼らの教皇、教会、組織の力を、そして世界的威信をそこからまざまざと見て、目を輝かしている。彼らはさらに、サンピエトロ大聖堂のブロンズのペテロの大きな足に接吻しますが、その足はほとんどすり減ってしまっているのです（このペテロ像はかつてローマの執政官の像でありました）。

「ヨーロッパ」がひとつの現実であることが、ここではいつでも立ち現れるのです。たとえばローマでドイツ人はデューラーの「兎」[*3]を見ますし、ベルリンではイタリア人はボッティチェリ[*4]を見ようとする、それだけではありません。私の「いわゆる！」ペンションには、何人かイタリアの下級官吏や、ポーランドの女性作家、さらにベルリンの婦人が住んでおります。そのベルリン婦人は、四年来ローマに暮らしており、たくさんの枢機卿や世界的有名人の秘書の地位を得ております――大きくて愛想のいい大きな子供ですが、結婚のほうはひどくて、彼女の夫はベルリンで（カルヴァン派の）牧師です。まったくベルリン気質の女性で、女性の甲騎兵といったところです。枢機卿をみな丸め込んでいますが、またこのんで枢機卿に丸め込まれる。いつか犠牲者に進んでなることでしょう――改宗した人です。いまやもう百編以上のカトリックの論文を贈られ、自分の蔵書としています。「リッパート」[*5]だけで十もあります！　もちろんかなり低いレベルのものではありますが――ヴィンケルマンの時代同様いまだにこうした営みが存在するとは！　敬虔なティリッヒもこちらに居ります。マールブルクの冬を持ちこたえて過ごすことができるように、「感銘」を集めようとしております。このような善意の人間が、わけの分からない「学問的」学派を後ろ盾にしているのが残念です――トレルチの遺産です！　それに引き替え、今こちらに一週間居て、しばしば私と散歩に出かける牧師がいますが、その誠実で「肯定的な」ところは何と気持ちのいいことでしょうか。彼はクラインと言い、ティリッヒは学生の時彼のところに頻繁に出入りしていました。私は、ローマでは古代におけるキリスト教の途方もない融合同化について、普遍的で、また本物の「感銘」を受けました――カトリシズムとして！――即座に、そしていたるところで、しかもとても具体的に。しかし、この普遍的な感銘を解明し分析するところまでは行きません――ありがたいことに、私は考古学者でもなければ歴史家でもない！しかし、もしあなたが、四、五世紀のキリスト教のカタコンベについて解明しているいい著作を紹介してくれるなら、感謝いたします。フライブルクのフリートレンダー[*6]にも会いました――彼は、無数のどうでもいいような教会の写真を金銭帖のようなものに集めるのに飽いていました。

すでにいろいろな人物に触れておりますが、まだ付け加えます。八月にフライブルクでブレヒト[*7]の家にファブリーツィウスを訪ねました――この両者はまさに教養俗物の完璧な模範例となっております――書棚にはディルタイなど［???］が新品のまま順序良く並べられている。それに対して、私の牧師であるクラインはずっと面白い。彼は海水浴をしながら朗々たる牧師の声で、感激して叫んだのです。「ひょっとしたらパウロもここで泳いだのかもしれない」!!――最近［私は］書店で書店組合の目録[*8]を見ました――そこには、シェーラーの新著[*9]が載っておりました。もうご覧になりましたか。もしヤスパースやディルタイに関して新しいものが出版されたら、どうかお教えください。ハンスとグレーテ（ドリーシュ）も『極東』という本[*10]を出しています――ハンス博士は、ある仏陀像について講演をしているのです！　何たるヨーロッパ的な出来事！　グンドルフ工場出荷の『カエサル』[*11]もあります。カイザー出版社の良いものもありますが。もう一度、本来のイタリア的なもの、しかも現代のものについて――こちらでは、私たちのところよりも、人々はより自由に、因襲に縛られず、自然にのびのびと生きている。そして、私はかねてからイタリア的なものをかなり愛好しておりました。カンパーニャの風景、サビーニ山やアルバニ丘、海岸地帯、南エトルリアはすごく美しく、日曜日ごとにすばらしい日帰り旅行を試みています――いつも一人で――しかし、ローマで隠者として暮らし、ほんの何人かの気の置けない知己がいて、こちらでようやく落ち着いてきたことは、喜びです。もしすべてが欺いているのでないなら、私は本当に清澄の境地に到達しました。つまり私の関心事を再び取り上げ、継続して研究するという段階に到達しているのです――机は再びメモの紙片でいっぱいで、ここでの私の暮らしの簡素さは良いと言う以外にない。私の人生において愛着と運命と恩義とを負っている人々の愛すべき手紙がときどき到来します――あなたの手紙もそのひとつです。こんなに抑圧されず自由だと思い――希望の喜びを感じながら研究することは、久しくなかったことです。

　あなたの講義筆記録はわざと持参しませんでした。ただ「時間」講演[*12]のメモは持ってきましたが。――肉と化したものは、「明白な形で」はなくとも影響しているに違いない。

　身体的には、これまでのところローマの気候やローマの食べ物にうまく「切り替え」が出来ています――寒くなれば（どこにもストーブはありません！）、図書館に逃れることになるでしょう。最初の一か月間、［私は］書店で八時間働かねばならず、さまざま学ぶところがありましたが、疲れ切って自分のことができなかった。今も経済状況はかなりひどいものではありますが、どうにかこうにか冬もこちらで過ごすことができそうです。私にとってあなたはいつも、寡黙で厳格な教師であり友人であります。私がどれほどあなたの教え子であることを意識し、それを喜んでいるかということは、これ以上申し上げる必要はないでしょう。さてまた、別のことについても話してみたいと思います。

クリスマスにバーデン＝バーデンからあなたのところに伺ったとき、あなたはトマス・ア・ケンピスをくださった[*13]。いまようやくそれを「読んで」おり、またようやく私の歴史を取り戻す時がきたのです（外面的なことで言えば、学校で「古代」について叩き込まれた多くのことが、ローマに来てみて初めて理解できたのと同じように）。胡散臭いわき道や逃げ道、そして衝突も必要なことだったのです。ルターの聖書解釈の著作にも敢えて取り組みましたし、それは嬉しいことです。――人生が自ずから、私の学校の嘆かわしい宗教教師ができなかったことをついに成就したのですから。われわれが長年何と多くの空しい無意味にかかずらわってきたかと思うと絶望的になります。そして、「純真」になることは本当に簡単なことでは「あり」ません。

以上の告白は、――まったくありのままに言っており、もったいぶって何かほのめかそうとするものではありません！――もし私が以下のことをあなたに言わないとしたら、半ばで終わってしまうことになります。つまり、私の在り方に別の人の人生が影響しているということです。シャルロッテ・グロッサーです。人間の現実の人生においてある人に出会う、それ以上に説得的な真理はありません。彼女の運命を外側から見知った人は、彼女のことを哀れむでしょう――彼女はこちらで重い病気になり、今アローザにいます――すべてのことに対して沈着で、生きることにも死に対しても覚悟があります。そしていつも快活で親切で、他人のことを思いやる。彼女自身は自分を哀れんだりしないし、他の多くの人から哀れんでもらいたいとも思っていない。私の友人たちのなかで、私が彼女ほど心配していない友人は他にはいません。彼女は、限界まで行ったときも、そこで道を踏み外さなかったからです。夏学期に、彼女のことをあなたに話そうと何度も考えましたが――しかしやはり、どうしてもその気にはならなかった。いまは、話してもいいと思います。あなたがシャルロッテ・グロッサーをもともと、シャルロッテ・グロッサーがあなたをはじめから「理解していた」ことは確かです。

最後にもう一つ勝手なことを申し上げます――情実とかマルセイユへの思いやりなどというものからではなく、私自身の経験から申し上げることです。もしあなたがそれをおできになり、正しいことだとお考えなら、もともと慎重かつ深刻で、徹底するあまりほとんど気後れしてしまうような人間に、必要なことをしていただくことはできないでしょうか――いっそう迅速な研究の継続を鼓舞するような言葉が、根本的に控えめで慎重に逡巡しながら待つ非介入の姿勢よりも役に立つのではないでしょうか。

私のことについて言えば、あなたや、あるいはまたヤスパースも、私の悪癖について何か言ってくださることが何よりも重要だなどと自惚れているわけではありません――もちろん、誰にも何か言われなかったために私がひどく危うくなったのだなどとあとになって思いこむほどの自己欺瞞を、私が進んで育んでいるわけでもありません。

こういったからと言って、誰かに示唆されたわけでもなく、W・マルセイユが知っているわけでもないことは当然です――私はただ、彼の性質と研究の仕方を知っているだけであり、あなたが彼を評価していることを知っているので、関係がより円滑になるように貢献したいのです。あなたはそれを悪くお受けとりにはならないでしょうね?!

ベッカーは何か連絡を寄越しましたか。ガダマーは〔教授資格〕論文をもう書いたのでしょうか。

学期の良き始まりを心から願っています。あなたのカール・レーヴィット

一週間ぐらい前の私の葉書[14]はもうお受けとりになりましたか。

＊1　ジャッキー・クーガン、本名ジョン・レスリー・クーパー（一九一四―一九八四）はアメリカの俳優で、スター子役。チャーリー・チャップリンに見出され、その映画でキャリアを始める。

＊2　オットー・グリュントラーは、一九二一年から二六年までカトリック雑誌『高地』（»Hochland«）の編集者。

＊3　デューラーの兎については、ヴェルナー・ケルテの次の報告を見よ。Martin Heidegger, *Übungen für Anfänger. Schil-*

lers Briefe über die ästhetische Erziehung des Menschen. Wintersemester 1936/37, hrsg. von Ulrich von Bülow. Mit einem Essay von Odo Marquard, Marbacher Bibliothek 8, Deutsche Schillergesellschaft, Marbach am Neckar 2005, 149–168.

＊4　サンドロ・ボッティチェリ（一四四五―一五一〇）は初期ルネサンスのイタリアの画家で版画家。

＊5　ペーター・リッパート（一八七九―一九三六）はカトリック司祭で神学者。主著は次のとおり。*Gott*, Herder, Freiburg im Breisgau 1913, *Gott und die Welt*, Herder, Freiburg im Breisgau 1917, *Die Sakramente Christi*, Herder, Freiburg im Breisgau 1923, und *Das Wesen des katholischen Menschen*, Theatiner Verlag, München 1923.

＊6　ヴァルター・フリートレンダー（一八七三―一九六六）は芸術史家。一九一四年にフライブルク大学のヴィルヘルム・ヴェーゲ研究所の私講師。一九二一年に員外教授に指名され、一九三三年までフライブルクで教える。職業官吏再建法[1]にもとづき免職されたのち、アメリカ合衆国に亡命。一九三五年にニューヨーク大学インスティテュート・オブ・ファイン・アーツに職を得る。

＊7　フランツ・ヨーゼフ・ブレヒト（一八九九―一九八二）は、一九二〇年代にハイデガーのもとで学ぶ。一九三二年、ハイデルベルク大学私講師。一九四一年から哲学の員外教授。一九五二年から一九六七年までマンハイム大学教授。主著はとくに次のとおり。*Platon und der George-Kreis*, Dieterich, Leipzig 1929, *Heraklit: ein Versuch über den Ursprung der Philosophie*, Carl Winter Verlag, Heidelberg 1948, *Einführung in die Philosophie der Existenz*, Schmidt-Carstens, Heidelberg 1948, und *Heidegger und Jaspers: die beiden Grundformen der Existenzphilosophie*, Marées-Verlag, Wuppertal 1948.

＊8　ドイツ哲学文献総目録（*Gesamtkatalog der deutschen philosophischen Literatur*, hrsg. von August von Löwis of Menar und Friedrich Michael, Leipzig 1924）は、ドイツ書店組合の依頼によって、ドイツの諸出版社がナポリの国際哲学者会議（一九二四年五月五日―九日）に贈呈したもの。

＊9　Max Scheler, *Schriften zur Soziologie und Weltanschauungslehre*, Band 3, *Christentum und Gesellschaft*, Band 1, *Konfessionen* und Band 2, *Arbeits- und Bevölkerungsprobleme*, Neue Geist-Verlag, Leipzig 1924〔『シェーラー著作集9・10　社会学および世界観学論集　上・下』飯島宗享他訳、二〇〇二年〕.

＊10　Hans und Margarete Driesch, *Fern-Ost: als Gäste Jungchinas*, F. A. Brockhaus, Leipzig 1924.

＊11　Friedrich Gundolf, *Caesar*, Georg Bondi, Berlin 1924.

＊12　マルティン・ハイデガーは、一九二四年七月二五日、マールブルク神学者協会で講演「時間の概念」を行う。Martin Heidegger, *Der Begriff der Zeit*, hrsg. und mit einem Nachwort versehen von Hartmut Tietjen, Tübingen, Max Niemeyer 1989. 現在は次にも所収。Martin Heidegger, *Der Begriff der Zeit*, hrsg. von Friedrich-Wilhelm von Herrmann (HGA 64), Vittorio Klostermann, Frankfurt am Main 2004, 105–25〔『時間の概念』〕.

＊13 Thomas a Kempis, *De imitatione Christi*, Toulouse 1488〔『キリストにならう』フェデリコ・バルバロ訳、ドン・ボスコ社、二〇〇一年〕. ハイデガーがどの版をレーヴィットに贈ったのか、突き止められなかった。

＊14 一九二四年一〇月一八日付の葉書（＝書簡61〔2〕〔本書一六七―一六八頁〕）。

〔1〕 職業官吏再建法（Gesetz zur Wiederherstellung des Berufsbeamtentums）は、ユダヤ人の官吏および政治的に好ましくない官吏を追放できるようにした法律。ヒトラーの政権奪取（一九三三年一月三〇日）からほどない四月七日に公布。レーヴィットは当時、マールブルク大学の私講師であったが、この法では第一次大戦に従軍した兵士は追放の例外とされたため、私講師を続けることができた。

〔2〕 原文では「書簡60」であるが、誤記と見なして「書簡61」に訂正する。

63　ハイデガーからレーヴィットへ

マールブルク、二四年一一月六日

親愛なるレーヴィット様！

私の誕生日のことを、しかもとてもうれしい仕方で気にかけてくれたことに、まず心から感謝します。例の小著は啓発的で、著者はほかのことだけでなく教父学にもとても精通しています。

それに、ローマから送ってくれたきれいな葉書もありがとう。一枚はなんとフライブルク、シュヴァーン・アレー二一番地を宛先にしましたね。[＊1] とはいえ、あなたが描写した現代のローマはみごとで、とくにこれに感謝します。まったくもう信じられないほどの混交です。

しかし、お手紙から気づきましたが、それにもかかわらずローマはあなたに予想どおりの影響を及ぼしました。あなたがみずから単純さへの道を――人間関係においても――見出したのは、このうえなく貴重なことです。これによって、正しく研究する可能性がおのずと立ち現れます。真摯に孤独であることを学んだときにのみ、重要な研究が育つのです。それを理解しないひとは、まだ一度も研究したことのないひとです。ローテンベルクという環境での震えるような興奮[*2]が正しいのは、そこで何かが現れる場合だけです。「ひと」はいま、いろいろ本気で学んでいるように思えます。各人が自分の研究を見つけ、そのさい自立するなら、哲学を教えるという活動は目標に達したのです。

私はしばしばフライブルクの歳月を思い出します。一九一九年夏学期にまったく特定の人々のサークルができたのは、驚くべき「偶然」でした。いまでは何もかもが「より客観的に」、より非歴史的に生じます。それは「官職」のせいでもあります。自分自身が官職を登場させているわけではないとしても、他者たちにとって官職は現にそこにあります。事象に即した研究を徹底することによって、一番早く消滅させることができるのかもしれません。当地ではすべてが試験という環境に合わせられています――フライブルクでは、自由な大地が私たちの前に広がっていました。

そして私たちは誰もが何らかの危険を冒しましたし、そのことを感じ取っていました。当地では、人々は「真理」なるものを聞きたがります。私自身は、まだまったくフライブルク時代のテンポで暮らしており、近々ふたたび「体系的な」ものをもって実験にとりかかるときには、世間に対してもやはりこのテンポを守れるよう願っています。

たとえそのさい、「弟子たち」が自分たちのノートにため込んだものが石になるのに驚愕したとしても、かまいません。プラトン講義は夏学期のアリストテレス講義よりも出席者が多い〔1〕――少なくともいまのところは。いま私の講義には学生結社が全員出席しており、ゼミナールにもほとんどが出ています。それ以外にも、聴講者には選りすぐりという印象を受けます。ミュンヘンからは、昔なじみのフライブルク人が現れました。ルシュカ[*3]〔2〕の友人、シリング[*4]です。当時は報告を断念し、いまはフォスラー[*5]のもとで博士論文を書いています。シュテルン博士のしていることは特別なセールスだとみなすべきです――ベルリンとライプチヒからいくつかのものをもってきました。マルティン氏[*6]はある田園教育舎にいます。

先ごろベッカーと「時間」に関して手紙をやり取りしました。それから彼は、フランクの本『プラトンとピタゴラス学派[*7]』の書評を送ってきました。この書評はフランクの本を絶賛しています。あなたと私の真の相違点について議論するのは時期尚早でしょう。論文が一月に出たら、印刷物を差し上げます。残念ながら、重要な事柄に、とくに、究極の理解にとって不可欠な「解釈学的指示」に言及することができませんでした――本質的にはそれが研究の主題だったのですが。来年の夏学期は、時間概念の歴史を週四時間講義し[*8]演習はデカルトを扱う[*9]と予告しました。

シャルロッテ・グロッサーのことはよく記憶しています。折を見て彼女の住所を知らせてくれれば、いつか喜んで彼女に手紙を書きます。

最近フリートレンダーが話してくれましたが、一〇月にイェーガーが主宰してヴァイマルで古典文献学の内密の会議が催されたそうです。彼は新人文主義を望んでいます。[*10]それに二つの雑誌も。一つはイェーガーが編集する厳密に学問的な雑誌、もう一つは「大衆」向けの挿絵つき雑誌。[*11]

イェーガー本人はきわめて繊細で卓越した印象を与えるでしょうが、ベルリンでは消耗するでしょう。三木はパリから手紙をよこし、春にオックスフォードに行きたいそうです。今度フォック[*12]から哲学の大きい目録が出ましたが、とんでもない値段で――しかもかなり多くのものは俗悪な文献です。

〔フィレンツェ近郊の〕カラチでヘイルズのアレクサンデルの大全[*13]がいつ出版されるのか、注目してもらえますか。また、一九〇三年頃出版されたアクアスパルタのマテウスのいくつか[*14]もぜひ。

グラープマン[*15]は、ダンテの「スコラ学蔵書」を発見したよし。

私たちのところは順調です。あなたの研究について書き送ってください。

心からのあいさつを

あなたの　マルティン・ハイデガー。

＊1　一九二四年一〇月一八日付の葉書（＝書簡61〔3〕〔本書一六七頁〕）。ハイデガーはマールブルクではシュヴァーン・アレー二一番地に住んだ。

＊2　ハイデガーのこの言葉はおそらくドイツ学生寮への言及である。レーヴィットの住所は当時〔マールブルクの〕ローテンベルク八番地で、ドイツ学生寮の住所はローテンベルク二一番地。ドイツ学生寮は、一九一八年、隣接国境地帯ドイツ系住民および在外ドイツ人のための研究所の附属施設として、社会学者ヨハン・ヴィルヘルム・マンハルト（一八八三―一

九六九）が創設。マンハルトは一九二五年に教授資格を取得し、一九二七年からマールブルク大学員外教授、一九二九年に正教授。一九三三年に国家社会主義ドイツ労働者党に入党。二つの施設ははじめからドイツ国家主義に依拠していた。「現代の生活におけるドイツ文化」というモットーのもとで、一九二二年八月に最初の休暇中講座を開催。この講座の目標は、ドイツ民族のうちヴェルサイユ条約によってドイツ帝国から引き裂かれた諸部分の人々を支援することにあった。世界大戦後のドイツ人の「生存競争」はいくつもの休暇中講座のテーマとなり、そこでは「人種学」や「民族優生学」をめざす反動的な催しも、「表現主義」や「ヴァイマル憲法の基礎」のような現代的テーマの講演も計画に入っていた。マンハルトは、講座に繰り返し重要な精神科学者を招くことに成功する。たとえば、当時のマールブルク大学におけるドイツ語ドイツ文学研究の上層階級（オスカル・ヴァルツェル、レーオ・ヴァイスゲルバー、アンドレアース・ホイスラー）や、著作家ルードルフ・G・ビンディング、哲学者で教育学者のテーオドーア・リットとエードゥアルト・シュプランガー。

*3　ヴェルナー・フーベルト・ルシュカ（一九〇〇年生まれ）はハイデガーとカール・フォスラーの教え子。一九二五年、博士論文 *Die Rolle des Fortschrittsgedankens in der Poetik und literarischen Kritik der Franzosen im Zeitalter der Aufklärung* によってミュンヘン大学で博士号を取得。[4]

*4　クルト・シリング（一八九九—一九七七）は、ミュンヘン、フライブルク、マールブルク、ゲッティンゲンで、哲学、歴史、ドイツ語ドイツ文学を学ぶ。教授資格の取得後、一九三三年に国家社会主義ドイツ労働者党に入り、哲学部の教員団の代表者となる。のちにプラハとミュンヘンの哲学の教授。

*5　カール・フォスラー（一八七二—一九四九）はドイツの文学史家、ダンテ研究者で、二〇世紀前半の最も重要なロマンス文学研究者の一人。ミュンヘン大学教授。

*6　ゴットフリート・マルティン（一九〇一—一九七二）はこの数年間、ナトルプとハイデガーのもとで哲学を学ぶ。のちに、ケルン、マインツ、ボンの哲学の教授。

*7　エーリヒ・フランク（一八八三—一九四九）は一九二八年、マールブルクにおけるハイデガーの後任になる。ここで挙げられている本は、*Plato und die sogenannte Pythagoreer*, Max Niemeyer, Halle an der Saalle 1923. 一九三九年、アメリカ合衆国に亡命。ベッカーの書評が掲載されたのは次においてである。*Logos* XIII (1924/25), 133-137.

*8　Martin Heidegger, *Geschichte des Zeitbegriffs.*[5] *Prolegomena zur Phänomenologie von Geschichte und Natur*, hrg. von Petra Jaeger (HGA 20), Vittorio Klostermann, Frankfurt am Main 1979〔『ハイデッガー全集第20巻　時間概念の歴史への序説』常俊宗三郎他訳、創文社、一九八八年〕.

*9　マルティン・ハイデガー「デカルト『省察』についての初学者向け演習」。

*10　イェーガーは一九二四年に、古代文化学会の創設者の一人

になる。人文主義ギムナジウムの重要な支援者でもある。友人エードゥアルト・シュプランガーとともに、古典語と教育（Bildung）哲学にも尽力。彼の考察によれば、人間を最高の芸術作品として形成する（bilden）ことが重要である。「私たちのドイツ語のBildungという語は、ギリシャの、プラトンの意味での教育の本質を最も具象的に表している。芸術家が形づくるもの、つまり造形的なものへの関係を、また彫刻家の内面に浮かぶ規範的な像、「イデア」ないし「範型」への関係を含んでいる。この思想は、歴史のなかでふたたび浮かび上がる後代のいたるところで、ギリシャ人の遺産である［…］」（Werner Jaeger, *Paideia. Die Formung des griechischen Menschen*, 3 Bände, Walter de Gruyter, Leipzig / Berlin 1934-1947, Band 1, 12f.〔『パイデイア――ギリシアにおける人間形成 上』曽田長人訳、知泉書館、二〇一八年、一七―一八頁〕）。

＊11 イェーガーは、一九二五年から一九四四年まで雑誌『古代――古典古代文化芸術雑誌』（*Die Antike. Zeitschrift für Kunst und Kultur des klassischen Altertums*）を編集した。「「大衆」向けの雑誌」とはこれのこと。一九二五年、彼は書評雑誌『日時計』（*Gnomon*）の創刊者の一人になり、弟子リヒャルト・ハーダーがその編集を引き受ける。一九二五年三月二七日付のハイデガーの手紙（書簡65〔本書一八四頁〕）をも見よ。

＊12 グスタフ・フォックはライプチヒの古書店。

＊13 Alexander of Hales OFM. *Summa Theologiae*. 5 Bde., hrg. von Bernardinus Klumper OFM. Quaracchi 1924.

＊14 アクアスパルタのマテウス（一二三七―一三〇二）はイタリアのフランシスコ会修道士で、パリ学派のスコラ神学者・哲学者。パリのボナヴェントゥーラの弟子。どのテクストのことか、正確には突き止められなかった。

＊15 マルティン・グラープマン（一八七五―一九四七）は中世哲学とスコラ学の専門家。ウィーン、ミュンヘン、アイヒシュテットの各大学の教授。次をも見よ。Hermann Köstler, »Heidegger schreibt an Grabmann«, in: *Philosophisches Jahrbuch* 87 (1980), 96-109.

〔1〕「マールブルク学生結社」（Akademische Vereinigung Marburg）のこと。一九一二年五月にマールブルク大学に設立された学生団体で、ドイツ青年運動と深い関係があり、ハイデガーともつながりがあった。

〔2〕原文ではLuschke（ルシュケ）であるが、正誤表にしたがって「ルシュカ」（Luschka）と訳す。

〔3〕原文では「書簡60」であるが、誤記と見なして「書簡61」に訂正する。

〔4〕原文では「ルシュケ（Luschke）については、詳しい情報は見つけられなかった」とあるが、正誤表に従って訂正する。

〔5〕「時間概念の歴史――歴史と自然の現象学序説」。これは一九二五年夏学期講義の講義題目であり、一九七九年にハイデガー全集第20巻として刊行された書物の表題は*Prolegomena zur Geschichte des Zeitbegriffs*（『時間概念の歴史への序説』）である。

64　ハイデガーからレーヴィットへ

マールブルク、二四年一二月一七日

親愛なるレーヴィット様　お手紙と二冊を受けとりました[*1]。ベッドでこれを書いていています――インフルエンザと仕事しすぎのせいです。山小屋で休養したいのですが。

私の「時間」はロータッカーには長すぎたので（五ボーゲン）、もう少し増やして年報に載せます[*2]。印刷は一月末に始まります。ケルンではシェーラーと三日間一緒でした――彼の家に泊めてもらいました。彼は人間学について、また形而上学について書いています[*3]。今回は私たちはこれまでよりもよく理解し合えました。彼はもうとっくに、それほど独断的ではなくなっています。彼がとくに敬意を払っているのはエードゥアルト・フォン・ハルトマンです[*4]。あなたが引き続き好調でありますように。マルセイユの研究はうまくいくでしょう。ブレッカーから、経済と経営に関してとても才気あるものをもらいました。

心からクリスマスのあいさつを、妻からも――

あなたのマルティン・ハイデガー。

＊1　この手紙は遺品には残っていない。どういう二冊なのかは突き止められなかった。

＊2　ハイデガーは、一九二五年に、当時出版されたばかりのヴィルヘルム・ディルタイとヨルク・フォン・ヴァルテンブルク伯爵との往復書簡集の書評を、「時間の概念」という表題で『文学研究と精神史のためのドイツ季刊誌』で公表することになっていた（現在は、Martin Heidegger, *Der Begriff der Zeit* [HGA64], 1-103〔『時間の概念』所収〕）。原稿が長すぎたため、ロータッカーは書評を掲載しないと決定した。

＊3　おそらく、マックス・シェーラーの晩年の著作のこと。*Die Stellung des Menschen im Kosmos*, Reichl, Darmstadt 1928〔「宇宙における人間の地位」亀井裕、山本達訳、『シェーラー著作集13　宇宙における人間の地位　哲学的世界観』所収、白水社、一九七七年、九―一一〇頁〕、および *Idealismus-Realismus*〔「観念論―実在論」亀井裕、山本達訳、前掲邦訳所収、二八三―三七六頁〕。両者はその後 *Gesammelte Werke*（Bouvier, Bonn 1976）第九巻に収録。

＊4　エードゥアルト・カール・ローベルト・フォン・ハルトマン（一八〇四―一九〇六）は哲学者で、ベルリンで在野の学者。シェーラーは、その主著 *Philosophie des Unbewußten*（2 Bände, Duncker, Berlin 1869）を高く評価。

65 ハイデガーからレーヴィットへ

［トートナウベルク、二五年三月二七日］

親愛なるレーヴィット様！

お手紙[*1]ありがとう。緊急このうえない問題が未解決なうちは、そもそも私が誰かと書簡を交わすようになるかどうか、疑わしく思えます。ここ数日、うちのイェルクが左脚がねじれて寝ています。私はあまり仕事ができませんし、休暇の残りの計画もまだ決まっていません。夏には冬学期講義の準備をするつもりです――純粋に現象学的な講義になるでしょう[*2]。したがって、デカルトについての初学者向けゼミナール[*3]だけにし、上級生は認めません。あなたは冬学期にはもっと多くの授業に出るでしょう。私は、それまでは新しい学生たちにも期待します。あなたの冊子をこの高地までもってきました。それに取り組んであなたに詳細に書き送れれば、とずっと願っています。「時間」は年報の次巻に載ります。しかも、それが論じられた文脈で――ギリシャの存在論と論理学を解体する基盤として。

ちょうどカッシーラーの第二巻が出版されました[*4]――フッサールはすっかり魅了されています――たぶん多くの素材が第一巻とまったく同様如才なく手を加えられているのでしょう。前学期は講義をとても楽しみました――ゼミナールではクライン[*5]、ガダマーなどの報告者が放棄しました――もっと年下で活発な学生たちには現象学の素養がまるで欠けています――いま名を挙げた連中も同じですが。

神学者たちはバルト－ゴーガルテン論争に神経をこわばらせていて、事象と困難に突き当たりません。

ランツベルク[*6]が何日間か来ていました――彼はアウグスティヌスを、たぶんプラトンや中世と同じやり方で研究しています――しかし前のようには傲慢ではなく、自分の書くものが文学めいていることに徐々に気づいています。

学生たちのあいだには、フライブルクでの最初の数学期のような生き生きした興奮はもう現れなくなりました。私の研究を見かけはただ肯定的にのみ評価するせいかもしれません。もう一学期ローマにとどまるようあなたに勧めます――あなたはマールブルクではほとんど得るものがないでしょうから。

マルティン・ハイデガー（1925年頃）

今度、古典古代に関して新しい雑誌が三つも出ます。一つはイェーガーが編集する教養雑誌『古代』。一つは批判的雑誌――日時計――彼のある弟子が主宰する真に学問的なもの。三つ目はシュトルクスがいまミュンヘンで編集する学問的で文献学的な雑誌――、彼が出版したばかりのものは『バーゼルにおけるニーチェの教授職』という表題で、一〇四頁。[*7] こうしたすべてが誰のために、そしてとりわけ誰によって書かれるというのか、私にははっきりしません。カント学会から今年、「形而上学」に関する聖霊降臨祭の大会での討論に誘われましたが、断りました。また時間ができたら、すぐにあなたの冊子にとりかかります。心からのあいさつを

あなたのM・ハイデガー。

［レーヴィットの鉛筆書きによる註］

私は「三月末までには」ぜひ情報がほしい、とハイデガーに書いた――彼から返信があり、三一日に受けとった［まさしく!］。

＊1 この手紙は遺品には残っていない。

＊2 Martin Heidegger, *Logik (Die Frage nach der Wahrheit)*, hrg. von Walter Biemel (HGA 21), Vittorio Klostermann, Frankfurt am Main 1976〔『ハイデッガー全集第21巻 論理学――真性への問い』佐々木亮他訳、創文社、一九八九年〕.

＊3 ハイデガーは、デカルト・ゼミナールではなく別の二つのゼミナールを行った。「初学者向け演習（カント『純粋理性批判』）」、および「上級者向け現象学演習（ヘーゲル『大論理学』第一巻）」。

＊4 Ernst Cassirer, *Philosophie der symbolischen Formen, Bd. 2: Das mytische Denken*, Bruno Cassirer, Berlin 1923〔『シンボル形式の哲学二 神話的思考』木田元訳、岩波文庫、一九九一年〕（序言には、一九二四年一二月という日付がある）。

＊5 ヤーコプ・クライン（一八九九―一九七八）は、フッサール、ハルトマン、ハイデガーのもとで学ぶ。一九三七年にアメリカ合衆国に亡命し、メリーランド州アナポリスのセントジョンズ大学で教える。プラトンとプラトン主義の傑出した専門家。

＊6 パウル・ルートヴィヒ・ランツベルク（一九〇一―一九四四）は一九二八年に、論文 *Augustinus. Studien zur Geschichte seiner Philosophie* によって、ボン大学で教授資格を取得。一九三三年にフランスに亡命し、一九三四年にスペインに渡る。一九三七年にフランスに戻り、パリのソルボンヌで教え

る。一九三九年からラジオ・パリに勤務。一九四〇年にリオンに逃亡し、その後ポーで暮らす。一九四三年、ゲシュタポに拘禁され、一九四四年四月二日、オラーニエンブルク強制収容所で結核のため死亡。ハイデガーがここで言及しているのは、次の初期出版物のこと。*Die Welt des Mittelalters und wir: ein geschichtsphilosophischer Versuch über den Sinn eines Zeitalters* (Friedrich Cohen, Bonn 1922) und *Wesen und Bedeutung der Platonischen Akademie. Eine erkenntnissoziologische Untersuchung* (Friedrich Cohen, Bonn 1923).

*7　Johannes Stroux, *Nietzsches Professur in Basel*, Frommannsche Buchhandlung, Jena 1925.

66　ハイデガーからレーヴィットへ

マールブルク、二五年六月三〇日

親愛なるレーヴィット様！

お手紙とお葉書を何通も*1本当にありがとう。手紙を書くのを許しがたいほど私が手抜きしているのは、あなたに対してだけではありません。手紙のやりとりが——「遂行」においてだけでなく——私ほど少ないひとはめったにいません。妨げになったのは研究、それもよい研究でした。「よい」というのは私から見ての話で——けれどもやはり十分ではないため、良心のやましさをさほど感じないで冬学期に「論理学」を講義できるだろう、とは言い切れません。

日本人を探しましたが、残念ながら見つかりませんでした。私の講義に二人出席していますが、経済状況が一変して以来、彼らは個人教授を節約するようになりました。ルシュカ〔1〕はすでに日本に向かっています。日本でドイツ語講師の職を得たのです。

それ以外には、当地にはほとんど変化がありません。ハルトマンは来学期にケルンに移ります。そのあとどうなるのか、いつになるのかは未定です。イェンシュはどのみち現象学にはますます反対しています。ティリッヒはドレスデン工科大学の世界観の教授職に招聘されました。

当地の神学者たちはとても活発です——学生たちは意見が一致しておらず、主としてブルトマンの周囲に集まっています。ブルトマンはとにかく慎重かつ冷静で、バルト主義者と、ましてキルケゴール主義者と快いほど対照的です。いま最後に挙げたお祭り騒ぎは次第にぞっとするものになります。このうえなく無能な学生たちはこの弁証法に集まっており、いまやこの弁証法をあまりに大真面目に使ってさえしているので、同時に彼らは、自分たちは本来そう語ってはならない！、と言うほどです。

もろもろの神学の背後では多くの空疎さと巧みな妥協が何度も姿を現し、オーヴァーベックが「論駁」されないうちは[*2]何もかもが不自然で逃げ道でありつづけるでしょう。

次の数年間は何が流行するでしょうか。現象学が破産したのは明らかで、現象学はそれだけますますスムーズにみずからの研究に戻れます。

もちろん「解決不可能な諸問題の形而上学」[*3]が長いあいだ人気があるかどうかということも、疑わしい。何が人気で何が不人気かということと無関係でいるなら、今日、晴れやかでいられるにちがいありません。ものごとが急速に老いていくところでは、基盤が欠けているにちがいありません。カント学会大会のようなものが可能だということは考えさせられます。きっと私たちはまだ、「哲学への関心」の頂点を過ぎてはいないのです。まずこれから何年間は「存在論」が山ほどやってくるでしょう。ある種の「嗅覚」にしたがって「仕事」がされます。利口さと筆達者は尋常でなくはびこり、ますます広まっているので、他者に対して相違点を「客観的に」はっきり説明することは簡単にはできなくなります。

ヤスパースが最近書いてよこしたところでは、彼は「叢書」も編集するそうです——哲学研究（！）、第一巻、ダンディーな男！[*4]——彼は、周知の社会学的で実際的な「弁明」をしています。すなわち、博士論文がいままたしても印刷せよという圧力に屈している以上、弟子たちのために出版の「機会」を設けなくてはならないだろう、と。しかし、私たちの精神的どんちゃん騒ぎについてこれ以上書くのはやめて、もう一点だけにとどめましょう。イェンシュは、自分の「形相学」（形態）がゲオルゲの欲しているものと密接に結びついていることを発見しました——「根本は同じ」なのだそうです。

カッセルでの日々（四月末）[*5]はとてもすばらしいものでした。私は郊外のヴィルヘルムスヘーエに泊まりました。聴衆は強い関心を示してくれました。私にとっては、ディルタイの研究と人物の「印象」を与えるほうが認識を具体的に説明するよりも大事でした。

五晩連続で毎日二つの講義をするのはとても大変でした。父のベーラウ[*6]は魅力的で、若いほうは[*7]――相変わらず――ベルリンの大親分を小さくした人物です。「会議」の最後に、若いベーラウやブレッカー（義務でもちろん出席していた）と一緒に、フリッツラーまでドライブしました。そこでは美しいものがたくさん見られました。今学期が終わり次第、私は山小屋に行き、一〇月までとどまります。帰りにはメスキルヒとハイデルベルクで一休みします。スキーとフライブルク滞在については、ブレッカーとは残念ながらわずかしか話せませんでした。けれども彼の仕事はうまくいっているようです。フライブルクでの哲学の営みは明らかにまたよくなるでしょう。この夏学期、フッサールの講義は、現象学的心理学、または正統的に改訂された事実性の解釈学。[*8]ディルタイから始まる！

ケーニッヒ博士[*9]について「私が」ある筋から聞いたところでは、「直観」について大きい「著作」を書いていて、ミッシュ[*10]のもとで教授資格を取得するだろう、とのことです。

もうすぐ、哲学の新しい雑誌『哲学報知』プレスナー編[*11]、第一巻前巻が出ます。見出しには私も載っていて、これは、この「企画」の批判的課題に貢献するという意図からです。当面はしかし、私の望みが理解されることはありません。おそらくそれは、「ひと」が上下両院の不興を買いたくないからでしょう。ことが動き始めれば、あなたも寄稿しなくてはなりません。カッシーラーの第二巻『神話的思考』が出版されました――私はドイツ文芸新聞で論評するつもりです。[*12]第一巻と図式は同じながら、たぶん少しよくなっています――抜き取り検査ができただけですが。主要な現象を積極的に分析するさい彼はきまってうまくいきません。彼は、自分が見ているものすべてを――その一部はささいな事柄ではない――カントの諸概念という高いレベルから見ているからです。おのずから今度、第三巻、芸術が続きます。[*13]全体にはある種の実質があります。――人格主義についてのあなたの論文は出来上がりましたか。[*14]そして他に隠しもっているのは何ですか。あなたの冊子は時間をかけて目を通しました――いたるところで多くの反省が中途半端だと思います――これらは並べられているだけで、みずから設定した特定の一つの問いのなかで咀嚼されてはいません。こうなることをあなたに次に期待します。私が山小屋に到着するころには、あなたはきっともうドイツに戻っていることでしょう。そうでないなら、バーゼルを経由して拙宅を訪れることができるでしょう。また会いましょう。

心からのあいさつを

あなたの

M・ハイデガー。

妻からもよろしくとのことです。

＊1　これらの手紙と葉書は遺品には残っていない。

＊2　オーヴァーベックは、主著『今日の神学のキリスト教性について』（*Über die Christlichkeit unserer heutigen Theologie*）のなかで、原始キリスト教がどんな種類の知とも険しく対立したことを立証しようと試みた。したがって信仰と知を調和させる神学の試みはむだであろうし、それゆえキリスト教神学も不可能であろう。ハイデガーによると、キリスト教神学の不可能性というオーヴァーベックのテーゼの論駁こそが、当時の神学の焦眉の課題でなくてはならない。

＊3　おそらくニコライ・ハルトマンへの当てこすり。

＊4　Otto Mann, *Der moderne Dandy: ein Kulturproblem des 19. Jahrhunderts*（*Philosophische Forschungen* Bd. 1）, Springer, Berlin 1925.

＊5　ハイデガーは、一九二五年四月一六日から二一日まで、カッセルで、クールヘッセン学芸協会の招きに応じ、「ヴィルヘルム・ディルタイの研究活動と歴史学的世界観をもとめる現代の争い」（»Wilhelm Diltheys Forschungsarbeit und der gegenwärtige Kampf um eine historische Weltanschauung«）〔「カッセル講演」〕というテーマで一〇回連続講演を行った。現在は次に所収。Martin Heidegger, *Vorträge, Teil 1: 1915–32*, hrg. von Günther Neumann [HGA 80.1], Vittorio Klostermann, Frankfurt am Main 2016, 103–157〔『講演集第一部』、『ハイデッガー カッセル講演』後藤嘉也訳、平凡社ライブラリー、二〇〇六年、四四―一一九頁〕.

＊6　ヨハネス・ベーラウ（一八六一―一九四一）は古典考古学者。一八九一年、カッセルのフリデリツィアヌム博物館に館長補佐として招かれ、一九〇二年に館長に任命。ベーラウは、先史、原史、古代、古銭学、鋳造物コレクションの領域をリード。カッセルの芸術と学問を振興するために、一九〇三年に博物館連盟を創設し、カッセル芸術連盟を改組し（一九〇八年）、クールヘッセン学芸協会の創設（一九一二年）に関与。

＊7　ヨハネス・ベーラウの息子のこと。

＊8　Edmund Husserl, *Phänomenologische Psychologie. Vorlesungen Sommersemester 1925*, hrg. von Walter Biemel

(*Husserliana*, Bd. IX), M. Nijhoff, Den Haag 1962. 同書の第一節と第二節でディルタイに言及。

＊9　ヨーゼフ・ケーニッヒ（一八九三―一九七四）は、ハイデガーの一九二五年、二六年の諸講義を聴講。一九四六年にハンブルク大学の、一九五三年から一九六三年までゲッティンゲン大学の哲学の教授。

＊10　ゲオルク・ミッシュ（一八七八―一九六五）はヴィルヘルム・ディルタイの弟子で、生の哲学の代表者の一人。一九一九年から一九三五年までゲッティンゲン大学の哲学の教授。一九三九年にイギリスに亡命。哲学的に最も重要な著作は、*Lebensphilosophie und Phänomenologie. Eine Auseinandersetzung der Diltheyschen Richtung mit Heidegger und Husserl* (B. G. Teubner, Leipzig 1930).

＊11　ヘルムート・プレスナー（一八九二―一九八五）は一九三三年にイスタンブールに、次いでオランダに亡命。[2] オランダ〔のフローニンゲン大学〕で社会学と哲学の教授（一九四三年から一九四六年までは中断）。哲学的人間学の重要な代表者の一人。

＊12　この論評が公表されたのは、*Deutsche Literaturzeitung* (Berlin), 49, N.F. 5 (1928), Sp. 1000-1012 においてである。この書評は次の本に収録され、簡単に手に入る。Martin Heidegger, *Kant und das Problem der Metaphysik*, hrg. von Friedrich-Wilhelm von Herrmann (HGA 3), Vittorio Klostermann. Frankfurt am Main 1991, 255-270〔『ハイデッガー全集第3巻　カントと形而上学の問題』門脇卓爾他訳、創文社、二〇〇三年、二四八―二六〇頁〕.

＊13　一九二九年に出版された第三巻の副題は「認識の現象学」である。

＊14　どの論文のことか、突き止められなかった。

〔1〕　正誤表に従って訂正する。

〔2〕　プレスナーは、実際はイスタンブールには行かず、一九三四年一月にオランダに亡命した（プレスナー『遅れてきた国民――ドイツ・ナショナリズムの精神史』土屋洋訳、名古屋大学出版会、一九九一年、二九九頁）。

67　レーヴィットからハイデガーへ

〔ミュンヘン、二五年八月一七日〕

親愛なるハイデガー様、

一〇日前から、再びアルプスを越えてこちらにおります。驚いたことには、ここでは皆ドイツ語を話し、すべてが淡彩で灰色がかっている。今年イタリアから持ってきたものが多くあります——しかし、私が吸収できそうもないもの、吸収しないだろうものは持ってきておりません。南で、ローマで、イタリアで過ごしたことで、「実存」もまた影響を受けずにはおられません。ある意味で、そこに生きるためには目の人間にならなければなりません——すべてが「視覚的」であり続けるのは、ただ自分の目を使いすぎるほど使う術を知っている者に対してだけです。残念なことは、友人たちの中にこうした経験を自分自身の直観から知っている者がいないことです。山小屋であなたやご家族の皆さんはお元気でしょうか。あなたが講義する予定のもの、そしてゼミナールはすでにお決めになりましたか。特定の書籍がそれに必要か、あるいは望ま［しい］なら、お知らせくださることをお願いしたい。あなたへの長い手紙は、まだペン先にまで到達しておりませんでした。

心からの挨拶を

あなたのカール・レーヴィット

添付の写真は紀元前二世紀終わりのモザイクです——アッピア街道で発見されたものです。

68　ハイデガーからレーヴィットへ

トートナウベルク、一九二五年八月二四日

親愛なるレーヴィット様！

お葉書、本当にありがとう。お葉書が私の「書き物机」に届いたのは、「時間」の死に関する章を「終わり」まで書き上げた瞬間でした。冬学期の講義は「論理学」です。[*1] しかし私は、それを自分に思い浮かんでいるとおりにつかまえて詳述できるところまでは進んでいないので、困っています。けれども、とにかくこの研究の圏域をもとに「講義」したいのです。そのさい、いつもとはちがって、しばしば不意に事象のなかへの跳躍があります。こういう事柄においては、いつもながら、格好の折に訪れる「偶然」に身をゆだねるしかありません。そういうときにのみ、研究と実存において自然で非の打ちどころのない筆の運びがすでに立ち現われているかどうかがあらわになるのです。

上級者向けゼミナールでは、ヘーゲル、大論理学、第一巻を取り上げます。[*2] しかし、事象についてのいくつかの数少ない問いに議論を限定し、最初からテクストの回りくどい叙述の犠牲にならないようにするつもりです。同時に、出席者ができるだけ発言するようにすべきです。

この夏学期はデカルト演習をしました——優れた学生も何人かいましたが、主に神学生ですが、残念ながら彼らはベルリンとテューービンゲンに立ち去ります。大学生活は満足しきって「心配のない」外見を取り戻します——。すなわち、人々はもう問いと課題にとりたてて興奮することがなく、——「立て直し」、安んじさせ、やがてまた大戦前のようにすばらしくなるというすばらしい意識を植えつけています。

まだ「生」を示しているのはバルト-ゴーガルテン運動で、マールブルクではブルトマンが自立して慎重にこれを代表しています——それに私も、神学に数えられるというこのことにつねにさらされているので、この運動に参加できます。とはいえ、近頃「起きた」ある討論のなかで、私は自分の懐疑を十分明確に表現したのですが。それは、テューービンゲンのハイトミュラーの講演[*3]——新約聖書の理解と解釈について——の折になされた討論です。間接的に何かが私の仕事から離れて落ちるとすれば、私はそれを妨げられません。ただ私は、どんなねらいも責任も自分に認めません。

学術的な印刷物の「ニュース」についてあなたに教えるのは私には向いていませんし、ますます不向きになる一方です。あなたならミュンヘンで一番難なく手に入るでしょう。『報知』が第一巻前巻を、八月一日までには絶対に何かを出版しなければならない、望むものはどんなものも載せてよい、という原則に従って発行しました。そういうぐあいになっています。ヨルク-ディルタイについての論文[*4]をぱらぱらめくってみました——ミッシュの弟子によるもの——どうしようもないまがいものです。

真の意味で批判的な人物は世に受け入れられず、一年後にはすべては元の木阿弥でしょう。それにいまは『シンポジウム』[*5]もありますし、さらにロゴスのほかにいまは社会学の『エートス』[*7]もあり——加えてまもなく『カイロス』[*6]も発行されます。

こういうあわただしさには利点が一つあります。つまり、こんなふうにして、現象学はたちまち「お役御免の」連中に仲間入りし、私たちは世間とそのいかがわしい興味に煩わされずにすむのです。

シェーラーはいま趣向替えのためにエードゥアルト・フォン・ハルトマンを「よみがえらせ」ています。それでは来週のジョークは何でしょうか。この時代に比べれば精神病院のほうが理性的で明晰な内面を呈していると思います。

今学期の終わりごろ、学生たちの小規模な招きに応じて、彼らにヤーコプ・ブルクハルト[8]を朗読し、彼について講演しました——学生たちは、創造する生のこの内的な落ち着きと確かさを目の当たりにして驚愕しました。

あなたのイタリア滞在は厄介事と転覆をもたらすにちがいありません。きっとあなたはそれをあとになってじわじわと感じるでしょう。私もかつて心身のリフレッシュを望みました——ところがその前に、いまなお持続している勢いが終わるまで走り切らなければならないのです。

この高地では私たちはとても静かに満ち足りて生活しています。男の子たちは野性的で健康です。最近ベッカーが数日来ましたが、すぐ帰ったのでちゃんと話し合うには至りませんでした。それに彼はあごの一件でもとても大変そうです。

休暇の直前、マールブルクに突然ゲルリング嬢が現れ、数日滞在しました。惜しいことに、妻と男の子たちはすでに旅立ったあとでした。彼女といて私はとても楽しく過ごせました。ところが彼女のほうは、学校の仕事に満足しきっているようには見えませんでした。——

ちなみにベッカーは、あなたがフライブルクに来るかもしれないと言っていました。もしそうなら、ここまで登ってくることができますね。私の時間はたしかにひどく限られています——しかし議論する機会はたくさんあるでしょう。

ところで、マールブルクにヴィーゼマンが現れました。[9]相変わらず、同じように頭が変です——せめて首尾一貫していたり宗派を始めたり等々であるのならいいのに。ところがこともあろうに、私のところに来て博士号を取りたい、というのです。

私は九月末にメスキルヒとハイデルベルクを経てマールブルクに行き、たぶん一一月初め前には開始しないでしょう。暗いねぐらのなかでは仕事しかできず、それに他のどこよりも力を消耗するのです。

もっと詳しい手紙を送ってください。

心からのあいさつを

あなたの
マルティン・ハイデガー。

＊1　Martin Heidegger, *Logik (Die Frage nach der Wahrheit)*, hrg. von Walter Biemel (HGA 21), Vittorio Klostermann, Frankfurt am Main 1976〔『ハイデッガー全集第21巻　論理学――真性への問い』佐々木亮他訳、創文社、一九八九年〕.

＊2　マルティン・ハイデガー「上級者向け現象学演習（ヘーゲル『大論理学』第一巻）」。

＊3　ヴィルヘルム・ハイトミュラー（一八六九―一九二六）はプロテスタント神学者。一九〇八年から一九二〇年までマールブルク大学の新約聖書の正教授。その後まずボン大学に、次に一九二四年にテュービンゲン大学に転じる。主著はとくに、*Taufe und Abendmahl im Urchristentum* (J. C. B. Mohr, Tübingen 1911) und *Jesus* (J. C. B. Mohr, Tübingen 1913)。一九二五年七月二〇日、マールブルク神学者協会で講演。

＊4　Helmuth Stadie, »Die Stellung des Briefwechsels zwischen Dilthey und dem Grafen Yorck in der Geistesgeschichte«, in: *Philosophischer Anzeiger*, hrg. von Helmuth Plessner, Jahrgang 1, 1. Halbband (1925), 146–200.

＊5　*Symposion: philosophische Zeitschrift für Forschung und Aussprache*. 一九二五年から一九二七年までエルランゲンで発行。

＊6　*Logos. Zeitschrift für systematische Philosophie*, hrg. von Bruno Bauch, Julius Binder, Ernst Cassirer, Edmund Husserl, Friedrich Meinecke, Rudolf Otto, Heinrich Rickert, Eduard Spranger, Otto Vossler und Heinrich Wölfflin. 一九一一年以来、テュービンゲンのJ・C・Bモーア出版から発行。

＊7　*Ethos. Zweimonatsschrift für Soziologie, Geschichts- und Kulturphilosophie*, hrg. von D. Koigen, W. F. Hilker & F. Schneersohn.

＊8　ヤーコプ・ブルクハルト（一八一八―一八九七）はスイスの文化史家。ハイデガーとレーヴィットがきわめて高く評価。フリードリヒ・ニーチェと往復書簡を交わす。一八五八年にバーゼル大学の歴史と芸術史の教授職を引き受け、一八九三年までとどまる。最も重要な著作はとくに次のとおり。*Die Cultur der Renaissance in Italien. Ein Versuch* (Schweighauser, Basel 1860)〔『イタリア・ルネサンスの文化』新井靖一訳、筑摩書房、二〇〇七年〕, *Griechische Culturgeschichte*, 4 Bände, hrg. von Jacob Oeri (Spemann, Berlin/Stuttgart 1898–1902)〔『ギリシア文化史』全八巻、新井靖一訳、ちくま学芸文庫、一九九八―一九九九年〕、および、*Weltgeschichtliche Betrachtungen*, hrg. von Jacob Oeri (Spemann, Berlin/Stuttgart 1905)〔『世界史的考察』新井靖一訳、ちくま学芸文庫、二〇〇九年〕。次をも見よ。Karl Löwith, *Jacob Burck-*

hardt, Sämtliche Schriften, Bd. 7, hrg. von Henning Ritter, J. B. Metzler, Stuttgart 1984〔『ヤーコプ・ブルクハルト』西尾幹二、瀧内槇雄訳、ちくま学芸文庫、一九九四年〕.

＊9　グスタフ・ヴィーゼマンは、一九二一年夏学期以来、ハイデガーのゼミナールの忠実な出席者であった。

69　レーヴィットからハイデガーへ

〔ミュンヘン、一九二五年八月二二日あるいは二九日〕

親愛なるハイデガー様、

もうすでに遅い時間で、みな寝入っています——私は反対にセッティニャーノにいる時のように過ごしており、朝早く起きることはせず、朝早く眠りにつきます——キンメリオス人の国では[*1]、あるいはゲーテがよく言うようにツィンメリア人の国では——早朝の五時に日光を目の当たりにするのは、まったく割に合わない——日光は、わびしい淡い色で、二時間ほど晴れているとしても、雨傘という代物をまたしても取り出さないといけない。そこにゆくと、イタリアの夜はこちらの日中よりも輝きがあります——ああ悲しい（ohimè）——いまやゲーテのイタリア紀行の日記[*2]、あるいはヴィンケルマン晩年の手紙[*3]、グレゴローヴィウス[*4]、ヘーンを[*5]——名前はいろいろですがそれらすべてを——私は何とすばらしく理解して読めることでしょうか。私は、別の観点では、マールブルクで似たような状況になるであろうとは予想しています——反響もなく。——ある意味で、イタリアの一年は私だけのもので、その時間的な意義深さのために独特の一年です——私はそれまでの年月のすべてより以上に、そしてその年月の帰結であるのですが、私自身に目覚めた一年なのです——そのことを前もって詳しく言いたくはありません。——しかし、私が感じているのは、ある現実に生きる時期がどうやら始まったということです——その最も目覚ましい特徴は、まずもって共同世界に対する立場、さらには近しい友人たちに対する立場が変わったという感覚です——自ずから多くが剝落してしまったのです——以前のいくつかの関係が深まり、そしてそれによって強化されました——他の多くの関係は影響力と重要性を失いました。

　こちらに到着したとき、手紙が二通来ており——一つは、私を家庭教師にしたい！というある男爵夫人からで——もう一通は、ゲッティンゲンのシャルロッテ・グロッサーからです——……バルトについてです！　彼女はこの前の学期にバルトのところで学生生活を送り、その次の学期、バルトがミュンスターに去ったのでとてもがっかりしています。彼女は国家試験の準備をしています。

　九月初旬にフライブルク経由でマールブルクに行こうと考えていました——ただベッカーの手紙によれば、彼は九月の半ばになってようやく〔フライブルクに〕戻ってくるとのことです——そんなにこちらで何もしないでいることはできません——電話に恵まれているこの家で研究に向かうわけで、イタリア旅行者ではないからです。父はいまボーデン湖のツェッペリン式典に招待されており[*6]——芸術を代表して——私は、こちらで「交通博覧会」と「ドイツ博物館」（技術の）を見学するよう迫られています——何のためかは分かりません——古本屋もまったく覗いてはいません——では「新刊」は？——私の机の上には、何か月もの新刊案内や雑誌の数々がきちんと並べてあったのです——それらを捨ててゴミ箱をいっぱいにしたのです——こんなに印刷されているというのは素晴らしい——グーテンベルクのおかげです——彼はこうしたことを予期していたでしょうか！　こうした高速生産に太刀打ちしよう——さまざまの雑誌や「作品」の奔流のなかで一番上に浮かび上がろうとすることを決然と断念しようと思うだけでも最大の成果です——いや、他の人たちにはそうしたものをそのまま印刷させておけばいいというあなたは本当に正しい——この洪水と「学問的飛行船」には気が滅入ります、それが北極に行くのではなく、印刷所に爆弾を落とすなら、飛行船に乗り込みましょう。ベッカーの勧めで、最新の生産物を読みました——シェーラーの『知識の諸形態と教養』[*7]〔1〕です——彼は老人であり、やはり老人のままです。利口で、多読で、いくつかのステレオタイプの思想を何度もまた元のまま利用し拡散する——体系スケッチ、プラン、「形而上学的」見通し、それに無駄な努力——彼の文体を見れば、その教養ある「救済知」のいかがわしさを理解するのに十分です。C・G・カールスは——私は何年も前に本当の心理学者であると「発見」したのですが、この間に新たに編集出版されております——しかし、その出来の良い『プシユケー』[8]ではなく、『象徴学』[9]です。フォスラーについては、言語学的著作[10]が陳列されているのを［私は］見ました。

こうしたものすべてよりもある現代のイタリア人から学ぶことが多いと言えます――ピランデッロです[11]――あちらの私の牧師が彼に注目するように言ったのです――彼は劇作家であり、非常によく考えられた非常に哲学的な小説の作者です（しかし、彼はイタリアで唯一の人でもあり、彼の活動は非イタリア的であると考えることもできます――もし、ストリンドベリ的空気に息づいている作品を書くイタリア人を非イタリア的であると見なす限り）――彼は、いろいろある中でも「あなたがそう思うなら、そのとおり」（Così è, se vi pare）という寓話[12]を書いています。そのなかでは際立って明晰に、鋭く、さらに分かりやすく「いったい人は他者について何を知っているというのか」という問題を展開しています――この問いにある婦人が「ニュースと情報をください（chiedendo notizie ed informazioni）」と言うとき、シェイクスピア的な哄笑が響き渡るのです。私はマールブルクで主要部分をあなたに逐語的に翻訳してみなければなりません――それは報われることでありますし、私は、共同世界の私の分析がとてもうまく確証されていると思って、子供のように嬉しかったのです。この作品はいま、こちらの小劇場で上演されています――しかし最後になってあちらこちらから聞こえてきたのは、典型的な馬鹿げた忌々しい疑問でした。「それで誰がおかしいのだ――あの男か、あの女か」。ピランデッロがこの作品全体を通して求めたのは、客観的な人間関係の「現実」と「真理」を訊ねる「詮索好き」とされた冒頭のこの問いを追い払って、二人の――「われわれ」の――関係の「内」存在を、あるいは、両者の相互的な共同的な調整関係に注意を向けさせることだったのですが。

「ミュンヘン」については、まったく言いたくありません――ミュンヘンは、かつてよりもなおも時間を空費しています――一般的にも個別的にも（ヴァルターたち！）風刺できる――最も目立つのは、新しくて巨大な恥知らずの二つの碑文です――ひとつは、フェルトヘルンハレ（ついでに言えば、フィレンツェの建築の拙劣な模倣）にあり、もうひとつは、最新の戦士記念碑（巨大な石塊！）に書かれています――前者は、「主よ、我らを自由にせんことを」――後者は、「彼らは蘇るであろう」――このキリスト教的政治に対して、あなたなら何とおっしゃるでしょうか！

シェールの素晴らしいルター伝[*13]の中のローマ紀行の章を再読しました――もともと私は、ドイツ語のイタリアに関する文献を本当に読みたくてたまらなかったのでした。そして自分が自分に先がけし、うまくいけば追いつくことに気づいて驚いたのです――というのも、いま私のイタリアで過ごした年月を確固とするために必要なもののほとんどすべてが、すでに何年も前から私の蔵書の中に準備されてあるからです――何と〔???〕正しく予見して。しばしば私にとって人生の帰結は不気味なものです。私はもう、こちらで無為に過ごしていることに耐えられません。セッティニャーノの暑いひと月、研究を実際に行うことはできなかったし、その後二週間旅して帰って来ただけになおさらです――六世紀に造られた建築やモザイクのあるとても美しいラヴェンナを通って来たのです――これらが成立した世紀は、非常に穏やかな世紀でありました――ローマでは、大グレゴリウスが支配し、ベネディクトがスビアーコの北方に修道院を設立した。――

ここミュンヘンでは、「王制バイエルン共和国」などと気楽に言われたりします。また、いかに急速に世界が再興され、安全欲求の力がいかにたくましく、人間の記憶がいかに脆弱であるのか――一九一四年から一九一八年のいまやまさに失われた戦争――を見るにつけ、信じられない思いがしています――いまやできるだけ秩序だった「再興」――国家においても、また哲学においても。逆に、ブルクハルトのような美を渇望しており、偉大な人間が、楽観的で審美的で人文主義的な歴史把握からどんなにか離れていたかということを見るにつけ、驚く思いです――なかでも、『コンスタンティヌス大帝』やバーゼルの講義とか二、三の往復書簡集で[*14]。

マールブルクでは、再び着実に研究されていることと思います――私たちにはそれ以外の何ものも残っていないのです――人間的怠惰でさえ、この緯度の下では、美的ならざるものということになるのですから。私が持参する写真を喜んでくだされればいいのですが――若い世代の新しい学生たちが現れていますように――私自身は、それほど「年を取った」というようには思っておりませんが――しかし、二八歳であるという年齢をやはり良心の疚しさが圧迫し続けるのです――私はまだ何もきちんとした業績を上げていないからです。フライブルクであなたのところで学んだという忘れがたい「幸福」を持ったということはありますが。

あなたとあなたの家族の素晴らしい日々を願って
あなたのカール・レーヴィット。

約一月前に、ハレにあるシュレージエンの寄宿学校のフォン・ローデンから手紙をもらいました。

*1 伝説によれば、ポッツオーリとバージャのあいだのイタリアの西海岸にはキンメリオス人が住み、永遠の霧のなかで暮らした。

*2 Johann Wolfgang von Goethe, *Tagebuch der italienischen Reise*. Mit einem Nachwort und Anmerkungen herausgegeben von Heinrich Schmidt, Alfred Kröner, Leipzig 1925〔『イタリア紀行』（全三巻）、相良守峯訳、岩波文庫、二〇〇七年〕.

*3 Johann Joachim Winckelmann, *Briefe an seine Freunde*. Mit einigen Zusätzen und literarischen Anmerkungen herausgegeben von Karl Wilhelm Daßdorf. 2 Teile in 1 Band. Waltherische Buchhandlung, Dresden 1777–1780.

*4 Ferdinand Gregorovius *Wanderjahre in Italien*, 5 Bände, F. A. Brockhaus, Stuttgart 1856–1877.

*5 Victor Hehn, *Italien: Ansichten und Streiflichter* (3., durchgesehene und vermehrte Auflage) Bornträger, Berlin 1887.

*6 コンスタンツにあるツェッペリン伯爵記念碑除幕式典は、一九二五年八月二三日に挙行された。

*7 Max Scheler, *Die Formen des Wissens und die Bildung*.〔2〕 Vortrag, gehalten zum zehnjährigen Stiftungsfeste der Lessing-Akademie in Berlin, Friedrich Cohen, Bonn 1925〔「知識の諸形態と教養」亀井裕、安西和博訳、『シェーラー著作集13 宇宙における人間の地位 哲学的世界観』所収、白水社、一九七七年、二〇六—二六三頁〕.

*8 Carl Gustav Carus, *Psyche: zur Entwicklungsgeschichte der Seele* (2. verbesserte und vermehrte Auflage), Scheitlin, Stuttgart 1851.

*9 Carl Gustav Carus, *Symbolik der menschlichen Gestalt: ein Handbuch zur Menschenkenntnis*. Neu bearbeitet und erweitert von Theodor Lessing, Kampmann, Celle 1925.

*10 Karl Vossler, *Geist und Kultur in der Sprache*, Carl Winter Verlag, Heidelberg 1925.

*11 ルイージ・ピランデッロ（一八六七—一九三六）は作家で、二〇世紀の最も重要な劇作家の一人。一九三四年、ノーベル文学賞受賞。

*12 Luigi Pirandello, *Così è (se vi pare)* – Parabola in tre atti, 1917〔「（あなたがそう思うならば）そのとおり」、『ピランデッロ戯曲集I』所収、白澤定雄訳、新水社、二〇〇〇年、五—二四頁〕.

*13 Otto Scheel, *Martin Luther*, 2 Bände, J. C. B. Mohr, Tübingen 1916–17.

*14 Jacob Burckhardt, *Die Zeit Constantins des Großen*, Seemann, Leipzig 1853〔『コンスタンティヌス大帝の時代——衰微する古典世界からキリスト教中世へ』新井靖一訳、筑摩書房、二〇〇三年〕. バーゼルの講義とは、「ギリシャ文化史」と「世界史的考察」のこと。一九二五年までに刊行されたブルクハルトの書簡集は次のとおり。*Friedrich Nietzsches Briefwechsel mit Fr. Ritschl, J. Burckhardt, H. Taine, G. Keller, Freiherrn von Stein und G. Brandes*, Schuster & Löffler, Berlin 1904; Jacob Burckhardt, *Briefe an einen Architekten 1870–1889*, Müller und Rentsch, München 1913; *Jacob Burckhardts Briefe an seinen Schüler Albert Brenner*, Schwabe & Co., Basel 1918; *Briefe Jakob Burckhardts an Gottfried und Johanna Kinkel*, hrsg. von Rudolf Meyer-Kraemer, Schwabe & Co., Basel 1921; *Jacob Burckhardts Briefe an seinen Freund Friedrich von Preen: 1864–1893*, Deutsche Verlag-Anstalt, Stuttgart/Berlin 1922, und *Briefe und Gedichte an die Brüder Schauenburg*, Schwabe & Co., Basel 1923.

〔1〕原文では »Formen des Wissens und der Bildung«（『知識と教養の諸形態』）であるが、レーヴィットまたは編者が »Die Formen des Wissens und die Bildung« を誤記したとみなして、『知識の諸形態と教養』と訳す。

〔2〕原文では *Die Formen des Wissens und der Bildung* であるが、*Die Formen des Wissens und die Bildung* に訂正。訳註〔1〕を参照。

70　ハイデガーからレーヴィットへ

二五年八月三一日

親愛なるレーヴィット様！

私たちの文通のつながり〔がちぐはぐなの〕は、当地の郵便事情にてらせば何の不思議もありません。

あなた宛ての手紙を、同じ日にシュナイダー家まで道を下ってもっていきました。村まで行くには天候が悪すぎたからです。郵便配達員は郵便物を運ぶときにその手紙をもっていくはずでした。二四日と二五日には私たちには郵便物は届きませんでした——おそらく、悪天候のときは郵便配達員がもともと私たちのために山小屋まで来はしないからでしょう。二六日には下のシュナイダー家でお手紙を見つけました。私の手紙はなくなっていて、別の日に消印が押されました。郵便物が回収されるのは午前九時前の一度だけです。近頃郵便局のブレンダーが亡くなったので、それもあって遅れが生じたのかもしれません。

　こちらに帰る旅の前に突然支障が出たため、マールブルクから電報を送らなくてはならなくなったとき、この電報は――午後六時にマールブルクで発送したもの――翌日一一時に当地に届きました。――

　お手紙を読んだとき、心のなかで自分に言いました。いまのところお前は自分の手紙を出さないこともできたのに、と――とくにあなたは、本当に「新しい」ものはすでにきわめて古いものでなくてはならないということを、イタリアで理解できたのだからなおさらです。ゲルリング嬢のもう一つの住所は知りません。いずれにせよ目下は、エルムスホルンの学校にいます。

　雨が二、三日続いたあとで、天候はまたすばらしくなり安定しています。あなたがそんなに急いでマールブルクに行くのが残念です――しかしそれは私には、…へと急いで向かっているというより、…から急いで逃れていることのように思えます。

心からのあいさつを
あなたの
M・ハイデガー。

ガダマー夫妻、クリューガー夫妻[*1]、マルセイユによろしくお伝えください。

＊1　ゲーアハルト・クリューガー（一九〇二―一九七二）は、レーヴィットやハンス＝ゲオルク・ガダマーと親交を結ぶ。ハイデガーは彼の教授資格取得（一九二九）を指導。彼の教授資格論文は、*Philosophie und Moral in der kantischen Kritik*, erschien 1931 im Verlag J. C. B. Mohr（Tübingen）。一九三八年にマールブルク大学員外教授。一九四〇年にミュンスターの哲学の正教授。一九四六年、テュービンゲン大学の招聘に応じる。一九五二年、ガダマーの後任としてフランクフルト・アム・マインに転じる。最も重要な著作は次のとおり。*Einsicht und Leidenschaft. Das Wesen des platonischen Denkens*, Vittorio Klostermann, Frankfurt am Main 1939, *Grundfragen der Philosophie. Geschichte, Wahrheit, Wissen*, Vittorio Klostermann, Frankfurt am Main 1958, und *Freiheit und Weltverwaltung. Aufsätze zur Philosophie der Geschichte*, Verlag Karl Alber, Freiburg/München 1958.

71　レーヴィットからハイデガーへ

二六年三月一六日［マールブルク］[1] ローテンベルク八

親愛なるハイデガー様、

この手紙と同時に、ディルタイ研究[*1]を送ります。三月一五日には確実に終わらせるつもりでしたが、何とかなりました——最後は昼も夜もなく——未明四時までかかりました。休暇が始まってから、私はほとんどそれに夢中でした——「学期」から完全に離れたままでいることは不可能ですし、まさしく継続してまともに取り組めるのは、やはりただ一つの問題だけです。私の屋根裏部屋で実に落ち着いて研究しています——マールブルクやヘッセンの丘は、サビーニ人やウォルスキ人ならいざ知らず私を遠歩きに誘うことはありません。あなたの上の方ではきっと雪になるでしょうし、いつもと同じように「研究」されていることと思います。

学期の終わりにヴィーゼマンが私のところに来て、長いこと話し合いました。彼が自分自身を理解すれば、彼は結論を出すことでしょう、——彼は、「概念性」の可能性のうちに生きているわけでは決してありませんが、彼の言ったことはすべて、普通のおしゃべりよりははるかに哲学的です。マルセイユが筆跡学に没入している仕方も、具体的な背景を持たずに「原理的なもの」を扱う通常の空虚な議論よりははるかに実質があります。それ以外でも、彼はいかなる時も研究を前進させております が、それは、最大限細部にまで批判的に迫ってゆく、非常に緊密な研究です——私たちはしばしばいろんなことについて話し合いました。彼は、私が何かを学ぶことができる唯一の人間です。というのも彼は、自らの事実的な「諸経験」を活用し、それによって自分が何をしたいのかを分かっているからです。ガダマーはいつも、「事象に即する態度」という概念で身を守っていますが、それはまったく哲学的概念ではありません。［彼は、］こ［の］休暇中休養して、学期の始めに再び戻るつもりです。

ベッカーやフォン・ローデンとはお会いになる予定ですか。フォン・ローデンはダヴォースから手紙を寄越しました——彼は、チューリッヒでブルンナー[*2]の謝肉祭説教を聴いたそうで、それについてたくみに書いています——「キルケゴール風の見せびらかし——概念は壮大で、解釈は惨めなもの——エネルギーはすべて、誤解と偽りの確かさのなかでむりやり手に入れることに注がれる——だからそもそもいかなる確かさも、いかなる関係ももはやない！」シャルロッテ・グロッサーは、休暇中はミュンヘンにおり、依然としてバルトにかかずらわっています。バルトは、その方法的な教義学にもかかわらず、理解可能性を持っているように見えます、ヤスパースと同様に——しかし、神学的真剣さに立場を移している。『時の間』に載った彼の諸論文[*3]で納得できないのは、方法のステレオタイプです——その方法によって、たしかに優れた確かさが得られているとしても、しかしそのように方法的スタイルが固定化され拡張されており、その際、内容上の動機が非常に貧しいので、彼はそこかしこで面食らうのです。ヘーゲルやキルケゴールに取り組む知的な豊かさによって、その方法論的可能性の乏しい点がすぐには現れて来ません。ある方法が教義化される場合に、いつでもそこに不自由さが立ち現れます。それだけに、私にとっては「可能性」や「出会い」などの概念が重要になってきます。「カテゴリー」の彫琢が高く掲げられるとともに、それだけ危険性は増大してきます——ヘーゲルでは、そうしたカテゴリーの彫琢はいわば絶対的な緊密さのためでしたが——どの言葉もヘーゲル的なカテゴリーです——バルトは、本来自ら固有の言語を発明しなければならなかったはずです——幸いにも、そういう風には行かず、「自然的論理」とか捉えどころのない「表象」等の残念な残滓が残ったままです。私がディルタイによる研究を実り多いと考えているのは、まさに、ディルタイが概念的形式的彫琢によってまだ身を守ることができなかったからです——「意志」や「抵抗」などという表現は、いまだ素朴であろうし、ディルタイは、そうしたものを外面的に「感情」や「理解」と結びつけているかもしれない——しかしそうした伝統的な概念は、たんに捏造されたものではない以上、ともかくもある出発点を与えているはずであり、それが三つの事実的に相違するものを示唆することになるのです。ここでまさに形式的な「いかに」が確定した「何が」のなかで表現されているからこそ、着手点が手に取るように分かるのです——その着手点は不確かだとはいえ——「世界観」や「人生観」という先行把握は明瞭に理解できます。そして、ディルタイには実際に非常に多種多様な直観がありました。

この意味で私は、あなたと同じように考え、またベッカーもそうだと思います——つまり、私がうれしいのはこちらに来て初めてのことではなく、一九一九年にフライブルクであなたのもとで手ほどきを受けたということが喜びなのです。私自身予見しておりますが、私自身再度——本当に私の問題に到達するために——最初から始めなければならない、つまり、すでに存在している分かり切った概念性を断念し、まったく反動的な概念性への誘惑に抗して慎重に——適切なカテゴリーを直観から時間的に生み出すことから始めなければなりません。あなたにお送りした研究では、このディルタイ研究においても——あなたのもとで学んだことをいわば使用せざるを得なかった。それを使うことは、今の私に本来的に必要であること、私に要求できることを超えていたのですが。そうしたのはただ、何かを仕上げ終わらせるべきであるからです。

途切れのない探究の時間が私に与えられていれば、ただ一つの適切な表現が可能であったかもしれません——あなたの最初のフライブルクでの講義のスタイルで行われる諸講義を思い浮かべています——学期ごとに古びてしまうタイプされていない草稿にもとづく講義——そうしたことが意味あるためには、私はあなたと同じように遠くにまで達していなければならない。——

ところで、ディルタイ研究の初めに、方法論的な「出所規定」——つまりあなたの名前——を述べる註がないのは意図したことです。どんな形で言及するのをあなたがお望みになるのか、初めにお聞きしたかったのです——「もうすぐ」出版されるものを参照するように指示してもいいでしょうか——あるいは、タイプされた講義を。それともたんにまとめて、私はそれを私の「自我」にもとづいて引き出したのではないと言う方がいいでしょうか。この件で実際難点なのは、つぎのようなものです。私はプレスナーの雑誌の場合には約一枚の全紙で書いたのですが[*4]——この一一五頁は印刷すれば八〇頁には確実になります! 私にとって重要なのは、——お金のためにだけでも——これを出版できるかどうかです——いまは非常に懐疑的になっています。それに対してどのように思われますか。(なお、研究助成団体のことについて何か分かれば、あなたにすぐにお知らせします。) 例えば、第一章と第二章だけを出版する「の」はあまりに安易だと思います。反対に、第三章だけをそういう雑誌に載せるというのは、正直に言えばあまりにもったいない。第三章だけでもかなり長いということもありますが――表題の解釈で始めることもどうしてもできません。何とかできれば、すべてまとめて出版すべきで、そうすれば、ディルタイ理解の手本を出すことにもなると考えております。

もうひとつ知りたいことがあります。中請書で略述したような意味で、別の問題に対する序論を書くべきかどうかということです。今週ようやく、ディルタイ研究と同時に書きつけてきた何枚かのカードを再検討しています――月末ごろあなたから「共同世界」についてお知らせくだされば、大変うれしく思います。そうすれば、休暇を十分に使うことができます。

ついでながら、先日、シェーラー全集の広告が届きました――シェーラーの肖像付きで――彼の肖像はすばらしい！　その下には何冊かの書物について論評がありますが――ニコライ・ハルトマンの大いなるキッチュ[*5]――トレルチの才知あふれる美辞麗句[*6]――「カトリックのニーチェ」[*7]――カトリック的プロテスタント、あるいは、独断的懐疑主義者というところでしょうか――ニーチェにはそういうところが多々ありましたが――しかし、決してカトリックではない。

私は、大学で学期中の活動を十分にやり遂げることはもうできません。それを度外視して考えると、私は今学期に多くのものを負っています――それは二通りありますが、(1)ヘーゲルへのまじめな誘い、それに、(2)カントへの誘いです。あなたがそうした事柄については手中に収めていることも分かっていますが――私自身分かったのは、私がようやく、魅了されて受容する段階を超え出てしまっており、足場を固めたということです。そこで「近未来」にかなり希望をもっているのです――「現在」という意味での！　その現在に向けて生きることを私が阻むことはできないのです。

ディルタイ研究をプレスナーに送る方がいいと、あなたが依然としてお考えでしたら、月末までの約一週間の間に送り返すようプレスナーに依頼するつもりです。彼には三月ということで約束していたものですから。

あなたに感謝して

カール・レーヴィット

ゲーレスをご所望でしょうか。[*8] 二巻本は、八マルクではなく、四マルクです。そうこうするあいだに、『ヘーゲル』の第二冊〔???:〕が届きました。それはあなたのために保管しておきます。

＊1　教授資格論文を作成する過程で、レーヴィットは四つのテーマを提案した。(1)「L・フォイエルバッハとドイツ古典哲学の終焉」(in: Karl Löwith, *Hegel und die Aufhebung der Philosophie im 19. Jahrhundert – Max Weber* [LSS 5], hrsg. von Bernd Lutz, J. B. Metzler, Stuttgart 1988, 1-26)。(2)「ヘーゲルの歴史哲学に対するブルクハルトの立場」(in: Karl Löwith, *Jacob Burckhardt* (LSS 7), hrsg. von Henning Ritter, J. B. Metzler, Stuttgart 1984, 9-38)。(3)「弁証法的思考と対話的思考」。(4)「ディルタイによる精神諸科学の基礎づけ」。一九二八年六月二三日には、ブルクハルトについて講演。ここにある「ディルタイ研究」とはこの四番目のテーマの仕上げのこと。

＊2　エーミール・ブルンナー(一八八九—一九六六)はスイスのプロテスタント神学者で、弁証法神学の提唱者の一人。のちにブルンナーとバルトはむしろ敵対するにいたる。

＊3　雑誌『時の間』(*Zwischen den Zeiten*)は「弁証法神学」の機関誌。バルトやゴーガルテン、トゥルナイゼン、ブルトマンがこの雑誌に一九二三年から一九三三年にかけて多数の論文を発表。バルトは四〇編の論文を掲載。一九二三年から一九二七年にかけて次の論文を発表。»Not und Verheißung der christlichen Verkündigung«, in: *Zwischen den Zeiten* 1/1 (1923), 3-25〔「キリスト教宣教の危急と約束」大宮溥訳、『カール・バルト著作集〔以下『著作集』〕第一巻』所収、新教出版社、一九六八年、一三七—一六六頁〕、»Das Problem der Ethik in der Gegenwart«, in: 1/2 (1923), 30-57〔「現代における倫理学の問題」吉永正義訳、『著作集第五巻』所収、一九八六年、四一—八〇頁〕、»Reformierte Lehre, ihr Wesen und ihre Aufgabe«, in: 2/1 (1924), 8-39, »Brunners Schleiermacherbuch«, in: 2/1 (1924), 49-64〔「ブルンナーのシュライエルマッハー論」吉永正義訳、『著作集第四巻』所収、一九一九年、八六—一三四頁〕、»Zur Kenntnisnahme«, in: 2/1 (1924), 79-80, »Barmherzigkeit«, in: 3/1, 3-11, »Schleiermachers ›Weihnachtsfeier‹«, in: 3/1 (1925), 38-61〔「シュライエルマッハーの降誕祭」吉永正義訳、『著作集第四巻』所収、一九一九年、五三—八五頁〕、»Sunt certi denique fines. Eine Mitteilung«, in: 3/1 (1925), 113-116, »Menschenwort und Gotteswort in der christlichen Predigt«, in: 3/2 (1925), 119-140, »Das Schriftprinzip der reformierten Kirche«, in: 3/3 (1925), 215-245, »Die dogmatischen Prinzipienlehre bei Wilhelm Herrmann«, in: 3/3 (1925), 246-280〔「ヴィルヘルム・ヘルマンにおける教義学的原理論」吉永正義訳、『著作集

第四巻』所収、一九一九年、八六―一三四頁〕、»Wunschbarkeit und Möglichkeit eines allgemeinen reformierten Glaubensbekenntnisses«, in: 3/4 (1925), 311-333, »Kirche und Theologie«, in: 4/1 (1926), 18-40〔「教会と神学」大宮溥訳、『著作集第一巻』所収、一九六八年、二二七―二五二頁〕、»Die Frage der ›dialektischen‹ Theologie«, in: 4/1 (1926), 40-59, »Vorwort zur fünften Auflage des ›Römerbriefs‹«, in: 4/2 (1926), 99-101, »Vom heiligen Geist«, in: 4/4 (1926), 275-279, »Bemerkungen«, in: 4/4 (1926), 356 und »Die Kirche und die Kultur«, in: 4/5 (1926), 363-384〔「教会と文化」吉永正義訳、『著作集第五巻』所収、一九八六年、二一七―二四六頁〕。

＊4　プレスナー編集の『哲学報知』(*Philosophischen Anzeiger*) に載せようとしたもの。だが、レーヴィットのタイプ原稿「ディルタイと精神諸科学の基礎づけ」(»Dilthey und die Grundlegung der Geisteswissenschaften«) は掲載されなかった。

＊5　Nicolai Hartmann, *Ethik*, de Gruyter, Berlin/Leipzig 1926〔『倫理學』高橋敬視訳、山口書店、一九四三年〕.

＊6　おそらく次の本のこと。Ernst Troeltsch, *Deutscher Geist und Westeuropa: Gesammelte kulturphilosophische Aufsätze und Reden*, hrsg. von Hans Baron, J. C. B. Mohr, Tübingen 1925〔『ヨーロッパ精神の構造――ドイツ精神と西歐』西村貞二訳、みすず書房、一九五二年〕.

＊7　August Vetter, *Nietzsche*, Reinhardt, München 1926 のことか。

＊8　ヨーゼフ・ゲーレスの四巻本 *Die christliche Mystik* のことか。

〔1〕原文ではミュンヘンであるが、編者の誤記と見なしてマールブルクに訂正する。

72　ハイデガーからレーヴィットへ

トートナウベルク、二七年三月一七日

親愛なるレーヴィット様！

お手紙、ありがとう。ご希望のものを同封して送ります。マルセイユは当然、印刷前に原稿をもう一度私に見せるべきでした。私の要求と異議がどこまで満たされ顧慮されたのか、私にはまったく分かりません。しかしいまでは、もう何も変えようがありません。――

雪は一・五メートルあり太陽は最高です。言うことなしです。ベッカーにはほんの短いあいだしか会いませんでした。四月にはもっとじっくり話すつもりです。クラウスの破廉恥さ[*1]には沈黙で答えることしかできません。こういう文献をあまり真に受けてはなりません。

カントの人倫の『形而上学』が存在論だということはどの頁を見ても分かります。しかしもちろん、基礎づけは原則的に不十分でもあります。彼が積極的に存在者的《オンティッシュ》に〔存在論に達しない水準で〕望み探求しているものは明白であり、これに比べると私たちの探求でさえ新しくありません。中心をなす諸問題は密接に結びついていて、つねに「古い」問題であり、まさにそれゆえに必然的に時間的です。あれこれのひとがあれこれのことを「すでに望んでもいた」ということを引き合いに出しても、どうにもなりません。むしろ、そう指摘することによって、自分たちがなすべきことを、それらの人々が同じことを望んでもいたからこそ自分たちが果たすべきことを、回避しているのです。

あなたの研究が捗るよう望みながら、心からのあいさつを

あなたの

マルティン・ハイデガー。

校了だという言明〔私にはその目的が呑み込めないのですが〕の上、ゲラ刷りの署名のわきに、博士論文の現在の表題を書き入れてもらえないでしょうか。マルセイユが最終的にどういう表現にしたのか知らないものですから。

＊1　Ludwig Ferdinand Clauß, *Rasse und Seele. Eine Einführung in die Gegenwart*, J. F. Lehmann, München 1926.

73　レーヴィットからハイデガーへ

二七年五月一日　日曜日

親愛なるハイデガー様、

決定をとりあえずいまは覆さざるを得ません——聖霊降臨祭まで——講義[*1]やゼミナール[*2]は出席できないということです。その両方に参加する決意ははじめは固かったのです

が、ええ——私の研究の完成と相容れるかどうか、本当のところ分かっていなかったからなのです。そううまく行かないことに気づきました。私はこれまでと同じように、まったくそれに専念し続けなければなりません。そうでないと、私は混乱に陥ってしまいます。特にいま最終章で、そのためにはそれまでのものを保持していなければならない。

あなたがこのことをご容赦くださることを期待していますーーいまやもう以前のように、多くのことを並行的に行うことはできませんし、私が居ないことでゼミナールが被る損失もごくわずかなものだと思いますーーできるだけ「年長者」がいない方がむしろいいことかもしれません！しかし、あなたの研究の第三の体系的部分とヘーゲル[*3]は非常に重要なので、聖霊降臨祭の後、もしあなたがよろしければ是非参加したいのです。ゼミナールでの報告を了承しましたが、そういうわけでそれをいまも当てにしてくださっても結構です、もし他の出席者の都合上後から入ってくる者が好ましくないとお考えではないなら。

今一度、一部お贈りくださったことに感謝します！[*4] 堅固に製本し、相当使っても耐えるようにしようと思います——黒い装丁で——死は自由の神学的原理ですから。「自由」——それこそひとえに哲学的実存の真の特有の理念であるように思います。しかし私は、死ということであなたとは別のものを思い浮かべている。なにせ、私の哲学的母乳はニーチェであり、私の哲学的故郷は南欧なのです。

重量物を持ち上げて怪我しないようにしながらも、私は可能な限り、私の研究において、あなたの研究から理解したことと対決しようとしたのです——事象の上でも、また非常に「個人的」にも。私がその研究を当初意図していたよりも二年遅れて仕上げることになった本来の理由は、そうした対決をなしうるために、この期間が必要だったということなのです。このような対決がなければ私の研究は私にとって何ら意味を持たないことになったでありましょう。さらに、弟子としてできるまったく慎ましい現象学的な研究の範囲を卒業してしまったのです。にもかかわらず、私は私の先生に感謝する弟子であることに変わりはありません——しかし私があなたにお願いしたいことは、フライブルクでフッサールに対してあなたが置かれていたかつての状況に立ち返ってもらいたいということなのです。そのようにして、力量の違う私の攻撃のなかに弟子の感謝を再確認していただけることでしょう。

そのことについても、アーフラと話し合いました。自ずからしてひとかどの人物であり、物が見え、内的に自由である人間に相まみえるのは、ひとつの恵みです。

講義やゼミナールであなたに新しい人々が来ますよう。

最上の挨拶をこめて

あなたの

カール・レーヴィット

追伸　いろいろな書籍目録でフォイエルバッハ[*5]に注意しておきましょうか。

＊1　Martin Heidegger, *Die Grundprobleme der Phänomenologie*, hrsg. von Friedrich-Wilhelm von Herrmann (HGA 24), Vittorio Klostermann, Frankfurt am Main 1975〔『ハイデッガー全集第24巻　現象学の根本諸問題』溝口競一他訳、創文社、二〇〇一年、『現象学の根本問題』木田元他訳、作品社、二〇一〇年〕.

＊2　Martin Heidegger: »Seminar für Fortgeschrittene: Die Ontologie des Aristoteles und Hegels Logik«. 現在、»Aristoteles-Hegel-Seminar« という表題で次に所収。Martin Heidegger, *Seminare. Hegel – Schelling*, hrsg. von Peter Trawny (HGA 86), Vittorio Klostermann, Frankfurt am Main 2011〔『ゼミナール――ヘーゲル、シェリング』〕.

＊3　ハイデガーは、講義「現象学の根本問題」で、主著『存在と時間』の公表されない〔第一部〕第三篇「時間と存在」をテーマとして論じた。レーヴィットは、ハイデガーから講義の内容について詳しく聞いたにちがいない。

＊4　ハイデガーの『存在と時間』のこと。

＊5　ルートヴィヒ・アンドレアス・フォイエルバッハ（一八〇四―一八七二）は、一八二八年にエルランゲン大学で教授資格を取得。同大学で一八二九年から一八三七年まで論理学、形而上学、哲学史を講義。一八三〇年に匿名で次の書籍を出版。*Gedanken über Tod und Unsterblichkeit* (Nürnberg: Johann Adam Stein)〔『フォイエルバッハ全集16巻　死と不死』福村出版、一九七四年〕. 主著 *Das Wesen des Christenthums* は一九三一年に出版 (Wigand, Leipzig)〔『キリスト教の本質』船山信一訳、岩波文庫、一九六五年〕。フォイエルバッハは市井の学者。

74　レーヴィットからハイデガーへ

〔ミュンヘン、〕二七年八月二日

親愛なるハイデガー様、

あなたと会う機会がこのところなかったことは本当に残念です。私の「議事日程」には多くの議題があって、こんなやり方では片づけられないままにならざるを得ない状態です。そして、書くことと話すことの、語りにおける――「存在者的《オンティッシュ》な〔存在者にかかわる水準での〕！」――相違は非常に大きい。例えば、それはまさにつぎのような議題です。「原理的」‐存在論的に始まるあまりに性急な分析に対して私が抱く主要な疑念は、そのような分析では存在者的‐実存的に決定的な区別――〔存在者にかかわる水準と存在論の水準のどちらに〕重みがあるかという問題――が、「絶対的な無差別」（ヘーゲル！）のなかで失われてしまう（現存在一般を取り扱うという要求に従って！）ということです。しかし、それは、存在者的‐実存的には決定的な区別であり、存在論的な形式化にとっても決定的です――こうした表現は、あなたはもうけっして使用しないであろうことは当然でしょうが！　存在者的なものと存在論的なものとの循環という問題構造へのあなたの最も固有な洞察（とりわけ念頭に置いているのは、『存在と時間』の一二―一三頁、一六六―一六七頁、それに一九九頁です[1]）は確かに、この弁証法的運動をある終局において――「基づけて」――確定することになるに違いない。――しかし、それが見かけ上哲学的営為の帰結であるとしても、存在論的アプリオリにおいて確定されることにはならない（それは、フッサールの「本質」と「事実」の区別の仕方において際立っており、そのとき、「本質」は――事実的には――非本質的になる）。――それには、ある危険性があって、そうした危険性は「事実性の解釈学」が現存在の存在論的分析論へと展開される場合にもあります。――私がいま、あなたの研究に対して感じているのは、かつて「ミュンヘン学派」が構成の現象学へのフッサールの進展に対して感じていたことと類比的です――しかし、こうした言い方を私が「ミュンヘン学派」ほど偏狭に身につけているわけではなければうれしいのですが[2]。確定されるのは、むしろ、存在者的‐人間学的なものにおいてです。あるいはより心理学的に言えば、学問的哲学が事実的な哲学的営為の根源的動機や傾向を「理由づけ」「理解可能」なものとするのではなく、後者が前者を――事実上（de facto）――「基礎づけ」「理解可能」なものとする。どのような方途で、あるものがある人にとって「本来的に」理解可能となるのか――それはもちろんもはや理論的には決定できない――しかし、それは「理解可能性」という概念そのものを規定する。例えば、フォイエルバッハの以下の主張に対する可能な異議の方法的な正しさ、「私は思索者として思索するのではなく、思索する人間としてである」、「哲学は非哲学から始まらねばならない」、「出生証明書は、登録簿よりも早い」等々。あるいは、意識的な理解は、無意識的な衝動から理解されうる。――私には、こうした〔主張に対する〕異議はその「正しさ」においては明白でありますが、しっかりしたものであるとも真に率直であるとも思えません。むしろ、哲学そのものの特殊な屁理屈であるように思えます。

しかし、欠くことができないと私が見なしているのは、すでに、着手点における客体存在（Vorhandensein）と実存との弁証法的同時性です。あるいはより適切には、〈現存在＝「実存」〉（この規定は、「現存在」のすべての存在論的規定と同様、見かけだけはことさらに形式的なので、存在者的－実存的には何ものも先決することにはならないかのようでしょう）〔という等式〕において、さらに、〈現存在＝「生」〉（この等式を見据えながら私はカントについて報告したことがあります――〈人間＝「理性的な」「被造物」〉――〈〔人間＝〕「自由へと生み出された自然存在者」〉、こうした在り方はカントによれば理論的には「概念把握する」ことはできない！）において、〔等号の前者と後者の〕ある同時性が妥当するということです。――この「同時性」は、さしあたりその意図を達成し、また一義的な体系化――決着のついていない問題（現存在の分析論）に無理に決着をつける体系化――を妨げる。いわゆる実体的な即自存在〔客体存在〕は、初めに極端に〔道具存在（Zuhandensein）に向かうという〕その一つの方向で推し進められることによって、相応の権利が認められ分析的に明示的に現れ、その後で――逆転して――即自存在に戻る。――それは十分に理解できるのです。しかし、こうした成り行きでは、人間の（「感性的な」）「本性」がその自然性において積極的に現れるとは考えられず、そこ（人間の本性）にある諸規定がすべて、「被投性」といった極端に「実存的な」概念によって初めから描いて見せられることになれば、まさにたんに不自由として現れる。同様に「そのつど固有な」という現存在の規定に関しても、それに対して私が試みたのは、――「〔単独で固有な自己に向かう〕一方向性」を否応なく逆転して！――「個人（Individuum〔不可分なもの〕）」を、共に分有することができるもの（Mit-teilbares）として、初めから共同世界のさまざまな「役割」を担う「ペルソナ」として示すことであり、それによって、フォイエルバッハの単なる命題、「私」は「あなた」（他者）の「私」であるという命題を、「二人称」によって「一人称」へと決定されている人格として基礎づけることでありました――最も一般化して言えば、「志向性」を、「世界内存在」をさえ超えて脱理念化することです。志向性を、人間学的な「世界」にもとづいて、諸関係（人間対人間）の「相互的な」志向性として、それによってその特有に実的な客観性において明らかにしようとすることで脱理念化しようとしたのです。しかしそれについては、簡潔さ「のために」いま十分理解できるように書くことはできません。それについては、あなたが今一度こちらにいらっしゃるまで、我慢したく存じます。

問題の実践的な側面については、ここでも同じことなのですが、存在者的には「行為」は「認識」と非常に異なっています。存在論的・「原理的」には統一して〔どちらも〕配慮的気遣い（Besorgen）というように捉えられることになるのでしょうが――あなたに残念ながらやはり手紙で面倒をおかけし、回答をお願いせざるを得ません。今回は、せっかちで「成功」を貪欲に求める私の父の圧力でこうしているとは言えません。私自身が、知と無知の間の宙ぶらりんの状態に戸惑い、それを解消したいからです。なぜ私は、単純に三か月の休暇を待たないのか、教授資格論文がその間緊急の問題となることはないのに――その理由は、正直に申せば、こういうひどく不快な「事情」をもちだすしかできません。なぜ不快かと言うと、これまで携わってきたことの「成功」が不確かなために、それ以上の研究に取りかかる衝動がそれ自体はあるのに進むことができないからです。なじみのマールブルクの共同世界――「サークル」！――が私にとってはかなりすり減った対象となってしまったこともありなおさらです。（私はなおクリューガーに最も魅力を感じています。それは、当然ながら「相互性」にもとづいています。彼は寡黙な人間ですので、大分以前に彼には私の研究のカーボンコピーをあげておりました。彼はそれを徹底的に検討して、小さいノートにコメントをまとめて書いて寄こしました。ただひとつ彼の神学という後ろ盾が私にとってはまさに疑わしいところで、彼にとっては弱点なのかもしれません）。まるごと自分自身の考え方で、自分で責任を負いながら哲学の研究をし、それへの衝動を何度でも自身の内からだけとりだしてくるというようなことができる可能性は、あなたに比べて私の場合、非常に限定的です。あなたが十年来いかに集中して中断することもなく、さらに本質的な交流もせず研究を続けていらしたということを考えると、本当に――感嘆しています。私は、反論したり「応答」したりしながら接触するという、鼓舞してくれる中間の諸段階がなければ、研究を続けることはできないでしょう。

簡潔明瞭に言います。つまり、あなたが当該のものを教授資格論文として承認しようとされているのかどうか、私が――その場合――学期初めに教授団の前に登場し、そして――切り抜ける見込みがあるかどうか!?、私にお知らせ願いたいのです。イェンシュはまことに残念ながらそれほど信頼できません。彼のところのフライリング博士[*1]はもうすでに教授資格を取ったのでしょうか。第二講座を埋める件はどうなっていますか。あるいはそうしたことは、大学の神秘というものでしょうか。あなたはベックとシュミット＝オット[*2]と知り合いになりましたか。教授たちの祝祭パレードで、畏敬すべきであり、感銘を与える人物、ゲーベル[*3]に出会ったことは大いなる喜びでした。しかし、エルヴェルト・ウント・エーベル書店[*4]で写真を眺めれば、――その頭部が精神の器官なのかどうか、疑わしくなる人もいることでしょう。ちなみに、私たちドイツ人は、楽しく一緒にお祝いする術を知りません――たいまつ行進は非常に退屈で、秩序だっており、まるで埋葬に行くかのようです――「お祭りする」（festeggiare）、それを理解しているのはイタリア人だけです。日曜日の夜に私たちは城祭りを参観しましたが、みなはしゃいで騒がしく――最も陽気だったのは、バイエルンのビアホールの巨大な地下室でありました――バイエルン人はそうしたところで彼らの最上の側面を示すのです。

休暇中のプランはまだまったく決まっていません。お金がないためです。その点で、ブレッカーの両親は褒められるべき例外です。このたび、彼は家に帰るのに飛行機を使うのですから――しかし、そうしたことがブレッカージュニアにいいことなのかどうかは疑問ですが。私の代子[*5]は大きくなって、ときおり、その子をひそかに哲学の研究へとそそのかしています！　近頃、トルストイのある往復書簡を読みました――それをあなたに是非差し上げたいと思います、徹底的な相互理解と相互批判の極致です――何と言っても再び感じるのは、全き人間であること、さらに、ある他者を通じて自分自身に立ち至るということ、そうしたことが持ちうる意味です。

私は、あなたに学問的に対等なパートナーが現れることを望んでいます。「敵対者」とは言いませんが。しかしそうした人間にあなたが出会うことは容易いことではありません――その理由の一部は、あなたが私に読んでくださったエビングハウスのあなたに宛てた手紙にあります――つまり、あなたが彼に接する際の自己防衛的な態度のことです。

もうひとつお話があって、それにご助言を賜りたいのです。この……な、卑怯な出世主義者、プレスナーを足蹴にして口を開かせるためにはどうしたらいいかということです。彼は、私の最後通牒にそもそも何の返事もくれないし、さらに原稿を返してもくれないのです。人づてに聞いたところによれば、最近ケルンの新聞で、私のクラーゲス批判[*6]が恥を恥ともしないわずかな文章でこき下ろされているとのことです――思うに、彼がその出所でしょう！　その新聞を手に入れて見てみようと思います。

ニーチェ・アルヒーフからフェルスター＝ニーチェ夫人[*7]の依頼によって非常におかしな評価を受け取りました――つまり、今度は反対にそこで、クラーゲスがひどくやられているのが嬉しいというのです！　そして、フェルスター＝ニーチェ夫人のニーチェ伝[*8]を一部送って来たという次第です!!　さらに、私の博士論文をアルヒーフにタイプして収めたいというのです――このあまりに人間的な「事象に即した態度」は素晴らしいではありませんか。そもそも何も印刷しないで、演習や講義だけでものごとを人々に伝える機会を持って、それを特別な特典であると見なすことが最善なのです。最善は善の敵である (le mieux est l'ennemi du bien)、しかも、なるべくならひとが文書にして家に持ち帰らないことができれば一番いいことです。

あなたとご家族に素晴らしい山小屋での日々を望んでいます。

心からの挨拶を、
あなたの
カール・レーヴィット

＊1　ハインリヒ・フライリングは心理学者で、エーリヒ・ルードルフ・イェンシュのもとでの教授資格志願者。一九二三年、マールブルク大学で博士号を取得（Heinrich Freiling, *Über die räumlichen Wahrnehmungen der Jugendlichen in der eidetischen Entwicklungsphase*, Barth, Leipzig 1923）。イェンシュと共同して次の二論文を発表。»Der Aufbau der räumlichen Wahrnehmung« und »Das Kovariantenphänomen, mit Bezug auf die allgemeinen Struktur- und Entwicklungsfragen der räumlichen Wahrnehmungen«, in: Erich Rudolf Jaensch, *Über den Aufbau der Wahrnehmungswelt und ihre Struktur im Jugendalter: eine Untersuchung über Grundlagen und Ausgangspunkte unseres Weltbildes, durchgeführt mit den Forschungsmitteln der Jugendpsychologie, angewandt auf erkenntnistheoretische, naturphilosophische und pädagogische Fragen*, Barth, Leipzig 1923, 245–266 und 273–294.

＊2　フリードリヒ・グスタフ・アードルフ・エードゥアルト・ルートヴィヒ・シュミット＝オット（一八六〇―一九五六）は法律家で、プロイセンの文部大臣（一九一七年から一八年）、一九二〇年からドイツ科学研究助成団体の初代総裁。ベックは、おそらくシュミット＝オットのもとで働く職員。

＊3　カール・フォン・ゲーベル（一八五五―一九三二）は、ミュンヘン大学の植物学の正教授で、著書は *Organik der Pflanzen*, 1928。以前にフライブルクにおり、レーヴィットはそのもとで学ぶ。

＊4　マールブルクの書店。

＊5　ユッタ・ガダマー〔ハンス＝ゲオルク・ガダマーの娘〕のこと。

＊6　Karl Löwith, »Nietzsche im Lichte der Philosophie Ludwig Klages«, in: Erich Rothacker (Hrsg.), *Probleme der Weltanschauungslehre*, Darmstadt, Reichl 1927, 258–348。現在は次にも所収。Karl Löwith, *Nietzsche* (LSS 6), hrsg. von Bernd Lutz, J. B. Metzler, Stuttgart 1987, 7–52. ケルン新聞とはおそらく『ケルン民衆新聞』(*die Kölnische Volkszeitung*) のこと。

＊7　エリーザベト・ニーチェ（一八四六―一九三五）はフリードリヒ・ニーチェの妹。一八八五年から一八八九年まで、ベルンハルト・フェルスター（一八四三―一八八九）と結婚。フェルスターは政治扇動家。彼女はニーチェ・アルヒーフを創設。同アルヒーフは当初ニーチェの生地ナウムブルクに、一八九七年からはヴァイマルの「ジルバーブリック館」に置かれた。ニーチェは、一九〇〇年の死までこの館で過ごす。彼女は、ニーチェ・アルヒーフと遺稿の唯一の所有者。

＊8　Elisabeth Förster-Nietzsche, *Das Leben Friedrich Nietzsche's*, 3 Bände, Naumann, Leipzig 1895, 1897, 1904〔『ニーチェの生涯　上・下』浅井真男監訳、河出書房新社、一九八三年〕. 言及された彼女の手紙は本書の補遺に収録。

〔1〕『存在と時間』において、存在者的（ontisch）とは存在者にかかわるが存在論にはいたらない、理論以前の水準にあることを指し、存在論的（ontologisch）とは存在を論じる理論的水準にあることを指す。実存とは現存在（存在を理解するかぎりでの人間）がそのつどかかわっておりまたかかわりうる自己の存在であるから、実存に理論以前の水準でかかわることは実存的（existenziell）と呼ばれ、実存の構造を理解する理論的水準にあることは実存論的（existenzial）と呼ばれる。同書（単行本の原書）の一二―一三頁では、現存在が他の存在者とちがって存在論的であるという特徴をもつこと、しかし現存在の存在論である実存論的分析論が実存的ないし存在者的（ontisch）なところに根ざしていることを記述している。一六六―一六七頁は、レーヴィットに寄せて理解すると、これまでおこなってきた現存在の「現」の実存論的、存在論的分析にもとづいて、日常性という存在者的‐実存的水準にある現存在を実存論的、存在論的に分析するというこれからの課題を提示した箇所である。また一九九頁では、現存在を気遣い（Sorge）として実存論的に解釈したことの確証を現存在の存在論以前の（存在者的な）自己解釈から引き出すことは、この自己解釈のアプリオリで存在論的な「普遍化」だ、と括弧つきで述べている。これらはいずれも、存在論的なものが存在者的なものに優越すると同時に、存在論的なものが存在者的なものに差し向けられている――レーヴィットの言葉では、「循環」している、ないし「弁証法的運動」である――ことの指摘として理解することができる。

〔2〕「うれしいのですが」のあとに原文では閉じる丸括弧があるが、始まりの丸括弧がないため訳文では削除する。

75　レーヴィットからハイデガーへ

〔マールブルク、〕一九二七年八月一〇日

親愛なるハイデガー様、

八月二日付の私の手紙の補足として、あれがプレスナーによるものかどうかに関して、年鑑の論評[*1]をお送りします――「テルタスター」氏による――プレスナーは「カトリック」か、という論評です（ケルン民衆新聞）。その他の点では、私はテルタスターの言うことを承認してもいいのですが――ただ問題となっている事柄については何の意味もない。どうかこの記事を珍品としてお納めください。

こちらはいまかなり静かです――みな旅行に出かけています――ガダマーとクリューガーもそうです。シュピッタ[*2]から聞くところによれば、クニッターマイアー[*3]（ブレーメン）があなたのご著書を『キリスト教世界』で論評するとのことです――当然、バルト－ゴーガルテン神学の立場からでしょう。

いま上の方で素晴らしく澄んだ昼と夜をお送りのことでしょう。

心からあなたに挨拶します
あなたのカール・レーヴィット

＊1　レーヴィットの推測はたぶん当たっていない。

＊2　テーオドーア・シュピッタ（一八七三―一九六九）は政治家でブレーメンの市長、市政府大臣。シュピッタについては次をも見よ。Heinrich Wiegand Petzet. *Auf einen Stern zugehen. Begegnungen und Gespräche mit Martin Heidegger 1929-1976*. Societäts-Velag. Frankfurt am Main 1983, 46 und 62.

＊3　ヒンリヒ・クニッターマイアー（一八九一―一九五八）は、一九二二年からマールブルクにあった雑誌『キリスト教世界』（*Christliche Welt*）の編集長。言及された書評を掲載した雑誌は『キリスト教世界』ではなく『神学評論』（*Theologische Literaturzeitung* 53 (1928), 481–493）。

76　レーヴィットからハイデガーへ

［マールブルク、］二七年八月一七日

親愛なるハイデガー様、

もう一度お手紙することに驚かないでください！　次のような外的なきっかけがあります。しばらくぶりで今一度振り返ってみたのです――積みあがった書簡を選別し、束に分けて整理したのです――それは、私はいま、「三〇」年間の年代順の事実を「歴史的」・実存的に、しかもきわめて明瞭に感じているからです――哲学的研究や私の個人的な諸関係、とりわけ「異性」との「私的な」関係、そうした関係の発展と衰退に関して。その際、「ハイデガー」書簡の一束を手に取ってみました。そこでかつてトゥストが言ったことを思い出すのです。「あなたにとってハイデガーは一種の「運命」であるように私には思えるのだ――あなたは、あなたとハイデガーとの関係、そしてその哲学との関係になると、目立って激しく反応する」。――しかしこれは前置きです。手紙を繰っているとき、突然私の注意を引いたのは、「トートナウベルク」という名前です――と言いますのも、この名前を読んだとき、私は八月二日付の手紙とそれに続く報告（新聞の切り抜きと一枚の写真）をトートナウという宛先で出したのではないか??と思ったからです。この偶発的な書き間違いを「精神分析的」に追究することはやめましょう〔1〕――ただお願いしたいのは、もしあなたが私から何も受け取っていなかったならば！、トートナウに請求してほしいということです。

しかし、こうした馬鹿げたことを別にしても、私はこうしてあなたに手紙を書いていたことでしょう。――個人的で客観的な関係の歴史を手紙や葉書にもとづいて再構成する――「思い出す」ということは、些末なことではありません。四頁にわたる手紙もその中にあるのです！――ミュンヘンやフライブルク、メクレンブルク、バーデン＝バーデン、ローマ、セッティニャーノ、マールブルク宛ての、部分的にあなたの今日の立場に直接連なる表明を伴った手紙、しかし、他の部分では、そうした立場と――さしあたって――一致していないように見える表明を伴った手紙――あなたご自身、「他者」ができるよりももっと簡単にそうしたことを総括できることでしょう。当時あなたは「三〇歳」でした！「ついては、私は、論文を発表したいという気持ちや野心を見る間になくしています。哲学がそういうご立派な仕事か、あるいは自分の才能を見せびらかす機会でしかないところでは、私は論じられたり議論されたりするのを好みません。それに三〇歳ではまだ若すぎます。本来の生が逃れ去ってあとでもう取り返しがつかなくならないようにするだけで大変なのです。生が逃れると、人々は体系に向かいます。これこそ、哲学においてあまりに遠くまで逃亡することだと言うべきです[*1]」（一九二一年）。――三年後にはこうあります。「いまいましいことに、私がなすべき研究は、古い哲学や神学の領域で、それも「カテゴリー」のようにさまつなものを批判的にはっきり見ながら動かなくてはなりません。その結果、あたかも、批判さえすれば、否定されたものに対応する何か具体的な内容が対置されるかのように見えてしまいます。しかも、私の研究が、学派や方向や、継続や補完のための何かでもあるかのように。研究は一回限りのもので、私にしかできません――いろんな条件がこのように組み合わされた状況という一回性にもとづいて。私の研究はいつも時代遅れで、「今日」におよそ無縁かもしれないような実存形式から生じています」[*2]。あなたはかつて、「共に在ること」が本当に厄介だと、それを「実存」へと還元してはっきりと語っています。われわれがもはや、以前フライブルクでぶらぶら散歩していた時と同じように共に在るのではないことも、これ以上あなたに説明するまでもありません――私がほとんど無遠慮に、いずれにしてもあからさまな手紙を書いたのは、あなたをそれで傷つけようと意図したのではありません――ただ私は知らないではいられなかったのです、私たちの関係でいわゆる咎（Schuld）がどれほど「相互的」で「お互いさま」であったのか――その際、たんに運命ではなく「咎」ということが、そもそも――ことさらに悲壮な意味ではなく――語ることができる限りで。何も取り消すことはできません――反対に――こうした「歴史」は否応なく前進するものであり、動きを止めようとしたり、それどころか逆転しようとしたりするどんな試みも、意図に反して歴史を加速してしまいます。つまり、「禍いに逆らうな」は、知恵の最終的に言うべき結論です。

　あなたの哲学的研究の発展方向もまた見て取ることができます――確かに、そのように展開せざるを得なかったし、私はまったく無条件な正直さで成立したこの作品（『存在と時間』）を尊敬します――あなたが私から何かあなたにとって決定的なことを期待しているはずだ、とも思いません――しかし、非常に残念なことは、これらすべてが強制されていること、そこから生じてくる不自由という印象です。ですから、あなたに少なくとも次のことを言わねばならないと感じています――われわれが相互に理解する可能性の限界についても、私はあなたご自身――つまり「著者」――とは、あなたの「弟子」の誰かと理解しあうよりも、まだずっとより良く有意味に理解しあうことができます、と。ベッカーの研究――私は当然ながらまったく分からない（そのためには、ザイデマン氏[*3]のような運の悪い人でないといけない！　私はかつて、ザイデマン氏といわゆる彼の妻とレストランで食事をする羽目になったのです――そのときまったく食欲が失せました）。ベッカーの研究から私が見て取るのは、彼の反論はやはり私の反論とは本質的に別の方向をたどっている、より正確に言えば、別の領域に由来している。――私の反論のほうが、「自己忘却」した自然的な現存在の失われた「無垢（Unschuld）」を再興しようという試みをしていないという点で、より内在的であると思います。――そうした試みをしないのは、現存在は共同相互存在として、原理的にそのつど固有に実存することと同じ水準で葛藤しており、「自然」（感性）によっては、現存在が問題を解消されることはなく、むしろ特有に具体的に問題化するからです。

あなたの研究で私にとってことさらに重要ないくつかの諸問題と対決したことで、礼儀を欠いている印象を持たれ、「弟子」が「教師」のあまりに人間的な傷つきやすさを回避するために何もしなかったとすれば、それは、そうした用心深さがかつてフッサールに対するベッカーにとっては「目的にかなった」ことだったが、しかし私の場合には、ある怯懦と不正直――それも理由なく許されない怯懦と不正直になってしまうだろうという確信があったからです。ひょっとしたら、逆に私はあまりにも行きすぎてしまったかもしれません。例えば、私は、正直に言えば、私があなたと仲がいいという印象を与えようとしているのではないかという愚かな不安があって、あなたのご著書が出版されたときささやかにお祝いするようなことはしなかったのです。私の父は、こうした点ではもっと無邪気で――人間を金で買える存在者だと見なしがちなので、あなたに高級な葉巻一箱！を贈ろうとしたのです!!　さて、あなたが私の教授資格論文に対する態度[*4]をお決めになったなら、もっと晴れやかになれるところです。態度のご決定を、私は「トートナウ」と書いてしまったかもしれない手紙であなたにお願いしておりました。こちらでは、口頭での協議をすることはもうできませんでしたし、三か月間不確かなままで放っておかれているというのは、まさに辛い状態だからです。

冬についてですが、どんなことがあっても私の研究に集中したいと思います――教授資格論文の問題が切迫してくる場合に備えて、どこかに出かけることはやめておいたほうがいいでしょう――いずれにしても一人で過ごすことになります。メクレンブルクからマールブルクのあなたのところに再び行きたいとお手紙したとき、あなたは、よく考えてみた方がいい、あなたのゼミナールや講義に出席することが「役に立つというより、むしろ害になる」のではないかどうか、私が決定すべきであると、手紙でお書きになりました——それでも、それに出席したことはまったく「有益」でありました。しかし、いま最善なのは、シェリング・ゼミナール[*5]を断念し、苦労して身につけた自分の歩みの運動のなかで、さらに一人で鍛錬することでしょう——「資料」がないわけではありません——もしあなたにその気がおありになれば、今回のものに関する私の計画がどのようなものであるか、こちらであなたにお聞かせします——「人間学」です——、ですから、私にとって幸運だったのは、当初、「存在論」から学び始めたのではなく、「事実性の解釈学」からであったことです。

私は、

あなたに——それらすべてにもかかわらず——感謝しています

カール・レーヴィット

＊1　一九二一年四月二日付の手紙（＝書簡22〔2〕〔本書五三頁〕）を参照。

＊2　一九二四年三月二六日付の手紙（＝書簡56〔3〕〔本書一五八—一五九頁〕）を参照。

＊3　アルフレート・ザイデマン（一八九五—一九七六）は、一九二六年、二七年にマールブルクでハイデガーに学ぶ。一九三七年、フライブルク大学で博士号を取得（Alfred Seidemann, *Bergsons Stellung zu Kant*, Endingen 1937）。

＊4　一九二七年一二月一五日、レーヴィットは、教授資格論文を「倫理学の諸問題の現象学的基礎づけ」（*Phänomenologische Grundlegung der ethischen Probleme*）という表題でマールブルク大学哲学部に提出。改訂された原稿は一年後に出版（Karl Löwith, *Das Individuum in der Rolle des Mitmenschen*, Drei Masken Verlag, München 1928〔4〕〔『共同存在の現象学』熊野純彦訳、岩波文庫、二〇〇八年〕。現在は、Karl Löwith, *Mensch und Menschenwelt. Beiträge zur Anthropologie* [LSS 1], hrsg. von Klaus Stichweh, J. B. Metzler, Stuttgart 1981, 9-197）にも所収。ハイデガーは、表題を「倫理学の諸問題の人間学的基礎づけへの寄与」（*Beiträge zur anthropologischen Grundlegung der ethischen Probleme*）に変更するように助言した。レーヴィットに社会哲学の講義が委嘱されるよう世話しようとしていたからである。レーヴィットが実際にその委嘱を受けるのは三年後。

＊5　Martin Heidegger: »Phänomenologische Übungen für Fortgeschrittene: Schelling, Über das Wesen der menschlichen Freiheit«, in: Martin Heidegger, *Seminare. Hegel – Schelling* (HGA 86), 49-54; 529-549〔『ゼミナール——ヘーゲ

ル、シェリング』〕.

〔1〕レーヴィットは、八月二日付のハイデガー宛て書簡で、師の『存在と時間』に対してきわめて厳しく率直な意見を伝えたため、自分がいわば父親殺しを犯すことを無意識に恐れて、「トートナウベルク」という宛先を書けずに、その近隣の別の町である「トートナウ」と誤記したのではないか、と解釈したのであろう。ちなみに両者に共通する「トート」(Todt)のTodは「死」を意味する語である。

〔2〕原文では「書簡23」であるが、誤記と見なして「書簡22」に訂正する。

〔3〕原文では「書簡57」であるが、誤記と見なして「書簡56」に訂正する。

〔4〕原文ではLeipzigであるが、誤記と見なしてMünchenに訂正する。

77　ハイデガーからレーヴィットへ

トートナウベルク、二七年八月二〇日

親愛なるレーヴィット様！

お手紙を三通受けとりました。ありがとう。八月初めに返信しなかったのは、あなたの論文をはじめて終わりまで読み通したかったからです。けれども、それは私の本箱に梱包され、一〇日間積み荷として輸送中でした。この間、フッサールにフライブルクに来るよう頼まれ、私はしばらくかの地にとどまりました。ここ数日当地に戻ったのであなたの論文の一部をなんとか読んだところです。

私はその論文[1]を教授資格論文として受理します。それは初稿に比べて本質的にすっかり変わりました。問題設定の水準でも、構成と言語的叙述との透明度でも。

あなたが実質的に私と一致するかどうかは、私にとって、受理するか受理しないかを決める観点ではありません。あなたが私の研究のあらゆる原則的課題を理解したか理解しなかったということも、同じです。あなたがところどころで安易すぎる批判をし、問題とその前提との難点を過小評価してしまったということは、私はあなたのためにもっぱら欄外に註記しておきました。

最初に自分のものを世に出すときには、ひそかな攻撃や偉ぶったあてこすりをしようという気になりがちです。そういう所作は十年もすれば静まります。あらゆる情熱を深め、沸き立たせるライフワークの確かな河床のなかに導くことができるとすれば。

できるかぎり早くこの問題を学部にもち出すつもりです。それから先の推移は、空きポストがふさがっているか、フライリングの教授資格が解決ずみかどうか次第です。後者の件では、この間激しい反対が広まったため、イェンシュは当初ねらっていたほど早くは進めていません。彼は、マーンケ[*1]の手を借りてこの問題を「ベテラン教師」として押し通すことを望んでいます。私はこの件は何も——心理学も教育学も——分からないので、しかしまたあなたの問題への配慮もあって、中立を選ぶことに決めました。これはいつもは私の趣味に合わないのですが。裏取引にはもちろんかかわり合いません。私が探りを入れたかぎりでは、きわめて深刻な反対は予想しなくてよいでしょう。たしかにイェンシュは、あなたが人間学「も」やっていることに気づくと恐がるでしょうし、あなたのことをまるで私が彼に対抗するために差し向けた先遣隊でもあるかのように、この問題を解釈するでしょう。教授資格のことが始まれば、ハルトマンが友人たちのところで反対工作をする可能性もあります。

しかし、これらのことをあなたは本気で心配してはなりません。教授団の前での試験講義のテーマや公開の就任講義について、いまから何かを熟慮しているのがよいでしょう。

〔ハイデガーがフライブルクに転じることに伴い生じるマールブルクの〕空きポストへの招聘がおこなわれたかどうか、分かりません。日曜にすぐ出発し、それ以後はマールブルクの話は何も聞かなかったからです。歓迎の夕べの折には、名士たちとその取り巻きがかなり遅い時間に来ました。繰り広げられたのは——この言葉にお許しあれ（sit venia verbo）——大臣[*2]とシュミット＝オットへのひどいお追従だったので、何もかも吐き気を催しました。翌日は、朝九時から午後四時までガウンを着通しでした。肉体の酷使であれば耐えられたのでしょうが、もっとひどいのは心のほうでした。そこで陳腐さと粗暴さでおこなわれたことは恥さらしです。そのあとの二日間に起きたことは、おそらくさらにひどかったでしょう。

教授資格によってあなたが大胆に踏み出す一歩の代価として、あなたははっきり分かることでしょう。無視されることに耐えられなくてはなりませんし、待てなくてはならないのです。とくに当今ではすべてがギャンブルです。ナトルプが私のドゥンス・スコトゥス[*3]をえらく高く評価したこと、私のフライブルクでの教職活動が効果をもたらしたこと、私がつき合いやすく他意のない青年とみなされたこと、これらは思いがけない出来事でした。たぶんいまなら、どこからもお声がかからないでしょう。何かを望む者はいつまでも承認されないでしょう。そのうち転落するのがおちです。私がマールブルクでの日々を終えるということは、結局、最大の不運というわけではありません。次の問いがあなたを待っています。そもそも学問があなたの中心を占めるためあなたは大学に尽くすのか、それとも、あなたの研究においてあなたはニーチェが引き出したような結論の前に連れていかれるのか。

あなたの論文については直接話し合うのが一番でしょう。私はまだ十分に咀嚼していません。——

プレスナーの件では、私ができる助言は一つだけです。即刻、何のコメントもつけずに原稿の返却を求めてください。それと同時に、私がこれ以後の編集から抜けるとぜひ宣言したいところですが。あなたのために、あなたが教授資格を取得するまでは、それは思いとどまることにします。さもないと、きっとハルトマンは、私の知っている彼なら、たとえイェンシュを使ってでも、あなたをマールブルクで邪魔立てして、報復するでしょう。ケルンの書評は、明らかにまず第一に「教師」の罵倒です。この傾向はケルンでは深刻です。そういうもののために、人間には紙くずかごがあるのです。——

哲学を存在者的《オンティッシュ》に存在論として基づけるという問題についてあなたが書いていることに、手短に答えたいと思います。まず私は、まさしくいつも、ほとんど単調なまでに、実存と被投性と頽落の等根源性を強調しており、これに応じて現存在の存在を気遣いとして述べてきました。基礎存在論の「着手点」は最初の一〇頁ではなく、〔『存在と時間』という〕論文全体なのです。それにもかかわらず、私に言わせれば、現存在の分析論は実存論的分析論であり——したがって実存から導かれていて、しかも、現存在の「準備的」分析論（存在論的人間学ではなく！）はもっぱら、現存在のもっている存在理解の解明だけをねらいとしているのです。理解するというこの働きを現存在においても説明することが肝要です。問いはこうです。理解するというこの働きを解釈する地平を、私はどこでどのようにして獲得するのか。理解することはしかし実存を特徴づけます――それゆえ実存論的なものが内容上も方法上も中心です。しかしそのさい同時に、現存在の根本構造の全体性が浮き出てきます。人間の「自然本性」は、何か独立していて「精神」に貼りつけられたものでもありません。問いはこうです。現存在を概念的に解釈する根拠と導きの糸を自然本性から得る可能性があるのか、それとも精神からなのか、――それともそのどちらからでもなく――存在構造の全体性から根源的になのか。――この全体性においては、概念上の意図からして、実存論的なものが優越するのは存在論一般の可能性のためなのです。というのも、人間学的解釈が存在論的なものとして遂行可能になるのは、存在論の問題構造一般が明らかにされることにもとづいてはじめてなのですから。したがってベッカーの問題設定は、私の目には奇怪で哲学的に不可能なものに見えます。数学的「実存」を問題にし、同時に、存在者的《オンティッシュ》なものと存在論的なものとの区別は本質的で中心的ではなく、すなわち……、と説明する。――自分が何をしているのか、何をしたいのかも知らずに。

私が期待したのは、もちろん私の探究を「応用」することではなく、むしろベッカーが、哲学の基礎とみなすものにもとづいて、数学的な実存問題を自立させて原理的に提示することでした。けれども、それは語られず――私の問題設定がまったく誤った次元にずらされています。

存在論は存在者的《オンティッシュ》にのみ基づけられうるということは私の確信でもありますし、このことは私以前にはこれまで誰一人明確に見て言明したことがないと思います。しかし、存在者的な基づけとは、ある存在者的なものを任意に指示しそこに立ち返ることではありません――根拠は存在論にとってのみ見出されるのであり、そのさい私たちは、存在論そのものが何であるか、何が存在論そのものをだめにするのかを知っているのです。事実性の諸問題は、私にとって、フライブルクにおける始まりと変わっていません。ただ、はるかにずっと徹底しており、いまは、フライブルクの私にとっても主導的だった視野から見ています。私がドゥンス・スコトゥスと中世に、そこからさかのぼってアリストテレスにずっと打ち込んできたのは、偶然ではありません。それに、講義や演習で述べたことをもとに研究を判断することはできません。そもそも事実性という問題を獲得するためには、私はまず事実的なものに極端に立ち向かわなくてはなりませんでした。形式的に指示すること、アプリオリや形式主義などの通常の学説に対する批判は、いまではもうそれらを口にすることはないものの、どれも私にとってまだ現にあるものばかりです。――正直に言うと、私は自分の発展には興味がありません。しかし、それが話題になる場合には、一連の講義やここでただ伝えている事柄を息せき切って継ぎ合わせてはなりません。こういう息せき切った考察は、過去に向かっても将来に向かっても、中心的な視野や動機を忘れています。

「誰かが理解可能性ということで理解しようとしているものが何であるのかは、理論では決められない」――たしかにそのとおりです――しかし問いは残ります。哲学することの精神分析が、事実的に哲学することのオンティッシュで心理学的な説明が、それ自身すでに哲学であるのかどうか、それとも、精神分析の問いがそもそも意味をもつためには、哲学はそれとは何か別なものであり、別なものでなくてはならないのかどうか。

生産的な事象認識や問題設定にとっては、そうした分析はまったく何にもなりません。それらは妨げ差し止めるだけで、複雑に絡み合ったものをがちがちにします。

しかし、ベッカーからもあなたからも克服すべき主観主義だという意味で私が論難されるとすれば、私は告白しなくてはなりません。ベッカーもあなたも性格学上は私よりもはるかにずっと「主観的」で――はるかにずっと多く強烈に自分自身にかかずらっていますし、「相互」的なものや［「???」］なものはまさしくオンティッシュに言えばあなたたち二人にとってこの上なく主観的に制約されています。あなたが自分は［私よりも］「より客観的に」思考していると信じているとすれば、それは見かけにすぎません。あなたは、存在者的《オンティッシュ》にはたしかに見かけ上「実存」よりも客観的なものをもち出していますが、それにもかかわらず――少なくともこれまでのところは、普遍的な志向を存在論的に獲得し基づけることができません。普遍的志向こそが、従来の哲学との中心的コミュニケーションという、私が追求しているものにいたることを可能にするのですが。

以前から私は精神分析にはほとんど関心がありませんでした。なぜなら、それは原則的、哲学的に――中心をなす諸問題に関して十分に有意義だとは思えないからです。ところが、ベッカーもあなたも、私の事実性の解釈学を最初から精神分析によって捻じ曲げ、私の研究をそれが動いたことのない視野のなかへと追いやったのです。

したがって、私に対するあなたの関係はあなたの側だけから変わりえたのです。あなたのオンティッシュな解釈からしてあなたが期待していた方向に私の研究が向かっていないことにあなたが気づいた瞬間に、明らかに変わったのです。

今日、私は個人的には、あなたに対して以前と何も変わりません――二人の仕事の展開が相違を明るみに出したという点を除けば。このことは、あなた自身の研究と実存の堅固になった立場をもとにあなたが本当の友情への道をより確実に見つけないかどうかを、無理強いも勧誘もせずに待つもう一つの理由です。

あれこれの「サークル」は友情ではありません。いつかそれに飽き飽きするということに、すでに示されているとおりです。

心からのあいさつを

あなたの

マルティン・ハイデガーから。

うちのあばら家の灯りがだめになったため、ほとんど闇のなかで書かなくてはなりませんでした。

＊1　ディートリヒ・フリードリヒ・ヘルマン・マーンケ（一八八四―一九三九）は、一九二五年にエトムント・フッサールのもとで哲学博士号を取得（*Leibnitzens Synthese von Universalmathemathik und Individualmetaphysik*, Max Niemeyer, Halle an der Saale 1925）。一九二七年、マールブルク大学の哲学の教授。

＊2　カール・ハインリヒ・ベッカー（一八七六―一九三三）は東洋学者で政治家。一九二五年から一九三〇年までプロイセンの文部大臣。

＊3　マルティン・ハイデガーの教授資格論文。*Die Kategorien- und Bedeutungslehre des Duns Scotus* von 1915, die 1916 (Tübingen: Verlag J. C. B. Mohr) veröffentlicht wurde; jetzt auch in: Martin Heidegger, *Frühe Schriften*, 131–353〔これは単行本の頁付である〕〔「ドゥンス・スコトゥスの範疇論と意義論」、『ハイデッガー全集第1巻　初期論文集』所収、岡村信孝他訳、一九一―四一七頁〕.

〔1〕　原文では Sie（あなた）であるが、sie の誤記または誤植と訂正して読む。

78　ハイデガーからレーヴィットへ

トートナウベルク　一二七年一〇月六日

親愛なるレーヴィット様！

誕生日を祝ってくれるあいさつ状[*1]と「アリストテレス」、ありがとう。写真はこれまで私が見たなかで一番よいものです。私の休暇は、ひどい中耳炎が長引いたため台なしになりました。たしかにいまはすっかりまた元気になりましたが、仕事は望んだほどには捗っていません。フライブルク、メスキルヒ、ハイデルベルクを経由して、ゆっくりマールブルクに戻らなくてはならないでしょう。

心からのあいさつを、そしてご両親によろしくお伝えください。

あなたのマルティン・ハイデガー。

＊1　〔ハイデガーの〕誕生日を祝うあいさつ状は遺品には残っていない。

79　レーヴィットからハイデガーへ

〔マールブルク、〕一二七年一二月二九日

親愛なるハイデガー様、

年の替わりにセガンティーニ[*1]の二枚目の絵葉書をお送りします。クリスマス以来、最初から最後まで一語一語「理解可能」な本に出会い、固唾をのみ喜んで読んでいます。ケーラーの『フンボルト』[*2]です。グンドルフ後継者による不毛な立像との何という違いでしょうか！——それどころか、ディルタイのシュライアーマッハーをすらこの精神史的伝記はかなり超え出ています——「より徹底している」のです、フンボルト精神の本当の来歴が明らかにされているからです——フンボルトの理解の方法が、彼の個人的生活のありのままの現実にもとづいて理解されているからです。すでにケーラーの著書をご覧になりましたか。

あなたとご家族が楽しいスキーをなされることを願って

あなたのカール・レーヴィット

＊1　ジョヴァンニ・セガンティーニ（一八五八―一八九九）はイタリアの画家で、アルプス風景画の巨匠。

＊2　Siegfried A. Kaehler, *Wilhelm von Humboldt und der Staat. Ein Beitrag zur Geschichte deutscher Lebensgestaltung um 1800*, Oldenbourg, München / Berlin 1927.　レーヴィットはこの著作の書評を書いた。*Logos* XVII (1928), 361-367 (wiederabgedruckt in: Karl Löwith, *Mensch und Menschenwelt* [LSS 1], 1981, 208-215).

80　レーヴィットからハイデガーへ

二八年一月一六日

親愛なるハイデガー様、

いまもう半月が過ぎてしまったところで、やはり父にお金を頼まないといけません――父にはもう奨学金が下りないことは手紙で伝えてあります――父が返信で言うには、以前から個人的にシュミット＝オットを知っており、それはオットがまだ芸術問題の係官だった時代からだというのです。それで父が提案するには――旧態依然たる縁故主義に従って！――彼に手紙を出そうか、というのです。父にはこう書きました。父はそんなことはするべきではないし、私の申請がうまくいかず、また、もしあなたが問い合わせてくださってもうまくいかなかった場合は、むしろ父自身が急場を救ってくれないか、と。

さて、あなたにお伺いしたかったことは、私が五月一日からゼミナールをする立場で収入を得られるだろうと見込んでいいのか、あるいは、そのためにはまず教授資格を得ていないといけないのか、さらに、ひと月の収入はいくらになるか、ということです。それと言いますのも、収入が得られることになれば、二月、三月、四月だけを父に頼めばすむということになるからです。――金銭に関する父の考え方を変えることができないのは当然ですが。

教授資格論文はいま初めてかなり見直して訂正しました。序論とそれに関係する頁から不正確な部分を取り除き、その代わりに序論には短い前置きを先行させ、そこでは表題の三つの概念――「人間学的」、「基礎づけ」、「倫理学的」――を説明し限定しました。本当は、体系的な章の第一部を完全に書き換えたかったのですが、そんなことを始めたら終わりが見えませんし――クリューガーがかつて鋭い指摘をしてくれたカントの編も同じです。就任講義と試験講義のための二つの副次的テーマを月末までに仕上げることは、もうできそうもありません――原稿を改訂するには非常に時間を、つまり、丸々何日も要するのです。ニーマイアーがまもなく肯定的な知らせをくれることを期待しています。交渉が報酬のせいで万一困難となれば、報酬は当然あきらめることになるでしょう。

昨晩、クレンペラーの講演[*1]を聞きました――非常に巧みに語っておりましたが、それ以上のものではありません――ひどく些末なことをおしゃべりしておりました――そのあとがかなり楽しめました。そこにいたほとんどすべての教授たちの議論です――シュピッツァー[*2]、フリートレンダー、ドイッチュバイン[*3]、ハーマン[*4]たちです――ハーマンが唯一、気が利いて優れたコメントをし、「名誉回復」を試みたのです。例えば、ヴェクスラーの著作[*5]について、等々。フリートレンダーは情熱的に「古典的に」胸を張って――本来、教授連ではなく学生諸君が議論すべきところであるが、と話し始めたのは不運なことでありました。つまり、そう言うと、大きい拍手を得たのが間違いで、いくらかずれ始めたのです――彼が言うには、クレンペラーが用いた「諸概念」(「文化」、「学問」、民族、民族文化の精神等)はすべて、「まったく解明されない」ままであった――しかし、幸運なことにフリートレンダー自身も、そうした概念を明瞭化しようとはしなかった!! ドイッチュバインは、受けをねらって(クレンペラーに味方して)叫びました、クレンペラーはその学問において「作業仮設」を守ることにこだわっているのである――「是が非でも」というのです――なぜそう言うのか私には分かりません。誰もその作業仮設をクレンペラーから奪おうと思っていないのですから。シュピッツァーは、ヴェクスラーの著作にクレンペラーと同様敵対しているということで、クレンペラーと和解し、外国文学への「愛」で締めくくったのです――それに対してハーマンは、ひどく嘲弄し見下すかのようにではありませんが、分別を取り戻し、次のように言いました。とりわけ重要なことは、例えばフランス人といった他者や異質なものを認識し、そこから自らの民族等を他なるものであるかのように見る見方を学ぶことである、と。――クレンペラーは、フリートレンダーの「古典的な」憤りに対して、次のように言って自己弁護したのです。古典文献学者たちは、死せるものを扱っているのだからずっと容易いのだ——それに対してフリートレンダーは、「決して「死せるもの」を扱っているのではない」‼　最後にクレンペラーが非常に巧みに異論をすべて総括し、美しい言葉で締めくくりました。つまり、重要なのは、「鋭敏な感覚」である‼と。その後も、マルケース喫茶店[*6]で大学でのいろいろな逸話について語り合ったのです。「母校」(alma mater)、それはサーカスなみのばか騒ぎです！　私の有能なトゥラッツァ[*7]は、イタリアの学生のなかで、このような「精神的躍動」になじめないのですが、やはりそうしたものをみな肯定的に思っており、「ドイツには何と精神的生活があることか」(che vita spirituale c'é in Germania) と言うのです——彼は、そもそも私とはまったく反対です——例えば、こちらの喫茶店に感激しており、その理由は、人々はよくしつけられ、落ち着いて冷静に話し座っている、まるで「図書館にいる」かのように仕事をし、読書することができる——イタリアの喫茶店は彼にとってはひどいものだ、というわけです。彼がイタリアで共感できないことは、まさに私がイタリアで共感できることなのです。彼はマールブルクで、私がローマで感じたように、家に居るかのように思っており、イタリア人の不作法と無教養を嘆いている。ところで、もしあなたが彼とちょっとでも知り合いになるおつもりがあれば、きっと私に次のように言われるでしょう——彼は、グラッシ[*8]とは正反対である！と。

心からのあいさつを

あなたのK・レーヴィット

*1　ヴィクトール・クレンペラー（一八八一—一九六一）はロマンス語ロマンス文学研究者で、一九二〇年から一九三五年までドレスデン工科大学のロマンス語ロマンス文学の教授。一九三五年に免職。一九四五年からは、グライフスヴァルト、ハレ、ベルリンの大学に勤務。主著は、*Die französische Literatur von Napoleon bis zur Gegenwart*, 4 Bände (B. G. Teubner〔1〕, Leipzig/Berlin 1925–31). 最も有名な著作は以下の日記。*Leben sammeln, nicht fragen wozu und warum – Tagebücher 1919–1932* (Hrsg. von Walter Nowojski, Aufbau Verlag, Berlin 1996), *»Ich will Zeugnis ablegen bis zum letzten.«* Tagebücher 1933–1945 (Band I-VIII, hrsg. von Walter Nowojski, Aufbau Verlag, Berlin 1995)〔『私は証言する——ナチ時代の日記［1933–1945年］』小川–フンケ里美、

宮崎登訳、大月書店、一九九九年〕、*Und so ist alles schwankend – Tagebücher Juni–Dezember 1945* (Hrsg. von Walter Nowojski, Aufbau Verlag, Berlin 1996)、また、*So ich sitze zwischen allen Stuhlen* (Bd. 1: *1945–1949* und Bd. 2: *1950–1959*, hrsg. von Walter Nowojski, Aufbau Verlag, Berlin 1999)、および *LTI* [*Lingua Tertii Imperii*]. *Notizbuch eines Philologen* (Aufbau Verlag, Berlin 1947)〔『第三帝国の言語〈LTI〉――ある言語学者のノート』羽田洋他訳、法政大学出版局、一九七四年〕。

＊2　レーオ・シュピッツァー（一八八六―一九六〇）は、一九二五年からマールブルク大学のロマンス語学の教授、一九三〇年からケルン大学教授。一九三三年にイスタンブールに亡命。一九三五年にボルティモアのジョン・ホプキンス大学のロマンス語ロマンス文学の教授。

＊3　マックス・ドイッチュバイン（一八七六―一九四九）はドイツ文学研究者で、一九一九年からマールブルク大学教授。

＊4　リヒャルト・ハーマン（一八七九―一九六一）は美術史の教授で、一九一三年から一九四九年までマールブルク大学教授。

＊5　おそらく次の本のこと。Eduard Wechsler, *Esprit und Geist. Versuch einer Wesenskunde des Deutschen und des Franzosen*, Velhagen & Klasing, Bielefeld/Leipzig 1927.

＊6　ライト・ガッセにあったこのカフェは現在もはや存在しない。

＊7　トゥラツァについては詳しい情報を見つけられなかった。

＊8　エルネスト・グラッシ（一九〇二―一九九一）は、イタリアとドイツの大学で哲学を教える。一九二八年からハイデガーのもとで学ぶ。第二次世界大戦後、ミュンヘン大学の人文主義哲学の教授。一九四二年にハイデガーは、論文「プラトンの真理論」（»Platons Lehre von der Wahrheit«）を、グラッシが編集する年報 *Geistige Überlieferung. Das zweite Jahrbuch* (A. Francke, Berlin 1942, 96–124) で公表〔「真性についてのプラトンの教説」、『ハイデッガー全集第9巻　道標』所収、二四七―二九一頁〕。さらに次を見よ。Wilhelm Büttemeyer, *Ernesto Grassi – Humanismus zwischen Faschismus und Nationalsozialismus*, Verlag Karl Alber, Freiburg im Breisgau [2]2010.

〔1〕　原文では G. B. Teubner であるが、訂正する。

81　ハイデガーからレーヴィットへ

二八年一月二四日

親愛なるレーヴィット様！

ヤスパースの推薦で、今日、イタリアの青年、エルネスト・グラッシ学士が私のところを訪問しました。ミラノ出身で、すでにしばらくドイツにいて、現代ドイツ哲学についての研究を望んでいます。次の冬学期から一年間当地に来たがっています。今回は月曜日までしかこちらにいません。

ヤスパースの話では、グラッシは私の本に驚くほど近いということでした。今朝、それが本当だとわかりました。しかしそれを抜きにしても、とても好ましく本当に熱心だという印象を受けました。ですから、あなたも彼に会えばうれしいでしょう。あなたのほうも彼を助けられます。

今晩八時半に彼をワインに招待し、あなたも誘うと伝えました。

心からのあいさつを

あなたの

マルティン・ハイデガー。

82 ハイデガーからレーヴィットへ

二八年二月七日

親愛なるレーヴィット様！

すでに土曜日に、ニーマイアーにもフッサールにも手紙を書きました。けれども、知らせが届くには何日かかかるでしょう。ニーマイアーはそう簡単には裁量できないからです。同様にプフェンダーも、弟子たちのすでに長いこと寝かせてある論文を載せてもらおうとしています。こういうわけで、私自身は秋も印刷できないでしょう。なにしろ私は一巻を丸々使うので。――あなたは、年報に印刷するのははじめてではあるものの、もちろん謝礼を受けとるでしょう。いずれにしても、私はそのために取り計らいます。そうなると、あなたはそれで利息を穴埋めできます。

あなたの論文はすでにまた私のもとに届いていますが、まだ所見をあまり書いていません。イェンシュのところにもいまたくさん論文が来ているものですから。

明日一一時半に来てくれますか。土日はできもののために寝ていて、時間をたくさんむだにしました。

あなたはまだ若干の箇所をたしかに変更できます。もっぱら文体と「語り口」の点で。私の出版物に対する見解をあなたが軌道修正するかどうかは別問題ですが、しかしこれも重大ではありません。私はただ、所見を書くさいにしかるべきメモを添えられるためには、あなたがどこを変更するかをおおよそ知らなくてはなりません。教授団の目の前にあるものとあなたが印刷するものとのあいだには、もちろん齟齬があってはならないからです。

奨学金の早めの貸与について、事務局長に照会しました。これもやはりガダマーの間違いのようです。いずれにせよ、事務局長自身が教授資格取得論文を手にしてはじめて、申請書を提出できます。

研究助成団体に問い合わせるのが得策かどうか、私はもっと熟慮しなくてはなりません。

毅然としていてください。何もかもひどく悪いわけではありません。学生の頃、私は毎学期無一文で、借金しなくてはならず、食うや食わずでした。[*1]

心からのあいさつを

あなたの

マルティン・ハイデガー。

*1　ハイデガーは、一九一一年夏に神学研究を打ち切ったあと、極度の経済的困窮にあった。奨学金が神学研究に結びついていたからである。

83　ハイデガーからレーヴィットへ

マールブルク、［一九二八年］二月二一日

親愛なるレーヴィット様！

研究助成団体に手紙を書きました。フッサールからの知らせは受けとっていません。念のためにあなたは、ミュンヘンで印刷のことを問い合わせることができます。[*1]そうすれば、あなたがその出版社を使う場合にはことはすぐに始まります。

ところで、シュマーレンバッハのライプニッツ書[*2]はそちらでは出版されていませんか。

残りを始めるつもりなら、私たちはすぐ研究助成団体に申請書を提出しましょう。

心からのあいさつを

あなたの

M・ハイデガー。

*1 ミュンヘンのドライ・マスケン出版のこと。

*2 Hermann Schmalenbach, *Leibniz*, Drei Masken Verlag, München 1921.

84 ハイデガーからレーヴィットへ

トートナウベルク、二八年三月一六日

親愛なるレーヴィット様！

しばらくここにいてあなたの申請書を待ちます。これまで当地の天候はすばらしく、雪もそうでした。フライブルクにはごく短いあいだしかいませんでした。いつベルリンに行くかは未定です。

アーフラによろしくお伝えください。

心からのあいさつを

あなたの

マルティン・ハイデガー。

85 ハイデガーからレーヴィットへ

トートナウベルク、二八年三月二〇日

親愛なるレーヴィット様！

あなたの申請書をただちに転送しました。うまくいくでしょう。私のことはまだ決まっていません。

バーデン政府の好意は並はずれていて思いがけなく大き

い、という事実だけはたしかです。

いつベルリンに行くかは未定です。[*1] とりあえずここ何週間かは仕事に没頭できます。

心からのあいさつを

あなたの

マルティン・ハイデガー。

＊1　ベルリン行きはおそらく、エトムント・フッサールの後任としてフライブルク大学に招聘される件のため。

86　ハイデガーからレーヴィットへ

二八年四月二九日

親愛なるレーヴィット様！

委員会の会議は五月二日火曜日の晩に決まっていましたが、何日か延期せざるをえませんでした。委員会の意見は一致していますので、論文をこれから大急ぎで教授団で回覧できます。

どう見ても先学期よりもさらに大騒ぎになりそうな今学期中は、あなたの本[*1]を研究するのはたぶん難しいでしょう。出版物は文のイメージの面でも外的によく見［え］るように思います。

近々暇ができたら、散歩に誘うつもりです。

心からのあいさつを

あなたの

マルティン・ハイデガー

＊1　レーヴィットの教授資格論文、*Das Individuum in der Rolle des Mitmenschen*〔『共同存在の現象学』〕を出版したもの。

87　ハイデガーからレーヴィットへ

［一九二八年夏］

親愛なるレーヴィット様！

一昨日は私の後任に関する委員会の最後の会議があり、今晩は学部の会議があるので、私は所見の作成にかかりっきりです。他の「同僚」たちがここでも私一人に仕事をさせるものですから。

それが検討されるのは金曜の晩だけでしょう。期日まで短すぎます。しかし、それは必要ないとも思います。ただ外面的な点だけ、あなたにもう一度指摘したいと思います――もっと大きい声で、もっとゆっくり、そしてとりわけ文の最後の三分の一を「もごもご言う」くせをやめること。ある教授があなたの試験講義のあとでこう言っていたのは間違いではありません。彼は「あなた」を忘れていた――まったくの独白だった、と。

ところで、あなたの教授資格論文は全体としてファーアナーのものよりも水準が高かった！[*1]、と思います。彼の論文は、紳士連とファーアナー自身の無責任なおしゃべりによってあまりに長々と扱われました――そのため、あなたの教授資格論文のほうは査定がもっと短時間でした。

［結びの言葉がない。］

＊1　ルードルフ・ファーアナー（一九〇三―一九八八）はドイツ語ドイツ文学者。教授資格取得後、マールブルク、ハイデルベルク、アテネ、アンカラの、一九五八年以降はカールスルーエのドイツ語ドイツ文学の教授。〔ヒトラー暗殺を企てて失敗した〕一九四四年七月二〇日の事件以後、シュタウフェンベルクの友人で生き延びたのはオットー・ヨーンと彼だけだった。

88　ハイデガーからレーヴィットへ

［一九二八年晩夏］

親愛なるレーヴィット様！

好意のこもった美しい別れの言葉にあらためて心から感謝します。残念ながら、目下のところせっぱつまっているものですから、何もかもひどく落ち着きません。――あなたの奨学金に関する私の申請は昨晩満場一致で採択されたので、近日中にベルリンに送られます。
私は九月初めには戻ります。
コペンハーゲンでたくさんの喜びと感銘が得られますように。[*1]

心からのあいさつを
あなたの
M・ハイデガー

*1　カール・レーヴィットはある講演に招待されていた。どういう講演を行ったかは、突き止められなかった。

89 ハイデガーからレーヴィットへ

山小屋、一九二八年九月二八日

親愛なるレーヴィット様！

誕生日を祝ってくれるあいさつ状[*1]、本当にありがとう。思い出はとても鮮やかです。研究助成団体への申請書は私の添え状と一緒にすぐに発送しました。学部宛ての公式書簡も、またいまヤーコプスタール[*2]とお父上宛てにも送りました。私はここで、イェルクと二人でとても静かに生活しています。ヘルマンはフェルダフィングにいます。〔マールブルクの〕最後の日にはまだすべき仕事が多すぎたうえに、ブルトマンのところで引きとめられました。あなたの今度の学期が実り多くすばらしいものとなりますように。

心からのあいさつを
あなたの
マルティン・ハイデガー。

＊1　誕生日を祝うあいさつ状は遺品には残っていない。
＊2　パウル・ヤーコプスタール（一八八〇—一九五七）は一九一二年からマールブルク大学の考古学の教授。一九三五年、教授職を放棄せざるをえなくなり、イギリスに亡命。一九三七年から、オックスフォードのクライスト・チャーチ・カレッジで教える。

90　ハイデガーからレーヴィットへ

山小屋、二八年一〇月七日

親愛なるレーヴィット様！

そのガウンは私の服です。けれども、学部は似た場合と同じくそれを受け入れるでしょう。すべてのガウンがそのうち学部の所有物になるでしょう。ここでは私は別のもの——裁ち方も色も——を使っています。

私の服ではあなたには処置なしです。なにしろ、そちらでは正教授でなければ折り返しがないのですから。私のガウンは誰か正教授のために取っておかれるでしょう。

講義原稿というものはえてして、多くなりすぎるか、あるいは、学期中の手直しによって初稿とは別なかたちになるものです。

あなたが何を講義の原理として認めようとするかはあなたの問題です。普遍的な規則を与えることはできません。材料と問題に応じて、構成と仕上げは変わります。ただし、一つの格率だけはあなたにあえて推薦したいと思います。ドイッチュバインのおしゃべりに——他のことにおいても——耳を貸すなかれ、たとえ彼がマールブルクの学生たちのあいだでは偉人だとしても。

先日、ベッカーが何日かこの高地に来てくれました。彼は、待つことに次第にいら立つようになっています。学期が始まる前に何かが起こるといいのですが。

私たちは来週引っ越します。私は冬をとても楽しみにしており、静かに研究する時間がもてるのを期待しています。

心からのあいさつを
あなたの
M・ハイデガー

葉書はセザンヌです。

91　ハイデガーからレーヴィットへ

フライブルク、二八年一〇月二二日

親愛なるレーヴィット様！

ちょうどガダマーから、イェンシュもマーンケも講義しないという手紙をもらいました。彼には今日、返信します。たしかに、私はマールブルクではもう発言権がありません――しかし、この状況では、学科のためにも、あなたのためにも、デカルト以来の近代哲学史について少なくとも週三時間の講義をするよう、あなたに強くおすすめしたいのです。あなたはすぐこれに没頭して引き出さなくてはなりません。それはできます。他の講義のためにあなたが研究してきたことは、消えてなくなるわけではありません。もちろん、招聘[*1]がなされるまで待つのが最善です。いずれにせよ、私であれば、かなり大がかりで一般的な講義をするでしょう。その講義によってあなたは自身を学生たちに印象づけるのです。

急ぎ、提案まで。論文[*2]、本当にありがとう。

あなたのM・ハイデガー。

＊1　ハイデガーの後任の招聘。

＊2　Karl Löwith, »Burckhardts Stellung zu Hegels Geschichtsphilosophie«, in: *Deutsche Vierteljahrsschrift für Literaturwissenschaft und Geistesgeschichite*〔1〕 6（1928）, 702-741（jetzt auch in: Karl Löwith, Jacob Burckhardt [LSS 7], hrg. von Henning Ritter, J. B. Metzler, Stuttgart 1984, 9-38）. これは、レーヴィットが一九二八年夏学期にマールブルクで行った就任講義の改訂稿である。

〔1〕　原文ではJakobと誤記されているので、Jacobに訂正する。

92　ハイデガーからレーヴィットへ

〔フライブルク、〕二八年一〇月二四日

親愛なるレーヴィット様！

フランクが数日前に私に手紙を送ってくれたのですが、それが遠回りしてやっと私のもとに届きました。私は〔マールブルク大学のハイデガーの後任にフランクが就くという〕この決定を予期していませんでした。しかし、ベッカーはこの問題をとても冷静に受け止めています。[*1] あなたはやがて、フランクが彼の地の代表者〔研究室長〕ではまだないことに気づくでしょう。それに、あなたが彼を頼りにすることもあるはずです。

招聘がおこなわれたあとで代表者〔研究室長を務める教授〕も来るということはなさそうに思います。もしもそうだとすると、二年間も私が二つの教授職を代理し〔て研究室長を務め〕た当時もそれが必要でなかったのはなぜなのか、私はただ奇異に思うしかないでしょう。私は奇異に思うしかないでしょう——しかし、実際に奇異に思ってはなりません。私はマールブルク時代を〔フライブルクの方へと〕逆向きに「反復」して遠くへ投げ捨てたのですから——こういうわけで、それ以来、私は自分が肉体的、身体的にさえちがう状態にあるように感じているのです。

したがって、代表者〔研究室長を務める教授〕が来ない場合は、ぜひ週三時間講義してください。学部はこれにはまったく関係しません。隠れたよい友人たちがいたのは明らかです。どんなに遠回りであっても、あなたにとても配慮してくれているのです。今後、大学のモラルの低下がいっそうひどくなるのを感じるようなはめになっても、あまり驚かないでください。

当地での一緒の仕事がうまくいくよう望んでいます。グラッシ氏はすでに、私がわずらわしくなるほど熱心です。

心からのあいさつを、フォン・ローデンにもよろしく。

あなたのM・ハイデガー

＊1　オスカル・ベッカーはハイデガーの後任になるのを望んでいた。

93　ハイデガーからレーヴィットへ

［フライブルク、］二八年一二月二三日[*1]

親愛なるレーヴィット様！

二通のお手紙[*2]、本当にありがとう。あなたの教育がみごとな成果を上げているのはとてもうれしいことです。また、あなたが抵抗を受けることも私は望んでいます。「信奉者」やこれに見合った敵がいることはもちろん副次的現象にすぎず、これは教師として仕事する最初の時間からけっして重要ではありえませんし、そうであってはなりません。しかし、自分のすることが誰かに打撃を与えるかどうか、いつ打撃を与えるのかがますます分からなくなるほど、教師が自由な力を奮い起して本気になるということ、これは本質的です。

哲学する大学教員は「同僚」に対して大学のなかでまったく独特な立場にあります。それをきちんと理解しているのはごく少数のひとだけですが。何か月も講壇に上がり、本質的な事柄を語らなくてはならないということがどういうことなのか、学生でさえ、それも賢明で関心の深い学生でさえ何も気づきませんが、これは不思議ではありません。これは、外的な準備の必要（どれほどまじめに受け取っても十分ということはない）のことを言っているのではありません。なぜなら、講義がよいものでありうるのは、大学教員が自分の語ること、語る仕方よりもつねに本質的に「より以上」に、つまりより根源的に理解する場合だけだからです。それはもちろん、彼が、ものごとを「解決」したという致命的な意見のもち主でなくてはならないという意味ではありません。

私が言っているのは、自分自身の人格を、つまり、人格的な事柄について語る必要のないときにこそ存在しなくてはならない人格を賭ける覚悟のことなのです。

しかし、そうしたことについていろいろ反省しても何の役にも立ちません。

これとは対照的に、あなたの外的立場は深い熟慮を要します。シュレーアー[*3]のお嬢さんが当地で結婚していて、最近知り合いになりましたが、私の弟とギムナジウムで同級生でした。彼女の話では、父君がクリスマス休暇にこちらに来るよし。そういった件を直接話し合って処理するのが最善なのはもちろんです。そこで私は、二つの問題で〔申請書の処理全般と私講師奨学金を危うくしないこと〕、働きかけます。シュレーアーがこちらに来ないか、連絡がとれない場合は、手紙で問題を片づけなくてはなりません。

増額された私講師奨学金の遡及支給を達成するのは、学部長と学部の、ないし個々の構成員、とりわけフランクの当然の義務です。たしかに、どこでもぶつからずに「気さくな同僚」で通る方が心地よく快適です。そうすれば、力を消耗することもなく、何もしていないのに、他者たちを気にかける上品な人間だという評判をうまく得ることができます。

お望みなら、ヤーコプスタールに手紙を書きます。その行動に明らかに実際的な意味があって、政府をいっそうかたくなにしないかどうか、疑わしいのですが。二年前にも私に似たようなことがありました。ハルトマンの後任に指名されたさいのわずかな昇給が、一〇月一日から——任命され官職の義務を負った日から——ではなく、二か月後の一二月一日から「認められた」のでした。こういうしみったれなのです——私が二年間——代表者〔研究室長である教授〕の代わりを務め、正教授の俸給を二年間政府に着服されたあとで。

研究助成団体の件はこれより重要です。——

冬の日々はこちらではすばらしい。私はもう何度も高地に行きました。休日が続いたあとは山小屋です。いま、男の子たちはこの平地でもとても楽しんでいて、近所の子どもたちと一緒に遊んでいるので、高地に行きたいという気持ちはまるでありません。

静かなクリスマス休暇を過ごせますように。心からのあいさつを

あなたの

M・ハイデガー。

＊1　原本では「一二八年一二月一三日」。レーヴィットは一九二八・二九年冬学期から講義を始めたのだから、これは合わない。「一二」を「一二」と書き間違えたのであろう。ハイデガーは、レーヴィットが「静かなクリスマス休暇」を過ごせるよう祈っているからである。

＊2　どちらの手紙も遺品には残っていない。

＊3　アルノルト・シュレーアー（一八五七—一九三五）は、一九一九年からケルン大学の英語英文学の教授。ハイデガーの

弟フリッツ（一八九四―一九八〇）は、兄と同じくコンスタンツのギムナジウムに行った。マルティン・ハイデガーとフリッツ・ハイデガーについては次を見よ。Hans Dieter Zimmermann, *Martin und Fritz Heidegger. Philosophie und Fassnacht*. C. H. Beck, München 2005〔『マルティンとフリッツ・ハイデッガー――哲学とカーニヴァル』平野嘉彦訳、平凡社、二〇一五年〕.

94　ハイデガーからレーヴィットへ

フライブルク、二九年四月二一日

親愛なるレーヴィット様！

お葉書[*1]、ありがとう。残念ながら、ニーマイアーは別刷にはひどくケチですし[*2]、私には贈呈する義務のある公的な受取人がたくさんいるため、どこかで終わらせなくてはなりません。そうでなければ、一部お送りしたかったのですが。しかし、私はこの論文を単独で出版するという取り決めをニーマイアーとしました。ベッカーの話では、当地ではもう陳列してあるそうです。

そうすると、エーベルの得た情報が間違っているのか、それとも、当該巻全体がもっと売れるように、ニーマイアーが別冊を控え目にしているのか、どちらかでしょう。

ダヴォース[*3]のせいで、まとまった休暇期間がとれなくなってしまいました。とはいえ、この機会を利用して、何度かすばらしいスキーツアーができました。

講義報告について私は十分経験を積んでいますので、自分の講義の、まして他のひとの講義の反響は基本的に気にせず、そうした事柄はただ「聞き置く」だけです。

心からのあいさつを、そして二度目の学期がうまくいきますように、

あなたの

マルティン・ハイデガー。

＊1　この葉書は遺品には残っていない。

＊2　Martin Heidegger, »Vom Wesen des Grundes«, in: *Jahrbuch für Philosophie und phänomenologische Forschung,*

Ergänzungsband, *Festschrift für Edmund Husserl zum 70. Geburtstag*, 1929, 71-100〔「根拠の本質について」、『ハイデッガー全集第9巻　道標』所収、一五一―二一五頁〕。このあとで言及されているように、この論文は同時に別冊としても出版。

＊3　ダヴォースの大学講座（一九二九年三月一七日―四月六日）のなかで、マルティン・ハイデガーとエルンスト・カッシーラーはのちに有名となる講演と討論を行う。一九二九年三月一七日から四月六日までの第二回ダヴォース大学週間のなかで行われたゼミナール「エルンスト・カッシーラーとマルティン・ハイデガーのダヴォース討論」がそれ。O・F・ボルノーとJ・リッターが作成したこのゼミナールの記録が最初に公表されたのは次の書において。Guido Schneeberger, *Ergänzungen zu einer Heidegger-Bibliographie. Mit vier Beilagen und einer Bildtafel*, Bern 1960, 17-27, Beilage Nr. 4. 次にも所収。Martin Heidegger, *Kant und das Problem der Metaphysik* (^{4}1973), 246-268, und: in *Kant und das Problem der Metaphysik* (HGA 3), 274-296〔『ハイデッガー全集第3巻　カントと形而上学の問題』二六四―二八四頁〕. Martin Heidegger, »Kants Kritik der reinen Vernunft und die Aufgabe einer Grunlegung der Metaphysik« – Drei Vorträge auf den 2. Davoser Hochschulkursen. これが（ハイデガーが手を加えた要約のなかで）最初に公表されたのは次において。*Davoser Revue* (4). Nr. 7. 15. April 1929, 194-196. 次に再録。Martin Heidegger, *Kant und das Problem der Metaphysik* (HGA 3), 271-273〔前掲訳書、二六一―二六三頁〕.

95　レーヴィットからハイデガーへ

［マールブルク、］二九年五月九日

親愛なるハイデガー様、

お知らせ大変ありがたく存じます。そうこうするうちに、エーベルのようなヘッセン的知性の持ち主でさえ、あなたの論文の抜き刷りを提供してくれました。

学生たち、とりわけ女子学生たちの数がこちらでは恐ろしいほど増えています。それに比例して質のほうは落ちています――人相だけからしても致命的な印象で、そうした学生がやみくもに大教室を埋めている――たしかにマールブルクは「夏季大学」なので冬学期のほうが良いと言われているけれども、同時に社会学的な階層移動の一般化という印象も受けるのです――いまやアビトゥーア〔大学入学資格〕を持った、小商人や自営業者の子供たちが、何か「より良きもの」となるために塊となって大学にやって来る。他方、以前の市民階級の知識層は、おそらく経済的理由が幾重にも効いてきて、技術的な職業へと移動し、工科大学等に行く――それは本当に顕著に表れております――例えば現在、マールブルクの多くの商人たちは息子や娘を大学に行かせております。以前であれば、彼らはその子供たちを小さいころから商売に取り込んでいたであろうことは確実です。その結果、大部分の講義や、「哲学」部においてさえ、「ドイッチュバイン」・イェンシュ・マーンケといったタイプがのさばることになります――モムゼン[*1]もまた、私は彼の第一回目の講義に出ましたが、小学生のような素養と理解力と怠惰しかもち合わせていない学生たちにすぐに何度でも安易に妥協をしていたのです――フランクもまたあまりに「義務的に」講義をしていることは残念です――彼の第一回目の講義は、A・メッサーのカント註解[*2]と本質的に異なるところがなかった――ただ違いと言えば、ほんの幾分弁舌がもっと熱を帯びておりしたが。私のディルタイ講義にはかなり多くの人々がおりますが――五〇人か六〇人くらい――私の印象では、その中の多くは、恐ろしく高度で学術的であると感じているでしょうし、また何人かは、例えば、「説明」と「理解」の違いを分かろうと非常に苦労している――前の学期にいた何人かも出席しています。しかし、私は私自身問題を先に進めようと考えているので、妥協をするつもりはまったくなく、私の意図したとおりに講義を進めています。そしてついにはきっと一人か二人、事象に即した諸問題に対して自分の理解力を鍛えることに価値があること、四時間におよぶ一般的なおしゃべりを傾聴することには価値のないことに気づいてくれるでしょう。

ファーアナーと一緒にやっているゼミナールでは、それよりよほど優れた人たちがいますが、残念なことに相当に訳の分からない年長のヤコービ[*3]もいるのです！　ファーアナーとの共同作業は楽しい限りです――彼は、驚嘆すべき仕方でへり下ることができ、「言葉」に対しては異なる態度を持っておりますが（彼は、すべてを「偉大な詩人たち」の創造的言語から見ようとします）、議論をいつも豊かに活性化し、単純に何か別の方向に行こうとしない。それには感心します。それに彼は本当に賢く、論理的にも明晰です。

そのほか、私はＡＶの何人か[4]と、ドストエフスキーの『大都会の暗闇から』[5]と『笑うべき人間の夢』[6]を読んでおります——神学者連中が今学期、ロシア教会に関する一連の講義を企画したのです——ネッツェル[7]、シュテフン[8]、コッホ[9]（ウィーン）等々。

ガダマーは、あなたに彼自身のことは自分で報告することでありましょう。

研究室のために多くの著作を注文したところです。フランクがともかくも二千マルクを新規購入のために獲得したからですし、何よりもこちらでは最重要のものが欠けているのです——そこで、私の個人的な古本の知識が役に立つというわけです！　そこで思い出したのですが、あなたが蔵書の包みを解いたときに、ホイジンハ[10]なんかを再び発見しましたか。もしそうでなくとも、それほど悪いことでもないですが。

こちらではようやく三日前から春となり、かつてないほど素早く開花が進んでいます。

ベッカーにお会いになったら、私からよろしくとお伝えください。彼が手紙を書いてくれるかと考えていたところでしたが、私が書くことにします。——

あなたの家の写真はお持ちではないですか、ご家族と一緒の。

心からあなたに挨拶します
あなたのカール・レーヴィット

＊1　ヴィルヘルム・モムゼン（一八九二—一九六六）は、一九二九年にマールブルク大学から中世史ならびに近代史に関して指名を受けて招聘され、歴史学研究室長となる。
＊2　August Messer, *Kommentar zu Kants »Kritik der reinen Vernunft«*, Strecker & Schröder Verlag, Stuttgart 1923.
＊3　ヤコービについて〔1〕は詳細を突き止められなかった。
＊4　明らかに学生結社構成員のこと。
＊5　Fedor Mihajlovic Dostojewski. *Aus dem Dunkel der Großstadt. Acht Novellen.*
＊6　Fedor Mihajlovic Dostojewski, *Traum eines lächerlichen Menschen.*　どの版のことなのか、確認できなかった。
＊7　カール・ネッツェル（一八七〇—一九四五）はとくに、ロシアの作家、ドストエフスキーとゴーゴリの翻訳者として有名。
＊8　フェードーア・シュテフン（一八八四—一九六五）は、一九一〇年にヴィルヘルム・ヴィンデルバントのもとで博士号

を取得。マックス・ウェーバーやゲオルク・ジンメルとともに雑誌『ロゴス』(*Logos*)を創刊。一九二六年から、ドレスデン工科大学の社会学の教授。一九三七年に免職。一九四六年から、ミュンヘン大学のロシア精神史の客員教授。

＊9　ハンス・コッホ(一八九四―一九五九)は神学者で東ヨーロッパ史学者。

＊10　Johan Huizinga. *Herbst des Mittelalters. Studien über Lebens- und Geistesformen des 14. u. 15. Jahrhunderts in Frankreich und in den Niederlanden*, übersetzt von T. Jolles Mönckeberg, Drei Masken, München 1924〔『中世の秋Ⅰ・Ⅱ』堀越孝一訳、中公クラシックス、二〇〇一年〕.

〔1〕「マールブルク学生結社」のこと。書簡63訳註〔1〕〔本書一八〇頁〕を参照。

96　ハイデガーからレーヴィットへ

トートナウベルク、二九年九月三日

親愛なるレーヴィット様!

あなたとあなたの婚約者に[＊1](彼女のことはとてもよく覚えています)、私から、そして妻から、心より婚約のお祝いを述べます。

この出来事をとても喜んでいます。「外的なこと」があなたにとって容易で気楽になるからだけではありませんし、またこれが第一の理由でさえありません。あなたを本質的な点で豊かにすることを意味し、この豊かさはあなたの研究のためにもなるからなのです。

「プチブル根性」の危険は大きくなく、誰であれ自分自身を相手に本質的なことを企てることができる場合には、そもそも存在しません。今日の人間にとってはるかに恐ろしいのは、ありとあらゆることに飽き飽きしている退屈です。それを恐れて、私たちは二人で、「つき合い」や見かけだけの社交に逃れるのです。

しかし、あなたたちが一緒にいて決然としており、あなたたちのいまの現実のなかでみずから選んだ道を行く場合には、こうしたことはすべて、結局まったく存在しないのです。

大学教員の最初としては、あなたの条件と成果は願ってもないものです。ここでは誰もが自分の土台を固めなくてはなりません――今日の大学の欠点がどれほどさまざまにあろうとも、それがこの職業の推進力です。抵抗を受けないところでは、人間の業《わざ》として育つべきものは何も生まれません。自分自身が進む方向の確かさを失わないかぎり、しかしまたその方向を堅持し発展させるなかで自分は薄っぺらな思想の独占者だと勘違いしないかぎり、それで十分です。この真の中庸を保つためには、落ち着きと冷静さが、そして自分を超えるべき創造力への信頼が必要です。

そうであることによってのみ、一人一人は、青年たちとの真に自由な関係を担う力を自分のなかで奮い起こすのに十分な強さをもつのです。この力は派閥根性に耳を貸そうとしませんし、あらゆる学者の口論や尊大さの外に、理論上だけでなく実際に連れ出されるならありがたい。ダヴォースでは、疲れを知らないどんちゃん騒ぎやジャーナリズムのせいでいろんなことがあまりうれしくありませんでしたが、あの日々は、私の確信の正しさを証明したのですから、私にはとても貴重でもありました。つまり、青年期にはどこかにすぐれた新しい実質がなくてはならないという、とりわけその実質を見出し呼び起こすことができる――現実の個々の現存在の決然とした態度によってのみ――という確信の正しさを。こうした具体的なありさまにおいてのみ、精神的なものは成長し維持され新たなものとなります――王者のように偉ぶった万能の客観性はすべて影のようになり、どんちゃん騒ぎに溺れる人々にとってのつかのまの享楽になるのです。――

仕事に明け暮れた夏学期が終わってから、シュタルンベルク湖ですばらしい数週間を過ごし、そのあともっと長いあいだ故郷の弟のところにいました。郵便物がそこまでは転送されなかったために、やっと八月末にあなたの通知を受けとったのです。

お葉書の結び[*2]は、まるであなたが幽霊を見ているように感じられました。以前あなたに書いたとおり、私は告げ口などとりあいませんし、なおさら、学生たちに自分以外の人々のことを根掘り葉掘り尋ねたり、まして、ここ何年来私に対して同僚たちの通例となっているのとちがって、誰かの講義の筆記録を渡すよう頼んだりはしません。そういう空騒ぎに対する内心の軽視やひどすぎはしない優越感からそういうことをしなかったために、すべての、しかもどれも決まって一知半解で歪曲された講義報告がもたらした影響に関して、私自身がさまざまな経験をしたことはたしかです。

誰かが『存在と時間』と歩みをともにするかどうかは、私にはまったくどうでもよいことです。私の研究が直接に、また一夜にして真の衝撃を与えるなどとは、私はまったく一瞬たりとも期待したことがありません。あらゆることはまず、そしてずっと噂話を通り抜けなくてはならないということを、私が知らないままだったとしたら、私は自分が望むことをきちんと理解していなかったことになってしまうでしょう。もちろん、そこから流行が生まれ、教授たちの一見好意的でもある意思疎通のおしゃべりが法外に皮相なものになる（たとえばミッシュ）などとは、夢にも思わなかったことでしょう。

私は、自分がこういうざわめきや泣き言に何も感じない木石のような人間だという運命に感謝しています。こういうどんちゃん騒ぎに自分の作品を加えなくてはならないくらいなら、私はむしろ、創造する内的必然性があるにもかかわらず、完全な沈黙を決意することでしょう。——

精神分析やすべての人間学的・心理学的な反省哲学に対する私の立場を、あなたは知っていますね。私がそれらに与しないこと、あなたがそれらに固執するのを私が残念がっていることも、あなたは知っていますね。ブルクハルトに関するあなたの就任講演を私は聞きましたが、公表した論文とはちがっていました。[*3] あなたは、ディルタイとニーチェ、精神分析から当面あなたが逃れられないことを証明しました。最初の学期にはそれらとは別の研究を強いられるようなずっと広範囲にわたる歴史的講義をすべきだ、という私の忠告に従わなかったときに。しかし、そんなことで私が気を悪くするはずがあるでしょうか！　もしそうだとしたら、私は難なく安穏としてあなたの教授資格取得を妨げられたでしょう。牛耳っているボスたちのなかに、自分と対立する方向の論文を書いた弟子に大学教授の資格を与えたひとが一人でもいるでしょうか！　私はこれを自分の手柄に数えるつもりはありません——しかし、あなたが私の姿勢と意志をほとんど理解してくれないことが、かえすがえすも私には不思議でならないのです。あなたの文面が示唆しているところでは、私が立腹しているとあなたは推測しているようなので。ベッカーは沈黙を守り通しませんし、慎重になる理由もありません。彼が受けた二度のまったく不当な冷遇を考慮に入れれば分かるように、彼は自分自身のことで十分つらい思いをしています。彼はその話はしませんが、当然ながらそのことでひどく苦しんでいます。あなたの研究がどういう道をとろうとも、その背後にはあなたが戦い取り責任を負うようなこのうえなく真摯な信念があります。そういう信頼を私はあなたに寄せています。それ以外はどんなこともとるにたりません。

心からのあいさつと真実の祝意をこめて

あなたのマルティン・ハイデガー。

＊1　エリーザベト・アーデルハイト（アーダ）・レーヴィット、旧姓クレマー（一九〇〇―一九八九）。カール・レーヴィットは、一九二九年に三歳年下のアーダ・クレマーと婚約。彼女は、ベルリンのアルント・ギムナジウムの校長、哲学博士マルティン・クレマーの娘。まもなく二人はベルリンのダーレムで結婚。それからの数十年間、アーダは夫を支える。夫の死後、彼の自伝的著作の編集に尽力。*Mein Leben in Deutschland vor und nach 1933*〔『ナチズムと私の生活――仙台からの告発』〕。アーダ・レーヴィットについては次をも見よ。Karl Löwith, *Mein Leben in Deutschland vor und nach 1933*, 66〔前掲邦訳、一〇七頁〕.

＊2　この葉書は遺品には残っていない。

＊3　レーヴィットが一九二八年夏にマールブルクで行った就任講義「ヘーゲル歴史哲学に対するブルクハルトの立場」の改訂稿のこと。現在は次にも所収。Karl Löwith, *Jacob Burckhardt*〔1〕 (LSS 7), 9–38.

〔1〕　原文では Jakob と誤記されているので、Jacob に訂正する。

97　ハイデガーからレーヴィットへ

〔フライブルク、〕二九年一一月一七日

親愛なるレーヴィット様！

お手紙[*1]、本当にありがとう。とても喜びました。神学展望に載せる論文のテーマについてあなたがどのように書くか、心待ちにしています[*2]。

近日中にシェーラーの最後の諸論文が『哲学的世界観』[*3]という書名で出版されます。

クリスマスには、当地での私の就任講義『形而上学とは何か』[*4]が出ます。私が立っている場所を、いやもっと正確には私が歩んでいる場所を、あなたたちにより明瞭に示しているものです。というのも、私はいまようやく決定的な始まりにあり、解体を私自身に向けることができるのですから。だからといってニヒリズムにいたることはありません。

今日、ニーチェがまだきちんと把握されていないことが、このところ私には分かってきました。――

先日、ホイジンハの中世の秋が見つかり、うれしく、また安堵しました。数日中にお手元に届くでしょう。――

奥さんと一緒にこちらに来ませんか。

妻ともども心からごあいさつを、あなたにも奥さんにも

あなたの

マルティン・ハイデガー。

＊1　この手紙は遺品には残っていない。

＊2　Karl Löwith, »Grundzüge der Entwicklung der Phänomenologie zur Philosophie und ihr Verhältnis zur protestantischen Theologie«, in: *Theologische Rundschau*, N.F. 2 (1930), 26-64, 333-361.　次に再録。Karl Löwith, *Wissen, Glauben und Skepsis. Zur Kritik von Religion und Theologie* (LSS 3), hrg. von Bernd Lutz, J. B. Metzler, Stuttgart 1985, 33-95.

＊3　Max Scheler, *Philosophische Weltanschauung*, Friedrich Cohen, Bonn 1929〔「哲学的世界観」亀井裕、安西和博訳、『シェーラー著作集13　宇宙における人間の地位 哲学的世界観』所収、白水社、一九七七年、一一一―二八一頁〕。

＊4　ハイデガーは一九二九年七月二四日、〔フライブルク大学〕就任講義「形而上学とは何か」を行う。これは、一九二九年にボンのフリードリヒ・コーエン出版から発行。現在は次にも所収。Martin Heidegger, *Wegmarken*, Vittorio Klostermann, Frankfurt am Main 1967, 3-19, und *Wegmarken* (HGA 9), 103-122〔「形而上学とは何であるか」、『ハイデッガー全集第9巻　道標』、一二一―一五〇頁〕。

98　レーヴィットからハイデガーへ

マールブルク・アン・デア・ラーン、キルヒハイン通り二二　一九年一二月二二日

親愛なるハイデガー様、

一一月一七日付のお手紙、大変うれしく存じます。心からお礼申し上げます！　数日前にエーベルから「無」に関するあなたのフライブルク大学教授就任講義〔『形而上学とは何か』〕を受け取り、今、もう一度一文ずつ丁寧に読み込みました。あなたが辿っている道程は、この論文によって『根拠の本質』よりもよほど明瞭で理解できるものとなりました――「退屈」と「大胆な」現存在とに関する数少ない文は、私個人としては特に喜ばしいもので、それは、そのような箇所での思考過程から、現存在の「体系」〔『存在と時間』〕の出版後も、あなたは内的な自由としなやかさを失っておらず、そうした態度によってあなたはいたるところで変容や発見の途上にある、と明瞭に感じたからです――たしかに私はあなたが「硬直化」していると考えたことはありません。しかし、御自身の「作品」の専制が、時に知らず知らずのうちに危険を生むと思われたのです。ですから、あなたがまさにようやく今になってニーチェと邂逅したことは、十分に理解もできますし、いつかもし、あなたと一緒にニーチェの最後の著作群――ニヒリズムと回帰の教説――について哲学し、共同の演習をすることができれば、これ以上にうれしいことはありません。夏にヴァイマルのニーチェ・アルヒーフで数週間研究したときに、私はニーチェの卓越した偉大さと真に哲学的なラディカリズムに再び接近しました。私の最も好きな考えは依然としてニーチェの体系的な解釈であり、それはあなたが学問的な解釈を教育してくれたことを感謝しつつ思い起こさずには考えることができません。たしかにあのころのテーマは、アウグスティヌスとアリストテレスをめぐっていました――しかし、そこから学んだことは、まさにニーチェ研究に役に立ちます。私は、講師となった最初の学期に、デカルトからカントまで講義したらよいというあなたの忠告に従わず、その代わりに週二時間ニーチェの後期著作について講義しましたが、それは単なるわがままとかやりやすさのためではありません。ニヒリズムという問題を注視しながらいま講義していることは、――少人数ですが――デカルトの「懐疑的省察」などです――そう、デカルトです。彼が大胆不敵であることは疑いを入れませんし、その限りでいわゆる「古典的哲学者」とはまったくの別ものですその見事な下絵（ルーブルにある大きい絵の）をコペンハーゲンで見ました――すごい顔です！

そして、あなたの講演で注目したことは、驚くほどに新しいものへフラッシュを当てておられることだけではなく――すでに『存在と時間』で究極的に片が付いたと思われたことが、いまやより理解できるものとなったのです――つまり「不安」です。J・コンラッドの素晴らしい小説『シャドウライン』*1をご存じですか。もしお持ちでないなら、お送りします――世界文学のなかでこれほど、不安による「安らぎからの追放」を具象化して眼前に見せてくれ、この状況を実存的に決定的なものとして把握したものを他に知りません。

そしてもう一つ。あなたによれば、「現存在」は人間よりも「より根源的」であり、また、〈人間「における」現存在は人間という措定よりもより根源的である〉という命題は単なるトートロジーではない。（つまり、〈人間がその純粋な存在様式によれば存在論的に何「である」かは、――存在論的には――「現‐存在」の先行的分析にもとづいてのみ「理解される」〉という形式に従うなら、この命題は単なるトートロジーではない）。しかし、それがなぜなのか、あなたのカント書の最後の章*2では、私には明確になりませんでした。というのも、あなたのお考えどおりだとすれば、〈人間は、「人間における現存在を根拠として」のみ人間「である」〉と言うのは、やはりトートロジーだろうからです。（私にとっては、（カント書に先立ち）すでに『存在と時間』において、この命題がそうしたものではないという理由づけが、つまり、存在論の本質命題の「中立性」の証示が欠けていたのですが）。ところが、いまや（『形而上学とは何か』では）、この命題の意味は実際に、自明なトートロジーの命題ではありません。いまや私は、そうした証示への発端をあなたの講演の一七頁と一八頁に見つけるのです。そこでは、現存在のこの「純粋さ」が不安を有する「あるひと」（「私」でも「あなた」でもない）から明らかにされ、さらに、不安は「人間」を純粋な「現存在」へと「変容させる」と述べられているのです〔1〕。神学展望の論文は、すでに一か月前に校正刷を受けとっており（ブルトマンが言うには、ようやく一月号で公表されます）、そこで私は――主として『存在と時間』に言及することになる続編の第二部に移行する前段階として――「中立性」の意味を問題としました。しかし、その時はまだあなたの講演は出版されていなかったので、それに言及することはできなかったのです。第二部では、遅ればせながらそうするつもりです。[*3]

『存在と時間』に関する書評の中で私の目に触れたものは、ほとんどまったくとんでもないものです——P・ホフマン[*4]とH・バルト[*5]は、彼らの混乱した註解がとるにたらないという点ではどっこいどっこ〔い〕です——ミッシュが書いたもの[*6]は、私の意見では、これら「対決」と称されるものと比較して、いまだ何といっても最も優れたものです。

聞くところによれば、今日、ブレッカーが旅の途中でガダマーのところに立ち寄っているそうです——しかし、私はガダマーのところに行って、ブレッカーから「フライブルク」の最新情報を聞くことは断念しました。あなたの講義について話を聞くのであれば、非常に関心のあるところですが、ブレッカーは報告者としては特に不適任であると思えるからです——彼は、永遠の弟子であり、そうでなくなるのは、弟子という立場をひっくり返して、ベルリンはなくフライブルクで退屈している時だけです——しかしそれは「本来的」ではありません——いや、ひょっとしたらそうした危険なところに近づいているのかもしれませんが。あなたはブレッカーに困難な仕事を与えるおつもりはないのですか。彼は自分からどのような発想もしませんが、彼が否定する際の賢さやさまざまな領域での長い勉学は、優れているように見えても、それは不毛なものです——彼は、おそらく今が何かを決断するときです——彼がフライブルクへ行く途中で私を訪れた時、彼は徐々に自分自身に倦んできたという印象を持ちました。私自身は、彼のような北方のホルシュタインの人間、ハーマン崇拝者とどう付き合えばよいのか、途方に暮れています——彼に私が見出したのはまたしても、哲学だけを研究していられることの破滅的な結果です。この危険は、例えば、ここマールブルクでは、イェンシュ・マーンケ・フランクの三頭政治の庇護下にあってはまったくありません。私たち三人の私講師は試験には関係ありませんし、多くの人が言うように、講義は正教授たちよりずっと「難しい」ので、私たちはこの点に関してはまったく拮抗勢力とはなりません。この難しさは、ひとえに私たち三人ともあなたのもとで、耳障りはいいがすぐに忘れられるような言葉で満足してはならないと学んだからなのです。——

私の講義「精神分析（フロイト）とその人間学的根本概念」には、はじめ多くの人が出席しておりました——医学生もいました——しかし、私が精神分析の性科学者ではなく、「抽象的な」事柄を、例えば、「理解」と「説明」の違いから哲学的な解釈過程を展開したり、多くの概念を無意識から分析したりすることに気づくと――半分の人は去ってしまって、今はまともな数の注意深く熱心な学生が残っています。そのうちの何人かはゼミナールを通して近しく知り合ったりもしました。

イェンシュが、落ちこぼれの医学博士をゼミナールに送ってきましたが、その人は医学についても精神分析についてもろくに知らないのに、「人生教育学」療養所の医師なのです――以前、レストランで会った時、彼はまさに泥酔していて、それ以来、おとなしくしています。ご立派にも、イェンシュが彼と共同で、Cタイプを確定するために「ヒステリー」を研究しているのです！　イェンシュが私に言うところによれば、印刷中の論文があり、それはなかんずくあなたのカント書との「対決」でもあるというのです――直観像所有者は[*7]、あなたも言うように、認識の二つの幹〔感性と悟性〕を根源的な仕方で統一している、ということを発見したといっており、直観像所有者を援用してあなたに「手を差し伸べ」たいとのことです！　いやまあ、結構なことではありませんか。マーンケはさらに「ルネッサンスの哲学者たち」の構想を温めており、フランクは多読に輪をかけています。

夏学期には「概念」の問題を扱おうと思います――タイトルは、「言語哲学の根本諸問題」（ハーマン、ヘルダー、フンボルト、ひょっとするとライプニッツも）で週一時間、同じく週一時間、教授資格論文の「ペルソナ」分析をさらに推し進め、歴史的に取り扱います。そのタイトルは「哲学的社会学入門」です――さらに、言語哲学のゼミナールをひとつ。タイトルからすると、非常に広範囲で非哲学的に聞こえますが――しかし、残念なことですが、もし、より専門的なタイトルやテーマを選ぶと聴講者がいないということにもなりかねず、それはこちらの三人の正教授連中が、学生たちを哲学の専門的研究に引き寄せるようなまっとうな人たちではないからです。そして、聴講料金の設定が一五パーセント減額されたのですが、それでも聴講料は僅かな奨学金を補っています。私の場合どうなっているかと言いますと、一五〇マルクの研究助成団体の奨学金が今年一二月三一日で切れるのです――この奨学金は、はっきりと、これまでのものの「最後の」延長期間として認められていたものです（つまりこれは、私が書類を書いた広範なテーマ領域に対応する新たな奨学金として認められたのではなかったのです）。ですから、研究助成団体からもう一度さらなる奨学金を獲得する見込みは、その限りではまったくありません。研究助成団体からの奨学金以外に、ゼミナールにたった五〇マルクと、それ以外で八五マルク、国の奨学金を貰っていたので、大学の事務局長を通じて、せめて、国のこの奨学金を三〇年の一月一日から増額してもらう申請を出しました――フランクは抜け目なく念を入れ、直接事務局長のところに行く方がいいと言いました。事務局長は、私の申請をすぐに取り次いで、口利きしてくれました。この奨学金は、一月一日から一五〇マルクに引き上げられることになりました――そうすると、これまで研究助成団体の一五〇マルクに、国から八五マルク、ゼミナールで五〇マルク、合わせて二八五マルク貰っていたところ、これからは、一五〇マルクに加えて、ゼミナールの五〇マルクで、全部で二百マルクを貰うことになります――それに、私の妻がリスト協会で働いており、それでおよそ一〇〇マルク報酬を受け取っています――私たちは、まったく自分たちの収入だけで生活していますから、三百マルクというのは非常に乏しい。フランクや事務局長によれば、国の奨学金を一五〇よりも上げるすべはないとのことです。時折、そうした境遇が「屈辱的」だと哀れまれることもあります――しかし、この境遇を脱するいかなる出来事も起こりますまい。経済状況を改善する何か助言がありましたら、大変ありがたく存じます。致命的なのは、役所と研究助成団体が私たちにとって不利になるように相互に牽制しあっていることです――片方の部局が最小限の補助を出すと、もう一方は援助から手を引くのです。講義委嘱を受けることも、大臣の全般的経費節減措置とフランクの指導力の欠如のために考えられないよう［に］思われます。――

それにもかかわらず私たち二人は、この田舎の辺鄙なキルヒハイン通りで可愛らしいこじんまりした家に住んで、快活に落ち着いて暮らしています。本当に慎ましいけれども、しかしまったく駄目になることはないと信じながら。それが私たちの「イデオロギー」を支える家政上の土台になっています。話は変わりますが、社会主義学生グループが最近、無報酬の講演を依頼してきたのです――私は彼らに言いました。純粋にイデオロギーに染まった講演を求めているなら、それはあまりにマルクス主義の理念に反している！と。

私の妻は、フランクフルトで経済学士を取ったのですが、当時あなたの講演を聞いたことがあるのです。*8 彼女からあなたによろしくとのことでした。もし私たちがあなたの地方に行くようなことがあったら、あなたにお会いできるかどうか、早めに確認したいと思います。——素晴らしい休暇をお過ごしください！

あなたに心から挨拶します

あなたのカール・レーヴィット

*1 Joseph Conrad, *Die Schattenlinie. Eine Beichte von Joseph Conrad. Mit einem Vorwort von Jakob Wassermann*, S. Fischer Verlag, Berlin 1926〔『シャドウライン／秘密の共有者』田中勝彦訳、八月舎、二〇〇五年、三―一二六頁〕.

*2 〔2〕Martin Heidegger, *Kant und das Problem der Metaphysik*, 3)〔『ハイデッガー全集第3巻　カントと形而上学の問題』〕.

*3 この手紙で表明した意図とは異なり、レーヴィットは、論文の第二部でハイデガーの『形而上学とは何か』に言及していない。

*4 Paul Hofmann, *Metaphysik oder verstehende Sinn-Wissenschaft? Gedanken zur Neugründung der Philosophie im Hinblick auf Heideggers »Sein und Zeit«*, Pan Verlag Kurt Metzner, Berlin 1929.

*5 Heinrich Barth, »Ontologie und Idealismus. Eine Auseinandersetzung mit Martin Heidegger«, in: *Zwischen den Zeiten* 7 (1929), Heft 6, 511–540.

*6 Georg Misch, »Lebensphilosophie und Phänomenologie«, in: *Philosophischer Anzeiger* 3 (1929), 267–368 und 405–475. Eine letzte Folge erschien im Jahrgang 4 (1930), 181–330. 一九三〇年にミッシュはこれらの論文をまとめた本を出版。*Lebensphilosophie und Phänomenologie: eine Auseinandersetzung der Diltheyschen Richtung mit Heidegger und Husserl* (B. G. Teubner, Leipzig/Berlin 1930).

*7 次を参照。Erich Rudolf Jaensch, *Die Eidetik und die typologische Forschungsmethode: in ihrer Bedeutung für die Jugendpsychologie und Pädagogik, für die allgemeine Psychologie und die Psychophysiologie der menschlichen Persönlichkeit; mit besonderer Berücksichtigung der grundlegenden Fragen und der Untersuchungsmethodik*, Quelle & Meyer, Leipzig ²1927.

*8 おそらく、一九二九年一月二四日、ハイデガーがカント学会の招待によりフランクフルト・アム・マインで行った講演「哲学的人間学と現存在の形而上学」（»Philosophische Anthropologie und Metaphysik des Daseins«）のこと。現在は次に所収。Martin Heidegger, *Vorträge* (HGA 80.1), 213–251〔『講演集』〕.

〔1〕「形而上学とは何か」では次のように書かれている。「不安

のなかで――私たちはこう言う――「なんとなく不気味だ」と」（In der Angst – sagen wir – » ist es einem unheimlich«）（Wegmarken（HGA 9), 103-122〔『ハイデッガー全集第9巻　道標』一三三頁〕）。直訳すると「それはあるひとにとって不気味だ」となる。何が不気味かを語ることはできず、es（それ）としか言えないし、不気味に思っているのは誰なのかも言えない。不安がるのは、私やあなたという人称的存在者（人間）ではなく「あるひとにとって（einem）」という前人称的な現存在である。「あるひと」と言っても、特定の誰かあるひと（私やあなた）ではなく、前人称的、前人格的なひとであるから、「なんとなく」と訳す方が分かりやすいであろう。しかし、この「あるひと」ないし「なんとなく」は、存在を理解する現存在なのである。

〔2〕　原文どおり記載した。『カントと形而上学の問題』第三章、という意味である。ところが、同書の最終章は第四章であり、第四章では「人間は、人間における現存在を根拠としてのみ人間である」と述べられている（*Kant und das Problem der Metaphysik*（HGA 3), 229)。強調はハイデガーによる（『ハイデッガー全集第3巻　カントと形而上学の問題』二二三頁）。編者A・デンカーの誤記であろう。

99　レーヴィットからハイデガーへ

〔マールブルク、〕三〇年四月二日

親愛なるハイデガー様、

新聞があなたのベルリンへの招聘[*1]とあなたに対する賛辞を伝えていると、いろいろな方面から聞こえてきます。そのニュースは、新聞を購入しておらず読んでもいない私のところにも達しています。そのニュースに驚いたりはしません。むしろ私は嬉しいのです。文部大臣があからさまにシュプランガーやマイアー[*2]のような連中を差し置いて、あなたをベルリンに招聘したことが。そして、私が関心をもって待ち受けているのはただ一つ、あなたがこの招聘を受け入れるかどうかということです。それ自体としてみれば「ベルリン」は、客観的には誘惑の化身のようなところでしょうが、しかし、あなたはすでに多くの誘惑に抵抗して打ち勝ってこられたし、「ベルリンの教授職」というこの「存在者」の「ただ中」にあっても、あなたは、ありのままのあなた、つまり、生業というものがまったく影響を及ぼさない自らの内で確固とした単独者であり続けると、私は思っています。大学政治上、影響力を及ぼす機会は、当然ながらベルリンではフライブルクよりもはるかに大きいでしょう。私の両親が送って来たミュンヘンの新聞や義理の両親が送ってくれたベルリンの新聞の記事を読むと、私は密かに満足を覚えるのです。つまり、すでに一九一九年、二〇年の段階で、まだあなたがどのような「新聞」にも取り上げられず、ましてや有名な新聞にも出ていない頃に、あなたがわれわれに述べ伝えたことの内にある真価を、私は確かに感じとっていたということです。それ以来、驚くほどの数の弟子たちが、あなたによって教育され、哲学に対して無条件的な尊敬を持つようになったし、あなたは、この私に経験したよりももっと大きな喜びを、多くの学生に体験されたことと思います。私は、師弟関係という問題性——それは両者のどちらにも問題であり、とりわけ哲学ではそうですが——に距離をとってきていますが、そうすればするほど、ますますその関係が「父と息子」の関係に似ているように思えてきたのです——なぜなら、決定的であるのは、次の二つのことだからです。つまり、まっとうで時宜にかなう仕方で離れ自立すること、それに、若者が年上の者に負っているものを保持すること、その二つです。これは軋轢もなく生じることは不可能です——弟子の模倣と「奴隷の反乱」は極端で最悪な場合です。その中間でずっと何とかやっていくことが重要です。

「人間学的」哲学という私の理念が明瞭となってきて、それゆえ同時にあなたの最も独特な業績も、より自由に理解することができるようになりました。ドリーシュ氏が「慎みのない哲学と慎重な哲学」に関する論文で（彼の哲学は「慎重な」哲学です）、あなたの名前を挙げずに「最新の価値哲学」について、それが「無」という「言葉」を用いて「曲芸的に」なされていると語っております。それはひたすら笑えるものではあります——賛辞は往々にして笑うべきもので、それは、賛辞がそれとは知らずに「ひと」（das Man）の輝かしい証拠書類になっているからです。皆さん、恥ずかしげもなくあなたの令名を自分のことのように語っていますが、あなたをトレルチの後継者として招聘するなら、あなたにではなくむしろトレルチのほうに敬意を表することになる、それを誰も分かろうとしない。——トレルチ自身がディルタイを超えるような前進だったわけでは決してなく、むしろディルタイより後退したことを誰も分かっていないからです。

あなたがこの招聘のために休暇中の静けさを失さないように願っています。

私のこの前の手紙に関係する別の問題、私の経済的状況に関する問題で、もう一つ。あなたは、場合によっては、つまりフランクが来年以降、私に講義依頼はできないということになったら、私がどこかの教育大学で哲学の授業を受け持つ——非常勤あるいは常勤で——ことはどうしても止めたほうがいいとお考えでしょうか。私がまだ独り身（solus ipse）であったら、こうした考えは決して浮かばなかったことでしょう。結婚した身ですから、こうしたことを好むと好まざるとにかかわらず熟慮しなければなりません。偶然に知ったことなのですが、こうしたことについてはベルリンの文部省にいるフォン・デン・ドリーシュ[*3]という方が担当であるそうです。

「宮廷写真家」のマウス氏[*4]が、彼の負担で大学教員写真集を完成させるために、私をその中に取り上げたいと考えたのです——その結果を「見よ」（ecce）！——「きれいに」撮ることに努力したようですが、かなり皆さん同じように見えます。ひょっとしたら、あなたは最初の弟子の一人をこのようにして本でご覧になるのを喜ばれるかもしれません。

奥様によろしくお伝えください。

あなたに心より挨拶します

あなたのカール・レーヴィット

*1　ハイデガーはベルリン大学への招聘を受けたが拒絶。グリメ大臣への二通の手紙を見よ。Martin Heidegger, *Reden und andere Zeugnisse eines Lebensweges* (HGA 16), 61-65〔『スピーチとある生涯のその他の証』所収〕。

*2　エードゥアルト・シュプランガー（一八八二―一九六三）は哲学者で教育学者、心理学者。精神科学的教育学の代表者の一人。主著は次のとおり。*Lebensformen. Geisteswissenschaftliche Psychologie und Ethik der Persönlichkeit*. 2., völlig neu bearbeitete und erweiterte Auflage, Max Niemeyer, Halle an der Saale 1921〔『文化と性格の諸類型』伊勢田耀子訳、明治図書出版、一九七三年〕、および、*Psychologie des Jugendalters*, Quelle & Meyer, Berlin 1924〔『青年の心理』土井竹治訳、五月書房、一九七三年〕。

ハインリヒ・マイアー（一八六七―一九三三）は哲学者。主著 *Philosophie der Wirklichkeit* は三巻本で出版（I. *Wahr-*

heit und Wirklichkeit, J. C. B. Mohr, Tübingen 1926, II. *Die physische Wirklichkeit*, J. C. B. Mohr, Tübingen 1934, und III. *Die psychisch-geistige Wirklichkeit*, J. C. B. Mohr, Tübingen 1935)。この二人は当時、ベルリン大学で教授として教えていたので、ともにエルンスト・トレルチの後継者として考慮の対象となっていた。

*3　ヨハネス・フォン・デン・ドリーシュ（一八八〇―一九六七）は、当時ベルリンのプロイセン文部大臣のカール・ハインリヒ・ベッカーの協力者。一九三一年から一九三七年まで、ボンのカトリック教育大学の教育学の教授。

*4　宮廷写真家ヴィルヘルム・マウスは、なかでもマールブルク大学の四百周年記念式典を写真で記録。

100　レーヴィットからハイデガーへ

［マールブルク、］三〇年七月一七日

親愛なるハイデガー様！

昨晩、私たちはヤチェック家[*1]に招かれました。その実に美しいモダンな家は、私たちのすぐ近所なのです。そこでまたもや、あなたについて間接的に噂を聞くことになりました――アシャッフェンブルクからヴュルツブルクまで船旅をされたそうですね。ヴュルツブルクはよく知っています――私の父が画家の駆け出しのころ、そこの城の絵を多く描き、私たちの結婚式のときにその中の一枚をプレゼントしてくれたのです。それは、私たちが一年前にヴュルツブルクで婚約したからです。階段の間にあるティエポロの壮大な天井画[*2]をご覧になりましたか。旅への思いは、以前と同じようにいまだ大きいのですが、今の授業料収入をもってしては、二人では、一人のときと比べてもうそれほど行けそうありません。しかし、復活祭の時には、二人で一〇日間パリとシャルトルに旅をしました！――シャルトルには叔父がおりまして、親切にも私たちを招待してくれたのです。その間、あなたはアーフラ・ガイガーからも私たちのマールブルクでの消息をお聞きになったかもしれません――彼女は少なくとも、フライブルク経由で帰ってくる予定だと言っていましたから。

　ベルリンには行かれないというあなたの決断は、とても嬉しく思います――ベルリンがすべてを飲み込んでしまう、そんなことはまったく余計なことで、あなたの学問的影響力は、フライブルクからでも衰えるはずはなく、形だけの中央よりも濃密となることでしょう。マールブルクは、あなたが去ってからは、哲学に関して中心的存在を欠き、哲学は神学生や文献学の学生によって副専攻として研究され、数多くの聴講者がいながら、数学期にわたって一人の教師に忠実な学生は一握りで、教師はそれに満足せざるを得ないのです。

それぞれ週一時間の二つの講義は、私に喜びを多く与えてくれます。「人間学的」哲学という私の理念は、だんだんと具体化してきており――言語哲学の講義ではもっぱら、「言語の起源」に関するヘルダーの論文[*3]を解釈し、それに対するハーマンの批判[*4]を扱いました――現在は、言語哲学の問題をJ・グリムの論文[*5]にまで広げて展開し、それにもとづいて言語哲学と言語学の転換点を示そうとしています。別の講義――哲学的社会学――は、私にとっては教授資格論文の分析の一種の拡張を意味しており、〈私とあなた〉というカテゴリーでは把握できない、本来的に「社会的な」諸現象を扱うものです。この講義によって私は、全般的に社会学に打ち込む「好機」を得ることになりました――また再びマックス・ウェーバーを読み込みました――しかし、大部分は哲学的に得るところは少なく、ここかしこで根本から新たに始めなければならなかったのです――それほど現代の専門的社会学は、原理的な問題すべてにおいて素朴です。それと同時に、ヘーゲルの法哲学を根本から探究することが最も重要な課題となりました――マルクスの卓越したヘーゲル法哲学批判も含めて（これは、浩瀚なマルクス・エンゲルス全集の第一巻前半[*6]で初めて完全に公刊されました）。こうしたことについては、来学期に初めて講義するつもりです――そのタイトルは、マルクスとヘーゲルです――その他に、言語哲学を引き続き一時間講義しますが、フンボルトからライプニッツに遡るつもりです。

今学期、ゼミナールはこれに比べると満足のゆくものではありませんでした。私の意図は、クラーゲスの著作『表現論と性格学』[*7]を手がかりにして、学生たちに言語哲学への補遺を提供することであり――言語的「表現」と直接的「表現」の区別を明確にすることだったのですが、そうしたことに関心を抱いていた少数の学生でも、素養がまちまちでお粗末なので、毎回新たにぼろ車を動かしてさらに引いてゆくのは一苦労ですし、この演習では活気もあまり見られませんでした。質問してがんがん叩き込むというような教育上の逃げ道を演習ではしたくはなかったし、彼らは皆、議論するには未熟で、しかも――あまりに怠惰なのです！　フライアーがこちらに来て講演をしました――内容上はいい報告ではありましたが、ひどく事務的な意味で要領よく、かなり安易に手慣れた感じでまとめておりました。

現象学‐神学論文の第二部は、大分以前にブルトマンに渡しておりますが、[*8]残念なことにまだ印刷されていません――そこでの私の論点は、存在者的‐存在論的〔存在者にかかわる水準と存在を論じる水準〕という差異を批判的に議論することです。あなたがそれに対して何をおっしゃるのか興味津々です。第一部についても何もお聞きしていないので、なおさらです。

八月中はずっとこちらにいます――九月は、ミュンヘンの両親のところにいると思います。外的な状況は何一つ変わっていません――妻もリスト作品集の編集助手で[*9]賃金を得ている限りは、何とかやっていけますし、これは冬までは何とかもつでしょう。そのときまでには、フランクが社会学の授業依頼を世話してくれるよう期待しています。ただ、どうなるかは、まったく国家予算によるわけで、もし認められたとしても、その報酬が現在の私の一六〇マルクの奨学金よりも大きいかどうか、まったく不確かです。見通しは惨めなものです。「教育大学」で哲学の仕事ができるかどうか、その見込みもどうなるか分かりません――それについては、前に手紙でお伝えした通りです。そういうわけで、学期から学期へとその日暮らしのあり様です――それ自体としては非哲学的生き方というわけではありませんが、しかし結婚しているとなると、やはりひどくうれしくないものです。それでも冬学期は大丈夫です。ロッホ神父がカッセルの連続講演を世話してくれた[*10]からです。

あなたとあなたのプランについて何がしかまたお伝え願えますか。あなたのこと、そして、私があなたから手に入れ、ずっと習得したものをしばしば何度も思い起こしています。私には講壇に上がることが、辛いこともあります。しかし、全体としてみれば、他でもないこの任務を引き受けたことは、疑いようもなく正しいものであったと考えています。そして、あなたもまた、私の教授資格論文に関して、この確信をお持ちであるとしたら、嬉しく思います。それにしても大学は、巨大な衰退過程にあり、ドイッチュバインやイェンシュのようなひとびとがますます人気を博し、学問的に要求の多い講義は、ますます好まれなくなっています――大学での勉学は、ひたすら職業のため、試験のためのものとなっており、しかも数知れない「身体」訓練があります。「大学の自由」は、まったく否定的なものであり、まさに、すでにニーチェがドイツ教育施設の将来に関する講演で述べた通りのものとなっています。

休暇中はひと時でも、フライブルクにいらっしゃいますか。それとも山小屋ですか。もし近くに行くことがあれば、妻と一緒にお伺いしたいと思います。

心からの挨拶を込めて
あなたの
カール・レーヴィット

＊1　ヤチェックについては、詳しいことを確かめられなかった。

＊2　ヴュルツブルクのレジデンツは、ヴュルツブルクの旧市街の端にあるバロック様式の宮殿で、一七一九年に建築が始まり、一七四四年に完成。内装は一七八一年に出来上がる。ヴェネチア派の最も重要な画家の一人、ジョヴァンニ・バッティスタ・ティエポロ（一六九六―一七七〇）は、一七五〇年から一七五三年まで、階段の間（世界最大のフレスコ天井一枚画がある）と皇帝の間とホーフ教会との内装に従事。

＊3　Johann Gottfried von Herder, *Abhandlung über den Ursprung der Sprache*, Voß, Berlin 1772〔『言語起源論』宮谷尚実訳、講談社学術文庫、二〇一七年〕.

＊4　Johann Georg Hamann, *Des Ritters v. Rosencreuz letzte Willensmeynung über den göttlichen und menschlichen Ursprung der Sprache*, 1772 und *Metakritik über den Purismus der Vernunft*, 1784.

＊5　Jacob Grimm, *Über den Ursprung der Sprache*, Dümmler, Berlin 1851〔「言語の起源について」重藤実訳、『グリム兄弟言語論集――言葉の泉』所収、千石喬、高田博行編、ひつじ書房、二〇一七年、三一五―三五四頁〕.

＊6　Karl Marx, »Zur Kritik der Hegelschen Rechtsphilosophie. Kritik des Hegelschen Staatsrechts（§§261–313)« und »Zur Kritik der Hegelschen Rechtsphilosophie. Einleitung«, in: Karl Marx und Friedrich Engels, *Historisch-kritische Gesamtausgabe*, Bd. 1,1, *Marx: Werke und Schriften bis Anfang 1844 nebst Briefen und Dokumenten*, hrsg. von D. Rajzanov und V. Adoratsjki, Marx-Engels-Institut Verlag, Frankfurt am Main 1927, 201–333 und 378–391〔「ヘーゲル法哲学の批判から　ヘーゲル国法論（第二六一節―第三一三節）への批判」、「ヘーゲル法哲学批判　序説」出隆訳、『マルクス＝エンゲルス全集　第1巻』所収、大月書店、一九五九年、二三三―三七二頁、四一五―四二八頁〕.

＊7　Ludwig Klages, *Zur Ausdruckslehre und Charakterkunde:*

Gesammelte Abhandlungen, Kampmann, Heidelberg 1926.

＊8　レーヴィットの論文「現象学的存在論とプロテスタント神学」(»Phänomenologische Ontologie und protestantische Theologie«)〔1〕のこと（*Zeitschrift für Theologie und Kirche*, NF 11 (1930), 365-399 所収、現在は LSS 3, 1-32 にも所収）〔「現象学的存在論とプロテスタント神学」、『ヘーゲルからハイデガーへ』所収、村岡晋一他訳、作品社、二〇〇一年、七—四五頁〕。ブルトマンは、一九三〇年八月二四日付のハイデガーへの手紙（Martin Heidegger / Rudolf Bultmann. *Briefwechsel 1925-1975*, 132）で次のように書いた。「「現存在の歴史性と信仰」という題の私のテュービンゲン講演を今印刷に付したところです。神学と教会（Zeitschrift für Theologie und Kirche）の一〇月号に、ハイムの「存在論と神学」やレーヴィットの「現象学的存在論とプロテスタント神学」とともに掲載されます。レーヴィットの論文は、本来は神学展望（Theologische Rundschau）のための報告の第二部だったのですが、研究報告というより自由な議論をしているので、神学展望には使えなかったのです。その核心は、存在論と存在者的な〔存在を論じる水準にいたらない〕現存在との関係についてあなたと対決するところにあります。私は、レーヴィットはあなたを結局のところ理解してはいないという意見ですが、この論文は重要だと考えており、あなたがこの論文を相手になさるよう期待しています」。

＊9　一九〇七年から一九三六年にかけて出版された、フランツ・リストのカール・アレクサンダー版作品集。

＊10　ロッホ神父とこの連続講義については、これ以上突き止められなかった。

〔1〕原文では「現象学的存在論とプロテスタント神学者」(»Phänomenologische Ontologie und protestantische Theologe«) であるが、誤記と見なして「現象学的存在論とプロテスタント神学」(»Phänomenologische Ontologie und protestantische Theologie«) に訂正する。

101　ハイデガーからレーヴィットへ

［マールブルク、］三〇年一二月四日

親愛なるレーヴィット様！

お葉書[*1]、本当にありがとう。私はここでは来客の受け入れを始めたくありません。いったん始めると、誰かを無視しないことにはきりがなくなるからです。ですから、土曜日はブルトマンのところに来てくれますか、夕方になる前に。私たちは明日、講演[*2]のあとで時間を決められますね。奥さんとお近づきになれないのは残念です。本はもってきました。

心からのあいさつを
では、また
あなたのM・ハイデガー。

＊1　この葉書は遺品には残っていない。
＊2　マルティン・ハイデガーは、一九三〇年一二月五日に「哲学することと信仰――真理の本質」という題で、マールブルク福音主義神学者協会で講演。現在は次に所収。Martin Heidegger, *Vorträge* (HGA 80.1), 379–405〔『講演集』〕.

102　レーヴィットからハイデガーへ

［マールブルク、］三二年四月一八日

親愛なるハイデガー様、

先日私は、新たに設立されたローマの独伊文化会館――「ゲーテハウス」――館長のガベッティ教授[*1]という方に、研究滞在を、ないし一般的に同館の課題の共同研究を申請しました。申請書で、私はあなたの弟子であることに言及しました。そこで、もしあなたに問い合わせが来るようなことがあれば、私についてご回答くださり、私の申請を支持してくださるようお願いする次第です。グラッシ博士はそもそもフライブルクの講師なのでしょうか。そうだとすれば、グラッシ博士に次のようにお知らせくだされればありがたく存じます。つまり、グラッシ博士は、このことすべての最高責任者であるジェンティーレ[*2]の旧知であり（私はそう思いますが）、私を推薦してくれることもあるかもしれない、ということです。この申請が何とかなって再びローマに行くことは、私には非常に重要です。

当地については何も重要な報告はありません。哲学に関心を抱いているのが明らかな学生、そして哲学を研究している学生――たんに試験のためではなく――は、いまいましいほど少数です。平均化が進展しています。しかし私は、それについてはヤスパースとは別の見方をしています。

――

あなたにとって、「実存哲学」は第一義的なものではなく、西洋哲学一般の歴史的根源の反復が重要であることは知っておりますが、今回私が講義するのは、「キルケゴールと実存哲学」です。それに加えて、『存在と時間』の演習もします――それには四年間の猶予が必要でした。いま、敢えて取り上げることができると思っています。その際に、私にとって社会的な問題構造がどのような意味を獲得したのか（「私‐あなた」という問題ではなく）、それはウェーバー‐マルクス論文[*3]からお分かりになったことでしょう。社会科学論叢では、哲学的問題が始まるところで止めておりますが。現代のブルジョア社会学のやみくもな取り組みが思慮を欠いたマルクス主義にすぎないということ、そのことがますます私には明らかになってきました。しかしマルクスは何と言っても、そもそも自分が第一に社会を問うた理由を知っていたのです。キルケゴールの「単独者」は、現代史上その対極に振れています。何しろ、ヘーゲル以後、その客観的精神と主観的精神の理論がもはや社会的‐歴史的な真理を保持し得えず――それゆえもはや理解されなくなってしまったのですから。

三月の半ばから終わりまで、長年ご無沙汰していたスキーをついにまた存分にやることができました。キッツビュールのきらめく雪と連日の太陽の下。あなたも健康に過ごしになっておられることを願っています。経済的状況についてあなたに嘆くようなことはいたしますまい。ただ一つだけ申し上げますと、もし、あなたが私をカント学会の報酬の出る仕事に推薦くださるなら、ぜひお願いしたいのです。いま私は、副収入に頼り切っている状態なのです。これがなかったら、ウェーバー‐マルクスも、もっと大きな仕事のためにとっておいたでしょう。

心からあなたに挨拶をします

あなたのカール・レーヴィット

追伸　折があれば、ブロック博士[*4]によろしくお伝えください。

＊1　ジュゼッペ・ガベッティ（一八八六―一九四八）は、シアッラ荘公園にある独伊文化会館の創設者で館長。一九三六年四月二日、ここでハイデガーは、文化会館の招待により「ヘルダーリーンと詩の本質」を講演。この講演は同年、雑誌

『内なる帝国——詩と芸術とドイツ的生』（»Das Innere Reich. Zeitschrift für Dichtung, Kunst und deutsches Leben«）に掲載。また、ミュンヘンの国家社会主義の出版社（Albert Langen / Georg Müller）によって編集され、一九三七年、同出版からハイデガーの著書『ヘルダーリーンと詩の本質』（*Hölderlin und das Wesen der Dichtung*）が刊行される。現在は以下に所収。Martin Heidegger, *Erläuterungen zu Hölderlins Dichtung*, hrsg. von Friedrich-Wilhelm von Herrmann（HGA 4[1]）, Vittorio Klostermann, Frankfurt am Main 1981, 33-48〔「ヘルダーリンと詩の本質」『ハイデッガー全集第4巻　ヘルダーリンの詩作の解明』濵田恂子他訳、創文社、一九九七年、四五—六六頁〕.

＊2　ジョヴァンニ・ジェンティーレ（一八七五—一九四四）はイタリアの哲学者で政治家。パレルモ、ピサ、ローマで哲学史の教授、新観念論の代表者の一人。一九三二年から一九四三年までピサの高等師範学校校長。一九二二年から一九二四年までムッソリーニ内閣の文部大臣。死ぬまでファシズムに忠実であった。主著は *Der aktuale Idealismus*, J. C. B. Mohr, Tübingen 1931.　イタリア語の著作集は六〇巻に及ぶ。

＊3　Karl Löwith, »Max Weber und Karl Marx«, in: *Archiv für Sozialwissenschaft und Sozialpolitik* 67（1932）, 53-99, 175-214.　わずかな修正を加えて次に所収。*Gesammelte Abhandlungen. Zur Kritik der geschichtlichen Existenz*, Kohlhammer, Stuttgart 1960, 1-67.　現在は次にも所収。Karl Löwith, *Hegel und die Aufhebung der Philosophie im 19. Jahrhundert – Max Weber*（LSS 5）, hrsg. von Bern Lutz, J. B. Metzler, Stuttgart 1988, 324-407〔『ウェーバーとマルクス』柴田治三郎他訳、未來社、一九六六年〕.

＊4　ヴェルナー・ゴットフリート・ブロック（一九〇一—一九七四）は、一九三一年から一九三三年までハイデガーの助手で私講師。当初一時解雇されたが、ハイデガー学長のもとで呼び戻され、少なくとも一九三三年夏学期末まで在職。ユダヤ系の出自だったため、一九三四年にイギリスに亡命。イギリスでは、ケンブリッジのドイツ哲学の講師。一九四九年からフライブルク大学で教える。主著は *An Introduction to Contemporary German Philosophy*（Cambridge University Press, London 1935）.　また、ハイデガーの論文集を編集し、二百頁の導入的解説を付す。*Existence and Being*（Henry Regnery Co., London 1949）.

〔1〕　原文では（HGA 3）であるが、誤記と見なして（HGA 4）に訂正する。

103　ハイデガーからレーヴィットへ

フライブルク、三二年四月一九日

親愛なるレーヴィット様！

照会が来た場合はあなたの意向にそって回答し、またグラッシ氏に知らせます。送付してくれて、本当にありがとう。この郵便に返信を出すのはもうとっくに手遅れでできません。今後の郵便についてもこういう困った状態が続くでしょう。私はマルクスもウェーバーも知りません（『職業としての学問』といくつかの方法論的論文を除くと）。そのため、意見を述べることができません。それでも気づきました。あなたは、教授資格論文のときと同じくここでも、真に事象のなかに入り込んでおり、そのうえセンスもあるのです。「神学」論文[*1]は本筋から外れていると思いました。私の当時の講演「現象学と神学」[*2]が友人と敵に引き起こした荒廃は、相変わらず広まっているようです。しかし、それでも口出しする気はありません。ことに、いまやすべてが、バルト[*3]からプシュヴァラ[*4]にいたるまで——どれもこれも同じです——ヤスパースに飛びつくのを私が期待してよいとすればなおさらです。まるでちがう仕方ながら、利用しつくし論文を書くのにうってつけのヤスパースに。

もちろんいままでは、私が望むものを覆っているこの混乱はヤスパースによってもまったく際限のないものになります。このごたまぜも正当性を認められるにちがいありませんし、かき混ぜて「何か」を作り出す人々を見つけるでしょう。

自分の古くからの尺度を保持してきて、素朴な問いに次第に近づいている喜びを感じてきたことに、私は日々、感謝しています。それらの問いは、「存在論」やそのたぐいの空騒ぎがますますやかましくなるにもかかわらず、本質的に時代に合わないものでありつづけます。

あなたのキルケゴール講義をとおして、あなたが数年来自分に課した課題において目覚ましく前進しますように。

友情のこもったあいさつを

あなたの

M・ハイデガー。

＊1 Karl Löwith, »Grundzüge der Entwicklung der Phänomenologie zur Philosophie und ihr Verhältnis zur protestantischen Theologie«, in: *Theologische Rundschau*, Neue Folge 2 (1930). 現在は次にも所収。Karl Löwith, *Wissen, Glauben und Skepsis* (LSS 3), 33-95.

＊2 Martin Heidegger, *Phänomenologie und Theologie*, Vittorio Klostermann, Frankfurt am Main 1970〔『現象学と神学』〕. 現在は次にも所収。Martin Heidegger, *Vorträge* (HGA 80.1), 179-212〔『講演集』〕.

＊3 ハインリヒ・バルト（一八九〇—一九六五）は、一九二八年からバーゼル大学の哲学の教授。キリスト教的実存哲学を展開。

＊4 エーリヒ・プシュヴァラ（一八八九—一九七二）はイエズス会士で、一九二二年から一九四一年まで『時代の声』（*Stimmen der Zeit*）編集部で働く。一九三二年にハイデガーの思考に関する論文を発表。»Sein im Scheitern – Sein im Aufgang«, in: *Stimmen der Zeit* 123 (1932), 152-161.

104 ハイデガーからレーヴィットへ

〔フライブルク、〕三二年一二月六日

親愛なるレーヴィット様！

お父上が亡くなられたことに、まず哀悼の意を表します。[*1] お母上にも心からお悔やみ申し上げます。以前繰り返し議論を交わしたということは澄んで美しい関係でした。そのことがついに明らかになるのは、あなたにとって深い意味をもつにちがいありません。こうして、追憶も、まったく異なる喚起力を得るのです。——

あなたが申請するさいには、喜んで身元保証人を引き受けるつもりです。ヤスパースにも頼んでみてはどうでしょうか。たしかに、フルートヘイゼ[*2]も実務的な面では重要な発言権をもっていると思いますが。他に私は社会学者は知らないも同然です。

あなたの訪問はとても楽しみなのですが、ただそのころはおそらく山小屋にいるでしょう。念のために、テュービンゲンでの講演の正確な日付を教えてもらえますか。

あなたのヤスパース書評[*3]を心待ちにしています。たしかに、私は例の大著[*4]をまだきちんと読んでいませんし、すぐにとりかかることもないでしょう。しかし、この著作にとくに引きつけられることもまったくありません。キリスト教的世界観へのこの転換——カント体系を修正した三部構成はそうとしか理解できないのですから——、これは私の好むところではありません。ギリシャ人にいたる創造的な道はまた改めてふさがれています。私の諸論文の本来の傾向は、いずれにせよどこでも把握も受容もされないで、「実存哲学」というきれいごとによって無効にされました。

それにもかかわらず、私の名前をめぐって世間でばか騒ぎが広がったここ数年に比べると、心が穏やかでいられます。いまでは、私は完全に——そう言われています——ありとあらゆるやり方、言い方で忌避されるほどです。これもまた、私が自分の掟を守るのを世間がそれなりに手助けする一つのかたちです。それを成し遂げるのが上手か下手かという点だけが私に残されています——しかしこれで十分でもあります。

心からのあいさつを

あなたの

マルティン・ハイデガー。

*1 カール・レーヴィットの父の死については次を見よ。Karl Löwith, *Mein Leben in Deutschland vor und nach 1933*, 67f.〔『ナチズムと私の生活——仙台からの告発』六八—六九頁〕

*2 ベルンハルト・フルートヘイゼ（一八八〇—一九四六）は哲学者で歴史家。主著は、*Die Entstehung der bürgerlichen Welt- und Lebensanschauung in Frankreich* (Max Niemeyer, Halle an der Saale 1927 und 1930)。

*3 *Die geistige Situation der Zeit* (Sammlung Göschen, Bd. 1000, Springer, Berlin 1931)〔『ヤスパース選集28　現代の精神的状況』飯島宗享訳、一九七一年、理想社〕の書評が公表されたのは、*Neue Jahrbücher für Wissenschaft und Jugendbildung* 9 (1933), 1-10（次にも所収、Karl Löwith, *Heidegger – Denker in dürftiger Zeit. Zur Stellung der Philosophie im 20. Jahrhundert* [LSS 8], hrg. von Bernd Lutz, J. B. Metzler, Stuttgart 1984, 19-31）。

*4 Karl Jaspers, *Philosophie*, Band 1, *Weltorientierung*, Band. 2, *Existenzerhellung* und Band 3, *Metaphysik*, Springer, Berlin 1932〔『哲学的世界定位〔哲学Ⅰ〕』武藤光朗訳、一九六四年、『実存開明〔哲学Ⅱ〕』草薙正夫、信太正三訳、一九六四年、『形而上学〔哲学Ⅲ〕』鈴木三郎訳、一九六九年、創

文社〕.

105 ハイデガーからレーヴィットへ

フライブルク、三三年一月一四日

親愛なるレーヴィット様！

お手紙[*1]、ありがとう。あなたがハイデルベルクからこちらへ来てくれれば、本当にうれしいでしょう。早めにお知らせください。必要なら、もちろん拙宅に泊まってくださ い。

心からのあいさつを
あなたの
M・ハイデガー

ロックフェラー財団の事務局からの照会はまだ一度も見たことがありません。

*1　この手紙は遺品には残っていない。

106 ハイデガーからレーヴィットへ

〔フライブルク、三三年二月二〇日〕

ぜひ受け入れるようお勧めします[*1]
ハイデガー

*1　ロックフェラー奨学金の受け入れのこと。

107 ハイデガーからレーヴィットへ

フライブルク、一九三三年五月二二日

親愛なるレーヴィット様！

二通のお手紙[*1]、ありがとう。残念ですが、当面は、重要で困難なあらゆる問いに立ち入る時間も平穏さもありません。[*2]近いうちにそれについて直接話し合う機会があるかもしれません。当時私は、フランクフルトで知らないうちに意に反して同業のイェンシュと組まされたので[*3]、あなたも聞いたかもしれませんが、私の講演をそもそもキャンセルせざるをえなくなったのでした。
デイヴィス[*4]から問い合わせがあれば、喜んでお手伝いします。

心からのあいさつを
あなたの
ハイデガー

＊1　これらの手紙は遺品には残っていない。

＊2　マルティン・ハイデガーは一九三三年四月二一日、フライブルク大学長に選ばれた。五月三日、国家社会主義ドイツ労働者党に入党し、一九三四年四月二三日、学長を退任。一九三三年五月二七日に学長就任講演を行う（Martin Heidegger, *Die Selbstbehauptung der deutschen Universität*, Verlag Wilh. Gottl. Korn, Breslau 1933. 現在は次にも所収。Martin Heidegger, *Reden und andere Zeugnisse eines Lebensweges* [HGA 16], 107–117〔『スピーチとある生涯のその他の証』、「ドイツ的大学の自己主張」菅谷規矩雄、矢代梓訳、『30年代の危機と哲学』所収、清水多吉、手川誠士郎編訳、平凡社ライブラリー、一九九九年、一〇一―一二四頁〕. 国家社会主義に対するハイデガーの関係については次を参照。Holger Zaborowski, *»Eine Frage von Irre und Schuld«. Martin Heidegger und der Nationalsozialismus*, S. Fischer, Frankfurt am Main 2010, und *Heidegger Jahrbuch* 4 und 5 (2009).

＊3　エルンスト・クリークが主導した「ドイツ大学教員文化政策研究共同体」（ＫＡＤＨ）創設のこと。エルンスト・クリーク（一八八二―一九四七）は教育学者で、国家社会主義の文教政策の先導的思想家。クリークは、一九二八年にフランクフルト・アム・マインの教育大学に招聘される。一九三二年に国家社会主義ドイツ労働者党に入党、一九三三年にフランクフルト大学長。クリークについてはとくに次を参照。Ernst Hojer, *Nationalsozialismus und Pädagogik. Umfeld und Entwicklung der Pädagogik Ernst Kriecks*, Königshausen und Neumann, Würzburg 1997. ここでは、一九三三年からクリークが編集した雑誌『生成する民族』（*Volk im Werden*）のほか、とくに次を参照。*Nationalpolitische Erziehung*, Armanen-Verlag, Leipzig 1932（本書は一九四一年までに二四版を重ねた）、および、»Die Erneuerung der Universität«, in: Ernst Krieck und Friedrich Klausing

(Hrg.), *Die deutsche Hochshule* 1, Marburg 1933 (als Einzelschrift Bechold, Frankfurt am Main ²1933)。彼の次の著書も参照。*Wissenschaft, Weltanschaung. Hochschulreform* (Armanen-Verlag, Leipzig 1934). 本書はクリークの大学政治の論文集を含む。ハイデガーはKADH創設委員の一人。エーリヒ〔1〕・イェンシュも、ハイデガーの意に反して三月の創設集会に出席。この点については、ハイデガーがエルフリーデに宛てた一九三三年三月一九日付の手紙をも見よ（*»Mein Liebes Seelchen«*, 186）。KADHはその後、伝統ある「ドイツ大学連盟」（VDH）にとって代わるはずであった。ハイデガーがクルト・バウフに宛てた一九三三年三月一四日付の手紙をも見よ。Martin Heidegger/Kurt Bauch, *Briefwechsel 1932–1975*, herausgegeben und kommentiert von Almuth Heidegger (Martin Heidegger Briefausgabe Band II.2), Verlag Karl Alber, Freiburg/München 2010, 13. 一九三三年六月八日、ベルリンでの学長会議で、大学の伝統の改革派と保守派が衝突。ハイデガーは、学長会議の代表者事務局をハレからフライブルクに移すことを望む。そうなれば、彼の期待するところでは、フライブルク大学は、彼が統制を促進していたため、機関としても指導的役割を引き受けられるだろう。だが、保守勢力が勝利し、VDH解体に賛成した大学はフランクフルト、フライブルク、ゲッティンゲン、グライフスヴァルト、キールのみ。当初協力関係にあったハイデガーとクリークは、のち敵対し合うにいたる。これについては次を参照。Holger Zaborowski, *»Eine Frage von Irre und Schuld«*, 220–222 und 561–563, und Lutz Hachmeister, *Heideggers Testament*, 256–282. クリークに関するハイデガーの見解は、エルフリーデに宛てた一九三三年六月九日付の手紙から読み取れる。「クリーク――ルサンチマンに駆り立てられて成り上がった小学校教師」（*»Mein Liebes Seelchen«*, 175）。他に次も参照。Victor Farías, *Heidegger und der Nationalsozialismus*, S. Fischer, Frankfurt am Main 1989, 210–218〔『ハイデガーとナチズム』山本尤訳、名古屋大学出版会、一九九〇年、一八三―一八九頁〕。

＊4　デイヴィスはおそらくロックフェラー財団の職員。

〔1〕　原文では「エルンスト（Ernst）」であるが、Erich の誤記と見なして「エーリヒ」に訂正する。

108　ハイデガーからレーヴィットへ

［フライブルク、］三三年六月一二日

親愛なるレーヴィット様！

かなり長期の出張からちょうど帰ったところです。献辞[*1]は見合わせてもらえないでしょうか。いまや、私をいつか遠くで見かけたか話を聞いただけのあまりに多くのひとたちが私の名を借りて身を隠したがるために、弟子たちにもこの印象が生じるのは私にとって苦痛であまりに残念なものですから。しかし、「他者たち」のふるまいについて考え判断する当今のやり口からすれば、そうなるのはごく自然です。

実際には、あなたが私に対してどういう関係にあるのか——あなたが研究において別の道を進む場合でも——、私はよく知っています。

私があなたについての判断を求められるようなケース[*2]もありうるでしょう。だからこそなおさら、献辞を削除するよう勧めます。

今学期中に話し合う時間の余裕があるか、かなり疑問です。すっかり仕上げられていて大きい文脈から取り出された学長就任講演[*3]を活字に組むためにタイプライターで口述筆記させる時間さえ、これまでまだ見つけられないでいます。

心からのあいさつを

あなたの

ハイデガー。

＊1　レーヴィットがハイデガーに献辞を捧げる可能性のあった、この時期独立して刊行された唯一の著作は、仮綴じ本『キルケゴールとニーチェ、またはニヒリズムの哲学的克服と神学的克服』だけである。*Kierkegaard und Nietzsche oder philosophische und theologische Überwindung des Nihilismus* (Vittorio Klostermann, Frankfurt am Main 1993). 表題を少し変えて「キルケゴールとニーチェ」(»Kierkegaard und Nietzsche«) として次に所収。*Aufsätze und Vorträge 1930–1970*, Kohlhammer, Stuttgart 1971, 41–63. 現在は次にも所収。Karl Löwith, *Nietzsche* (LS 6), 53–74〔「キルケゴールとニーチェ」、『ヘーゲルからハイデガーへ』所収、『キェルケゴールとニーチェ』中川秀恭訳、未來社、二〇〇二年〕.

＊2　ケースという語でハイデガーが指示しているのは、おそらく、奨学金や外国でのポストについてレーヴィットに関する所見を求められる可能性のこと。

＊3　Martin Heidegger, *Die Selbstbehauptung der deutschen Universität*〔「ドイツの大学の自己主張」〕.

109

ハイデガーからレーヴィットへ

フライブルク、一九三三年七月二九日

親愛なるレーヴィット様！

奨学金、おめでとう。休暇をとるのは来年春まで待つのがよいと思います。私のマールブルク滞在が短かったため、[*1] 残念ながらあなたのところには立ち寄れませんでした。

友情のこもったあいさつを

あなたの

ハイデガー

*1　ハイデガーは、六月三〇日にハイデルベルクで講演「新帝国における大学」を行い、七月一四日にキールでこれを繰り返す（次を見よ、Marin Heidegger, *Reden und andere Zeugnisse eines Lebensweges* (HGA 16), 765-773[〔1〕]〔『スピーチとある生涯のその他の証』〕）。水曜日にマールブルクに到着し、金曜朝に出発（一九三三年七月一二日付ブルトマン宛て書簡を参照、Rudolf Bultmann / Martin Heidegger, *Briefwechsel 1925-1975*, 197）。ブルトマンと会い、またひょっとするとイェンシュにも会ったので、実際、レーヴィットと会う時間はなかった。

〔1〕　原文では「764-755」であるが、誤記と見なして「765-773」に訂正する。

110

ハイデガーからレーヴィットへ

〔レーヴィットの筆跡：〕一九三六年六月／七月[*1]

（ローマ宛て）

親愛なるレーヴィット様！

私は、可能だと思えるさまざまな手だてを喜んで試みます。ベルリンに宛ててもう手紙を送りました。あなたがその競争相手よりも本質的に若いということは私には非本質的ではないように思われますし、[*2]——ライヘンバッハをまったくちがった仕方で補うという点も同様です。今度はう

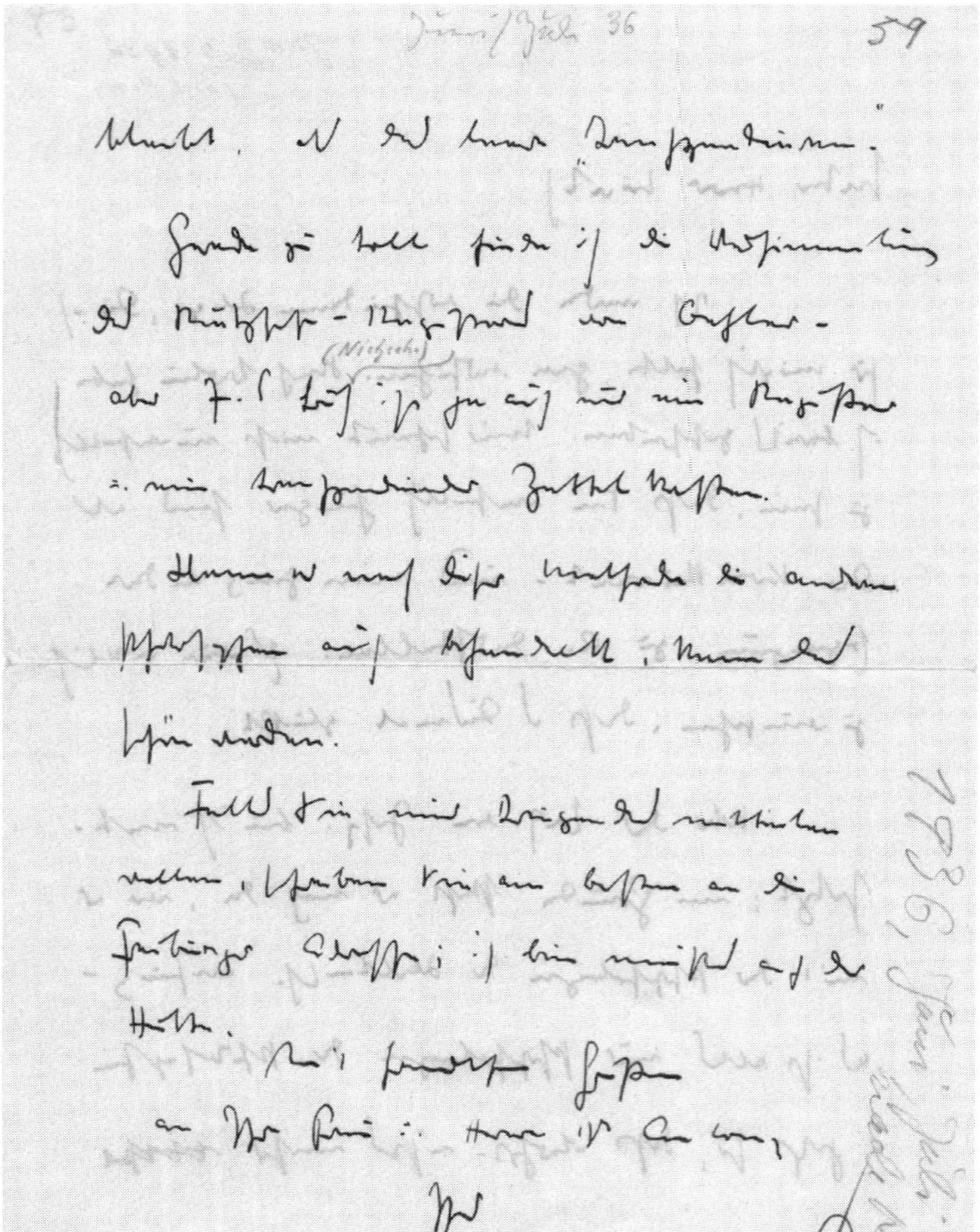
Juni/Juli 36
59
(Nietzsche)
M. Heidegger
1936, Juni/Juli

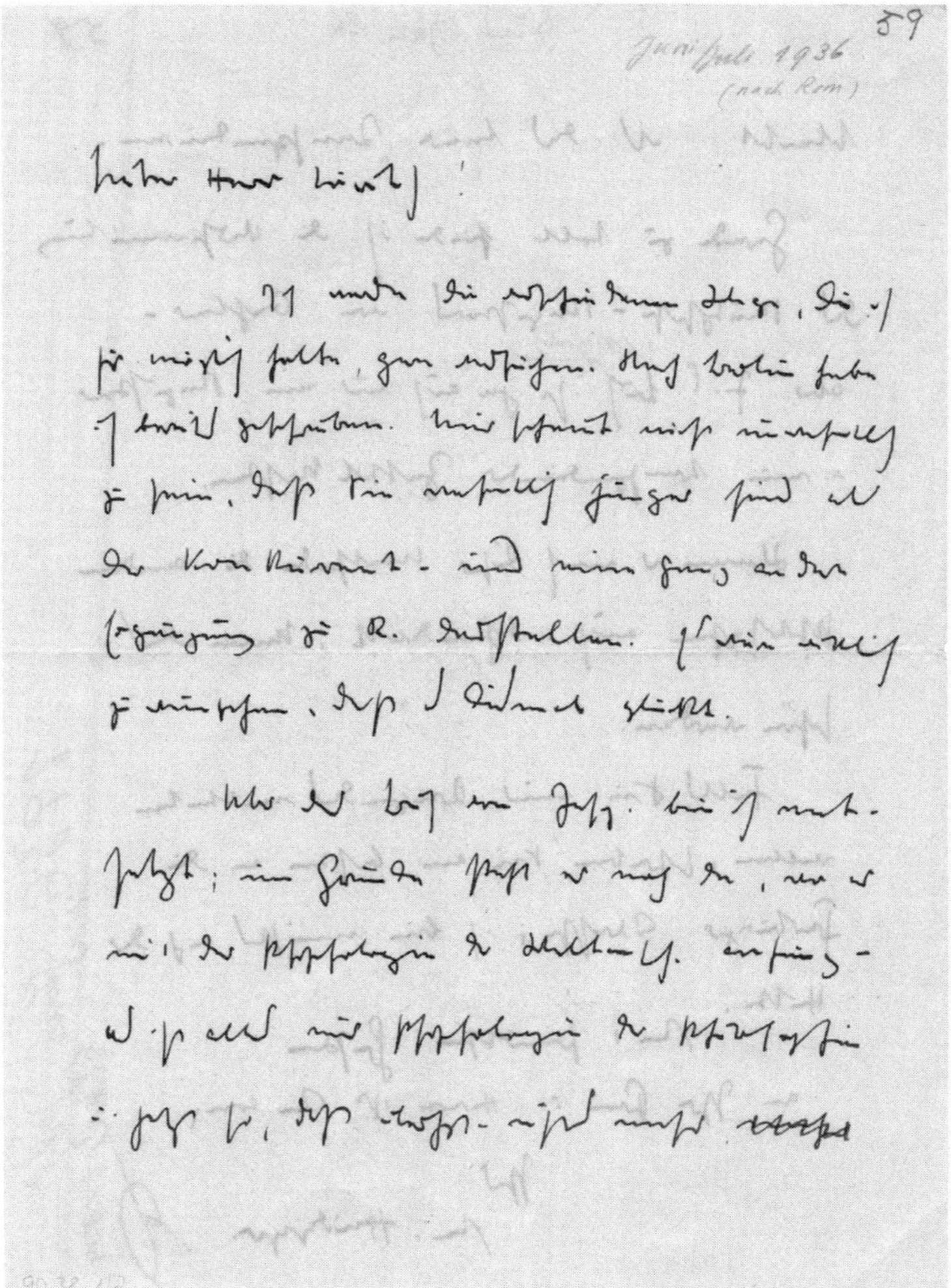

ハイデガーのレーヴィット宛て手紙（1936年6月／7月）（書簡110）のコピー

まくいくのではないでしょうか。

ヤスパースの本[*3]には驚きました。結局彼は、まだ『世界観の心理学』を始めた場所にいて――すべては哲学の心理学でしかなく、いまではそもそも、空虚な「超越すること」しかもう残っていないのです。

エーラーのニーチェ索引[*4]を賛美するのはまったくばかげています――しかし、ヤスパースの本も、索引や、超越するカードボックスでしかありません。

彼がこの方式で他の哲学者をも論じるなら、ご立派なものになるかもしれません。

私に緊急に伝えたいことがある場合は、フライブルクの住所に書き送ってくれるのが最善です。たいてい山小屋にいますので。

奥さんとアントーニ博士[*5]に

友情のこもったあいさつを

あなたの

M・ハイデガー

＊1　ハイデガーは一九三六年四月初めに一〇日間ローマに滞在し、独伊文化会館で「ヘルダーリーンと詩の本質」を講演。この折に、レーヴィットとも何度も会う。これについては、レーヴィットの *Mein Leben in Deutschland vor und nach 1933*（57-60）〔『ナチズムと私の生活――仙台からの告発』九二―九六頁〕、および、本書に補遺として収録した彼の日記からの抜粋を参照。ハイデガーがこの日々にもたっぷり時間をとってレーヴィットと繰り返し会い、後者も前者に会うのを望んだという事実が示すように、レーヴィットが（プロテスタントである）ユダヤ人だという出自は、二人の個人的関係で問題にならなかった。一九三五年春に、レーヴィットは違法にも講師委嘱を取り消される。その後も六か月間、毎月二百マルクがイタリアに振替で送られたのは、大学の事務局長と学部長のおかげである。ロックフェラー財団の奨学金が支給されたために、彼はローマでの生活と研究を続けることができた。これについては、Karl Löwith, *Mein Leben in Deutschland vor und nach 1933*, 104-110〔『ナチズムと私の生活――仙台からの告発』一六九―一八〇頁〕を参照。

＊2　ハンス・ライヘンバッハはイスタンブールで哲学を教えた。イスタンブール大学の他のドイツ人教授たちは、アレクサンダー・リュストが先頭に立ち、二人目の哲学の教授を呼ぼうと試みる。この教授は、――〔科学哲学者である〕ライヘンバッハとは対照的に――思想史への志向の強い人物であることが想定されていた。イスタンブールに招聘されたのはドイツですでに教授だった学者だけだったため、レーヴィットをまず一年間限定のポストにつけるという計画が生まれた。

＊3　Karl Jaspers, *Nietzsche: Einführung in das Verständnis seines Philosophierens*, Walter de Gruyter, Berlin 1936〔『ヤスパース選集18・19　ニーチェ　上・下』草薙正夫訳、理想社、一九六六〔1〕―一九六七年〕.

＊4　Richard Oehler, *Nietzsche-Register – alphabetisch-systematische Übersicht zu Nietzsches Werken*, Kröner〔2〕, Leipzig 1926.

＊5　カルロ・アントーニ（一八九六―一九五九）はイタリアの哲学者で、レーヴィットと親交を結ぶ。当時彼はローマの独伊文化会館に勤務。ハイデガーの『ヘルダーリンと詩の本質』の翻訳者でもある。

〔1〕原文では Friedrich であるが、誤記と見なして Richard に訂正する。

〔2〕原文では Naumann であるが、誤記と見なして Kröner に訂正する。

111　ハイデガーからレーヴィットへ

トートナウベルク、三七年七月一八日

親愛なるレーヴィット様！

お手紙*1、ありがとう。日本語訳*2の件は了承しました。出版社についても。そうこうするうちに、フランス語訳も、『形而上学とは何か』（Qu'est ce que la métaphysique?）という書名の翻訳論文集がガリマールから出版されます*3。印刷されたイタリア語訳*4はまだ目にしていません。あなたの書物*5はまだ読んでいません。ここ数か月は、私自身が書いたものをかなり集中して読んだためです。しかし、まもなく落ち着いてあなたに詳しい手紙を書けると思います。ヘルダーリンはすでに、変更のない第三版が出ています。

あなたと奥さんがそちらの生活になじんでいて、あなたがやりがいのある不変の課題を見つけたよし、何よりです*6。

＊1　この手紙は遺品には残っていない。

＊2　»Hölderlin und das Wesen der Dichtung« の翻訳のこと。『ヘルダーリンと詩の本質』という書名で一九三八年に東京で出版〔齋藤信治訳、理想社出版部〕。

＊3　Martin Heidegger, »Hölderlin et l'essence de la poésie«, in: *Qu'est-ce que la métaphysique?, suivi d'extraits sur l'être et le temps et d'une conférence sur Hölderlin*. Traduit de l'allemand avec un avant-propos et des notes par Henry Corbin (*Les Essais* III), Gallimard, Paris 1938.

＊4　Martin Heidegger, *Hölderlin e l'essenza della poesia*, Firenze: Sansoni 1937 (übersetzt von C. Antoni).

＊5　Karl Löwith, *Nietzsches Philosophie der ewigen Wiederkehr des Gleichen*, Verlag Die Runde, Berlin 1935（現在は次にも所収。Karl Löwith, *Nietzsche* [LSS 6], 101-384）〔『ニーチェの哲学』柴田治三郎訳、岩波書店、一九六〇年〕、および、*Jacob Burckhardt. Der Mensch inmitten der Geschichte*, Luzern: Vita Nova Verlag 1936.（現在は次にも所収。Karl Löwith, *Jacob Burckhardt* [LSS 7], 39-362）〔『ヤーコプ・ブルクハルト』西尾幹二、瀧内槇雄訳、ちくま学芸文庫、一九九四年〕。

＊6　この手紙の結びの言葉は遺品には残っていない。レーヴィットの主張では、自分の著書を送付し、翻訳に関するハイデガーの照会に答えたが、もはやハイデガーからの返事はなかった（*Mein Leben in Deutschland vor und nach 1933*, 59〔『ナチズムと私の生活――仙台からの告発』九五―九六頁〕）。レーヴィットが実際に少し貧弱なこの返信を自分の意識から排除したのか、あるいは、それが遅れてやっと彼のもとに届いたのか、どちらかであろう。ハイデガーが予告した詳細な手紙を、おそらくレーヴィットは受けとらなかった。

112

レーヴィットからハイデガーへ

〔ニューヨーク、〕四九年九月二〇日

六〇歳になられたこと、

心からお喜び申し上げます！

あなたのカール・レーヴィット

113

レーヴィットからハイデガーへ

〔一九五八年〕七月二六日

アウグスティヌス・ガッセ一五

ハイデルベルク大学研究棟

哲学研究室

親愛なるハイデガー様、

あなたの講演をお聞きすることができ、嬉しく存じます。しかし、アカデミーの会議では、短時間話し合うチャンスさえありません。[*1] 来る冬学期にお話しできれば、結構なことです。噂で聞いたのですが、一一月にバイエルン・アカデミーで「言語」について講演なさるとか。[*2] それに間違いがなければ、そして一一月の初めでなければ、講演を伺いにミュンヘンに行きたいと思います。アカデミーが部外者もそれに参加してよいというのであればですが。私自身について言えば、八月の初め、何回かの講義のために日本に行きます。そして、一一月の初めにようやく戻って来ることになります。辻村氏[*3]と最近こちらで知り合いました。彼は謹厳な人間であるように思います。それに、存在の明るみ（Lichtung）を太陽の女神アマテラスと等置し[*4]神道を奉じる人！[*5]に比べると生真面目。シュレヒタ版のニーチェ第三巻[*6]について、どのように判断されているか、是非伺いたいところです。シュレヒタは自分のニーチェ文献学を途方もなく過大に評価し、新たなニーチェ伝説を広めていると、私は思います。私は、問題をまっとうに正すよう試みました。それは、『メルクーア』に載る予定です。[*7]

心からの挨拶を込めて

あなたの

カール・レーヴィット

＊1　一九五八年七月二六日にマルティン・ハイデガーは、ハイデルベルク科学アカデミーの総会で、「ヘーゲルとギリシャ人」の第二稿を講演。講演は次に収められて出版。*Die Gegenwart der Griechen im neueren Denken, Festschrift für Hans-Georg Gadamer zum 60. Geburtstag*, J. C. B. Mohr, Tübingen 1967, 255–272. 自家用本への著者の欄外註記とともに次にも収録。Martin Heidegger, *Wegmarken* (HGA 9), 427–444〔「ヘーゲルとギリシア人達」『ハイデッガー全集第9巻　道標』五三一―五五三頁〕.

＊2　ハイデガーは「言語への道」と題して、一九五九年一月二三日、ミュンヘン大学の大講堂で、バイエルン美術アカデミー主催の「言語」講演シリーズのなかで講演。講演は次に所収。Martin Heidegger, *Unterwegs zur Sprache*, Verlag Günther Neske, Pfullingen 1959, 239–268〔「言葉への道」『ハイデッガー全集　第12巻　言葉への途上』亀山健吉他訳、創文社、一九九六年、二九五―三三四頁〕.

＊3　辻村公一（一九二二―二〇一〇）は、哲学においては田辺と西谷の弟子で、禅においては久松の弟子。一九五六年から五八年にかけてフライブルクのハイデガーのもとで学ぶ。辻村は、かつて西田と田辺が京都大学哲学研究室で占めていた

教授職を継ぐ。京都学派の第三世代の代表者とされる。

＊4　アマテラスオオミカミ（天照大神）は天にあって輝く神で、日本の神道の女性の太陽神。この神は微笑する美しい女神で、自らのなかにある明かりによって世界を照らし見守る。農耕神で、絹の栽培と紡ぎ方を人間に教える。さらにこの女神は、女性を肉体的暴行から守る。その象徴はカイコであり、アマテラスを祀るどの神社にもある八咫鏡（やたのかがみ）であり、さらに昇る太陽である。昇る太陽は、今日なおこの神のしるしとして日本の国旗に見られる。

＊5　おそらく久松真一（一八八九―一九八〇）のこと。久松は一九五八年の夏にドイツに滞在し、ハイデガーとともに「芸術と思索」というテーマでコロキウムを共同実施。これについては次に収めた記録を見よ。*Heidegger Jahrbuch* 7 (2013). *Heidegger und das Ostasiatische Denken*, 51-55.

＊6　Friedrich Nietzsche, *Werke*, Band 3, hrsg. von Karl Schlechta, Hanser Verlag, München 1956.

＊7　Karl Löwith, »Zu Schlechtas neuer Nietzsche-Legende«, in: *Merkur* 12 (1958), 781-784 (jetzt auch in: Karl Löwith, *Nietzsche* [LSS 6], 513-517).

114　ハイデガーからレーヴィットへ

フライブルク、五九年三月二日

親愛なるレーヴィット様！

お便り、ありがとう。残念ですが、今週は予定でもう全部ふさがっていて、三月七日には私が旅行に出なくてはなりません。

南においでになる別の機会に、途中で当地に滞在することはできないでしょうか。

よい休暇を楽しまれますように、あなたと奥さんへのあいさつをこめて

あなたの

マルティン・ハイデガー

いまようやく、あなたの電話番号をリリ・シラジから聞きました――しかし、あなたのところにお伺いするにはもう遅すぎます。

115 レーヴィットからハイデガーへ

六七年六月一七日

親愛なるハイデガー様、

ヘルダー財団のコロキウム[*1]でここフライブルクに二日間滞在しました。できればあなたに挨拶しようと、あなたの電話番号を見つけようとしたのですが、無駄に終わりました。挨拶のみならず、ひとつお願いしたいこともあったのです。マルクス[*2]のところの研究室で、あなたの並外れて素晴らしい写真を見ました。おおよそ四年前に撮影されたものです。できればその焼き増しをいただけませんか。ご承諾であれば、ハイデルベルクの研究室にお送りください。私自身は秋までカローナに居りますが。

あなたのご健康を心から祈って

あなたの

カール・レーヴィット

＊1　ヘルマン・ヘルダー財団は、一九六七年以降、「世界対話」というシリーズを企画。世界対話の五回目のテーマ「現代の無神論と道徳」に、レーヴィットも参加。彼が寄稿した「哲学の問題としての無神論」(»Atheismus als philosophisches Problem«) は、コロキウム報告書に収録して公表。Arbeitsgemeinschaft Weltgespräch (Hrsg.), *Moderner Atheismus und Moral*, Herder Verlag, Freiburg 1967, 9-21. 現在は次にも所収。Karl Löwith, *Wissen, Glaube und Skepsis* (LSS 3), 331-347.

＊2　ヴェルナー・マルクス（一九一〇―一九九四）は、フライブルク、ベルリン、ボンで法学を学ぶ。一九三三年に博士号を取得。国家公務員を免職されたのち、一九三三年にイギリスに亡命。一九三四年にパレスチナへ、一九三八年にアメリカ合衆国へ移住。一九四九年からニューヨークのニュー・スクール・フォー・ソーシャル・リサーチで教える。一九六二年、ハイデルベルクのフルブライト教授。一九六四年、フライブルク大学でハイデガーの後任となる。彼の主著はとくに次のとおり。*Heidegger und die Tradition* (Kohlhammer, Stuttgart 1961) und *Gibt es auf Erden ein Maß? Grund-*

bestimmungen einer nichtmetaphysischen Ethik (Felix Meiner, Hamburg 1983)〔『地上に尺度はあるか――非形而上学的倫理の根本諸規定』上妻精、米田美智子訳、未來社、一九九四年〕.

116 ハイデガーからレーヴィットへ

フライブルク・イム・ブライスガウ、一九六七年六月一八日

親愛なるレーヴィット様、

あなたの新著[*1]とお葉書[*2]、ありがとう。あなたのお越しを金曜一〇時半にお待ちしています。明日あなたの講演[*3]に行きますので、この日時でご都合がよいかどうか決められますね。

友情をこめたあいさつを

あなたの

マルティン・ハイデガー

＊1　Karl Löwith, *Gott, Mensch und Welt in der Metaphysik von Descartes zu Nietzsche*, Vandenhoeck & Ruprecht, Göttingen 1967（現在は次にも所収、Karl Löwith, *Gott, Mensch und Welt* [LSS 9], 1-194）〔『神と人間と世界』柴田治三郎訳、岩波書店、一九七三年〕.

＊2　この葉書は遺品には残っていない。

＊3　レーヴィットの講演「哲学の問題としての無神論」。

117 ハイデガーからレーヴィットへ

［六七年六月二〇日以後〔1〕］

カール・レーヴィットのために
一九六七年六月二〇日の
ツェーリンゲン〔2〕訪問の
記念として

マルティン・ハイデガー

〔1〕「収録ドキュメント一覧」のドキュメント117では［六七年一月二〇日以後］であるが、［六七年六月二〇日以後］が正しい。
〔2〕ツェーリンゲンは、フライブルクのハイデガー宅のある地区名。

118 ハイデガーからレーヴィットへ

フライブルク、一九七〇年七月二八日

親愛なるレーヴィット様、

「ヘーゲル・ルネサンス」の卓越した叙述[*1]、本当にありがとう。ヘーゲル・ルネサンスの意味を洞察し、限界を特徴づけるものです。

心からあいさつします
あなたの
M・ハイデガー

*1 Karl Löwith, »Hegel-Renaissance?«, in: *Frankfurter Allgemeine Zeitung*, 11. Juli 1970, Nr. 157. 現在は次にも所収。Karl Löwith, *Hegel und die Aufhebung der Philosophie im 19. Jahrhundert* (LSS 5), 239–248.

119 ハイデガーからレーヴィットへ

［一九七一年一〇月］〔1〕

思い出に感謝します、
あいさつと祈りをこめて
マルティン・ハイデガー

〔1〕「収録ドキュメント一覧」のドキュメント119には、「一九七一年または一九七二年一〇月」とある。

120　ハイデガーからレーヴィットへ

フライブルク・イム・ブライスガウ、七二年二月二五日

親愛なるレーヴィット様、

西谷のテクスト[*1]が届きました。私がもっている彼のものはこれだけです。西谷さんによろしくお伝えください。たぶん彼は、式典が終わってから相当長いあいだヨーロッパに滞在するでしょう。三月中は、私たちは保養のためフライブルクを留守します。

また、ガダマーの正確な住所を連絡してくれてありがとう。

マラルメとヴァレリーというテーマ[*2]については、語るべきことがたくさんあるでしょう。

心からのあいさつを

あなたの

マルティン・ハイデガー

私の『シェリング』[*3]はニーマイアー出版からお手元に届きます。

＊1　Keiji Nishitani, »Preliminary Remarks (to Heideggers zwei Ansprachen in Meßkirch)«, in: *The Eastern Buddhist* 1, 2 (1966), 55-67.

＊2　レーヴィットがフライブルクを訪問したさい、一九七一年出版の自著 *Paul Valéry. Grundzüge seines philosophischen Denkens* (Vandenhoeck & Ruprecht, Göttingen 1971) をハイデガーに贈ったことは明らかである。同書の第二章（「言語についての思想」）は、ヴァレリーとマラルメの関係に取り組む（現在は次にも所収、Karl Löwith, *Gott, Mensch und Welt – G. B. Vico – Paul Valéry* [LSS 9], hrg. von Henning Ritter, J. B. Metzler, Stuttgart 1986, 229-400）〔『ポール・ヴァレリー――その哲学的思索の概要』中村志朗訳、未來社、一九七六年〕。

＊3　Martin Heidegger, *Schelling: Vom Wesen der menschlichen Freiheit*, Max Niemeyer, Tübingen 1971〔『シェリング講義』木田元、迫田健一訳、新書館、一九九九年〕、現在は次にも所収。Martin Heidegger, *Schelling: Vom Wesen der menschlichen Freiheit*, hrg. von Ingrid Schüßler (HGA 42), Vittorio Klostermann, Frankfurt am Main 1988〔『ハイデッガー全集第42巻　シェリング『人間的自由の本質について』高山

守他訳、創文社、二〇一一年〕.

121 レーヴィットからハイデガーへ

一九七二年三月一〇日

親愛なるハイデガー様、

西谷のテクストをありがとうございます。同封してお返しします。特にあなたのシェリング講義ありがとうございます。西谷氏には、あなたと連絡を取るよう、しかし、あなたが三月中はフライブルクにはおられないことを伝えます。

心からの挨拶を込めて
あなたの
(カール・レーヴィット博士)

返却物に同封された手紙

122 ハイデガーからレーヴィットへ

フライブルク、一九七三年五月五日

親愛なるカール・レーヴィット、

ガダマーがご病気のことを手紙で知らせてくれ、[*1] マルクスさんがあなたの住所を書き送ってくれました。

病気の日々には、世界が単純なもののなかへと収縮し退きます。私たちの年齢になると、私たちは別れを考え、同時に自分たちの道の始まりをも考えます。

同封したテクストは一九七一年に成立したもので、詩ではありません。一連の「思考したこと」の一つです。[*2]

病気があなたにとって苦しいものとならず、あらかじめ考える力をあなたに残すよう、祈ります。あらかじめ考えることについて、リルケは「オルフェウスへのソネット」

の一つのなかで詩の言葉で表していました。
「すべての別れに先立つがよい、……」
心からあいさつしつつ
あなたのマルティン・ハイデガー

いくつかの道

いくつかの道、
思考するいくつかの道、みずから歩み、
遠ざかる道。いつ、ふたたび折り返すのか、
見晴るかさせるのか、どこを。
いくつかの道、みずから歩み、
かつて開かれたが、不意に閉ざされた、
あとからのいくつかの道。以前のものを示しながら。
拒みつつようやく手に入ったものに、
断念を促す。

いくつかの道、わずかな歴史的運命の響きから来る
足どりを緩めながら。

そしてまた、ためらう暗がりの困窮
待つ光に包まれて。

＊1　三週間後、カール・レーヴィットはハイデルベルクで死去。
＊2　Martin Heidegger, »Gedachtes. Für René Char in freundschaftlichem Gedenken«, deutsch mit französischen Übersetzungen von Jean Beaufret und François Fédier, in: Dominique Fourcade (Hrg.), *Les Chaiers de l'Herne* (15). *Hommage René Char*, Paris 1971, 169-187. 次に再録。Martin Heidegger, *Aus der Erfahrung des Denkens*, hrg. von Hermann Heidegger (HGA 13), Vittorio Klostermann, Frankfurt am Main 1983, 221-224〔「思い」、『ハイデッガー全集第13巻　思惟の経験から』所収、東専一郎他訳、創文社、一九九四年、二七五―二八一頁〕。公表された稿はこの手紙の稿とは異なる。

123 ハイデガーからアーダ・レーヴィットへ

フライブルク・イム・ブライスガウ、一九七三年六月四日

親愛なるレーヴィット夫人、

夫君の慈悲に恵まれた死[*1]が別れの苦しみを和らげ、時とともに、感謝する追憶に変化しますように。別れを告げた方は、故国でも異国でも教職の仕事と著作活動の独自のスタイルを見出し、それを最後までつらぬいて豊かな成果を上げました。

今世紀の二〇年代に思考に目覚めた人々のサークルは小さくなる一方です。彼らはまもなく、——せいぜい——幾人かの追憶に残るだけになるでしょう。

心からお悔やみ申し上げます——妻とともに

あなたの

マルティン・ハイデガー

*1 カール・レーヴィットは一九七三年五月二六日に死去。三年後、ハイデガーも五月二六日に死去。

124 ハイデガーからアーダ・レーヴィットへ

フライブルク、七三年一二月二六日

親愛なるレーヴィット夫人、

死去された夫君の美しい肖像を頂戴し、ありがとうございました。集中し落ち着いて省察している彼の姿を示していますね。夫君をひっそり追憶しながら、よい新年を迎えられますように。

あなたの

マルティン・ハイデガー

補遺

1　エリーザベト・フェルスター＝ニーチェからカール・レーヴィットへ

口述筆記

ヴァイマル・ニーチェ・アルヒーフ財団

ヴァイマル、一二七年八月一三日

K・レーヴィット博士様
マールブルク・アン・デア・ラーン

尊敬する博士様！

レオノーレ・クーレン博士に送られた貴重なお手紙、誠にありがとうございます。私自身が返信したく存じます。

ニーチェ関連の良著をリストアップした報告書を作成するのはとても興味深いことです。けれども、目下、ニーチェ・アルヒーフの文書保管職員が休暇中なものですから、彼がリストを作成できるまで数日かかるでしょう。私にとって傑出しているように思われ私がいささか偏愛する書物を、何冊か特記しましょう。ついては強調したいのですが、クラーゲスの著書が真の専門家によってこれまで論じられていないのはひどく残念です。ニーチェ哲学における心理学に関して、彼は新しく根本的な事柄をきわめてよく理解したのです。それにもかかわらず彼は、ニーチェ哲学の真の眼目をまったく誤って述べることができます。私にはまったく不可解なことですが。もしも、〔あなたがしたように〕もっと早くにクラーゲスの解釈の欠点を鋭く際立たせていたなら、そのあとも彼があれほど間違うことはなかったかもしれません。もちろん私は、彼が自分でそれに気づいてほしいと考えていました。しかしそうはなりませんでしたから、あなたの小著に深い共感を覚えます。

あなたの博士論文についてお伝えしたいことがあります。つまり、私たちはきちんとしたその梗概をもっていますが、いまは他の仕事に忙殺されているため、当面、少し手間のかかりそうな写しを作らせるのは諦めます。

プリンツホルン博士があなたの論文をきちんと理解しなかったのは本当にお気の毒です。ただ、彼はクラーゲスと親しく、彼に心酔していますので、私たちは、彼がニーチェの思想を分かるまでもうしばらく我慢して待たねばなりません。私はプリンツホルン博士をとても高く評価しており、個人としても大好きですから、他のすぐれたひとたちと同じく彼も考え方が変わると信じています。私がそういう変化を信じることにあなたは驚かれるかもしれませんが、いずれにせよ、これを信じるのはまさしく、「変化するひとだけが私の同類である」という私の兄の言葉の意味においてなのです。

数日中に、兄の伝記がお手元に届くでしょう。私は真の事実に、また兄の、どんな伝説も排した本当にすばらしい真の生涯に重きを置いています。オスヴァルト・シュペングラーがかつて私に語ってくれたところでは、この伝記は、真摯で良心的なニーチェ研究者が学べる唯一のニーチェに関する書物です。ちなみに、このいわゆる小伝は、私の兄を実際に知るうえで大きい版よりもはるかに優れています。私が大きい伝記を書いたのは未公表の遺稿が多数ある時代でした。したがって、そもそも兄の生涯を分かってもらうために、未刊の著作からとても多くの箇所をもち出さなければなりませんでした。そういうわけで、生涯の歴史の歩み全体が不適切にもしばしば中断してしまいました。著作の遺稿が印刷されてから新たに書かれた小さい版のほうは、私がこの間入手した個人的な手記や手紙をもとにずっと多くの事実を含んでいます。したがって、「小さい版」という書店の呼び方は本当は誤りで、私の版がなくとも通用できるのです。

ムザリオン版の最終巻[*1]は実際、自伝的な巻になります。まったく新しいものは何も含みませんが、新しく構成した(兄が一三歳のときの最初の自伝から、病に倒れる数週間前に書きつけた最後の自伝『この人を見よ』まで)ために、きわめて強くてある意味で新しい影響を及ぼすでしょう。

ついでながら、ムザリオン出版では別の自伝的著作が二巻本で出ます。[*2] これはニーチェの個人的な発言や書簡資料をさらに知らせるでしょう。第一巻は『生成するニーチェ』ですでに書店にあり、第二巻は『フリードリヒ・ニーチェの告白』という表題になり、二年以内に出版されるかもしれません。

心からのあいさつをこめて

あなたの

エリーザベト・フェルスター＝ニーチェ名誉博士

＊1　一九二〇年から一九二九年にかけて、ニーチェ・アルヒーフ編集のニーチェ著作集全二三巻がミュンヘンのムザリオン出版から刊行された。

＊2　Elisabeth Förster-Nietzsche (Hrg.), *Der werdende Nietzsche, Autobiographische Aufzeichnungen*, Musarion Verlag, München 1924.　第二巻は出版されなかった。

2　レーヴィットの教授資格論文についてのハイデガーの所見[*1]（一九二八年）

この研究は倫理学の諸問題を基礎づけるための論考である。私とあなたという関係（Ich-Du-Verhältnis）を根本現象として見据え、倫理学のあらゆる問題をそこから出発して、またそこに差し戻して原理的に考察する、という課題をみずからに課している。そうだとすると、すでにカントは哲学のあらゆる問いを「人間とは何か」という問いに帰着させていたが（論理学講義、序論第三篇を参照）、その問いがこの研究によって新たに提示される。本研究が示そうとしているのは次の点である。人間学の根本の問いは、その答え方とはまったく別に、すでに問いとして、孤立した主体という狭いものを指向して立てられてもならず、客体にただ関係しているだけのこの孤立した私〔自我〕にてらして立てられてもならない。むしろ、あらゆる人格的関係も、「世界」に対する主体のあらゆる自己関係も、人間たちの根源的相互存在をもとに構成されるのである。

したがって、「序論」と、フォイエルバッハの『将来の哲学の根本命題』を詳説する第一章（一―一九頁［印刷テクストの一―一三頁］は、まず、人間の現存在を全般的に解釈するうえでの「共同世界」の機能という問題構造に対して、歴史学的導入を与える。フォイエルバッハ学説の叙述にもとづいて三つの問いが展開される。(1)ある自己が多くの他者のなかのある「あなた」に出会うのはどのようにしてか（第二章、二〇―一九六頁［一四―一二六頁］）。(2)「あなた」は、実際はある私にとってのあなたでしかないのか（第三章、一九七―二六四頁）［一二七―一六八頁］。(3)「私」は、実際はあるあなたにとっての私でしかないのか（第四章、二六五―二八五頁［一六九―一八〇頁］）。

これらの問いに答えるために、この研究は、人間に対する人間の根本的なかかわりの本質構造を、あらゆる「生の連関と作用連関」を担い導く生の関係として具体的に分析する。第二章ではまず（二〇―七〇頁［一四―四六頁］）、部分的にW・ディルタイに依拠しながら世界概念を分析する。ここで示されるところでは、「世界」といったものは、独我論的な主体のたんなる相関項などではけっしてなく、私と同様なもの〔他者〕に対する等しく根源的な関係をつねにすでに内包している。これに応じて、ものの周囲世界のあらゆる経験と規定もまた、他者たちとの共同世界のうちにある諸個人の現存在によってともに規定されている。相互存在の構造の中心的分析（七〇―一九六頁［四六―一二六頁］）が明示するところでは、共同世界は「ペルソナたち（personae）」の関係連関であり、ペルソナたちは自分たちの共同世界の内部で、共同世界のためにある「役割」を演じ、自分たち自身を共同世界にもとづいてペルソナたちとして規定している。それゆえ、共同世界とはある主体に向き合っている諸個人の中立的な集合体ではない。したがって、人間のふるまいは、根源的な拘束性と責任性によって根底から規定されており、他者たちとの事後的なかかわりにてらしてはじめて規定されるのではない（とくに一七三頁以下［一一二頁以下］を参照）。私とあなたという関係はそれゆえ、人格化された主体‐客体という関係としてとらえることもできない。すなわち、あるひととの他者とのかかわりを明確に解釈することにてらして、ものの概念の伝統的優位を打ち砕くことが重要である。「あるもの」のヘーゲルによる分析についての補論（九八頁以下［六三頁以下］）は、「誰かあるひと」に対する「何かあるもの」のこの優位を、すなわち人格の世界に対する事物の世界の優位を明らかにする。ところで、相互存在の構造の分析もやはり、「利己主義」と「利他主義」の概念の原則的解明を可能にする（一一三頁以下［七一頁以下］）。

以上の考察は、相互存在のあらゆる関係の原理的な「あいまいさ」に対する重要な洞察を与える（一二一頁以下［七六頁以下］）。すなわち、他者たちへの視線は、自分自身に対する多かれ少なかれあからさまではないまなざしを含んでおり、したがって、この二重の運動にもとづいてのみ「客観的に」解釈されうる。結局、この研究は、個人がそのつどの「独立性」において他者に対してもつ「絶対的なかかわり」の生成をはっきり示すにいたる。第二章の分析は、相互存在し相互に話し合う際立った様式を立ち入って説明することをとおして、正しさが証明され拡張される。このさい、W・v・フンボルトの言語哲学の洞察が体系的に利用される。

第三章で論じられるのは、「あなた」は本当に「第二の人格」、ある私にとっての「あなた」にすぎないのか、むしろ、別の「私」ではないにせよ、〔私と〕同格の「第一の人格」、「あなた自身」ではないのかどうか、という問いである。これに対応するシェーラーの論究（「異なる私」としての他者）や、エーブナー[*2]やゴーガルテンの論究（私とあなたという関係の「主体」としての「あなた」）を批判し、さらに他の人格の独立性に関するディルタイの二重の経験概念を腑分けしたあとで、カント実践哲学におけるこの問いの根本的で体系的な論述に立ち戻る。カント解釈は、カント道徳哲学に対するヘーゲルの批判の解明によって補われる（二五四頁以下［一六二頁以下］）。

最後に第四章で、「私自身」について第三の問いが立てられる。他者たちに対して責任を負わない厳密な意味での「個人性」が、自己自身に対するたぐいない実存関係をもとに構成される。キルケゴールの「単独者」概念とシュティルナー[*3]の「唯一者」概念は、この特異に個別的な、つまりコミュニケーション不可能で、それゆえまた間接的にのみ伝達可能な状況を明瞭にする。この状況において、他者たちとの共存在によって規定される「ペルソナ」はみずからの限界を見出すのである。

この論文は、構想と実行の全体において、哲学分野における標準的な教授資格論文を本質的に超え出る学問的自立性を示している。現象学的研究に対するかかわりですら、どこにおいても学派的で表面的であることはない。ときには、むしろ過度なまでに自立してさえいるため、シェーラーと私自身の探究に対する批判はどんな場合にも積極的なところまで突き進んでいるわけではない。この論文の重点は体系の構築にあるのではなく、具体的な個別分析の徹底的実行とさまざまな歴史学的解釈とにある。カント実践哲学の解釈は究極の諸基礎にまで突き進んではいない。著者はそもそも、究極の体系的諸問題の論究において賢明な制限をみずからに課しているのである。私はここで触れずにすますことはできないが、事象に即して二つの懸念があり、著者はこれらを公開討論において取り除かなくてはならない。(1) フォイエルバッハ解釈（八七―九一頁［五六―五八頁］）は、解釈というより、フォイエルバッハ自身が一度ももったことのない洞察を用いた新解釈である。(2) 互いに話し合うことについてのそれ自体ではきわめて貴重な分析（一五八―一九六頁［一〇三―一二六頁］）においては、語り合う者たちの相互のかかわりが過度に強調されているのに、話題とされる事象に対する二人のかかわりは無視されている。

私の助言に応じて、著者は現在の原稿を印刷するにあたって、次の変更をおこなった。

(1) 表題は「倫理学の諸問題を人間学的に基礎づけるための論考」となる。

(2) 序論（一―六頁［一―四頁］）、これに関係する付論一（I―II頁）、および第一八節と第三一節は、人間の現存在の「存在論的」理解と「人間学的」理解を明確に区別するために改稿される。

(3) 二六〇頁は事象に即して修正される。

(4) 付論二（II―IV頁――註一（二五頁［一七頁］）のための）は削除される。

(5) 全体をとおして、個々に術語と文体が改善される。

論文の目次からすでに分かるように、著者は良心的で学問に精通し偏見のない人柄であり、きわだって豊かで深い教養をそなえている。教授資格論文から今後について判断することが許されるとすれば、著者は将来の学問研究において疑いもなく貴重で注目すべきものを公表するにちがいないと言うことができる。この九年間私が観察する機会があった人間的ありよう全体からして、レーヴィット博士は生き生きとして強力な教育活動をおこなうにふさわしい資質のもち主である。さらに、彼の特別な研究領域を助成すれば、哲学という専門分野における教育活動の充実という喜ぶべき結果が得られるだろう。

以上から、本学部がこの研究を教授資格論文として受理し、志願者に今後大学教授としての活動を認めるよう願うものである。

マールブルク・アン・デア・ラーン　一九二八年二月一六日

マルティン・ハイデガー

＊1　ハイデガーの所見は一九二七年のタイプライター版についてのものであり、この版は印刷版とはいくつかの重要な点で異なる。この所見はクラウス・シュティッヒヴェーによって編集され、レーヴィット全集の第一巻に収録。*Mensch und Menschenwelt* (470-473).

＊2　フェルディナント・エーブナー（一八八二―一九三一）は、マルティン・ブーバーによると、対話する思考の最も重要な代表者。彼の思考は〈私とあなたという関係〉に依拠している。ハイデガーは彼を、すでに一九二〇年代初めに、『ブレンナー』(*Der Brenner*) に掲載された諸論文から知っていた。この雑誌にはゲオルク・トラークルも詩を発表。〔1〕

＊3　Max Stirner, *Der Einzige und sein Eigentum*, Otto Wigand, Leipzig 1845〔2〕〔『唯一者とその所有　上・下』片岡啓治訳、現代思潮社、二〇一三年〕.

〔1〕　この編註は、原書では「1　エリーザベト・フェルスター＝ニーチェからカール・レーヴィットへ」のなかに置かれているが、編者の誤りなのでここに移す。

〔2〕　この編註は、原書では「1　エリーザベト・フェルスター＝ニーチェからカール・レーヴィットへ」のなかに置かれているが、編者の誤りなのでここに移す。

3　カール・レーヴィットのイタリア日記[*1]（一九三四—一九三六）から

（一九三六年）

ハイデガーのヘルダーリーン講演はそうこうするうちに印刷され公表された。彼のものすべてがそうだが、これも組み立ては巨匠的で、名人芸であるし、濃密であり、重要なものである。しかし、まがい物の雰囲気もないわけではない。それが感じとれるのは、献身への強い要求を慎ましく述べるところや、結びである。ヘルダーリーンは、民族と神々との間に「投げ出された者」となる！[1] 人間同士は対話なのだということは、彼の秘密めいた物言いにはまったくそぐわない。内面の不安定を、彼の独裁者的に展開するスタイルと「決意性」がどうにかこうにか覆い隠しているが、それは表に現れてきており、しかもこれはたしかに偶然ではない。たとえば、無計画に出版社から出版社へと渡り歩く。『存在と時間』はフッサールの出版社であるニーマイアー[*2]、『カント』はシェーラーの出版社のコーエン[*3]、大学講演はナチの出版社コルン[*4]、ヘルダーリーン[*5]は「内なる」帝国の出版である！

ハイデガーは、その鼻持ちならない妻と二人の大きくなった息子をローマに連れてきた。私は以前フライブルクやマールブルクで、ハイデガー夫妻が招かれて出かけたとき、何度かその息子たちの子守をしたものだった。

一日かけて、私たちは一緒にフラスカーティやトゥスクルムに遠出した。ハイデガーは、ボタンホールに党章を付けていた！ 私たちは、彼が主導したわけではないが、多く話した。そして、私がチューリッヒでの講演に関する新聞紙上での論争[*6]について、私［の］意見では、彼の哲学（「実存」—「歴史性」）が国［家］社［会主義］と内側から原理的に合致していると言ったとき、彼はそれを肯定したのである。なるほど彼は再び大学政治から完全に身を引き[*7]、自分の以前からの強み、つまり攻撃的な孤立へと立ち戻ったのではあるが、しかしそのことが「全体」それ自身を——具体［的な］個々の事実をすべて無視して！——肯定することを阻みはしないのである。ユダヤ人問題については私と話すことはなかった。私に向かって、彼の批判的な立場を強調して、いまほど「無責任に」政治が行われたことはなく、以前から信頼できる専門的教養を持つ人たちがみな排除されたからだ、というようなことを述べた。人種の観点からするベッカーのさまざまな評論[*8]は、笑止千万として退けた――ヤスパースのニーチェ[*9]もそうだ、それは「超越するカードボックス」なのだとのこと！　ハイゼ[*10]は、その著作[*11]によって自分（ハイデガー）の研究の信用を落としたという――ボイムラー[*12]は哲学的にはもはや何でもない、等々――その中で残っているのはただ一人、本当の弟子も友人もいない誤解され孤立した者、「マルティン・ハイデガー」というわけである！――ハイデガーはいま、ニーチェ・アルヒーフの学問委員会[*13]の一員であり、また、ドイツ法律アカデミー[*14]の一員でもある――しかし、そこかしこでクリークやそうした輩の凡庸な連中が幅をきかせている、とのことである。シュトライヒャー[*15]と（ドイツ法律アカデミーで）同席するようなことがどうしてできるのか、という私の問いには、本能的にかわして、突撃者はポルノにすぎず、ヒトラーは彼を不安に思っているに相違ないと言った。なぜヒトラーが――ハイデガーにとっても「総統」（Führer 指導者）なのだ！――シュトライヒャーのような奴を排除しなかったのか！という理由をハイデガーはそのように説明する以外にはないというのだ。しかし、もしも、誰もが、〔卑俗なものとしてのナチズムという〕この「事象」に参入するには自分は「繊細すぎる」と思うとしたら、事態はもっと悪くなったことだろう。ハイデガーは、多くの人が〔ああいう卑俗なものに〕屈辱を感じ、そうした事象にはもう参入しなかったということを理解できるというのだ。ハイデガーはいつもそうなのだ。この「徹底した人間」は、背後に心の留保（reservatio mentalis 心のなかの隠された部分・考え）があるので、実際のところどんな妥協もできるし、たんに影響を与えようという意志を持っているだけでもそういうことになる。彼の本質には、徹底した態度と批判の明瞭さが十分あるにもかかわらず、多くの不確かさと不透明さが、また不明瞭さもある。彼の視線は、いまだなお、確かめるようにしょっちゅうちらちら横目で見ているし、その無邪気な親切はあくまで中途半端だ。アントーニは、「彼は子供だ」（È un bambino）と思い込んでいる！

　しかし、ハイデガーの精神的な圧政がどれほどの広がりをもっているかは、ナウマン[*16]の本当に子供っぽい講演を見れば分かった。ナウマンは、一九三三年に焼きあがったばかりの本[*17]を第三帝国の総統ヒトラーと第三帝国の詩人ゲオルゲに捧げ、「ゲルマン的世界観」に関する講演では、バルデルとオーディンをまったく本気でハイデガーの「ひと」(das Man) と「自己存在」で解釈し、そこに「英雄主義」や「英雄的ペシミズム」、死の願望といった型通りのものを付け加えるようなことをしでかしている。ガベッティがハイデガーとの夕食会に私も招待してくれたのだが、その席で、私はM・ウェーバーを話題にし、この男ならユダヤ人問題では別の態度を取ったであろうと示唆した。そうしたらそれに応えて、本当に決定的な問いが返されたのだ。しかし、このM・ウェーバーは、一部ユダヤ人ではなかったか、と?!! ――ハイゼはさえない男で、まったくつまらない人物だった。

*1 Karl Löwith, »Aus einem unveröffentlichten Tagebuch«. 原本はドイツ文献アルヒーフ (Deutsches Literaturarchiv) のレーヴィットの遺品のなかにある。ウルリッヒ・フォン・ビューローはこの日記からいくつかの箇所を公表し、複写のかたちで出版。引用した部分もそれに含まれる。Ulrich von Bülow, »Reise um die Erde in 18 Jahren. Karl Löwiths Exil«, in: *Offener Horizont. Jahrbuch der Karl Jaspers-Gesellschaft* I (2014), 197–211.

*2 フッサールはマックス・ニーマイアー出版から著作を刊行。『哲学および現象学研究年報』も同出版から刊行。

*3 マックス・シェーラーはその著作の大部分をコーエン出版から刊行。

*4 ハイデガーの学長就任講演「ドイツの大学の自己主張」。この出版社は一連の民族主義的国家主義の著作を刊行していた。その著者は、たとえばアルトゥール・メラー・ファン・デン・ブルックやハラルト・フォン・ケーニヒスヴァルトなど。

*5 ハイデガーのローマでの講演「ヘルダーリンと詩の本質[2]」。

*6 一九三六年一月一七日、ハイデガーは、チューリッヒの全学生の招待で、「芸術作品の根源」を講演。ハンス・バルトは、この催しについて、『新チューリッヒ新聞』に「芸術作品の根源について――マルティン・ハイデガーの講演」という報告記事を書いた (*Neue Zürcher Zeitung* 157. Nr. 105)。「当然われわれのテーマにとって重要な箇所は次のとおり。「当然のことであるが、私たちは、ハイデガーがこの民主的な国家で発言しているということを光栄だと考えなければならない。ハイデガーは、少なくともしばらくの間、新ドイツの哲学的代弁者の一人だと見なされていたからである。しかも、ハイデガーは『存在と時間』を「尊敬と友情」をもってユダヤ人であるフッサールに献呈し、カント解釈のほうは半ユダヤ人のマックス・シェーラーとの永遠の思い出に結びつけたことを覚えているひとも多い。前者は一九二七年、後者は一九二

九年のことだった。人間は通常英雄ではない――例外はあるにしても、哲学者もまた同じである。だから、ある一人が流れに逆らって泳ぐなどということは、ほとんど要求できないのである。しかし、自分自身の過去に対してある責務を果たすことは、哲学の名声を高めることになる、哲学はたんに知であるのみならず、かつては英知でもあったからである」。これに対して、エーミール・シュタイガーは「ハイデガーをもう一度」という読者の手紙を寄せ、それはバルトの論評付きで一九三六年一月二三日に掲載された（*Neue Zürcher Zeitung* 157. Nr. 125）。シュタイガーは答えて言う。「バルトによってハイデガーの講演に与えられた批判は、反駁せずに済ますことはできない。その批判の非客観性が目につくことは当然である。バルトはその報告の前に政治的手配書を載せている。それは公衆の賞賛を確実に受けるが、ハイデガーの言語を貶め、結局は講演のときにバルトがメモした文章をいくつかまとめたものである。［…］しかし、バルトがハイデガーの政治的態度を前面に押し出し、それをよしとしているのはまったくもってつじつまが合わない。それはちょうど、『純粋理性批判』に関する自分の判断を、フランス革命に対する態度に関するカントのコメントから始めようとでもするのと同じくつじつまが合わない。［…］しかし、ハイデガーは、オスカル・シュプレンガーやティリッヒと同等の存在ではない（まったく相対立する両陣営から二人の哲学者だけを名指すとすれば）。そうではなくて、マルティン・ハイデガーは、ヘーゲルやカント、アリストテレスやヘラクレイトスに比べられる存在なのだ」。これに対してバルトは簡潔に次のように答えている。「シュタイガー氏は、報告者である私を非客観的であると批判する。それは、私が報告に先立って「政治的手配書」について述べたからである。無論それは意図してなされたのだ。哲学的なものと人間的なもの、思惟と存在を深淵で隔てるようなことは無理だからだ。シュタイガー氏は、このような講演の再現はそもそも「ジャーナリズト」ごときの手に負えることではないと主張するが、それは私も同意見である。しかし、ハイデガーを直接にヘーゲルやカント、アリストテレスやヘラクレイトスに比するという、シュタイガー氏が大真面目にしていることは、極端に「ジャーナリスティック」な判断ではないのか、それを私は読者の皆さんや識者の決定に委ねたい。ハイデガーをこのように巨大に評価することの判断の責任は、私は安んじて文学史家〔シュタイガー〕に任せる」。新聞の諸報告は完全なかたちで再び公表された。*Heidegger-Jahrbuch 4, Heidegger und der Nationalsozialismus.* Dokumente. (2009), 197-201.

＊7　それが完全に真実に即しているとは言えない。ハイデガーは当時なおドイツ法律アカデミー法哲学委員会委員であった。

＊8　オスカル・ベッカーは、一九三四年から三六年までに、*Rasse. Monatsschrift der nordischen Bewegung* に次の諸論文を公表した。»Nordische Metaphysik«, in: *Rasse* (1), Heft 5, 1934, 81-92; »Philosophie und Weltanschauung«, in: *Rasse*

(2), Heft 1, 1935, 32-35; »Philosophie und Weltanschauung«, in: *Rasse* (2), Heft 12, 1935, 493-498, und eine Rezension von B. Bavink, *Über Rasse und Kultur*, in: *Rasse* (3), Heft 12, 1936, 474-476.

＊9　Karl Jaspers, *Nietzsche. Einführung in das Verständnis seines Philosophierens*〔『ヤスパース選集18・19　ニーチェ上・下』〕.

＊10　ハンス・ハイゼ（一八九一―一九七六）は、一九二五年にブレスラウ大学私講師。一九三二年、ケーニヒスベルク大学のカント教授職。一九三三年、国家社会主義ドイツ労働者党に入党。一九三五年にはゲオルク・ミッシュの後任としてゲッティンゲン大学に招聘される。同年、ヴァイマルのニーチェ・アルヒーフの歴史的批判的ニーチェ全集学問委員会委員。ハイデガーも一九三五年、同委員会委員。ハイデガーは、一九四二年には同委員会から脱会。これについてレーヴィットは次のように書く。「同じようにハイデガーも、リヒャルト・エーラーのようなニーチェ「研究者」などとニーチェ・アルヒーフ学問委員会で同席した――それも、「もっと由々しき事態」を防ぐためらしい。ところがハイデガーは、実際には、それによって悲惨なことを彼の名声で覆い隠しているのだ」(Karl Löwith, *Mein Leben in Deutschland vor und nach 1933*, 160〔『ナチズムと私の生活――仙台からの告発』二三一頁〕)。さらに次を参照。Marion Heinz und Theodore Kisiel, »Heideggers Beziehungen zum Nietzsche Archiv im Dritten Reich«, in: Hermann Schäfer (Hrsg.), *Annäherungen an Martin Heidegger. Festschrift für Hugo Ott*, Campus, Frankfurt am Main/New York 1996, 103-136.

＊11　Hans Heyse, *Idee und Existenz*, Hanseatische Verlagsanstalt, Hamburg 1935.

＊12　アルフレート・ボイムラー（一八八七―一九六八）は、一九一四年に論文 *Das Problem der Allgemeingültigkeit in Kants Ästhetik* (München 1915) で博士号を取得。一九一四年から一八年まで戦争に出征したのち、自由な著述家として活動し、とくにニーチェ著作集を編纂。一九二四年にドレスデン工科大学で教授資格を取得 (*Das Irrationalismusproblem in der Ästhetik und Logik des 18. Jahrhunderts bis zur Kritik der Urteilskraft*, Max Niemeyer, Halle an der Saale 1923)。一九二九年まで同大学で理論的教育学と哲学の員外教授、その後正教授。一九三三年に国家社会主義ドイツ労働者党に入党したあと、ベルリン大学の新設の政治的教育学の教授職に招聘される。一九三四年以降、ローゼンベルク事務局の学術局長（のち、学術中央局長）。一九四一年、国家社会主義ドイツ労働者党の「高等学院」(Hohe Schule)〔3〕の責任者。主著は、*Bachofen und Nietzsche* (Neue Schweizer Rundschau, Zürich 1929) und *Nietzsche, der Philosoph und Politiker* (Reclam, Leipzig 1931)。ハイデガーとボイムラーは、一九三二年来個人的な交流があり、終戦まで付き合いは続く。エルフリーデ宛ての一九三二年六月九日付のハイデガ

ーの手紙を参照。「ボイムラーは哲学的にはやはりかなり貧弱なので、その点では彼に失望しました――歴史家としては良い――最新の動きに関しては特別詳しい。彼の正確な知識によれば、ナチの連中は、文化的な、つまり精神的な問題について――[5]専門学校や性格学校[4]のいずれにおいても――いまだひどく偏狭なのだ――専門学校や性格学校という言い方は、すべてをばらばらにするだろうし、言うまでもなく破滅をもたらします」（*»Mein liebes Seelchen«*, 175）。ハイデガーは、一九四三年四月一二日付のエルフリーデ宛ての手紙でもボイムラーについて言及した。「ボイムラーの手紙を写して同封しました。冒頭の呼びかけは、おそらく党の同志ということで言われているのです。それはいまとなってみれば前言撤回のしるしなのでしょうか」（*»Mein liebes Seelchen«*, 218）。

*13　以下を参照。Marion Heinz und Theodore Kisiel, »Heideggers Beziehungen zum Nietzsche Archiv im Dritten Reich«, 103-136.

*14　ドイツ法律アカデミーは、司法統制帝国顧問のハンス・フランクの主導で創設。このアカデミーの目標は、国家社会主義的世界観によるドイツ法の再構築である。だが、この目標は達成されなかった。司法当局の官僚が権限を守ることに成功したからである。一九三四年五月初め創設のアカデミー法哲学委員会の創設委員は、マルティン・ハイデガーのほかに、とくにカール・エムゲ、カール・シュミット、ハンス・フライアー、エーリヒ・ロータッカー、ハンス・ナウマン。ハイデガーは少なくとも一九三六年までこの委員会で活動したが、それまでにはユリウス・シュトライヒャーが委員になる。これについては次を参照。Victor Farías, *Heidegger und der Nationalsozialismus*, 277-280〔『ハイデガーとナチズム』二四〇―二四三頁〕、および、Herlinde Pauer-Studer, *Die Normativität des Rechts*, Suhrkamp, Frankfurt am Main 2013。

*15　ユーリウス・シュトライヒャー（一八八五―一九四六）は国家社会主義の政治家。反ユダヤ主義の扇動誌『突撃者』（»Der Stürmer«）の創刊者で所有者、編集者。ニュルンベルク裁判で告発された二四人の主要戦争犯罪者の一人。一九四六年、人道に対する犯罪のかどで死刑を宣告され、絞首刑。

*16　ハンス・ナウマン（一八八六―一九五一）は、一九二一年から一九三二年までフランクフルト・アム・マイン大学で、引き続き〔一九三三年から一九四五年まで〕ボン大学で中世ドイツ語学と民俗学の教授。一九三三年、国家社会主義ドイツ労働者党に入党。一九三三年五月一〇日のボンにおける焚書の首謀者の一人。公表した主なものは、*Deutsche Nation in Gefahr* (J. B. Metzler, Stuttgart 1932)、および、»Sorge und Bereitschaft (Der Mythos und die Lehre Heideggers)«, in: *Germanischer Schicksalsglaube* (Diedrichs, Jena 1934, 68-88（現在は次に再録、*Heidegger-Jahrbuch* 4, *Heidegger und der Nationalsozialismus, Dokumente* [2009], 178-193）。次をも見よ。Kriecks Rezension, in: *Volk im Werden* 2 [1934], 247-249（現在はまた次に再録、*Heidegger-Jahrbuch*

4 [2009], 193–195)、および *Der deutsche Mensch*（Deutsche Verlags-Anstalt, Stuttgart 1935）。ナウマンについての詳細は次を見よ。Thomas Schirrmacher, *»Der göttliche Volkstumsbegriff« und »der Glaube an Deutschlands Größe und heilige Sendung«. Hans Naumann als Volkskundler und Germanist unter dem Nationalsozialismus*, 2 Bände, Verlag für Kultur und Wissenschaft, Bonn 1992.

＊18 Hans Naumann, *Wandlung und Erfüllung: Reden und Aufsätze zur germanisch-deutschen Geistesgeschichte*, J. B. Metzler, Stuttgart 1933.

〔1〕 講演「ヘルダーリーンと詩の本質」の終わり近くで、ハイデガーが述べるところでは、詩人は神々と民族のあいだに投げされた者であり、ヘルダーリーンの規定する新しい時代は、逃げ去った神々がもはやなく来るべき神がいまだない乏しい時代である（Martin Heidegger, *Erläuterungen zu Hölderlins Dichtung*, hrg. von Friedrich-Wilhelm von Herrmann（HGA 4）, Vittorio Klostermann, Frankfurt am Main 1981, 47〔『ヘルダーリンの思索の解明』（ハイデッガー全集）濱田恂子他訳、創文社、一九八五年、六三―六四頁〕）。レーヴィットはこういう箇所に「まがい物の雰囲気」を感じとったのである。

〔2〕 「ヘルダーリーンと詩の本質」は一九三六年四月二日にローマで講演され、同年一二月に雑誌『内なる帝国』（*Das innere Reich*）に掲載された。書簡102の原註＊1〔本書二六八―二六九頁〕を参照。

〔3〕 国家社会主義ドイツ労働者党のエリート大学としてローゼンベルクが計画した高等教育機関。

〔4〕 一九三〇年代前半にナチ教育学の主流を占めたクリークによれば、技能や知識を伝達する専門学校（Fachschule）よりも、ナチに対する忠誠を生み出すような人間性格を形成する性格学校（Charakterschule）というあり方がより重要である。

〔5〕 原文では boniert であるが、引用元の *»Mein liebes Seelchen«*, 175 にしたがい borniert（偏狭な）に訂正して訳す。

4 アーダ・レーヴィットからエルフリーデ・ハイデガー＝ペトリへ

フランス、オレロン島、七六年五月三〇日

尊敬する親愛なるハイデガー夫人！

この手紙を差し上げるのはひどくぶしつけなことにちがいありませんが、深い驚きと心からのお悔やみを申し上げたく、ペンをとりました。最後の時が尊敬するご主人とあなた自身にとって特別苦しいものではなかったことを願っております。

お宅に伺ったとき、刈りとったばかりの芝生の上に靴底の跡がくっきりと見えました。ご主人が確かな足どりで散歩してできたものでした。うれしく、微笑ましかったあのご様子が、ありありと目に浮かびます。私にとって記念すべき幸せな訪問でした。けれどもそれより何より、この偉大な師が夫の一生でもった意義を、また生涯の終わりに再び友情のしるしが得られたというなみはずれた幸福の意義を、私は確信しております。ご主人が亡くなられたのは、夫が私のもとを去ったちょうど三年後の同じ日〔五月二六日〕です。偉大な師からいただいた最後の何通かの友情のこもったお手紙に夫がどれほど深い喜びをおぼえたか、私は誰よりもよく存じております。

親愛なるハイデガー夫人、心からあなたのことを思っております。先日、フリーダ・ガダマー〔ハンス＝ゲオルク・ガダマーの最初の妻〕が亡くなられたことは、この間、お聞き及びのことでしょう。この世代で存命のひとは数えるほどになりました。もういまでさえ、面識のある人々がほとんどいないのですから、正しい理解はほとんどありえないように思われます。

あなたのアーダ・レーヴィット

追伸　なお、この知らせは、七六年五月二八日の『ル・モンド』紙（九七四八号）をたまたま購入して知りました。大きめの記事が三つ載っておりました。

5　トートナウベルクのハイデガー家の山小屋帖へのカール・レーヴィットの書き込み（一九二四年）

三月一日から三月一一日。私の解体者［?］の山小屋で、太陽と風と光で茶色に日焼けした。転んでスキーの一つのトップがもげ、そのとき一つの歯が半分欠けた。前者は今日膠《にかわ》で繋ぎ合わせた。「言語の哲学」は、哲学については語られなかったという仕方で表現された。あるじに心からの感謝を。

カール・レーヴィット

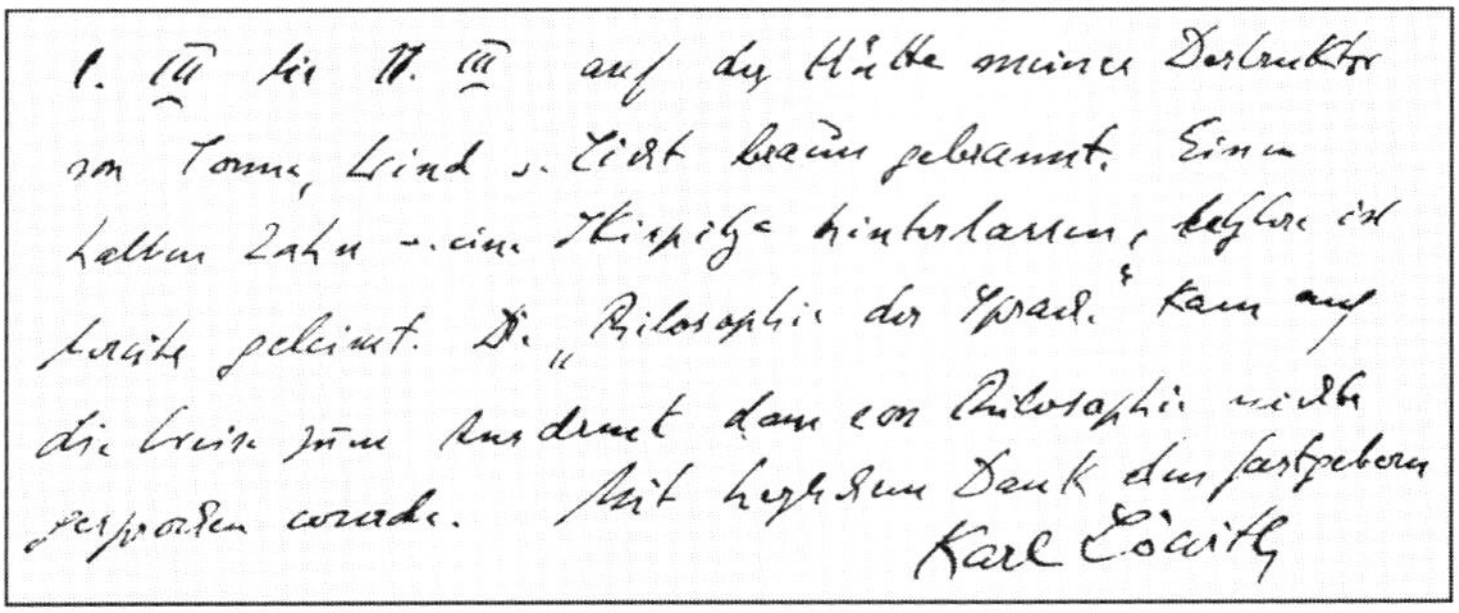
1. III bis 11. III auf der Hütte meines Destruktors
von Sonne, Wind u. Licht braun gebrannt. Einen
halben Zahn u. eine Skispitze hinterlassen, letztere ich
heute geleimt. Die „Philosophie der Sprache“ kam auf
die Weise zum Ausdruck dass von Philosophie nicht
gesprochen wurde. Mit herzlichem Dank dem Gastgebern
Karl Löwith

山小屋帖へのレーヴィットの書き込み

6　レーヴィットが出席したハイデガーの講義・演習一覧

一九一九年夏学期

M・ハイデガー私講師の講義「現象学と超越論的価値哲学」聴講者名簿

M・ハイデガー私講師の講義「大学および学問研究の本質」聴講者名簿

一九一九・一九二〇冬学期

M・ハイデガー私講師の講義「現象学の根本諸問題」聴講者名簿

M・ハイデガー私講師のコロキウム聴講者名簿

一九二〇年夏学期

M・ハイデガー私講師の講義「直観と表現の現象学」聴講者名簿

現象学演習「直観と表現の現象学」ゼミナール名簿

一九二一年夏学期

M・ハイデガー私講師の講義「アウグスティヌスと新プラトン主義」聴講者名簿

M・ハイデガー私講師「現象学演習（初学者向け）」聴講者名簿

「アリストテレス『魂について』に関する演習」ゼミナール名簿

「フッサール『論理学研究第二巻』についての現象学演習」ゼミナール名簿

一九二一・一九二二年冬学期

M・ハイデガー私講師の講義「アリストテレスの現象学的解釈」聴講者名簿

一九二二年夏学期

M・ハイデガー私講師の講義「現象学的解釈」聴講者名簿

一九二二・一九二三年冬学期

「アリストテレスの現象学演習」ゼミナール名簿

一九二三・一九二四年冬学期

「上級者向け現象学演習「アリストテレス『自然学』第二巻」」ゼミナール名簿

一九二五・一九二六年冬学期

「上級者向け現象学演習「ヘーゲル『大論理学』第一巻」」ゼミナール名簿

一九二六年夏学期

「歴史および歴史学的認識に関する演習——J・G・ドロイゼンについて」ゼミナール名簿

一九二七年夏学期

「アリストテレス論理学とヘーゲル論理学の存在論」ゼミナール名簿

編者あとがき

マルティン・ハイデガー書簡集成の第二部第二巻である本巻は、マルティン・ハイデガーとカール・レーヴィットの往復書簡である。

この往復書簡集には一二四通の手紙と葉書が収められている。そのうち七六通はハイデガー、四八通はレーヴィットのものである。交わされた書簡のすべてが残されているわけではない。残されているのは、マールバハ・ドイツ文献アルヒーフとハイデガー家個人所有のドキュメントである。すべての文書は手書きであり、例外は一九三三年二月二〇日のハイデガーの電報、一九三三年五月二二日のハイデガーの手紙、一九七二年三月二日のレーヴィットの手紙[1]だけである。

カール・レーヴィット（一八九七—一九七三）は、ハイデガーの最も重要な教え子の一人である。マルティン・ハイデガーが教授資格を指導した哲学者は五人しかいないが、彼はその一人である。レーヴィットは個人的にハイデガーにきわめて近かっただけでなく、彼自身も重要な思想家であった。すでに一九一九年から一九二二年までフライブルク・イム・ブライスガウのフッサールとハイデガーのもとで学んでいたレーヴィットは、モーリッツ・ガイガーのもとで博士号を取得した（一九二三年）のち、ハイデガーのあとを追って〔一九二三・二四年冬学期から〕マールブルクに移った。一九二八年に、論文「共同人間の役割における個人」〔邦訳名『共同存在の現象学』〕によって教授資格を取得した。これは、一方でハイデガーの思考から出発するが、しかし他方でこの思考を別な方向にさらに展開するものでもあった。ハイデガーは人間の存在を共存在として規定する。すなわち、人間の現存在はつねに他の人間たちとともに存在することである。レーヴィットはこの規定を受け入れる。ハイデガーは『存在と時間』において共存在に、したがってまた人間の現存在の倫理的次元にあまり大きい注意を向けなかったため、レーヴィットの論文は、ハイデガーの初期の主著の重要な解釈であるだけでなく、今日なお読むべき批判でもある。というのも、ハイデガーとはちがって、レーヴィットは、私とあなたという関係を人間の現存在の根本現象として解釈することによって、みずからの探究のなかで倫理学の基礎づけに寄与しているからである。

　レーヴィットが記した履歴書〔「Curiculum vitae 生涯の歩み」〕は二〇世紀の歴史を簡明に映し出している。「一九三三年は私に決断を要求しなかった。決断は、今日では忘れ去られているが一九三五年に可能となりまたたくまに実施されたニュルンベルク法によって、おのずと強制されたのである。人々が運命と呼びたがる一連の幸運な偶然によって、私は、ローマを経由してある日本の大学〔東北帝国大学〕への亡命に導かれた。ドイツが日本と同盟を結び、国家社会主義の対外宣伝活動の圧力が高まってから、私の立場は不安定になった。そのころ、P・ティリッヒとR・ニーブーアが手を差し伸べてくれた——真珠湾の半年前だった——アメリカの神学校の教職につき（一九四一年）、そこから一九四九年に「ニュー・スクール・フォー・ソーシャル・リサーチ」に招聘された。一八年間の外国生活ののちドイツに戻り（一九五二年）、ドイツでは、この間生じたあらゆる出来事にもかかわらず、奇妙にも大学の状況が何も変わっていないことに気づいた[*1]」。レーヴィットは哲学者としてみずからを懐疑主義の伝統のなかに組み込み、とくに実存哲学（ハイデガー、ヤスパース）および一九世紀哲学（ヘーゲル、ニーチェ、マルクス）との取り組みに重点を置いた。

ここに収めた書簡が教えているところでは、ハイデガーとレーヴィットの関係には四つの時期がある。第一期は一九一九年に始まり、レーヴィットの最初のイタリア滞在（一九二四年から二五年）まで続く。ハイデガーとレーヴィットが率直かつ批判的に哲学的に対決しているさまには驚きを禁じえない。また、とりわけ注目に値するのは、ハイデガーが、そしてとくにレーヴィットがフッサールについてどれほど批判的に意見を述べているか、という点である。レーヴィットは、たとえば一九二一年二月二六日の手紙でこう書いている。「覚えておられるでしょうが、私は第二学期すぐにあなたに向かって、フッサールの哲学的精神のあり方に対する強い抵抗をしばしば述べたものでした。今となっては、私にはまったく明白になりました。つまり、フッサールが最も根本的な意味では決して偉大な哲学者であるわけではなく、彼をカントと同列に置くことは巨大な欺瞞であり、彼の考え方全部が現実から無限に乖離しており、生命力を持たず、学者の論理であるということです。もし私が、自分を誤解している知的良心からフッサールの思考方法に深く入り込もうとしたら、それは時間とエネルギーの浪費でしょう」。また、ハイデガーの一九二二年九月二〇日の手紙によれば、「この一週間、安堵の息をつきました。ヤスパースには、フッサールが夢にももたないような哲学的実存があります［…］」。この最初の時期の書簡には、経済上、職業上のおぼつかなさも刻印されている。

第二期は一九二五年から一九二九年までで、二人の関係は距離が大きくなっている。レーヴィットによると、教師としてのハイデガーが変化した。彼はもはや——私講師時代のように——学生たちとともに思考の道の途上にいる同輩中の首位に立つ者（primus inter pares）ではなく、みずからを教師として示す正真正銘の教授になった。往復書簡の中心をなすのは、レーヴィットの差し迫った教授資格取得である。一九三〇年代初めに二人の接触は少なくなる。この第三期において、ハイデガーは一九三三年にフライブルク大学長としてもレーヴィットのためになおも力を尽くす。しかし同時に、レーヴィットのある著作の献辞を受け入れない。一九三六年にローマでハイデガーとレーヴィットが出会ったのを最後に、一九五〇年代に再会するまで、二人が出会うことはなかった。第四期は一九四九年にレーヴィットが送った祝電に始まり、これは事実上往復書簡の再開を意味した。ハイデガーは、レーヴィットの著作『ハイデガー――乏しき時代の思索者』（一九五三年）における批判にひどく当惑し、裏切られる思いをした。そのことは女友達のエリーザベト・ブロッホマンに宛てた手紙から読み取れる。「レーヴィットはなみはずれて本を読んでいて、引用の選択や使い方も巧みです。ギリシャ哲学については何も知りません（まさしく！）[3]。手仕事の道具が欠けているのですから。現象学的に記述するある種の才能があります。この領域の内部では、果たすべき課題を実行することができました。しかし彼は、長らく分不相応に暮らしています。思考のことは何も知らず、憎んでいるかもしれません。あれほどただひたすらルサンチマンと「アンチ」だけで生きている人間に、私はいまだかつて会ったことがありません。マールブルクで教授資格を取得したときは、真っ赤なマルクス主義者でした。『存在と時間』を「偽装した神学」と呼びました。のちには同じ書物が「純粋な無神論」だということになりました。どうしてフォイエルバッハからアウグスティヌスに転回しなくてはならないのでしょうか。しかし、そうなると彼はおまけに、まるで理解していない別の「転回」を並べ立てなくてはならなくなるでしょう。イタリアと日本で所見を書いて引き続き彼を手助けしたにもかかわらず彼がしでかしたもっとひどい事柄については、私は黙っていましょう。エビングハウスも、レーヴィットとともに満足していますし、彼と一緒に共産主義者たちと協調して激しく活動しました。少なくとも一人のアンチ・ハイデガー（「敵」と呼ぶのは買いかぶりでしょう）が彼のあとに続けば十分です。ひょっとすると、クラウス・ライヒ[*2]もハイデルベルクと取引があるかもしれません。というのも、ガダマーはすでに友人〔レーヴィット〕とその影響にあきあきしていて、ほめあげて追い払おうとするでしょうから[*3]」。

最後の何通かの書簡は、一九五〇年代末に始まるハイデガーとレーヴィットの和解の証拠である。

書簡は縮めたり省いたりせずに再現した。書簡の個人的特徴をよりよく保つために、日付や呼びかけの言葉、あいさつの決まり文句には手を加えず、書かれたかたちを最大限保持した。大文字と小文字、続け書きと分ち書き、ßかsかという癖は（また、habe ないし sehe とせずに hab ないし seh とする点も[4]）原文のままにしておいた。句読法は統一した。ドキュメントでは新正書法は考慮しなかった。著者たちがみずから挿入形式でおこなった修正は採用し、線を引いて抹消した箇所は削除した。下線を引いた語はイタリック体にした〔本訳書では傍点を施した〕。一九一九年から一九三七年までのハイデガーの書簡はコピーしか残っておらず、下線が誰によるのかが判別できないため、これらの書簡ではイタリック体にはできなかった。［???］はある単語が判読できないことを、［?］は読み方が不確かであることを示している。編者による補足が必要な場合は［ ］ではさんだ。明らかな書き間違いは断りなしに訂正した。編註の部分では、それぞれのドキュメント番号のあとにまず当該書簡を指示し、続いて書簡の内容理解に役立つ情報を記した〔本訳書では各書簡の末尾に置いた〕。概念や思想の註解は、この書簡集成の枠を壊すことになるので控えた。

往復書簡のほかに六つの補遺を収めた。二通の書簡（一通はエリーザベト・フェルスター＝ニーチェからカール・レーヴィット宛て、一通はアーダ・レーヴィットからエルフリーデ・ハイデガー宛て）、山小屋帖へのレーヴィットの書き込み、レーヴィットが出席したハイデガーの講義・演習一覧とならんで、とくに、レーヴィットの教授資格論文についてのハイデガーの所見、およびレーヴィットのイタリア日記からの抜粋は興味深い。

ヘルマン・ハイデガー博士、奥様のユッタ・ハイデガー夫人、アルヌルフ・ハイデガー氏、アーデルハイト・クラウター夫人に深くお礼を申し上げる。この方々は、転写された往復書簡をきわめて入念に照合し修正してくださった。数多くのご指摘とご提案のおかげで、私の仕事は大いに捗った。

マールバハ・アム・ネッカーのドイツ文献アルヒーフのウルリヒ・フォン・ビュロー氏とその共同研究者たちのご援助とコピー作業に、お礼を申し上げる。

研究助成金の申請と編集作業において支えてくださった博士ホルガー・ツァバロースキー教授にもお礼を申し上げたい。

とりわけ感謝したいのはゲルダ・ヘンケル財団である。一四か月間の研究助成金貸与によって編集作業を促進し支援してくださった。

マーリオン・ハインツ教授とマティアス・フラッチャー博士は入念な校正作業と批判的コメントによって助けてくださった。心からお礼を申し上げる。

カール・アルバー出版の側でご配慮いただいたのはルーカス・トラーバート氏である。心から感謝申し上げる。

ファレルンダル、二〇一六年一一月

アルフレート・デンカー

＊1 Karl Löwith, »Curriculum vitae (1959)«, in: Karl Löwith, *Mein Leben in Deutschland vor und nach 1933*, 182–193, 186〔2〕〔「わが思索〔生涯〕の歩み（一九五九年）」、二三七―二五五、二四四―二四五頁、『ナチズムと私の生活――仙台からの告発』所収、秋間実訳、法政大学出版局、一九九〇年〕.

＊2 クラウス・ライヒ（Claus Reich）はおそらく、一九四六年に〔マールブルクの〕エビングハウスのもとで教授資格を取得したクラウス・ライヒ（Klaus Reich）（一九〇六―一九九六）のこと。一九四七年からマールブルクの哲学の教授。Klaus Reich, *Gesammelte Schriften*. Mit Einleitung und Annotationen aus dem Nachlaß herausgegeben von Manfred Baum u. a., Felix Meiner, Hamburg 2001.

＊3 Martin Heidegger / Elisabeth Blochmann, *Briefwechsel 1918–1969*, 102f. ハイデガーは、レーヴィットがマールブルク大学に招聘されるのを阻止したがっていた。ルードルフ・ブルトマン宛ての書簡でも似たような批判的見解を述べた。「レーヴィットは途方もなく本を読んでいて目端の利く男ですが、思考することができません。事象を追究することが重要な場合は、きまって「ノー！」という原則にもとづいて発言します。――要するに、キリスト教性でさえ自分の懐疑のためにうまく利用してのける懐疑主義者なのです」(Martin Heidegger / Rudolf Bultmann, *Briefwechsel 1925–1975*, 207f.)。

〔1〕一九七二年三月二日のレーヴィットの手紙は本書には収録されていない。書簡121および収録ドキュメント一覧の日付である同年三月一〇日の誤記であろうが、書簡121の正しい日付が三月二日の可能性もある。

〔2〕原文は185 f.だが、186に訂正する。

〔3〕「まさしく！」の前後の括弧は編者の原文では［ ］であるが、誤記と見なして（ ）に訂正する。

〔4〕ich habe（私はもつ）ないしich sehe（私は見る）が、ich habないしich sehと記されている場合にも修正しなかったという意味である。邦訳には影響を及ぼさない。

付録

略号

〔本訳書ではごく一部の例外を除き略号は用いていないが、訳出した。〕

A. L. = Ada Löwith（アーダ・レーヴィット）

DLA = Deutsches Literaturarchiv Marbach（マールバハ・ドイツ文献アルヒーフ）

E. H. = Elfride Heidegger（エルフリーデ・ハイデガー）

GW = Gesammelte Werke（全集）

HGA = Martin Heidegger, Gesamtausgabe: Ausgabe letzter Hand, Vittorio Klostermann, Frankfurt am Main（マルティン・ハイデガー、全集版、著者の手が入った決定版、ヴィットーリオ・クロスターマン、フランクフルト・アム・マイン）

K. L. = Karl Löwith（カール・レーヴィット）

M. H. = Martin Heidegger（マルティン・ハイデガー）

NL = Nachlass（遺稿）

LSS = Karl Löwith, Sammtliche Schriften, J. B. Metzler, Stuttgart（カール・レーヴィット、全集、J・B・メッツラー、シュトゥットガルト）

マルティン・ハイデガー略年譜

一八八九年　九月二六日、バーデン、メスキルヒに、桶職人の親方で堂守のフリードリヒ・ハイデガーとヨハナ・ハイデガー（旧姓ケンプフ）の息子として生まれる

一九〇三―〇六年　コンスタンツのギムナジウムに在学

一九〇六―〇九年　フライブルクのギムナジウムに在学

一九〇九―一一年　フライブルク大学で神学および哲学を研究

一九一一年　神学研究を放棄

一九一一―一三年　フライブルク大学で哲学、精神科学、自然科学を研究

一九一三年　アルトゥル・シュナイダーのもとで博士号を取得

一九一五年　ハインリヒ・リッカートのもとで教授資格を取得

一九一五―一八年　兵役（フライブルクにおける郵便監視職および前線気象観測員）

一九一七年　エルフリーデ・ペトリと結婚

一九一九―二三年　フライブルク大学で私講師およびエトムント・フッサールの助手

一九一九年　息子イェルク誕生

一九二〇年　息子ヘルマン誕生

一九二二年　シュヴァルツヴァルト、トートナウベルクの山小屋を購入

一九二三―二八年　マールブルク大学教授

一九二八年　フライブルク大学哲学講座への招聘

一九三三年　ドイツ大学教員文化政策研究共同体の創設に参加、四月二一日、フライブルク大学長に選出

一九三四年　学長退任
一九三四―三七年　ドイツ法律アカデミー法哲学委員会委員
一九三五―四二年　ヴァイマル・ニーチェ・アルヒーフによる歴史的批判版ニーチェ全集の学問委員会委員
一九四四年　一一月、国民突撃隊入隊
一九四六―四九年　教職禁止
一九四九年　ブレーメン連続講演
一九五〇年　年金付き退職
一九五〇―五三年　ビューラーヘーエとバイエルン美術アカデミーで繰り返し講演
一九五一年　定年退職
一九五五年　初のフランス旅行、スリジ・ラ・サルのゼミナールでジャック・ラカンなどと出会う
一九五七年　ハイデルベルク科学アカデミー会員、ベルリン芸術アカデミー会員
一九五九年　メスキルヒ市名誉市民、またメダルト・ボスとのツォリコーン・ゼミナールの開始
一九六〇年　ヘーベル賞受賞
一九六二年　ギリシャ旅行
一九六六年　ル・トールでの最初のゼミナール（引き続き一九六八年、一九六九年に、また一九七三年にはツェーリンゲンで）
一九六九年　バイエルン美術アカデミー会員
一九七五年　全集版の最初の巻の刊行
一九七六年　五月二六日、フライブルクで死去、五月二八日、メスキルヒで埋葬

カール・レーヴィット略年譜

一八九七年　一月九日、ミュンヘンに、画家ヴィルヘルム・レーヴィットとマルガレーテ・レーヴィット（旧姓ハウザー）の息子として生まれる、両親はユダヤ人

一九一四年　ミュンヘンの実科ギムナジウムで臨時卒業資格を取得したあと、兵役を志願

一九一五年　重傷を負い、イタリアの戦時捕虜となる

一九一七年　イタリアの戦時捕虜から帰還

一九一七―一九年　ミュンヘン大学で生物学と哲学を研究

一九一九―二二年　フライブルク大学のフッサール、ハイデガーのもとで哲学を、シュペーマンのもとで生物学を研究

一九二〇―二一年　バーデン＝バーデンで家庭教師

一九二二年　ミュンヘンに戻る

一九二三年　コーゲルで家庭教師、モーリッツ・ガイガーのもとで博士号を取得

一九二四―二五年　イタリア滞在

一九二八年　マルティン・ハイデガーのもとで教授資格を取得

一九二八―三三年　マールブルク大学私講師

一九二九年　エリーザベト・アーデルハイト（アーダ）・クレマーと結婚

一九三四―三六年　ローマ滞在

一九三六―四一年　仙台（日本）の〔東北帝国〕大学教員

一九四一―四九年　ハートフォード（アメリカ合衆国）神学校教員

一九四九―五二年　ニューヨークのニュー・スクール・フォー・ソーシャル・リサーチ教員

一九五二—六四年　ハイデルベルク大学正教授

一九六五年　ローマ・イタリア科学アカデミー外国人会員

一九六六年　ナポリ・国立道徳および政治学アカデミー外国人会員

一九六九年　ボローニャ大学名誉博士、ウルビーノ・ヨーロッパ知研究所名誉教授

一九七三年　五月二六日、ハイデルベルクで死去

カール・レーヴィットの著作（抜粋）

Karl Löwith, Sämtliche Schriften, J. B. Metzler, Stuttgart

Band 1: *Mensch und Menschenwelt. Beiträge zur Anthropologie*, hrsg. von Klaus Stichweh, 1981

Band 2: *Weltgeschichte und Heilsgeschehen*, hrsg. von Bernd Lutz, 1983

Band 3: *Wissen, Glauben, Skepsis. Zur Kritik von Religion und Theologie*, hrsg. von Bernd Lutz, 1985

Band 4: *Von Hegel zu Nietzsche*, hrsg. von Bernd Lutz, 1988

Band 5: *Hegel und die Aufhebung der Philosophie im 19. Jahrhundert – Max Weber*, hrsg. von Bernd Lutz, 1988

Band 6: *Nietzsche*, hrsg. von Bernd Lutz, 1987

Band 7: *Jacob Burckhardt*, hrsg. von Henning Ritter, 1984

Band 8: *Heidegger – Denker in dürftiger Zeit. Zur Stellung der Philosophie im 20. Jahrhundert*, hrsg. von Bernd Lutz, 1984

Band 9: *Gott, Mensch und Welt – G. B. Vico – Paul Valéry*, hrsg. von Henning Ritter, 1986

往復書簡で言及されたカール・レーヴィットの著作・論文

「ニーチェの自己解釈と諸々のニーチェ解釈の解明」（博士論文）［未刊］

Auslegung von Nietzsches Selbst-Interpretation und von Nietzsche Interpretationen, ［Dissertation］

München 1922〔unveröffentlicht〕.

「ルートヴィッヒ・クラーゲス哲学から見たニーチェ」

»Nietzsche im Lichte der Philosophie von Ludwig Klages«, in: Erich Rothacker (Hrsg.), *Probleme der Weltanschauungslehre*, in Darstellungen von B. Groethuysen u. a., Otto Reichl, Darmstadt 1927, 285–338. Jetzt auch in: Karl Löwith, *Nietzsche* (LSS 6), 7–52.

「書評：L・F・クラウスの『人種と魂――現代への導入』」

Rezension: L. F. Clauß, *Rasse und Seele. Eine Einführung in die Gegenwart* (München: J. F. Lehmann 1926), in: *Zeitschrift für Menschenkunde* 2 (1926/27), 18–26, jetzt auch in: *Mensch und Menschenwelt* (LSS 1), 198–208.

「ヘーゲル歴史哲学に対するブルクハルトの態度」

»Burckhardts Stellung zu Hegels Geschichtsphilosophie«, in: *Deutsche Vierteljahrsschrift für Literaturwissenschaft und Geistesgeschichte* 6 (1928), 702–741, jetzt auch in: LSS 7, 9–38.

『共同人間の役割における個人――倫理学の諸問題の人間学的基礎づけへの寄与』〔教授資格論文〕

Das Individuum in der Rolle des Mitmenschen. Ein Beitrag zur anthropologischen Grundlegung der ethischen Probleme, München, Drei-Masken-Verlag, 1928. Jetzt auch in: Karl Löwith, *Mensch und Menschenwelt*, LSS 1, 9–197〔『共同存在の現象学』熊野純彦訳、岩波文庫、二〇〇八年〕.

「L・フォイエルバッハとドイツ古典哲学の終焉」

»L. Feuerbach und der Ausgang der klassischen deutschen Philosophie«, in: Logos XVII (1928), S. 323–347, jetzt auch in: LSS 5, 1–26.

「書評：ジークフリート・A・ケーラー『ヴィルヘルム・フォン・フンボルトと国家――一八〇〇年前後におけるドイツ生活形成の歴史への寄与』」

Rezension: Siegfried A. Kaehler, *Wilhelm von Humboldt und der Staat. Ein Beitrag zur Geschichte deutscher Lebensgestaltung um 1800*, München/Berlin: Oldenbourg, 1927, in: *Logos* XVII (1928), 361–367; jetzt auch in: LSS 1, 208–215.

「現象学の哲学への展開の根本特徴、および哲学とプロテスタント神学の関係」
»Grundzüge der Entwicklung der Phänomenologie zur Philosophie und ihr Verhältnis zur protestantischen Theologie«, in: *Theologische Rundschau*, Neue Folge 2 (1930), 26–64, 333–361, jetzt auch in: LSS 3, 33–95.

「現象学的存在論とプロテスタント神学」
»Phänomenologische Ontologie und protestantische Theologie«[1], in: *Zeitschrift für Theologie und Kirche*, NF 11 (1930), 365–399, jetzt auch in: LSS 3, 1–32〔『ヘーゲルからハイデガーへ――現象学的存在論』所収、村岡晋一他訳、作品社、二〇〇一年、七一―四五頁〕.

「マックス・ウェーバーとカール・マルクス」
»Max Weber und Karl Marx«, in: *Archiv für Sozialwissenschaft und Sozialpolitik* 67 (1932), 53–99, 175–214, jetzt auch in: LSS 5, 324–407〔『ウェーバーとマルクス』柴田治三郎他訳、未來社、一九六六年〕.

「書評：カール・ヤスパース『現代の精神的状況』」
Rezension: Karl Jaspers, *Die geistige Situation der Zeit* (Sammlung Göschen, Bd. 1000, Berlin: Springer 1931), in: *Neue Jahrbücher für Wissenschaft und Jugendbildung* 9 (1933), 1–10, jetzt auch in: LSS 8, 19–31.

「キルケゴールとニーチェ、あるいはニヒリズムの哲学的克服と神学的克服」
Kierkegaard und Nietzsche oder philosophische und theologische Überwindung des Nihilismus, Vittorio Klostermann, Frankfurt am Main 1933, jetzt auch in LSS 6, 53–74〔『ヘーゲルからハイデガーへ――現象学的存在論』所収、村岡晋一他訳、作品社、二〇〇一年、四六―七四頁、さらに『キェルケゴールとニーチェ』中川秀恭訳、未來社、二〇〇二年〕.

『同一なものの永遠回帰というニーチェの哲学』
Nietzsches Philosophie der ewigen Wiederkehr des Gleichen, Verlag Die Runde, Berlin 1935, jetzt auch in: LSS 6, 101–384〔『ニーチェの哲学』柴田治三郎訳、岩波書店、一九六〇年〕.

『ヤーコプ・ブルクハルト――歴史のただなかの人間』
Jacob Burckhardt. Der Mensch inmitten der

Geschichte, Vita Nova Verlag, Luzern 1936, jetzt auch in: LSS 7,[2] 39-361.〔『ヤーコプ・ブルクハルト』西尾幹二、瀧内槇雄訳、ちくま学芸文庫、一九九四年〕

『デカルトからニーチェまでの形而上学における神・人間・世界』
Gott, Mensch und Welt in der Metaphysik von Descartes zu Nietzsche, Vandenhoeck & Ruprecht, Göttingen 1967, jetzt auch in: LSS 9, 1-194〔『神と人間と世界』柴田治三郎訳、岩波書店、一九七三年〕.

「哲学の問題としての無神論」
»Atheismus als philosophisches Problem«, in: Arbeitsgemeinschaft Weltgespräch (Hrsg.), *Moderner Atheismus und Moral*, Herder Verlag, Freiburg 1967, 9-21; jetzt auch in: LSS 3, 331-347.

「ヘーゲル・ルネサンス?」

»Hegel-Renaissance?«, in: *Frankfurter Allgemeine Zeitung*, 11. Juli 1970, Nr. 157; jetzt auch in: LSS 5, 239-248.

『ポール・ヴァレリー——その哲学的思惟の根本特徴』
Paul Valéry. Grundzüge seines philosophischen Denkens, Vandenhoeck & Ruprecht, Göttingen 1971, jetzt auch in: LSS 9, 229-400〔『ポール・ヴァレリー——その哲学的思索の概要』中村志朗訳、未來社、一九七六年〕.

『ドイツにおける私の生活——一九三三年以前と以後』
Mein Leben in Deutschland vor und nach 1933. Ein Bericht, mit einem Vorwort von Reinhart Koselleck und einer Nachbemerkung von Ada Löwith, neu herausgegeben von Frank-Rutger Hausmann, J. B. Metzler, Stuttgart/Weimar ^{2}2007〔『ナチズムと私の生活——仙台からの告発』秋間実訳、法政大学出版局、一九九〇年。邦訳は、一九八六年出版の旧版にもとづく。本書の底本であるFrank-Rutger Hausmann編集の二〇〇七年の新版では、旧版で削除されていた箇所が追記され、頭文字のみで呼ばれていた人名も復元された〕.

〔1〕原文ではTheologeであるが、誤記と見なしてTheologieに訂正する。
〔2〕原文ではLSS 9であるが、誤記と見なして訂正する。

〔以下は訳者追記〕

主な邦訳（LSS は上記の *Karl Löwith Sämtliche Schriften* を示し、数字はその巻と頁を示す。それぞれの邦訳の底本は単行本によっているものが多いが、ここでは LSS の対応する巻と頁を示す。）

『ヘーゲルからニーチェへ――十九世紀思想における革命的断絶 上・下』三島憲一訳、岩波文庫、二〇一五―二〇一六年（LSS 4, 1-490）

『共同存在の現象学』熊野純彦訳、岩波文庫、二〇〇八年（LSS 1, 9-197）

『世界と世界史』柴田治三郎訳、岩波モダンクラシックス、二〇〇六年

1 「世界と世界史」

2 「人間の本性と人間性」（LSS 1, 259-294）

『キェルケゴールとニーチェ』中川秀恭訳、未來社、二〇〇二年

1 キェルケゴールとニーチェ――ニヒリズムの神学的超克と哲学的超克（LSS 6, 53-74）

2 ヘーゲル以後の哲学における人間性の問題

『ヘーゲルからハイデガーへ――現象学的存在論』所収、村岡晋一他訳、作品社、二〇〇一年

I 現象学的存在論とプロテスタント神学（LSS 3, 1-34）

II キルケゴールとニーチェ（LSS 6, 75-100）

III ニーチェの「未来の哲学の序曲」（LSS 6, 427-446）

IV ハイデガーのニーチェ講義（LSS 8, 242-257）

V パスカルのパンセにかんするヴォルテールの評註（LSS 1, 426-449）

VI ヘルマン・コーヘンの宗教哲学における理性の哲学と啓示の宗教（LSS 3, 349-384）

VII ヴィーコの原則「真なるものと作られたものとは置き換えられる」（LSS 9, 195-228）

VIII ハイデガーの存在の問いについて――人間の自然〔本性〕と自然の世界（LSS 8, 276-289）

IX ヘーゲルの『精神現象学』緒論へのあとがき（LSS 5, 167-173）

X ヘーゲルの教養の概念（LSS 5, 221-238）

XI 哲学的な世界史だって？（LSS 5, 249-276）

『ヤーコプ・ブルクハルト』西尾幹二、瀧内槇雄訳、ちくま学芸文庫、一九九四年（LSS 7, 39–361）

『ある反時代的考察——人間・世界・歴史を見つめて』ベルント・ルッツ編、中村啓、永沼更始郎訳、法政大学出版局、一九九二年

1 実存哲学（LSS 8, 1–18）
2 政治的決断主義（C・シュミット）（LSS 8, 32–71）
3 ヨーロッパのニヒリズム（LSS 2, 473–540）
4 世界の歴史と救済の生起（LSS 2, 240–279）
5 自然と歴史（LSS 2, 280–295）
6 人間の自然と人間性（LSS 1, 259–294）
7 マルクス主義と歴史（LSS 2, 330–345）
8 人間と歴史（LSS 2, 346–376）
9 東洋と西洋の相違に対する所見（LSS 2, 571–601）
10 六十年後のニーチェ（LSS 6, 447–466）
11 歴史の意味について（LSS 2, 377–391）
12 進歩の宿命（LSS 2, 392–410）
13 キリスト教、歴史、哲学（LSS 2, 433–451）
14 ハイデッガーの存在の問題に寄せて——人間の本性と自然の世界（LSS 8, 276–289）
15 真理と歴史性（LSS 2, 460–472）

『東洋と西洋』佐藤明雄訳、未來社、一九九〇年

1 東洋と西洋との差異についての覚え書（LSS 2, 571–601）
2 最善の世界と人間の根源悪（LSS 3, 275–297）
3 哲学的世界史とは？（LSS 5, 249–276）

『ナチズムと私の生活——仙台からの告発』秋間実訳、法政大学出版局、一九九〇年

『歴史の意味』佐藤明雄訳、未來社、一九八九年

1 歴史の意味について（LSS 2, 377–391）
2 歴史と歴史意識（LSS 2, 411–432）
3 進歩の運命（LSS 2, 392–410）
4 テイヤール・ド・シャルダン——進化と進歩と終末論（LSS 3, 305–330）

『学問とわれわれの時代の運命——ヴィーコからウェーバーへ』上村忠男・山之内靖訳、未來社、一九八九年

1 ヴィーコの基礎命題〈真なるものと作られたものとは相互に置換される〉——その神学的諸前

提と世俗的諸帰結（LSS 9, 195–227）
2　学問による世界の魔力剝奪――マックス・ウェーバー生誕百年を記念して（LSS 5, 419–447）
『ポール・ヴァレリー――その哲学的思惟の概要』中村志朗訳、未來社、一九七六年（LSS 9, 229–400）
『ヘーゲルとヘーゲル左派』麻生建訳、未來社、一九七五年
1　ヘーゲル左派の哲学における哲学的理論と歴史的実践
2　マルクスの初期の著作における人間の自己疎外（LSS 5, 70–93）
3　ヘーゲル・マルクス・フォイエルバッハにおける媒介と直接性（LSS 5, 186–220）
『ヨーロッパのニヒリズム』柴田治三郎訳、筑摩書房、一九七四年
1　ヨーロッパのニヒリズム（LSS 2, 473–540）
2　ルソーからニーチェに至る市民社会の問題（LSS 4, 299–331）
『神と人間と世界』柴田治三郎訳、岩波書店、一九七三年（LSS 9, 1–194）
『近世哲学の世界概念――カール・レーヴィット論文集』佐藤明雄訳、未來社、一九七三年
1　近世哲学の世界概念
2　世界と人間世界（LSS 1, 295–328）
3　キリスト教・歴史・哲学（LSS 2, 433–451）
4　キリスト教的紳士は存在しうるか（LSS 3, 163–170）
『ハイデッガー――乏しき時代の思索者』杉田泰一、岡崎英輔訳、未來社、一九六八年（LSS 8, 124–257）
『ヘーゲル・マルクス・キェルケゴール』柴田治三郎訳、未來社、一九六七年
1　ヘーゲルによる古代哲学の完成とマルクスとキェルケゴールによる哲学の批判と解体（LSS 4, 491–526）
2　ヘーゲルの宥和（LSS 4, 527–538）
附　ゲーテとヘーゲル
『パスカルとハイデッガー――実存主義の歴史的背景』柴田治三郎訳、未來社、一九六七年
1　ハイデッガー（LSS 8, 102–123）
2　パスカル

『ウェーバーとマルクス』柴田治三郎他訳、未來社、一九六六年（LSS 5, 324-407）
『世界史と救済史――歴史哲学の神学的前提』信太正三他訳、創文社、一九六四年（LSS 2, 7-239）
『ニーチェの哲学』柴田治三郎訳、岩波書店、一九六〇年（LSS 6, 101-384）
『知識・信仰・懐疑』川原栄峰訳、岩波書店、一九五九年（LSS 3, 197-273）

収録ドキュメント一覧

書簡は、とくに断っていないかぎりマールバハ・ドイツ文献アルヒーフ所蔵である。

1　ハイデガーからレーヴィットへ　一九一九年八月二二日　葉書（コピー）
2　レーヴィットからハイデガーへ　一九一九年九月八日　葉書
3　ハイデガーからレーヴィットへ　一九一九年九月一〇日　葉書（コピー）
4　ハイデガーからレーヴィットへ　一九一九年一二月一四日　葉書（コピー）
5　ハイデガーからレーヴィットへ　一九二〇年一月二四日　葉書（コピー）
6　ハイデガーからレーヴィットへ　一九二〇年二月一五日　葉書（コピー）
7　ハイデガーからレーヴィットへ　一九二〇年三月二三日　手紙（コピー）
8　ハイデガーからレーヴィットへ　一九二〇年九月一日　葉書（コピー）
9　ハイデガーからレーヴィットへ　一九二〇年九月一三日　葉書（コピー）
10　ハイデガーからレーヴィットへ　一九二〇年九月一九日　葉書（コピー）
11　ハイデガーからレーヴィットへ　一九二〇年一〇月九日　葉書（コピー）
12　ハイデガーからレーヴィットへ　一九二〇年一〇月二〇日　葉書（コピー）
13　レーヴィットからハイデガーへ　一九二〇年　葉書
14　レーヴィットからハイデガーへ　一九二〇年一一月二九日　手紙

15　ハイデガーからレーヴィットへ　一九二〇年一二月一七日　葉書（コピー）
16　レーヴィットからハイデガーへ　一九二一年一月二二日　手紙
17　ハイデガーからレーヴィットへ　一九二一年一月二五日　葉書
18　レーヴィットからハイデガーへ　一九二一年二月一八日　葉書
19　ハイデガーからレーヴィットへ　一九二一年冬〔正しくは二月。本訳書四三―四五頁を参照〕　葉書（コピー）
20　レーヴィットからハイデガーへ　一九二一年二月二六日　手紙
21　レーヴィットからハイデガーへ　一九二一年三月一九日　葉書
22　ハイデガーからレーヴィットへ　一九二一年四月二日　葉書（コピー）
23　レーヴィットからハイデガーへ　一九二一年八月一五日　葉書
24　レーヴィットからハイデガーへ　一九二一年八月一七日　手紙

25　ハイデガーからレーヴィットへ　一九二一年八月一九日　手紙（コピー）
26　レーヴィットからハイデガーへ　一九二一年一〇月一日　葉書
27　ハイデガーからレーヴィットへ　一九二一年一〇月三日　葉書（コピー）
28　レーヴィットからハイデガーへ　一九二一年一〇月一七日　手紙
29　レーヴィットからハイデガーへ　一九二二年八月一七日　手紙
30　ハイデガーからレーヴィットへ　一九二二年九月以前　葉書（コピー）
31　ハイデガーからレーヴィットへ　一九二二年九月二〇日　手紙（コピー）
32　レーヴィットからハイデガーへ　一九二二年九月二二日　手紙
33　レーヴィットからハイデガーへ　一九二二年九月二二日　葉書
34　レーヴィットからハイデガーへ　一九二二年九月三〇日　葉書

35 レーヴィットからハイデガーへ　一九二二年一一月二〇日　手紙
36 ハイデガーからレーヴィットへ　一九二二年一一月二二日　手紙（コピー）
37 レーヴィットからハイデガーへ　一九二二年一二月七日　手紙
38 ハイデガーからレーヴィットへ　一九二二年一二月九日　葉書（コピー）
39 レーヴィットからハイデガーへ　一九二二年一二月　葉書
40 レーヴィットからハイデガーへ　一九二三年二月一五日　手紙
41 ハイデガーからレーヴィットへ　一九二三年二月二〇日　手紙（コピー）
42 ハイデガーからレーヴィットへ　一九二三年四月二一日　手紙（コピー）
43 ハイデガーからレーヴィットへ　一九二三年五月八日　手紙（コピー）
44 レーヴィットからハイデガーへ　一九二三年五月一〇日　手紙
45 レーヴィットからハイデガーへ　一九二三年六月　葉書
46 ハイデガーからレーヴィットへ　一九二三年六月一八日　葉書（コピー）
47 レーヴィットからハイデガーへ　一九二三年六月二一日　葉書
48 レーヴィットからハイデガーへ　一九二三年七月九日　葉書
49 レーヴィットからハイデガーへ　一九二三年七月二七日　葉書
50 ハイデガーからレーヴィットへ　一九二三年七月三〇日　葉書（コピー）
51 レーヴィットからハイデガーへ　一九二三年八月六日　手紙
52 ハイデガーからレーヴィットへ　一九二三年八月二三日　手紙（コピー）
53 ハイデガーからレーヴィットへ　一九二三年九月二七日　葉書（コピー）
54 ハイデガーからレーヴィットへ　一九二三年一〇月一日　葉書（コピー）

55　ハイデガーからレーヴィットへ　一九二四年三月一九日　葉書（コピー）
56　ハイデガーからレーヴィットへ　一九二四年三月二六日　手紙（コピー）
57　レーヴィットからハイデガーへ　一九二四年八月一七日　手紙〔個人所有〕
58　ハイデガーからレーヴィットへ　一九二四年八月二一日　手紙（コピー）
59　レーヴィットからハイデガーへ　一九二四年九月一三日　葉書
60　レーヴィットからハイデガーへ　一九二四年九月二三日　葉書〔個人所有〕
61　レーヴィットからハイデガーへ　一九二四年一〇月一八日　葉書〔個人所有〕
62　レーヴィットからハイデガーへ　一九二四年一〇月二八日　手紙（個人所有）
63　ハイデガーからレーヴィットへ　一九二四年一一月六日　手紙（コピー）
64　ハイデガーからレーヴィットへ　一九二四年一二月一七日　葉書（コピー）
65　ハイデガーからレーヴィットへ　一九二五年三月二七日　葉書（コピー）
66　ハイデガーからレーヴィットへ　一九二五年六月三〇日　手紙（コピー）
67　レーヴィットからハイデガーへ　一九二五年八月一七日　葉書
68　ハイデガーからレーヴィットへ　一九二五年八月二四日　手紙（コピー）
69　レーヴィットからハイデガーへ　一九二五年八月二二日／二九日　手紙
70　ハイデガーからレーヴィットへ　一九二五年八月三一日　葉書（コピー）
71　レーヴィットからハイデガーへ　一九二六年三月一六日　手紙（個人所有）
72　ハイデガーからレーヴィットへ　一九二七年三月一七日　手紙（コピー）
73　レーヴィットからハイデガーへ　一九二七年五月一日　手紙
74　レーヴィットからハイデガーへ　一九二七年八月二日　手紙

75 レーヴィットからハイデガーへ　一九二七年八月一〇日　葉書
76 レーヴィットからハイデガーへ　一九二七年八月一七日　手紙
77 ハイデガーからレーヴィットへ　一九二七年八月二〇日　手紙（コピー）
78 ハイデガーからレーヴィットへ　一九二七年一〇月六日　葉書（コピー）
79 レーヴィットからハイデガーへ　一九二七年一二月二九日　葉書
80 レーヴィットからハイデガーへ　一九二八年一月一六日　手紙
81 ハイデガーからレーヴィットへ　一九二八年一月二四日　手紙（コピー）
82 ハイデガーからレーヴィットへ　一九二八年二月七日手紙（コピー）
83 ハイデガーからレーヴィットへ　一九二八年二月二一日　手紙（コピー）
84 ハイデガーからレーヴィットへ　一九二八年三月一六日　葉書（コピー）
85 ハイデガーからレーヴィットへ　一九二八年三月二〇日　葉書（コピー）
86 ハイデガーからレーヴィットへ　一九二八年四月二九日　手紙（コピー）
87 ハイデガーからレーヴィットへ　一九二八年夏　葉書（コピー）
88 ハイデガーからレーヴィットへ　一九二八年晩夏　葉書（コピー）
89 ハイデガーからレーヴィットへ　一九二八年九月二八日　葉書（コピー）
90 ハイデガーからレーヴィットへ　一九二八年一〇月七日　手紙（コピー）
91 ハイデガーからレーヴィットへ　一九二八年一〇月二二日　手紙（コピー）
92 ハイデガーからレーヴィットへ　一九二八年一〇月二四日　手紙（コピー）
93 ハイデガーからレーヴィットへ　一九二八年一二月二三日〔原文の誤りを訂正〕　手紙（コピー）
94 ハイデガーからレーヴィットへ　一九二九年四月二一日　手紙（コピー）

95　レーヴィットからハイデガーへ　一九二九年五月九日　手紙
96　ハイデガーからレーヴィットへ　一九二九年九月三日　手紙（コピー）
97　ハイデガーからレーヴィットへ　一九二九年一一月一七日　手紙（コピー）
98　レーヴィットからハイデガーへ　一九二九年一二月二二日　手紙
99　レーヴィットからハイデガーへ　一九三〇年四月二日　手紙
100　レーヴィットからハイデガーへ　一九三〇年七月一七日　手紙
101　ハイデガーからレーヴィットへ　一九三〇年一二月四日　葉書（コピー）
102　レーヴィットからハイデガーへ　一九三二年四月一八日　手紙
103　ハイデガーからレーヴィットへ　一九三二年四月一九日　手紙（コピー）
104　ハイデガーからレーヴィットへ　一九三二年一二月六日　手紙（コピー）
105　ハイデガーからレーヴィットへ　一九三三年一月一四日　葉書（コピー）
106　ハイデガーからレーヴィットへ　一九三三年二月二〇日　電報
107　ハイデガーからレーヴィットへ　一九三三年五月二二日　手紙（タイプライター）
108　ハイデガーからレーヴィットへ　一九三三年六月一二日　手紙（コピー）
109　ハイデガーからレーヴィットへ　一九三三年七月二九日　手紙（コピー）
110　ハイデガーからレーヴィットへ　一九三六年六月／七月　手紙
111　ハイデガーからレーヴィットへ　一九三七年七月一八日　手紙（コピー）
112　レーヴィットからハイデガーへ　一九四九年九月二〇日　電報（個人所有）
113　レーヴィットからハイデガーへ　一九五八年七月二六日　手紙（個人所有）
114　ハイデガーからレーヴィットへ　一九五九年三月二日　葉書

115　レーヴィットからハイデガーへ　一九六七年六月一七日　葉書
116　ハイデガーからレーヴィットへ　一九六七年六月一八日　手紙
117　ハイデガーからレーヴィットへ　一九六七年六月二〇日以後〔原文の誤りを訂正〕　葉書
118　ハイデガーからレーヴィットへ　一九七〇年七月二八日　手紙
119　ハイデガーからレーヴィットへ　一九七一年または一九七二年一〇月〔ドキュメント119には、「一九七一年一〇月」とある〕
120　ハイデガーからレーヴィットへ　一九七二年二月二五日　手紙
121　レーヴィットからハイデガーへ　一九七二年三月一〇日　手紙（タイプライター）
122　ハイデガーからレーヴィットへ　一九七三年五月五日　手紙
123　ハイデガーからアーダ・レーヴィットへ　一九七三年六月四日　手紙
124　ハイデガーからアーダ・レーヴィットへ　一九七三年一二月二六日　手紙

補遺

1　エリーザベト・フェルスター＝ニーチェからカール・レーヴィットへ　一九二七年八月一三日　手紙（マールバハ・ドイツ文献アルヒーフ）
2　レーヴィットの教授資格論文についてのハイデガーの所見（一九二八年）（マールバハ・ドイツ文献アルヒーフ）
3　カール・レーヴィットのイタリア日記から（マールバハ・ドイツ文献アルヒーフ）
4　アーダ・レーヴィットからエルフリーデ・ハイデガー＝ペトリへ　一九七六年五月三〇日　手紙（マールバハ・ドイツ文献アルヒーフ）
5　トートナウベルクのハイデガー家の山小屋帖へのカール・レーヴィットの書き込み（個人所有）
6　レーヴィットが出席したハイデガーの講義・演習一覧（講義聴講者名簿およびゼミナール名簿をもとに編者作成）

画像の説明

編者とカール・アルバー出版は、次の写真等の掲載を許諾いただいたご厚意にお礼申し上げる。

四頁　カール・レーヴィット
　写真　ヘルダー・画像アルヒーフ

七頁　レーヴィットのハイデガー宛て葉書（一九一九年九月八日）
　コピー　マールバハ・アム・ネッカー・ドイツ文献アルヒーフ

一八三頁　マルティン・ハイデガー　一九二五年頃
　写真　メスキルヒ・マルティン・ハイデガー・アルヒーフ

二七八—二七九頁　ハイデガーのレーヴィット宛て手紙（一九三六年六月／七月）
　コピー　マールバハ・アム・ネッカー・ドイツ文献アルヒーフ

三〇八頁　ハイデガー家の山小屋帖（一九二二年から一九二四年八月一日まで）へのレーヴィットの書き込み（一九二四年三月一〇日）
　コピー　ハイデガー家の個人所有

〔なお、原書では、書簡90のところに写真が掲載され、「マルティン・ハイデガーとカール・レーヴィット（一九二八年頃）」とあるが、誤りなので削除した。〕

訳者あとがき

二〇世紀を代表する哲学者の一人、マルティン・ハイデガーは、教授資格を得るための試験講義を一九一六年に活字にしてから、主著『存在と時間』（一九二七年）を出版するまで、一〇年あまり著書や論文を発表しなかった。しかし、一九一九年からフライブルク大学私講師として、また一九二三・二四年冬学期からマールブルク大学員外教授としておこなった講義や演習は、「隠れた王」（アーレント）という評判を呼び、のちに二〇世紀哲学を彩ることになる俊秀たちが各地から集まった。マルクーゼ、ガダマー、ヨーナス、アーレント、日本人では田辺元、九鬼周造、和辻哲郎、三木清等々。そのうち、最も早い時期からの教え子で、そのもとで教授資格を最初に取得したのがカール・レーヴィットである。

レーヴィットは、ミュンヘン大学で生物学と哲学を学んだあとフライブルク大学に移り、哲学をフッサールとハイデガーに、生物学をH・シュペーマンに学んだ。ハイデガーが私講師となった翌学期から講義と演習に出席し、自らの哲学を「事実性の解釈学」と呼ぶハイデガーの授業に魅了された。一方、ハイデガーもレーヴィットに期待を寄せた。ハイデガーのもとで彼がおこなった講演を聞いたヨーナスの回顧によると、ハイデガーは注意と敬意を払って講演に耳を傾けていたという。『存在と時間』の原型とも言うべき草稿「ナトルプ報った。

告」を彼に与えてもいる。ハイデガーの幼い息子二人の面倒をレーヴィットが見るなど、個人的にも親しくなった。

本書はそういう二人の往復書簡集であり、残された手紙と葉書がすべて収録されている。それらの書簡は、レーヴィットがハイデガー論や回想で引用し、一部はすでに公表され、ハイデガー研究者も調査し言及するなど、かねてから注目の的となっていた。ことに、自分は深遠で独創的な哲学者ではなく「キリスト教神学者」だというハイデガーの言葉(書簡25)は有名である。書簡集の出版は久しく待ち望まれてきたのである。

一二四通にのぼる往復書簡は、第一次世界大戦から復員したハイデガーがフライブルク大学で講義を開始し、同じく戦争から戻ったレーヴィットが彼に師事した一九一九年に始まる。『存在と時間』の助走と執筆、また刊行と爆発的反響の時期、そして、ヒトラー政権下でハイデガーがナチに入党してフライブルク大学長を務め、ユダヤ人レーヴィットがローマに逃れていた時期を経る。この事情があずかって第二次世界大戦をはさんで一二年間中断するが、一九四九年に再開され、レーヴィットの死去によって一九七三年に終わった。

本書からは、両者の五〇年以上にわたる交際が、さらに、フッサール、シェーラー、ヤスパース、ガダマーをはじめとする当時のドイツの哲学者たちとの関係や、彼らに対する二人の批評が、そして何より、弟子の自立を促す師と師に真っ向から挑む弟子の哲学そのものや、人間のありようが見えてくる。二人の思考とその展開を知るうえで貴重な手がかりが得られる。レーヴィットの教授資格論文における「共にいる人間(Mitmensch)」は、ハイデガーの「共存在(Mitsein)」や「共現存在」などの批判的継承であった。レーヴィットは、教授資格論文提出直後の書簡で、『存在と時間』における存在者的‐存在論的、実存的‐実存論的という差異に疑義を呈するとともに、当初学んだのが存在論ではなく事実性の解釈学だった――つまり、『存在と時間』のハイデガーではなく初期フライブルク時代の彼に学んだ——のは「幸運」だった、と述懐する。ハイデガーはこうした批判に鋭く応酬し、師弟は火花を散らす。その一方でハイデガーは、自分とは異なる方向へと歩むそのレーヴィットを公平に評価し、亡命時にも援助の手を差し伸べた。レーヴィットがハイデガーに宛てて記しているように、弟子は、師からの自立と師の教えを守ることとを適切な仕方で両立しなくてはならなかった。レーヴィットは、八歳違いの二人の関係を父子のそれになぞらえると同時に、友人の言葉を借りながら、自分にとってハイデガーはいわば「運命」だ、と告白してもいる。

補遺として、本書には、ニーチェの妹、エリーザベトがレーヴィットに宛てた書簡や、レーヴィットの教授資格論文についてハイデガーが執筆した所見、ナチ時代にハイデガーがローマを講演に訪れたさいのレーヴィットの日記などが収録されている。加えて、博捜の結実である編註は、書簡の背景をなす、哲学界をはじめとする当時のドイツの知的歴史的状況の理解を助けてくれる。

このように、本書は、ハイデガー哲学と二〇世紀ドイツ哲学を理解するうえで必須の文献である。

原書には、編者による書簡の読み違いや、編集上の誤り、誤記ないし誤植と思われる箇所が散見される。それらはたいてい訳註を付けて修正したが、軽微なものについては断りなしに修正した。編集協力者の一人、ウルリヒ・フォン・ビュロー氏から小松に届けられた正誤表も翻訳に反映した。

翻訳にあたっては、まず、ハイデガーの書簡を後藤が、レーヴィットのそれを小松が訳出し、その後、Eメールや電話でも繰り返し意見を交わしたほか、仙台と函館でそれぞれ二度、一緒に検討する機会を設けるなど、両名の個性を残しながら修正を重ねて、ようやく脱稿にいたった。正確で読みやすい日本語訳になるようつとめたが、原書の編集に由来する不備や、訳者の非力さによる誤訳や読みにくい箇所がなお残っていることをおそれている。読者からご指摘いただければ幸いである。

最後に、本書の重要性をお認めになり刊行をお引き受けくださった法政大学出版局、とりわけ、入念な編集作業をしてくださった同局編集部郷間雅俊氏に、あつくお礼を申し上げる。

二〇一九年四月

後藤　嘉也
小松　恵一

人名索引

ア 行

アインシュタイン, アルベルト (Einstein, Albert) 12, 15, 34
アウグスティヌス (Augustinus) 19, 38–39, 53–54, 64–66, 68, 75–76, 79, 98, 101, 105, 140, 143, 145, 148, 150, 154, 157, 168–69, 182, 253, 314
アマテラスオオミカミ (天照大神) 283–84
アーメルング, カール (Amelung, Karl) 168–70
アリストテレス (Aristoteles) 18, 36–38, 64, 76, 87, 98, 100, 102–03, 117, 119–24, 126–27, 137–38, 150, 152, 154–55, 157–58, 167, 177, 225, 228, 253, 303
アルフェウス, カール (Alpheus, Karl) 102, 105
アレクサンデル, ヘイルズの (Alexander of Hales) 178, 180
アーレント, ハンナ (Arendt, Hannah) 2, 40
アントーニ, カルロ (Antoni, Carlo) 280–81, 301
イェーガー, ヴェルナー (Jaeger, Werner) 138–39, 178–80, 184
イェンシュ, エーリヒ (Jaensch, Erich) 144–45, 154, 185–86, 213, 215, 223–24, 233, 240, 246, 255–56, 258, 264, 274, 275, 277
インガルデン, ロマーン (Ingarden, Roman) 39, 41
ヴァスムント, ヨーゼフ (Wasmund, Joseph) 105, 108
ヴァルター, ゲルダ (Walther, Gerda) 5–6, 8, 43, 53–54, 78, 91, 124, 127, 137–41, 143–44, 156
ヴァレリー, ポール (Valéry, Paul) 288
ヴィクトーリウス, ケーテ (Victorius, Käte) 120–21
ヴィーゼマン, グスタフ (Wiesemann, Gustav) 102, 105, 192, 194, 201
ヴィネ, アレクサンドル (Vinet, Alexandre) 92, 94
ヴィルケ, ルードルフ (Wilke, Rudolf) 26–27, 144
ヴィンケルマン, ヴィルヘルム (Winckelmann, Johann) 92, 94, 171, 194, 198
ヴィンデルバント, ヴィルヘルム (Windelband, Wilhelm) 22, 67, 100, 247
ヴェクスラー, エードゥアルト (Wechsler, Eduard) 230, 232
ウェーバー, マックス (Weber, Max) 19, 30–31, 33, 50, 58, 87, 89, 97, 125, 248, 263, 268, 270, 302
ウェーバー, マリアンネ (Weber, Marianne) 87, 89
ヴェルフリン, ハインリヒ (Wölfflin, Heinrich) 97, 100
ヴォルタース, フリードリヒ (Wolters, Friedrich) 143–44
ヴォルツェンドルフ, クルト (Wolzen-

dorff, Kurt) 12, 15
ウティッツ，エーミール（Utitz, Emil） 98, 101
ヴュネクン，グスタフ（Wyneken, Gustav） 79–80
ウンガー，ルードルフ（Unger, Rudolf） 113–14
エーアレ，フランツ（Ehrle, Franz） 165–66
エビングハウス，ユーリウス（Ebbinghaus, Julius） 21–22, 37, 39–40, 43, 76, 99, 103, 111, 122–23, 127, 134, 145, 155, 214, 314, 317
エーブナー，フェルディナント（Ebner, Ferdinand） 297, 299
エフライム，リヒャルト（Ephraim, Richard） 105, 108
エーラー，リヒャルト（Oehler, Richard） 280–81, 304
エルケン，ハンス（Elken, Hans） 102, 105, 122
オーヴァーベック，フランツ（Overbeck, Franz） 82, 84, 91–94, 98, 101, 113–14, 119, 121, 186, 188
オンケン，ヘルマン（Oncken, Hermann） 12, 15

カ 行

ガイガー，アーフラ（Geiger, Afra） 24–25, 41–42, 52–53, 63, 81, 105, 109, 128, 136, 153, 156, 209, 235, 262
ガイガー，モーリッツ（Geiger, Moritz） 63, 68, 75, 77, 81, 84, 86, 95, 97–98, 103–04, 106–07, 109–11, 137, 311, 322
ガイザー，ヨーゼフ（Geyser, Joseph） 97, 100
カイザーリング男爵，ヘルマン（Keyserling, Graf Herman） 46–47, 50, 55, 79
カウフマン，フリッツ・レーオポルト（Kaufmann, Fritz Leopold） 29, 32, 102, 149
ガダマー，ハンス＝ゲオルク（Gadamer, Hans-Georg） 88, 106, 128, 144, 152–53, 157, 160, 168, 174, 182, 200–01, 215, 217, 234, 240, 247, 255, 288–89, 307, 315
ガダマー，ユッタ（Gadamer, Jutta） 214–15
ガダマー，ヨハネス・ゲオルク（Gadamer, Johannes Georg） 152–53
カッシーラー，エルンスト（Cassirer, Ernst） 106, 182, 184, 187, 245
カッターバハ，ブルーノ（Katterbach, Bruno） 165–66, 168
ガベッティ，ジュゼッペ（Gabetti, Guiseppe） 267–68, 302
カーラー，エーリヒ・フォン（Kahler, Erich von） 18, 20, 46, 50
カルヴァン，ジャン（Calvin, Johannes） 119, 121, 171
カルシュ，フリッツ（Karsch, Fritz） 144–45
カールス，カール・グスタフ（Carus, Carl Gustav） 195, 198
カント，イマヌエル（Kant, Immanuel） 11, 35, 46, 107, 110, 117, 123–24, 127, 137, 154, 156, 186–87, 204, 207, 211, 230, 246, 253–54, 256, 268, 272, 295, 297–98, 300, 302–03, 313
キケロ（Cicero） 92, 94
木場了本 124–26
キュルペ，オスヴァルト（Külpe, Oswald） 100, 117–18
キルケゴール，セーレン（Kierkegaard, Sören） 17–18, 28–29, 31–32, 37, 48, 56–57, 60–61, 64, 66, 68, 70, 78, 81, 105, 118, 131–32, 136, 138, 148, 150–51, 167, 186, 202, 268, 270, 297

サ 行

タ 行

ナ 行

ハ 行

205, 250–51
ブルックナー，ヨーゼフ（Bruckner, Joseph） 133, 136
フルートヘイゼ，ベルンハルト（Groethuysen, Bernhard） 271–72
ブルトマン，ルードルフ（Bultmann, Rudolf） 40, 84, 135, 185–86, 191, 205, 238, 254, 264, 266, 277, 317
ブルンナー，エーミール（Brunner, Emil） 201, 205
プレスナー，ヘルムート（Plessner, Helmuth） 187, 189, 203–04, 206, 214, 216, 224
ブレッカー，ヴァルター（Bröcker, Walter） 146, 148, 150, 181, 187, 213–14, 255
ブレヒト，フランツ・ヨーゼフ（Brecht, Franz Josef） 171, 175
ブレンターノ，フランツ（Brentano, Franz） 98, 101
フロイト，ジグムント（Freud, Sigmund） 79, 110, 255
ブロック，ヴェルナー（Brock, Werner） 268–69
プロティノス（Plotin） 18
フンボルト，ヴィルヘルム・フォン（Humboldt, Wilhelm von） 161, 228, 256, 263, 297
ヘーゲル，ゲオルク・ヴィルヘルム・フリードリヒ（Hegel, Georg Wilhelm Friedrich） 10, 18, 30, 35, 37–40, 48, 58, 60, 103, 145, 154, 156, 190, 202, 204–05, 208, 210, 251, 263, 265, 268, 287, 296–97, 303, 310, 313
ベセラー，ハインリヒ（Besseler, Heinrich） 11–13, 24–25, 27–28, 39, 42, 53, 65, 75, 81–82, 87, 89, 99, 103, 115, 118, 124, 128, 140, 161
ベッカー，オスカル（Becker, Oskar） 19–22, 26, 29, 36, 38–39, 49, 51, 53–55, 59, 63–65, 69–74, 78, 81, 83, 96, 99, 102, 106, 122–24, 134, 138, 145–47, 155, 160, 162, 174, 177, 179, 192, 195, 201, 203, 207, 219–20, 225–26, 239, 241, 244, 247, 250, 301, 303
ベッカー，カール・ハインリヒ（Becker, Carl Heinrich） 227, 262
ベッヒャー，エーリヒ（Becher, Erich） 94, 97–98, 100
ペトラルカ，フランチェスコ（Petrarca, Francesco） 117
ヘーニヒスヴァルト，リヒャルト（Hönigswald, Richard） 152–53
ベーラウ，ヨハネス（Boehlau, Johannes） 187–88
ベルクソン，アンリ＝ルイ（Bergson, Henri-Louis） 12, 14–15, 22, 48, 139
ヘルダー，ヨハン・ゴットフリート・フォン（Herder, Johann Gottfried von） 256, 263, 265, 285
ヘルダーリーン，フリードリヒ（Hölderlin, Friedrich） 28, 112, 268, 280–81, 300, 302, 306
ヘーン，ヴィクトール（Hehn, Victor） 194, 198
ホイジンハ，ヨハン（Huizinga, Johan） 247–48, 252
ボイマー，ゲルトルート（Bäumer, Gertrud） 89
ボイムカー，クレーメンス（Baeumker, Clemens） 97–98, 100, 110, 117
ボイムラー，アルフレート（Baeumler, Alfred） 301, 304–05
ポス，ヘンドリック・ヨセフス（Pos, Hendrik Josephus） 105–06
ボッティチェリ，サンドロ（Botticelli, Sandro） 171, 175
ホフマン，パウル（Hofmann, Paul） 255, 258
ホル，カール（Holl, Karl） 143–44, 148,

150
ボルン，マックス（Born, Max） 12, 15
ボンディ，エリーザベト（Bondi, Elisabeth） 102, 105

マ 行

マイアー，ハインリヒ（Maier, Heinrich） 259, 261
マウスバッハ，ヨーゼフ（Mausbach, Joseph） 130, 135
マテウス, アクアスパルタの（Matthäus, von Aquasparta） 178, 180
マラルメ，ステファン（Mallarmé, Stéphane） 288
マルク，フランツ（Marc, Franz） 79–80
マルクス，ヴェルナー（Marx, Werner） 285, 289
マルクス，カール（Marx, Karl） 139, 257, 263, 265, 268, 270, 313–14
マルセイユ，ヴァルター（Marseille, Walther） 34–35, 78, 81, 83, 88, 90–92, 96–97, 101, 123, 133, 137–38, 140–43, 154, 157, 160–61, 163, 168, 174, 181, 200–01, 206–07
マルティン，ゴットフリート（Martin, Gottfried） 177, 179
マルテンセン，ハンス・ラッセン（Martensen, Hans Lassen） 131, 136
マン，トーマス（Mann, Thomas） 50, 80
マーンケ，ディートリヒ（Mahnke, Dietrich） 223, 227, 240, 246, 255–56
マンハルト，ヨハン（Mannhardt, Johann） 178–79
三木清 139, 162, 165, 178
ミッシュ，ゲオルク（Misch, Georg） 106, 137, 187, 189, 191, 250, 255, 258, 304
ミュラー，ヨハネス（Müller, Johannes） 78, 80, 97
ミュラー＝ブラッタウ，ヨーゼフ（Müller-Blattau, Joseph） 124–25
メツガー，アルノルト（Metzger, Arnold） 21, 23, 26, 29, 39, 149, 151, 159
メランヒトン，フィリップ（Melanchthon, Philipp） 103
メルシエ，デジレ＝ジョゼフ（Mercier, Désiré-Joseph） 97, 100
メルテンス，パウル（Mertens, Paul） 102, 105
メルテンス，ハンス（Mertens, Hans） 102, 105
モムゼン，ヴィルヘルム（Mommsen, Wilhelm） 246–47
モンテーニュ，ミシェル・ド（Montaigne, Michel de） 84

ヤ 行

ヤーコプスタール，パウル（Jacobsthal, Paul） 238–39, 243
ヤスパース，カール（Jaspers, Karl） 2, 11, 13–14, 17, 25, 37, 45–46, 48–50, 55, 58, 60–61, 63–64, 72, 77, 85–90, 92, 95–96, 105–07, 113–14, 117, 127, 138–39, 145–47, 153, 156–60, 172, 174, 186, 202, 233, 267, 270–72, 280–81, 301, 304, 313
ユーバーヴェーク，フリードリヒ（Überweg, Friedrich） 156–57
ヨーナス，ハンス（Jonas, Hans） 40

ラ 行

ライエンデッカー，ヘルベルト（Leyendecker, Herbert） 27
ライナッハ，アードルフ（Reinach,

Adolf) 59, 67
ライヒ，クラウス（Reich, Klaus） 315, 317
ライプニッツ，ゴットフリート・ヴィルヘルム（Leibniz, Gottfried Wilhelm） 235, 256, 263, 265
ライヘンバッハ，ハンス（Reichenbach, Hans） 277, 280
ラスク，エーミール（Lask, Emil） 11, 13, 35, 67
ラッセル，バートランド（Russel, Bertrand） 34, 99, 101, 104, 108–09, 116, 119
ランダウアー，グスタフ（Landauer, Gustav） 57, 66
ランツベルク，パウル（Landsberg, Paul） 182, 184
リエニーツ，カール（Rieniets, Karl） 65, 69, 155
リスト，フランツ（Liszt, Franz） 257, 264, 266
リッカート，ハインリヒ（Rickert, Heinrich） 13–14, 22, 28, 31–32, 34, 59, 67, 104–05, 108, 139, 320
リッチュル，アルブレヒト（Ritschl, Albrecht） 85
リッテルマイアー，フリードリヒ（Rittelmeyer, Friedrich） 117, 119
リット，テーオドーア（Litt, Theodor） 137–39, 179
リッパート，ペーター（Lippert, Peter） 171, 175
リップス，テーオドーア（Lipps, Theodor） 6
リーツマン，ハンス（Lietzmann, Hans） 167–68, 170
リルケ，ライナー・マリーア（Rilke, Rainer Maria） 289
ルシュカ，ヴェルナー・フーベルト（Luschka, Werner Hubert） 177, 179–80, 185
ルター，マルティン（Luther, Martin） 18, 20, 63, 68, 80, 91, 93, 103, 131–32, 134–36, 157–58, 166–67, 173, 197
ルーデンドルフ，エーリヒ（Ludendorff, Erich） 97, 101, 109
レーヴィット，アーダ（Löwith, Ada） 251, 291, 307, 315, 322
レーヴィット，ヴィルヘルム（Löwith, Wilhelm） 23, 237, 322
レームブルック，アウグスト・ヴィルヘルム（Lehmbruck, August Wilhelm） 79–80
ロータッカー，エーリヒ（Rothacker, Erich） 43, 45, 120–22, 181, 305
ローデ，エルヴィン（Rohde, Erwin） 28
ローデン，ヴィルヘルム・フォン（Rohden, Wilhelm von） 81, 84, 88, 92, 95, 99, 104, 111, 121, 128, 138, 140–41, 143, 145–46, 152, 157, 160, 168, 198, 201, 241

《叢書・ウニベルシタス　1094》
ハイデガー＝レーヴィット往復書簡
1919–1973

2019年 6月12日　初版第1刷発行

マルティン・ハイデガー
カール・レーヴィット
アルフレート・デンカー 編・註
後藤嘉也／小松恵一 訳
発行所　一般財団法人　法政大学出版局
〒102-0071 東京都千代田区富士見 2-17-1
電話03(5214)5540 振替00160-6-95814
組版: HUP　印刷: 三和印刷　製本: 積信堂

Printed in Japan

ISBN978-4-588-01094-1

著　者

マルティン・ハイデガー（Martin Heidegger）

1889年，ドイツ南西部，メスキルヒ生まれ。20世紀最大の哲学者の一人と呼ばれる。フライブルク大学で当初神学を専攻し，のち哲学専攻に転じ，リッカート，フッサールに学ぶ。1919年，フライブルク大学私講師となり，「事実性の解釈学」を講じる。マールブルク大学員外教授，教授を経て，1928年フライブルク大学教授。多くの優秀な弟子を育てる。1927年，普遍的存在論の書『存在と時間』を出版，爆発的反響を呼ぶ。1933年から翌年まで，ヒトラー政権のもとでフライブルク大学長。1976年，フライブルクで死去，メスキルヒに埋葬。他の主要な著書は『哲学への寄与論考』，『ニーチェ』，『道標』，『杣道』，『講演と論文』，『言語への途上』など。全集は100巻をこえる。

カール・レーヴィット（Karl Löwith）

1897年，ミュンヘン生まれ。第一次世界大戦に従軍し，大けがを負いイタリア軍の捕虜となる。戦後1917年からミュンヘン大学で生物学と哲学を専攻。1919年フライブルク大学に移り，シュペーマン，フッサール，ハイデガーに学ぶ。ハイデガーの最初期の弟子の一人で，1928年ハイデガーのもとで教授資格を得る。その後，マールブルク大学で私講師。1934年ナチドイツを逃れてローマに滞在するが，1936年ナチの影響を避け，ハイデガーの推薦で仙台の東北帝国大学で教えることとなる。1941年三国同盟の日本からアメリカに亡命。1952年から1964年までハイデルベルク大学教授。1973年死去。その哲学的生涯は，常にハイデガーとの関係を抜きには語ることはできず，ハイデガー批判者であり，また，歴史に定位する思惟を批判し続けた。主著は，『ヘーゲルからニーチェへ』，『ニーチェの哲学』，『ハイデガー――乏しき時代の思索者』など。

訳　者

後藤嘉也（ごとう・よしや）
1953年生まれ。東北大学大学院文学研究科博士課程単位取得退学。博士（文学）。現在，北海道教育大学名誉教授。単著は『ハイデガーにおける循環と転回——他なるものの声』（東北大学出版会），『哲学書概説シリーズXI　ハイデガー『存在と時間』』，『ハイデガーとともに，ハイデガーに抗して——無意味な世界における意味の誕生』（以上，晃洋書房）。主な訳書は『ハイデッガー カッセル講演』（平凡社），『フィヒテ－シェリング往復書簡』，H.ハイムゼート『近代哲学の精神——西洋形而上学の六つの大テーマと中世の終わり』，H.ブルーメンベルク『コペルニクス的宇宙の生成Ⅰ，Ⅱ，Ⅲ』（以上共訳，法政大学出版局）。

小松恵一（こまつ・けいいち）
1954年生まれ。東北大学大学院文学研究科博士課程単位取得退学。現在，仙台大学教授。レーヴィット関係の論文は「森鷗外とカール・レーヴィット覚書」（「ヨーロッパ研究」6，東北大学），「レーヴィットにおける「歴史と理性」の帰趨」（「東北哲学会年報」27），「歴史の空間性と時間性：レーヴィット，ブルクハルト，武田泰淳」（「フィロソフィア・イワテ」43），「レーヴィット，アンダース，マルクーゼ——弟子たちのそれぞれの道」（『続・ハイデガー読本』法政大学出版局）。主な訳書はディーター・ヘンリッヒ『フィヒテの根源的洞察』（共訳，法政大学出版局），ノルベルト・ヒンスケ『現代に挑むカント』（共訳，晃洋書房）。

叢書・ウニベルシタスより

（表示価格は税別です）

1024 人間の尊厳と人格の自律　生命科学と民主主義的価値
M. クヴァンテ／加藤泰史監訳　3600円

1025 見えないこと　相互主体性理論の諸段階について
A. ホネット／宮本真也・日暮雅夫・水上英徳訳　2800円

1026 市民の共同体　国民という近代的概念について
D. シュナペール／中嶋洋平訳　3500円

1027 目に見えるものの署名　ジェイムソン映画論
F. ジェイムソン／椎名美智・武田ちあき・末廣幹訳　5500円

1028 無神論
A. コジェーヴ／今村真介訳　3600円

1029 都市と人間
L. シュトラウス／石崎・飯島・小高・近藤・佐々木訳　4400円

1030 世界戦争
M. セール／秋枝茂夫訳　2800円

1031 中欧の詩学　歴史の困難
J. クロウトヴォル／石川達夫訳　3000円

1032 フランスという坩堝　一九世紀から二〇世紀の移民史
G. ノワリエル／大中一彌・川崎亜紀子・太田悠介訳　4800円

1033 技術の道徳化　事物の道徳性を理解し設計する
P.-P. フェルベーク／鈴木 俊洋訳　3200円

1034 他者のための一者　レヴィナスと意義
D. フランク／米虫正巳・服部敬弘訳　4800円

1035 ライプニッツのデカルト批判　下
Y. ベラヴァル／岡部英男・伊豆藏好美訳　4000円

1036 熱のない人間　治癒せざるものの治療のために
C. マラン／鈴木智之訳　3800円

1037 哲学的急進主義の成立 Ⅰ　ベンサムの青年期
E. アレヴィ／永井義雄訳　7600円

叢書・ウニベルシタスより
（表示価格は税別です）

1052 二人称的観点の倫理学　道徳・尊敬・責任
S. ダーウォル／寺田俊郎・会澤久仁子訳　4600円

1053 シンボルの理論
N. エリアス／大平章訳　4200円

1054 歴史学の最前線
小田中直樹編訳　3700円

1055 我々みんなが科学の専門家なのか？
H. コリンズ／鈴木俊洋訳　2800円

1056 私たちのなかの私　承認論研究
A. ホネット／日暮・三崎・出口・庄司・宮本訳　4200円

1057 美学講義
G. W. F. ヘーゲル／寄川条路監訳　4600円

1058 自己意識と他性　現象学的探究
D. ザハヴィ／中村拓也訳　4700円

1059 ハイデガー『存在と時間』を読む
S. クリッチリー，R. シュールマン／串田純一訳　4000円

1060 カントの自由論
H. E. アリソン／城戸淳訳　6500円

1061 反教養の理論　大学改革の錯誤
K. P. リースマン／斎藤成夫・齋藤直樹訳　2800円

1062 ラディカル無神論　デリダと生の時間
M. ヘグルンド／吉松覚・島田貴史・松田智裕訳　5500円

1063 ベルクソニズム〈新訳〉
G. ドゥルーズ／檜垣立哉・小林卓也訳　2100円

1064 ヘーゲルとハイチ　普遍史の可能性にむけて
S. バック＝モース／岩崎稔・高橋明史訳　3600円

1065 映画と経験　クラカウアー、ベンヤミン、アドルノ
M. B. ハンセン／竹峰義和・滝浪佑紀訳　6800円

叢書・ウニベルシタスより
（表示価格は税別です）

1066 図像の哲学　いかにイメージは意味をつくるか
G. ベーム／塩川千夏・村井則夫訳 5000円

1067 憲法パトリオティズム
J.-W. ミュラー／斎藤一久・田畑真一・小池洋平監訳 2700円

1068 カフカ　マイナー文学のために〈新訳〉
G. ドゥルーズ，F. ガタリ／宇野邦一訳 2700円

1069 エリアス回想録
N. エリアス／大平章訳 3400円

1070 リベラルな学びの声
M. オークショット／T. フラー編／野田裕久・中金聡訳 3400円

1071 問いと答え　ハイデガーについて
G. フィガール／齋藤・陶久・関口・渡辺監訳 4000円

1072 啓蒙
D. ウートラム／田中秀夫監訳 4300円

1073 うつむく眼　二〇世紀フランス思想における視覚の失墜
M. ジェイ／亀井・神田・青柳・佐藤・小林・田邉訳 6400円

1074 左翼のメランコリー　隠された伝統の力
E. トラヴェルソ／宇京頼三訳 3700円

1075 幸福の形式に関する試論　倫理学研究
M. ゼール／高畑祐人訳 4800円

1076 依存的な理性的動物　ヒトにはなぜ徳が必要か
A. マッキンタイア／高島和哉訳 3300円

1077 ベラスケスのキリスト
M. デ・ウナムーノ／執行草舟監訳，安倍三﨑訳 2700円

1078 アルペイオスの流れ　旅路の果てに〈改訳版〉
R. カイヨワ／金井裕訳 3400円

1079 ボーヴォワール
J. クリステヴァ／栗脇永翔・中村彩訳 2700円

叢書・ウニベルシタスより
(表示価格は税別です)

1080 フェリックス・ガタリ　危機の世紀を予見した思想家
G. ジェノスコ／杉村昌昭・松田正貴訳　3500円

1081 生命倫理学　自然と利害関心の間
D. ビルンバッハー／加藤泰史・高畑祐人・中澤武監訳　5600円

1082 フッサールの遺産　現象学・形而上学・超越論哲学
D. ザハヴィ／中村拓也訳　4000円

1083 個体化の哲学　形相と情報の概念を手がかりに
G. シモンドン／藤井千佳世監訳　6200円

1084 性そのもの　ヒトゲノムの中の男性と女性の探求
S. S. リチャードソン／渡部麻衣子訳　4600円

1085 メシア的時間　歴史の時間と生きられた時間
G. ベンスーサン／渡名喜庸哲・藤岡俊博訳　3700円

1086 胎児の条件　生むことと中絶の社会学
L. ボルタンスキー／小田切祐詞訳　6000円

1087 神　第一版・第二版　スピノザをめぐる対話
J. G. ヘルダー／吉田達訳　4400円

1088 アドルノ音楽論集　幻想曲風に
Th. W. アドルノ／岡田暁生・藤井俊之訳　4000円

1089 資本の亡霊
J. フォーグル／羽田功訳　3400円

1090 社会的なものを組み直す　アクターネットワーク理論入門
B. ラトゥール／伊藤嘉高訳　5400円

1091 チチスベオ　イタリアにおける私的モラルと国家のアイデンティティ
R. ビッツォッキ／宮坂真紀訳　4800円

1092 スポーツの文化史　古代オリンピックから21世紀まで
W. ベーリンガー／髙木葉子訳　6200円

1093 理性の病理　批判理論の歴史と現在
A. ホネット／出口・宮本・日暮・片上・長澤訳　3800円